U0510415

本书受国家社会科学基金项目
“近代中国语文运动及其国家认同研究”（17BYY078）资助

民国时期语言政策文献辑录与研究

第一辑

黄晓蕾◎编著

中国社会科学出版社

图书在版编目（CIP）数据

民国时期语言政策文献辑录与研究．第一辑／黄晓蕾编著．—北京：中国社会科学出版社，2019.9（2020.10 重印）

ISBN 978－7－5203－5743－2

Ⅰ.①民…　Ⅱ.①黄…　Ⅲ.①汉语—语言政策—研究资料—汇编—中国—民国　Ⅳ.①H1－01

中国版本图书馆 CIP 数据核字(2019)第 270005 号

出 版 人　赵剑英
责任编辑　张　林
特约编辑　周维富
责任校对　周　昊
责任印制　戴　宽

出　　版　中国社会科学出版社
社　　址　北京鼓楼西大街甲 158 号
邮　　编　100720
网　　址　http://www.csspw.cn
发 行 部　010－84083685
门 市 部　010－84029450
经　　销　新华书店及其他书店

印　　刷　北京明恒达印务有限公司
装　　订　廊坊市广阳区广增装订厂
版　　次　2019 年 9 月第 1 版
印　　次　2020 年 10 月第 2 次印刷

开　　本　710×1000　1/16
印　　张　33
插　　页　2
字　　数　508 千字
定　　价　188.00 元

序　学术更需铺路石

早在2013年，黄晓蕾就出版了《民国时期语言政策研究》（中国社会科学出版社），这是她的博士论文，也是关于民国时期语言政策领域第一部研究型专著。晓蕾很有学术定力，从攻读博士学位开始，十几年来，一直都把学术精力集中在民国时期的语言规划领域。

民国时期的语言规划，无论从史、学还是社会实践的维度看，都是值得深入研究的。其一，它在中国现代语言规划的百余年历史进程中，起着承前启后的重要作用。1892年，卢戆章《一目了然初阶》出版，由此开启了为期20年的切音字运动的历史大幕。切音字运动是拼音运动，主要关注汉字问题，但也涉及文字之外的其他语言规划领域，涉及文化、文明乃至国家政治。因此，切音字运动既是语言规划领域的运动，也是中国现代化进程的"文化维新"运动。然而有清末年，虽有维新之士，复有维新之论，但是内外交困的清政府已无力行维新之事，难得维新之果。切音字运动的很多设想，只能有待来时，有待来人。

民国亦是风云变幻之年，内忧重重，外患连连，但在语言规划方面却能及时接棒，并有不少至今仍可称道的建树。纵观百余年语言规划史，民国时期的语言文字工作，许多都可以在切音字运动中发现其思想萌芽，找到其发轫行迹；而这些工作的进一步完善，抑或再立灶张帜，就需待中华人民共和国了。中国语言规划百余年基本不断线，基本不改辙，与民国时期承前启后的作用密不可分。

其二，民国在语言规划上做出了许多影响深远的重大贡献。比如：审定汉字读音以确定国音；制定注音符号并在全社会推广；编纂国语辞典以规范国语；规定标点符号用法以使书面表达更为精密；开展国语运动和白话文运动以实现语言统一和语言现代化；公布第一批简体字表以启动文字改革（虽然此表不久就收回不用）等。这些语言规划为现代语言生活开山破土，砌石建基，同时也在推动文化的转型与发展，是当年推进中国现代化进程的一支重要力量。对这些语言规划的重大事件、重大举措，既需要史的研究，弄清其来龙去脉，也需要学理研究，使其成为建构语言规划学的重要研究资料。

其三，民国语言规划的运作方式有其独到之处。清末的语言规划基本上是“民间推动、政府被动”，民间如火如荼，但政府常常是消极应付，故而在清末 20 年中一事无成。民国的语言规划是“民间推动、政府推行”，路径基本上是“自下而上”的。专家事先呼吁、研究、形成方案；政府也随事介入，并有一定程序审定方案，通过推行。民国国运多舛，但在语言规划上却有出人意料的作为，其语言规划产品，比如注音字母、标点符号用法、国语辞典等，还能具有专家水平，正得力于这种“自下而上”的规划路径。中华人民共和国的语言规划，基本上采取“自上而下”的路径，“政府推动，专家呼应，社会参与”。这种规划路径的特点是效率高，可持续，推行力度大。当然，进入 21 世纪的中国语言规划，为了提高语言规划的科学性及对各地区、各领域的切合度，也在酝酿更为科学的路径：以“自上而下”为主，辅之以“自下而上”。语言规划路径与语言规划的关系，是一个具有学术意义和社会实践价值的课题，而完成此“课题”，不能不对具有特色的民国语言规划路径进行深入研究。

民国时期的语言规划值得深入研究，而研究需建筑在全面而又翔实的史料基础上。晓蕾计划的《民国时期语言政策文献辑录与研究》，几乎囊括民国时期（1912—1949）有关语言规划的所有文献，如注音字母、国语罗马字母、拉丁化新文字、国音、汉字、词汇（包括术语）、语法、教学法、语体等。本次出版的第一种，是有关注音字母、国音等的语言规划文献。《民国时期语言政策文献辑录与研究》正是民国语言规划研究的宝贵史料，相信可以架构起当代中国语言规划学的民国时期的文献基础。

民国距今虽然不远，但是这方面的史料收集工作其实十分薄弱。史料收集实属不易。首先，语言规划的史料分散在不同地方，比如政府文件、国语类期刊、其他报刊、学人文稿等。要对当时情况有相当了解，才能找到收集资料的门径。且民国时期社会剧烈动荡，民国初年因为共和草创，某些文献很难搜求，民国后期因为烽火连绵，部分文献缺失难觅。尤其是作为重要语言规划园地的《国语周刊》，其20世纪40年代的所见存本模糊缺失，令人心痛。要把文献较全收集，的确困难。

其次，民国也是现代中国文体剧烈变化的时代，其用字、词语（术语）、标点符号、文章体例前后有别，与今有别。比如，民国中期之前的政府文件、学者文章大致使用文言，没有标点；中后期则文白兼行、标点渐显。民国文献对于今人来说，并不像今文那样可以顺畅阅读。

再次，民国时期，社会由传统向现代过渡，语言政策文献涉及变动不居的社会文化的多个层面，典章制度繁复，人物机构众多。读懂文献需要了解相关的事件源流、制度背景、机构、人物、期刊等。民国史料也是需要校勘、注疏甚至做考据功夫的。

此外，今人多不愿做史料收集整理工作，因为在现代的科研评价体系下，这些工作挣不到多少“科研工分”。“科研工分”曾几何时也几乎成了“学人命根”。

但是，学术总是需要铺路者的。晓蕾就是在做这样一项为学术铺路但不在乎挣多少“科研工分”的工作。她全面持久地搜集民国时期与语言规划相关的研究资料，平心静气地去爬梳、甄别、注释，津津有味地去分析、品味、研究。十几年的研究中，在倾听历史涛声中，先辈们的宏愿、见解、呼吁、行动，常常令她激动，让她停不下手脚，让她顾不上计较得失。她每每给我谈起这些，也令我心情不能平静。

如今，晓蕾把她十几年积累、整理的史料结集出版，将为学界提供极大的研究便利。我深知，这项工作需要学术功力，需要日积月累的时间功夫，也需要有为学术铺路的慷慨之心。

李宇明
2019年5月24日
于北京惧闲聊斋

目　　录

前　　言

清代后期，文言式微，方言凸显，外语入侵，中国的语言状况混乱复杂。经历了清末民间的切音字运动与官方的国语统一议案，19 世纪末 20 世纪初的语言核心问题逐渐聚焦于“国音”及其符号。民国[①]语言政策的开局——读音统一会，继承了清末共识并付诸实施，自此“国音”及其符号逐渐成为民国时期国语运动的基本问题与核心政策。注音字母（以及后期的国语罗马字母）是民国时期国音的符号表征，其制定与修正、实施与推广反映了民国政府与学术界将“京音”确立为“国音”，并以教育领域为突破点在整个社会加以普及以及以建立国家语音标准的系列语音政策。民国近 40 年，清廷覆灭，共和建立，语言状况亦出现新旧交替、中西交融的划时代变局。民国政府与学术界面对来自传统与现代、东方与西方、地方与中央等各种语言问题和语言张力，进行了包括注音字母、国语罗马字、简体字、名词审定、语体文和国语科等诸多内容的国语运动，力图在语音、文字、词汇、语法和语体等诸多层面提出语言规划、制定语言政策，以期实现民国时期语言状况的时代转型和国家认同。

《民国时期语言政策文献辑录与研究》为民国时期（1912—1949）语言政策文献整理编校系列丛书，内容包括“注音字母、国音及其相关文献”“国语罗马字母、拉丁化新文字及其相关文献”“文字及其相关文献”“词汇、术语及其相关文献”“语法、教学法及其相关文献”“语体及其相关文献”等，力求涉及民国时期语言政策行政实施和学术研究的

---

① 若无特殊说明，本书“民国”起讫时间为 1912 年至 1949 年。

多个层面。本书为《民国时期语言政策文献辑录与研究》第一种“注音字母、国音及其相关文献”第一册，与拟编校的“注音字母、国音及其相关文献”第二册以及第二种“国语罗马字母、拉丁化新文字及其相关文献”共同构成民国时期语音政策文献的主体内容。《民国时期语言政策文献辑录与研究》“注音字母、国音及其相关文献”（一）整理编校民国时期自 1912 年至 1930 年语言政策中注音字母、国音等的相关文献。

由于编者能力所限，本书挂漏之处甚多，恳祈方家指正，以期在后续编校中得以修正和补充。

黄晓蕾

2019 年 5 月

于京中寓所

凡　例

一、本书系丛书《民国时期语言政策文献辑录与研究》第一种“注音字母、国音及其相关文献”第一册，编校民国时期自1912年至1930年语言政策中注音字母、国音等的相关文献。

二、本书分“导论”和“年份文献”两个部分：“导论”论述中国语言政策历史发展，清末民国时期语言政策文献的整理研究以及本书文献的来源、简注和线上建设；“年份文献”逐年辑录、点校并部分注释民国时期语言政策中注音字母、国音等的相关文献。

三、本书文献中的公文、函札等格式，除少数保存原来行款外，一般都用今天通行文章格式，取消抬头、空格等；原文献中无分段、无标点的条目，编校者加以分段和标点。

四、本书文献中的文字能用简体均改为简体，因用简体可能引起误会则仍用繁体；能用正体尽量改为正体，如“那”改用“哪”，“狠”改用“很”，“牠”改用“它”，“底”改用“的”，但也有个别例外，如多数“的”并未改用“地”。

五、本书文献中凡发现有明显错误或可疑之处保留原文，用符号标明或校注。校勘符号是：残缺字以□号代替；错字、别字、颠倒、衍文均在正文后加［］号；脱漏字或佚文增补外加【】号；文中说明以（）号标明。

六、民国时期是现代中国文体剧烈变化的时代，民国中期之前的政府文件、学者文章大致为文言无标点形式，中后期则文白兼行、标点渐显。本书的编校在不作内容、文字改动的基础上，力求在标点、段落和字体上保持民国前后期文献的一致性，利于读者阅读和使用。

七、本书辑录文献以政府法令和学者文章为主，来源主要为《政府公报》、《教育（部）公报》以及多种语文期刊等。对于所选文献，本书不作内容或文字上的改动，以存真求实；代以脚注形式加以注释，以说明文献所述的期刊内容、人物背景、机构制度、历史源流和注意问题等。

导　论

现代中国语文运动诞生于中国由传统向现代过渡的社会大转型时期，是中国社会遭遇几千年未有之大变革的文化表征，现代中国语文运动的研究脉络和研究方法深刻根植于现代中国的社会发展和学术思潮。清末切音字运动伴随“启发民智、普及教育”社会思潮在中国方言区产生，民国时期国语运动在“言文一致、国语统一”文化旗帜下向各地区、各阶层拓展。中华人民共和国成立之后语言规划主要是完成三大任务：简化汉字；推广普通话；制定和推广汉语拼音方案。改革开放时期提出标准化和法制化的语言要求，引领中国语言生活进入信息时代和国际社会。进入21世纪，“构建和谐的语言生活，提升公民和国家的语言能力”成为新世纪语言规划的新目标，力图在中国乃至世界语言状况的现实分析和历史反思中架构当代中国的语言规划学科。①

导论部分从中国语言政策的历史回顾，清末民国时期语言政策文献的整理研究以及本书文献的来源、简注和线上建设三个部分论述本书编著的历史背景、术语概念、文献状况和注意问题等，作为正文部分的解释和说明。

---

① 此处撰写参照李宇明《中国语言文字事业70年》“序：中国语言文字生活报告”(2019)。

第一节 中国语言政策的历史发展[①]

一 传统时期的语言政策

自周始及清亡三千年，传统中国历经朝代更迭，治乱交替，语言文字政策作为中国传统时期典章制度和社会文化的重要组成部分与中国历史发展相始终。上古时期的雅言、中古时期的官韵以及近古时期的官话以共同语的形式确立传统中国的语言选择和国家认同，上古时期的文字典籍、中古时期的正字书以及近古时期的大型字典则以文字的形式确立传统中国的书面语工具和规范。

上古时期是传统中国的发端，从典章制度到文化风俗均具雏形，甲骨文和雅言代表了商周时期的语言使用和语言政策，秦汉时代大一统政治制度的确立则在语言文字的多个层面提出要求：首先是雅言汉语的整理确立，通语方言的分析研究，《尔雅》《方言》的出现；其次是秦的书同文、汉的隶变，汉字在四五百年间两次巨大嬗变；最后是经学的昌盛和官学、童蒙识字的发展以及《说文》《释文》、“三仓”等的出现，开创奠定了传统时期语言文字规划和研究的基础。

中古时期是传统中国政治经济和文化繁盛的时期，科举取士的实行、诗歌文学的发达以及书法艺术的形成对中古时期的语言文字政策产生了深远的影响。南北朝时期，国家分裂、汉夷杂居，且去古既远，语音文字的使用经历了汉代的繁荣之后开始遭遇历史的剧变，南朝音韵研究的蜂起和声律文学的风尚直接为中古官韵的源头——《切韵》的出现提供了现实条件，而汉代以来的文字训诂传统则为《玉篇》的官方化提供了历史依据。隋唐时期，社会的极大发展、人口的增长和识字阶层的扩大使社会对于语言文字的需求较以往时代范围更大、程度更深，以韵书、字书为代表的语言规范在这一时期开始由当世大儒精研的经史典籍向知识阶层案头的工具书过渡，《唐韵》《干禄字书》在一般读书人中的影响日增。宋代，中古时期文化思想日益行政化、制度化，《集韵》《类篇》

---

① 本节为编著者参与“中国语言文字政策”课题组时撰写的《中国语言政策回顾》的一部分，编入时略有改动。

作为官方语音文字规范基本确立并日渐推广，中古时期的语言文字政策体系逐步走向成熟。

近古时期是传统中国的终结，异族政权的统治、平民社会的发展以及西方文化的冲击对此一时期的语言文字政策产生了异于前代的深远影响，其中多种语言的交汇使用、戏曲小说的繁荣以及基督教罗马字的出现直接影响了近古时期语言文字的使用和政策。北音韵书的崛起和《音韵阐微》的颁行勾勒了近古时期语音规范中与中古官韵此长彼消的历史趋势，而《字汇》《正字通》和《康熙字典》等通俗实用乃至官方大型字书、字典的编纂和颁行构成了这一时期文字规范的发展走向；同时，《五体清文鉴》颁行和“正音书院”的设立则预示了传统中国的语言文字规范由汉语向少数民族语言扩展、由书面语向口语扩展的新方向。

（一）雅言、官韵和官话

1. 上古时期的雅言和通语

自商周及秦近两千年，中国历史由遥远蛮荒的氏族社会进入有文字记载的奴隶制时期，期间的语言文字实践开启了传统中国语言文字使用的深远序幕，奠定了传统中国语言文字使用的恢宏格局。

周朝本为殷商的封国，语言文字上受商代影响颇深，武王建国后，定都丰镐，伴随政治经济和文化的日益强盛，一种以上古秦晋方言为基础方言并融合上古河洛方言的语言开始出现。西周为宗法国家，建朝后分封诸侯，在拓展其政治军事范围的同时，作为其交际工具的语言也得到传播，一种日益通行于西周广袤疆域的共同语言逐渐形成，该种语言在春秋时称为“雅言”，汉以后称为“汉语”，是汉民族共同语的基础和源头。

春秋战国时期，王室衰颓，诸侯争霸，语言的使用也进入一个繁荣而混乱的时期。由于经济文化的发展和军事战争的影响，黄河流域华夏诸族的语言日益接近，逐渐形成一种区域性的共同语，而且由于汉字的天然优势，书面语尤为发达，“子所雅言，《诗》《书》执礼皆雅言也”[①]。同时，各诸侯国仍有自己的方言存在，“五方之民，言语异声”[②]。秦汉时

① 《论语·述而》。

② 《礼记·曲礼下》。

代，强大统一的中央集权帝国的建立，全国各地语言的交流融合日增，经历了春秋战国的分裂和秦汉时代的统一，秦晋方言在远承夏言（雅言）、近据长安的历史渊源和现实条件中极有可能已经成为汉代的共同语；同时，春秋战国以来的方言分歧依然存在，而汉语共同语中汉字和书面语的天然优势地位在某种程度上保护了各地方言的自我发展，中国传统语言使用和政策中的统一性、多元性并存的特点在此已初现端倪，汉代丰富复杂的语言使用状况为方言和通语等语言概念的产生和研究提供了肥沃的土壤，《尔雅》《方言》应运而生。

2. 中古时期的官韵

隋初，经历了魏晋南北朝近四百年的南北分治、异族杂居，加之佛教传入和梵文影响，语言的使用呈现了繁荣而混乱的状况，洛下音与金陵音并肩，通语与方言共存，胡语与梵文时现，韵书、字书纷纷涌现，音韵学者蜂起，语言文字进入了混乱与融合的时期。同时，由于去古已远，汉代的语言文字典籍、传统的读书音与当时的文字和书面语使用之间也出现了很大的差异，语音的统一和规范成为一种现实和历史的共同要求。南朝文学创作讲究声律，为一时之尚，加之佛教传入梵文的影响，反切盛行，四声发现，音韵研究逐渐兴盛，南朝的文学风尚和音韵学研究为整理和统一语音提供了可操作性条件，中古共同语的规范逐渐由上古时期的训诂模式开始向语音标准扩展，从语言政策的角度，中古时期的官韵可以粗分为三个阶段。

其一，发源阶段——《切韵》。

《切韵序》中提及编纂韵书的目的在于创作诗文和审音正音，并认为前者可以从宽，后者则要从严，但从《切韵》从分不从合的严格分韵原则来看，该书的目的应该更倾向于后者，“遂取诸家音韵，古今字书，以前所记者，定为《切韵》五卷。剖析毫厘，分别黍累”①。因此作为中古初期汉语语音整理和统一的集大成者以及其后唐宋官韵的蓝本，《切韵》在传统汉语语音规范乃至中古共同语形成中均承担了承前启后的重要作用，在延续上古时期以语言典籍规范语言使用传统的同时孕育了中古时期以韵书确立官音的语音规范模式。

① 陆法言：《切韵序》，濮之珍：《中国语言学史》，上海古籍出版社2002年版，第233页。

其二，推广阶段——《唐韵》等。

《唐韵》为《切韵》增字加注而作，使切韵系韵书日臻完善并逐渐具备字典性质，而唐代的诗歌文化和科举取士更是使切韵系韵书不再仅仅是音韵学家审音正音的专著，而逐渐成为读书人案头必备的工具书，尤其是《唐韵》，在字义训解方面甚为详尽，在唐代影响很大，“自孙愐集为《唐韵》，诸书遂废”[①]。

其三，官方化阶段——《广韵》《韵略》《集韵》《礼部韵略》等。

自陆法言《切韵》始，中古时期韵书的编写便有宽严两个目的，宽者为撰作诗赋，严者为审音正音，“欲广文路，自可清浊皆通；若赏知音，即须轻重有异”[②]，从《唐韵》在读书人中的巨大影响和切韵系韵书由音韵学家专著逐渐向读书人案头必备工具书的演变趋势来看，民间日常使用、大量通行的应该是撰作诗赋的宽泛标准，“《切韵》者，本乎四声，纽以双声、叠韵，欲使文章丽则韵调精明于古人耳”[③]。宋初，延续唐代的科举制度和诗词文化，奉敕校定的《广韵》沿袭陆法言、孙愐的意旨，审辨音读和科举用韵兼具，所以《广韵》有同用独用之说，“以举人用韵多异，诏殿中丞邱雍重定《切韵》同上”，“朕聿遵先志，导扬素风，设教崇文，悬科取士，考覈程准，兹实用焉”[④]；至《礼部韵略》更是将切韵系韵书进一步规范化和实用化，将《广韵》大大简化并由主持贡举之事的礼部颁布通行天下。因此，自《切韵》至《唐韵》再至《广韵》《礼部韵略》，切韵系韵书经历了一个由私人编纂学术典籍向官方修订使用规范的发展过程，“《切韵》的编纂，虽然有颜之推等八人集体讨论，定了原则，但是具体工作以及最后写定，主要是陆法言一人编写。此后王仁昫、孙愐等人的刊谬、补缺，也还是个人的力量。《广韵》则不然，它是宋代皇帝命令大臣们集体编修的，是一部官修的韵书，也是法定的国家韵书”[⑤]。同时，由于自宋代开始官方多人编写、大量印行的强力参与，一改南北朝时期“韵书蜂起”而为“《广韵》一出其他韵书不传”，从而使得中古时期的语音规范

---

① 许观：《东齐记事》，濮之珍：《中国语言学史》，上海古籍出版社2002年版，第229页。

② 陆法言：《切韵·序》，濮之珍：《中国语言学史》，上海古籍出版社2002年版，第233页。

③ 孙愐：《唐韵·序》，濮之珍：《中国语言学史》，上海古籍出版社2002年版，第253页。

④ 陈彭年：《广韵·序》，濮之珍：《中国语言学史》，上海古籍出版社2002年版，第253页。

⑤ 濮之珍：《中国语言学史》，上海古籍出版社2002年版，第255页。

由私人的、多标准状态向国家的、单一标准的方向转变，“《广韵》因为是官修，人多、材料多，所以在收字、训解等方面都增加很多，全书共收字二万六千一百九十四，注解一十九万一千六百九十二。从语音研究来说，在保存中古语音、语义等方面，提供了丰富的宝贵资料。因为是官修，使这部字数较多、规模较大的韵书能刻印，并能大量发行。自从《广韵》发行以后，以前的韵书就逐渐不流行了”①。

3. 近古时期的官话

元代定都大都，政治中心北移，多种语言交汇使用，一种以北方官话为基础的汉语共同语开始出现；同时，《切韵》系韵书所规范的语音体系在隋唐时代已经和当时实际语音不合，宋代以后差异逐渐加大，而元政权推广八思巴文并颁布《蒙古韵》则进一步动摇了隋唐以来的切韵系语音标准在官方的法定地位。元代以来的政治经济文化的进一步发展导致平民社会的发育、城市规模的扩大以及识字人口的增加、识字阶层的分化，因此在唐宋诗歌文化高度发达之后便迎来元明清时期戏曲小说的繁荣，与唐宋诗歌文化所代表的中古切韵语音标准不同，戏曲小说是从语音和词汇的角度极大地丰富并推广了这一时期逐渐萌生的近古北音官话，其语音标志便是周德清的《中原音韵》。

元代的《中原音韵》开启了北音韵书的先河，元明时期文人的诗词取韵逐渐以此为准，并最终延续至清代的官韵——《音韵阐微》，北方官话音的位置日益巩固，《中原音韵》虽为乐府而作，但他的“正语”思想却继承了传统的“雅言”观念，“欲作乐府，必正言语；欲正言语，必宗中原之音”②。《中原音韵》因为以戏曲取韵并流传于民间，与传统切韵大异旨趣，故不为当时正统所看重，元明以来并没有明确的官方地位，但是它以实际语音，尤其以北方音为基础的语音标准却极易于北方官话区的日常使用和童蒙识字，明清以来的《韵略易通》《韵略汇通》和《五方元音》等韵书接受了《中原音韵》的语音系统，逐渐形成了北音韵书一派，用较为通俗易学和更加接近自身方言的方式简化了韵书的内容，用于日常使用和童蒙教学，从而促进了北音系韵书的传播。《洪武正韵》

---

① 濮之珍：《中国语言学史》，上海古籍出版社2002年版，第255—260页。

② 濮之珍：《中国语言学史》，上海古籍出版社2002年版，第255—260页。

为明代乐韶凤、宋濂等奉诏编纂的官韵，“以旧韵出江左，多失正”为由“参考中原雅音正之”编纂，在明代复杂的传统读书音、方言音和北方官话音的多重体系影响下，其正音标准是一个古今南北杂糅的语音系统，近于《中原音韵》的分韵归字但更趋于保守。

北方官话的崛起、北音韵书的出现和传播体现了元明时期汉语共同语基础方言的转移倾向，而传统的切韵系语音以及现实的南北方言差异依然极大影响了元明时期汉语共同语的语音标准，致使近古时期共同语标准在不同语言层面呈现了多元甚至混乱的模式。自13世纪初元定都北京，其后明清相继，至17世纪中叶的清代初期，北京方言历经了四百多年帝王都城的积累，在北方方言区中的优势日益突出；同时，城市市民生活的繁荣，白话小说的兴起，童蒙识字范围的扩大，明清官话逐渐成熟，在政治优势和文学传统的双重背景下，清代官韵《音韵阐微》出现。康熙五十四年（1715），李光地、王兰生奉诏编修韵书并改革反切方法，所切字音与北音韵书一脉相承，为清代北方官话音，为现代汉语语音的源头，开近代切音字运动“切音成字”之先河。

（二）《说文解字》《五经字样》和《康熙字典》

1. 上古时期的文字政策

秦统一天下，面对“田畴异亩、车途异轨、律令异法、衣冠异制、言语异声、文字异形”① 的社会状况，取得军事胜利的秦国于立朝之初采取一系列措施以建立中央集权的统一国家，其中重要的一条文化措施便是“书同文”的文字政策，秦始皇采用李斯的意见以小篆为正字，淘汰通行于其他地区的异体字。中央集权的强大秦帝国建立之后，政务日益繁重，用以奏秉行政事务的文字则开始简化，一种更为简便的文字形式——隶书开始出现，“秦既用篆，奏事繁多，篆字难成，即令隶人佐书，曰隶字”②，该种字体打破了六书的传统，奠定了楷书的基础，在很大程度上提高了书面语言的书写效率，经历了秦吏程邈的搜集整理后，普遍使用于汉魏时代。

汉代经学昌盛，经今古文两派由建武之后至东汉末年在政治上、学

---

① 许慎：《说文解字·序》，濮之珍：《中国语言学史》，上海古籍出版社2002年版，第143页。

② 卫恒：《四体书势》，《晋书·卫恒传》。

术上一直存在尖锐的斗争，古文学家为提高自身的政治、学术地位提出古文字学在经学上的崇高地位；同时，西汉建立之后重视识字教育，朝廷开始以字体、识字考试取士，字书逐渐出现，至东汉时期，伴随经今古文之争人们对于文字的解释日益混乱，许慎以“五经无双许叔重”的经学大师身份说解文字，将九千多个汉字按偏旁归纳为540个部首，后对每个汉字按照六书释义、释形，有时也注音，最后形成《说文解字》一书。《说文解字》以篆文为标准形体，并以古文、籀文和篆文别体为重文，对当时的文字进行了系统的整理，在某种程度上规范了东汉末年的文字使用，成为后世字书的典范。东汉末年，字无正体，文字失范，隶书已超越篆文成为文字使用的主体，以篆文为正体的《说文》受到极大冲击，熹平年间，朝廷命蔡邕使用八分书——隶书“诏定五经，刊于石碑”，史称“熹平石经”，碑文约20万字刻于46座石碑之上，成为东汉末年五经文字的官方定本，开后世石刻经书先河，对当时乃至后世的文字规范和书法艺术均产生深远影响。

2. 中古时期的文字政策

如同切音系韵书的官方化历程和文学化倾向，字书在中古时期同样经历一个由经学大师的专著传播推广为文人案头的工具书并最终由官方制度化的过程，并且同样出现了一个艺术化的阶段，而且由于汉语强大的文字和书面语传统，其官方化和艺术化完成的时间较官韵更早。

魏晋时期汉字字体发生巨大变化，行、草流行，楷书出现，汉字由隶入楷经历了又一次形体上的巨变，书法艺术兴起并制度化，于晋初设立“书博士”得以立官，文字规范开始以艺术和干禄的双重功能存于中古时期的文字政策中。

南北朝国家分裂、政权多变，社会五方杂处、汉夷混居，文字使用中的差互舛错日渐增多，且去古已远，汉字经历了由篆入隶、由隶入楷的两次巨大变化，《说文》等汉代的语言典籍与当下语言使用之间的差异已经很大，“五典三坟，竞开异义；六书八体，今古殊形。或字各而训同，或文均而释异，百家所谈，差互不少，字书卷轴，舛互尤多，难用寻求，易用疑惑”①。南朝梁武帝命顾野王编写《玉篇》，“猥承明命，予

① 顾野王：《玉篇·自序》，濮之珍：《中国语言学史》，上海古籍出版社2002年版，第179页。

缵过庭。总会众篇，校雠群籍，以成一家之制，文字之训备矣”[1]。《玉篇》以楷体字书的模式开后世字典先河，且由于自上古时期而来的强大文字传统，文字典籍甚至早于韵书成为奉诏而作的官方规范，“以楷书易篆文，用反切代譬况注音，使读者见字知音，见形识字，促成楷书的正体地位和中古语音的统一，有利于汉语文字的规范”[2]。至唐高宗上元间乃有孙强增字减注本及《玉篇抄》等节本，至宋真宗大中祥符六年（1013）陈彭年、邱雍等据孙强本修整，增字变序，更名《大广益会玉篇》，至元代又有节注本，后两者为今所见。

隋唐时代，传统中国的政治经济和文化逐渐走向中古时期的顶端，而科举取士对于九品官人法的取代更是将语言文字规范纳入国家政治制度体系之中，其中最突出的是唐代的文字政策。汉末以来，学出多门，文字讹谬，南梁《玉篇》等虽多有训解，但是卷帙浩繁，难以满足读书人日常使用的文字需要；而隋唐时代政治一统，儒学重归正宗，经学解读成为科举取士制度的重要内容，而这一系列改革措施中的首要问题便是文字政策，于是便有了颜师古的《五经定本》和《颜氏字样》。贞观初，唐太宗诏令颜师古于秘书省考订五经撰成《五经定本》，作为经学的标准文本颁行天下，又令其刊正奇书难字录成样本，作为楷体文字的书写标准供社会习用，其后，颜师古又专门针对当时文字中的谬误作《匡谬正俗》，“师古的《字样》当时被称为《颜氏字样》，它是在分析疑难字的形体结构、笔势笔意的源流变化的基础上制定的楷书标准写法，是以正字为使命的字书，突破经书用字，在全社会范围内规范文字”[3]。颜师古之后，唐代兴起字样之学，从社会用字和经学用字两个方面规范汉字，主要有颜元孙的《干禄字书》和张参的《五经文字》等，其中前者以四声分类，每字分俗、通、正三体，正体后世成为正楷，该书考辨颇详，有助于识字及书写规范的制定，后颜元孙的子侄书法大家颜真卿将《干禄字书》写录于石，传之甚广。至唐文宗年间又诏令依据东汉旧法刻十二经于石碑，世称《开成石经》。宋《类篇》，14 卷，宋仁宗宝元二年

---

① 顾野王：《玉篇·自序》，濮之珍：《中国语言学史》，上海古籍出版社 2002 年版，第 179 页。

② 李建国：《汉语规范史略》，语文出版社 2000 年版，第 100 页。

③ 李建国：《汉语规范史略》，语文出版社 2000 年版，第 115 页。

（1039）王洙、司马光等奉诏纂修，以《集韵》增字既多，与《玉篇》不合之处甚多，另纂《类篇》与《集韵》参照使用，至此中古时期韵书和字书均由官方颁布，传统中国语言政策框架中的两大内容——语音规范和文字规范基本确立。

3. 近古时期的文字政策

元明以来，伴随政治经济和文化的发展，如同共同语语音的变迁一样，文字的使用和政策与中古时期相比同样发生了极大的变化，以《字汇》《正字通》为代表的通俗实用、童蒙识字型字书的流行如同北音韵书，对于中古以来的传统字书产生了极大的冲击；同时，由于元明时期一则异族政治和政权多变，对语言使用关注无多，二则正统文人对于这些逐渐兴起的改革派语音文字体系并不认同，该类典籍多存于民间，官方的文字政策并不突出，而民间则戏曲盛行，小说萌兴，坊间雕版印书和私人藏书增多，语言使用中的市井俚语、新造词语不断出现，因此，自觉规范语言使用的通俗字书开始进入日常语言使用和童蒙识字领域，“明万历以来，国势渐弱，学术思想活跃，学者转以私人之力总结性的整理研究语言文字产生了自发地规范社会用字的通俗字书。这种通俗实用的字书主要有《字汇》和《正字通》，它们虽为正统文人所鄙薄，但在当时及后世的影响却是不容低估的”①。

有清一代，局面为之一变。康熙帝武功文治，诏陈廷敬、张玉书等编著一部“垂示永久”的字书，历六年而成《康熙字典》。《康熙字典》沿用《字汇》《正字通》体例，收 47035 字，分 214 个部首，体大思精，为有清一代字书的集大成者。《音韵阐微》和《康熙字典》这两部官方语音文字规范延续了元明以来改革派的语音文字方向，并在此基础之上整理完善、颁行天下，对元明以来的语音文字标准进行了官方的认定，最终完成了近古时期语音文字政策的主体内容。

（三）识字教育、科举取士中的语文措施

1. 汉代的识字教育和经今古文之争

自周代开始，中国便有识字教育，当时称为“小学”。秦始皇时期，将李斯《仓颉篇》、赵高《爰历篇》和胡毋敬《博学篇》合称

① 李建国：《汉语规范史略》，语文出版社 2000 年版，第 163 页。

"三仓"作为学童的识字课本和字体规范，汉代继承并发展了秦代的识字教育，识字课本除"三仓"之外更是出现了司马相如《凡将篇》、扬雄《训纂篇》、史游《急就篇》和李长《元尚篇》，并建立识字取士的行政制度。汉武帝以"罢黜百家、独尊儒术"建立大一统的政治思想，立《诗》《书》《礼》《易》《春秋》于学官，定为五经，又立五经博士，经学开始与仕途相系，一时之间经学大盛。由于先秦儒家经典历秦火之后散失颇多，汉初则由一些儒生口授并用隶书记录从而形成今文经，在朝廷发动民间献书之后，又出现了先秦时期使用大篆或籀书写的儒家经典，即古文经，两种字体不同、解释不同的儒家经典并存导致了汉代文化思想上的经今古文之争。因此，自汉代始，由于经学的正统地位和语言文字对于经学的解释功能，经学及其解释工具——语言文字成为传统中国政治制度的核心内容之一，在行政制度上体现为语言文字与干禄联姻，在语言学研究上体现为以解释经学为首要任务的训诂学兴起。

2. 隋唐时代的科举制度

隋唐时代以科举取士替代魏晋的九品官人法，儒学重归正宗，《五经定本》《五经正义》成为天下读书人的规范教科书，《颜氏字样》《干禄字书》则成为教科书中的标准字体，语言文字规范与国家的用人制度之间的关系重新被重视并通过这一时期日渐成熟的科举制度被进一步制度化，并成为传统中国此后文化政策的一项重要内容，"科举制度的建立，各种科目实行全国统考，因而需要统一的教学用书；而统一的教学用书，又需要统一的文字和文本，势必要求语言文字的规范化和标准化"①。

3. 明代的童蒙识字课本与清代的正音书院

伴随经济文化的进步和教育制度的发展，识字人口在明清时期较前代有更大的增加，这一时期是传统中国童蒙教育发展的成熟时期，《三字经》《千字文》《幼学琼林》等童蒙识字课本将识文断字的范围向城市生活和平民社会深层扩展，传统字书、韵书经历了隋唐时代制度化的阶段再次面临通俗实用和便于教学的社会需要，因此，代表新的语音体系和文字倾向的北音韵书和通俗字书成为这一时期童蒙识字中的主要力量，

---

① 李建国：《汉语规范史略》，语文出版社2000年版，第103页。

并逐渐成为明清时期语言文字规范的重要层面，对现代时期的共同语有深远影响。

传统中国的语言文字政策以书面语为主导既有社会历史的原因，也与汉语自身的结构特点有关，进入近代之后，历史发展遭遇剧变，经济文化的发展、社会结构的变化、异族政权的建立以及西方文化的冲击等各种因素不断累积叠加，对于传统中国的语言使用、语言政策产生巨大的影响，其中一个明显的变化便是语言文字政策由书面语向口语的扩展，其代表事件一为康熙年间《音韵阐微》的颁行，一为雍正年间正音书院的建立。雍正六年（1728）敕令“福建、广东两省督抚，转饬所属各府、州、县有司及教官，遍为传示，多方教导，务期语言明白，使人通晓，不得仍前习为乡音”①，于是闽粤各府州县应诏设立“正音书院”，以《康熙字典》和《音韵阐微》为语言文字规范学习京音官话，并于道光年间开始出现用于方言区正音教学的专门韵书，如《正音咀华》《正音切韵指掌》和《正音通俗表》等。

二 清末民国时期的语言政策

语言文字是传统中国典章制度和社会文化的重要内容之一，唐宋以来的官韵和字书传统发展至明清时期在制度上已经日益成熟，逐渐成为历朝历代开国建制的组成部分。近代以来，标准语音的口语化和文字的拼音化对传统官韵的语音系统和传统字书的文字系统进行了异乎前代的巨大变革，耳中所听和笔中所写都有了新的规范和标准，但是标准语音（官韵）和文字系统（字书）作为政权之初重要建制的传统却依然保持不变，从这个意义上说，民国时期的语言政策与传统时期的语文制度是一脉相承的，北洋政府、国民政府莫不如是。北洋政府读音统一会审定的国音、制定的注音字母代表了北洋政府语言政策中标准语音的方向和文字改革的主体；国民政府《国音常用字汇》审定的国语标准音和确定的国音字母两式则代表了国民政府语言政策中标准语音和文字改革的方向和主体，代表了国民政府语言政策的中心内容。

民国伊始，蔡元培执掌教育部召开读音统一会（1913），清末以来的

① 《清实录》第七册，李建国：《汉语规范史略》，语文出版社2000年版，第188页。

民间语文运动、知识分子的语言文字辩论以及清廷未能实施的各项措施开始在民国政府层面得以部分地继承和发展。“五四”时期，国语研究会（1916）在新文化运动的历史大背景中，以调查研究的学理方式为起点开始探讨国语的内容以及对于国家统一、社会教育的影响，掀开了国语运动的序幕，进而又于北洋政府成立官方性质的国语统一筹备会（1918），将原本由知识分子在民间进行的语文改革逐渐上升至国家层面，并正式公布了注音字母，出版《国音字典》，改小学国文为国语科。稍后遭遇复古思潮出现反复，国语运动的中坚分子在北方组建数人会（1925）研究制定国语罗马字母，继续学理研究传统，在东南则组建全国国语教育促进会继续宣传普及国语教育。国民政府建立后，国语统一筹备会改组为国语统一筹备委员会（1928），国语运动终于得到官方的全面认定，开始推行注音汉字，推广国语罗马字母，并正式颁布“小学国语科暂行课程标准”和“小学国语课程标准”。20 世纪 30 年代中期，伴随中文拉丁化研究会（1934）和国语推行委员会（1935）的建立，国语运动开始分流，官方的国语推广和民间的中文拉丁化运动开始以不同的方式在社会的不同层面发展，30 年代末至 40 年代末，中国进入了抗日战争和解放战争时期，官方的国语推广严重受阻，原本的发展轨迹急剧扭转，而民间的拉丁化运动则由于官方力量的削弱在解放区等地获得了相当的发展空间。

（一）“国语”的确立

进入现代时期之后，语言文字政策中一个异于传统时期的重要特征便是汉语共同语由明清官话向现代“国语”过渡，传统读书音和历史方言音在共同语语音体系中的比例一再被缩小直至基本剔除，北京音逐渐被确立为现代“国语”的语音标准。

1. 清末“国语”概念的提出

19 世纪，整个世界即将迈入现代时期的大门，传统世界的旧秩序日渐瓦解，现代社会的各种新力量开始萌芽，传统语言遭遇变革，现代语言逐渐兴起，从挪威的现代语运动到希伯来语的复兴运动再到中国的切音字运动，各国的语言运动无一例外地将各自国家、各自民族的语言卷入了现代语言的洪流中。清代后期，洋务运动中所提新学堂章程为清政府“国语统一”概念的提出埋下伏笔；戊戌变法虽然失败，但关于语言文字的一些措施却得以保留。其他如吴汝纶视察日本后提出的国语概念、1909 年清廷学部的“分年筹备语言统一”清单、1910 年资政院议员江谦的“质问学部分年筹办国语”说帖，以上种种均为清末国语相关的措施和主张，虽终因清廷覆亡而未能贯彻实施，但却为民国初期的读音统一会奠定了制度和学理的基础。与此同时，在中央政府摇摇欲坠的清末，民间力量和知识分子在语言文字政策中作用日益凸显，民间的切音字运动和知识阶层的语言文字论争均将国语统一的问题推向民族运动、社会发展的风口浪尖。

2. 《国音字典》出版

切音字运动和万国新语之争是清末语文运动的重要内容之一，其所涉语音文字层面的变革措施是现代中国语言政策的核心内容。民国伊始，临时政府成立读音统一会，将以切音字运动和万国新语之争为代表的多项语音文字争议兼容并包、融合折衷，最终认定国音、制定字母，并于会后有《国音汇编草》一本，但此后民国政府却便不再作为。1917 年，中华国语研究会①于北京召开第一次大会，选举蔡元培为会长，张一麐为副会长，并拟订《国语研究调查之进行计划书》，国语会一经成立便着力于促进注音字母的公布，并出版《国音字典》初印本。

3. 京国问题和《校改国音字典》

《国音字典》初印本出版后，国语统一筹备会推定《国音字典》校订专员钱玄同、汪怡和黎锦晖校核修订，1920 年，国语统一筹备会会员、南京高等师范学校教师张士一著《国语统一问题》，主张连注音字母带国音根本改造，提出以“至少受过中等教育的北京本地人的话为国语的标准”。同年，第六届全国教育会联合会于上海召开，响应了张士一的主张，议决“请教育部广征各方面意见，定北京音为国音标准，照此旨修正国音字典，即行颁布”，江苏全省师范附属小学联合会于常州通过议案，不承认国音，主张以京音为标准音，并且主张“不先教授注音字母”。11 月，国语统一筹备会领导人物吴稚晖、黎锦熙、陆衣言和范祥善

① 遵循清末以来以民间、在野力量为改革的原动力量，以政府为时隐时现的被动力量的语文改革模式，因此，在读音统一会一次形式上的盛会不能适应民初语言文字现状的情况下，民间的、在野的力量再次凝聚，中华国语研究会由此而生。

等在南京与“京音派”的张士一、顾实、周铭三和陆殿扬等讨论“京国问题”，但是并没有取得结果。12 月，北洋政府教育部将修订后的《国音字典》以训令形式正式公布。

教育部公布《国音字典》训令之后，国语统一筹备会刊布《修正国音字典之说明及字音校勘记》，即《国音字典附录》，对于《国音字典》修正本进行了说明和校勘，其中修正各点为八项三类：韵母之“ㄎ”等字音的修正，将拘滞古音或偏循方言者合于普通之读法，以及遗漏或排印错误者的补充改正；说明为三事：旧音之清浊各四声与国音之五声分配异同的说明，重申例言十二条，修正只及普通常用之字以及预告重印本改定之体例。1921 年 6 月，统一会出版《校改国音字典》（商务印书馆），10 月，王璞的《国音京音对照表》（商务印书馆）出版。

4.《国音常用字汇》

民国政府的语言政策实施发展至 20 世纪 20 年代中期，语言文字领域中有两个问题日益凸显：其一，标准语音的标准地方问题，即新老国音之争；其二，注音字母与国语罗马字母在国音体系中的地位问题，即注音字母与国语罗马字母之争。国民政府建立伊始，政府必须就以上两个问题给予一个官方的认定，解决新政权所面临的语言文字问题。

1923 年，前国语会组织的国语罗马字拼音研究委员会和《国音字典》增修委员会的成立为国民政府标准语音、国语罗马字母的出台埋下了伏笔。民初的“老国音”是传统“读书音”的继承，而“新国音”则是“口语音”的体现，《国音常用字汇》的出台给予新、老国音之争一个官方的解决，承认了新国音的法定地位，标准音之争尘埃落定：“新国音”取代“老国音”，“口语音”取代“读书音”。《字汇》在民国时期语言政策中的意义在于它把民国时期的“国音”和传统的“官韵”区别开来，第一次确立了“口语音”在共同语语音体系中的明确地位，标志着汉语共同语由传统时期进入现代时期，确立了现代汉语共同语的语音框架，对其后的汉语共同语发展有着深远的影响。

5.“中华新韵”和“全国方音注音符号”

20 世纪 40 年代，虽然困顿于战事紧张和银根吃紧，国民政府的国音规范和典籍的出台与出版却仍然延续了民国几十年来的传统，1940 年，新编七本《国音字典》出版，1941 年，国民政府公布《中华新韵》，并附有《中华新韵例说》和《国音简说》，同年，黎锦熙根据1931年的《注音字母总表》另拟“全国方音注音符号草案”。1948年，教育部公布《增订注解国音常用字汇》，同年，商务印书馆出版中国大辞典编纂处三部字书音典《新部首索引国音字典》《增订注解国音常用字汇》和《增订中华新韵》。

（二）注音字母、国语罗马字母、汉字简体以及注音汉字

民国时期语言文字政策异于传统时期的另一个重要内容是文字形式的变化和扩展：官方颁布并推广文字（辅助）形式——注音字母和国语罗马字母（后合称国音字母两式），开始将简体汉字纳入官方规范，并在识字教育中推广注音字母与简体字共现的注音汉字。同时，由于中国文化的传统和汉字本身的特点，文字的使用和改革历来是中国语言文字政策中尤为突出且易于引发社会关注的部分，现代中国语言文字政策的突破口正是文字的改革。

1. 清末的切音字运动和万国新语之争

20世纪的第一个10年，清廷将倾，民间思潮涌动，语言文字运动走到了一个古与今、中与西的十字路口，朝野上下、社会各层对于语言文字颇为关注。清末切音字运动在短短的十余年间提出了数十种拼音方案，为民国时期注音字母和国语罗马字母的制定提供大量的实践经验和社会基础；相对于民间注重实践和普及的切音字运动，知识分子则在形而上的层面讨论汉语汉字的前途和命运，其中最具代表性的即为吴稚晖和章炳麟，两位当世俊杰的万国新语之争虽然没有在终极问题上获得相同的看法，但是却在具体的操作上取得了一致的意见，两位均认为当下的各种切音字方案均是用来给汉字注音的便捷方法，尤其可贵的是小学大师章炳麟提出的切音方案颇为仕途日广的吴稚晖所看重，而这一点正给民国初年注音字母的制定埋下了伏笔。

以普及教育、提高民智为宗旨的切音字运动在民间推广的同时开始寻求清廷的支持，但却没有获得实质性的进展，卢戆章得了清廷一个“著总理各国事务衙门调取卢戆章所著之书详加考验具奏”的批谕，劳乃宣则得到学部的搁置不议和议员江谦的质问学部说帖。至1910年，清廷终于有所松动，经严复审查“采用音标试办国语教育案”报告资政院并获多数赞成通过，1911年，经学部中央教育会议议决审定音标及传习国

语等等办法。

2. 国音字母两式（注音字母、国语罗马字母）

清末的语文运动虽然在朝廷的官方层面建树无多，但是却为民国时期的语言政策提供了一个大致的框架和一定的社会基础，其中切音字运动中各种类型的切音方案，万国新语派中的汉语汉文的存废，语言观念上稳健、折衷和激进的三派均为民国时期注音字母、国语罗马字母的制定和推广、注音汉字的实施提供了理论依据和操作经验。清末语文运动以来的激进派、折衷派和稳健派于民初读音统一会三派林立、相持不下，最终由于激进派和稳健派在实践层面的一致性（合称汉字笔画派）导致注音字母的产生。

民初读音统一会制定注音字母后，历经国语会、国语统一筹备委员会等民间、官方机构的推动，注音字母得以公布并逐渐推行于社会，逐渐成为民国初期文字政策的主要内容。发展至新文化运动，在以《新青年》和《国语月刊》为中心的大论争中，伴随语言生活的发展和语言观念的转变，文字改革的方向开始向清末的折中派（此时的罗马字母派）倾斜，以国语统一筹备会和国语研究会为代表的官方语文机构和社会知识精英开始将国语罗马字母提上语言规划的日程。20 世纪 20 年代后期，注音字母经读音统一会审定、前教育部公布已有十余年，在国民学校和平民识字中亦日渐普及，俨然已成为国音字母的主体形式；与此同时，在新文化运动中日益受到知识精英关注的罗马字母，20 年代初又经历数人会的研究和国语统一筹备会的通过，与注音字母渐有分庭抗争之势，如同新老国音之争一般，面对语言生活中的文字形式之争，国民政府也必须做出官方的认定，以解决新政府面临的另一个语言问题。国民政府建立之后，国语运动官方化，国语统一筹备委员会开始整体规划当时的各种文字体系，将文字形式及其辅助形式——汉字、国语罗马字母和注音字母分别对待、各司其职，试图建立一个多层面的文字系统。

《国音常用字汇》作为国民政府建立初期的语文典籍，不仅是标准语音的规范，同时也是标准文字的规范，《字汇》对于当时的文字体系进行了全面的总结和认定：（1）关于国音字母，“本书用两次公布的两式国音字母记音"①；（2）关于汉字的简化（简体字），"故本书对于习见之简体字酌收若干，用小字附注于普通体之下，以示提倡"②；（3）关于汉字的整理（常用字），"于是依民十八（1929）十一月国语会第二次常委会的议决，按照国中各教育家统计所得的'常用字汇'等等，并斟酌增必要的若干字，定一范围较广的常用字数标准……"③《字汇》同时对注音符号、国语罗马字母和汉字在文字系统中的地位进行了全面的认定，从而明确了汉字和国音字母并存的文字系统框架。

3. 汉字简体

清末以来的语文运动导源于内政腐败、外敌环伺的社会背景下语言矛盾的凸显和激化，在启发民智、普及教育日益成为社会共识之后，文字形式的改革逐渐被推向语文运动乃至社会运动的风口浪尖，成为清末语文运动的突破口，具有维新思想和社会意识的知识分子开始将切音字、俗体字提上文字改革的日程。宣统年间，王、劳二氏的官话字母和简字经历了十几年的民间推行之后开始受到清廷的关注，而文字改革的另一种途径——俗体字也逐渐浮出水面，其中首推陆费逵。汉字的笔画减省（或者说简笔字、简体字）在民国时期的整体文字政策中并没有获得与注音字母和国语罗马字母同等的位置，清末陆费逵的文章、20世纪20年代初钱玄同的文章和提案于国语运动的洪流中几近湮没，尤其是新文化运动期，罗马字母成为文字改革的主流，传统汉字经历了较清末更加彻底的批判，前国语会秉承了新文化运动的语文观，汉字的整理和笔画减省并未受到多少重视，1923年成立的汉字省体委员会同国语会其他委员会相比成绩寥寥。国民政府成立初期，在其宏大的文字政策纲领中，国语罗马字母与注音字母各占半壁江山，几乎没有简体字的位置，尽管如此，即使是高举拼音文字旗帜的罗马字母论者也必须面对一个语言现实：在或短或长的时期内，拼音文字不可能代替汉字，汉字作为汉语的文字形式会短期或长期存在，那么汉字的整理和减省笔画工作也会短期或长期存在。相对于官方的较少关注，20年代后期由于实际使用的需要，民间

① 教育部国语统一筹备委员会编：《国音常用字汇·说明》，商务印书馆1932年版。

② 教育部国语统一筹备委员会编：《国音常用字汇·说明》，商务印书馆1932年版。

③ 教育部国语统一筹备委员会编：《国音常用字汇·说明》，商务印书馆1932年版。

关于简体字的研究逐渐增多。

4. 注音汉字

国民政府建立伊始的各项语言政策纲领中，注音字母与国语罗马字母是分属不同功能领域的两种文字（或者说文字辅助）形式，但是在面对全国百分之八十文盲的语言使用事实，国民政府掀起平民识字运动后，汉字加注注音符号的组合文字形式开始强力推行，国民政府的语言政策逐渐向以平民、儿童识字为目标的注音汉字方向倾斜，而国语罗马字母则最终由于社会需求、推行方式等诸多原因在国民政府的官方文字体系中的地位日渐式微。注音汉字成为国语推行委员会文字政策的主体内容，先后在注音汉字字模、“注音符号印刷体式”、注音汉字选字和注音汉字推行办法四个方面采取了一些措施和政策。

（三）小学校国语教育的改革和政府公文语体的改革

自上古时期的童蒙识字至中古时期的科举取士再至明清时期通俗实用型字书韵书的大量出现，教育和行政领域的语言文字措施和政策始终是中国传统语言文字政策的重要组成部分。进入现代社会，伴随受教育人口的增加和社会分工的细化，清末、民国时期教育和行政领域的语言文字措施在更大的范围和更深的层面上获得了进一步的发展，在教育领域主要体现为国文科改国语科，在行政领域主要体现为政府法律文件的语体改革。

1. 小学校国文科改国语科和“小学国语课程标准”

秉承清末以来语文改革与教育发展相结合的历史传统，20 世纪头十年国语统一筹备会的国语运动与 20 年代初全国教育界联合会的新学制改革运动互相呼应，将现代中国的语文教育推向了一个新的时期，颁布“修改国民学校令”及其“细则”，确立了国语在国民学校语文教育中的地位。20 年代初，全国教育界联合会、国语统一筹备会合作，国民学校国语教育实现划时代的改革，1920 年，教育部公布“修改国民学校令”及其“细则”，1922 年，第八届全国教育会联合会制定《新学制课程纲要》并开始在各地试行，1923 年中华教育改进社第二届年会、教育部国语统一筹备会第五次大会通过“小学国语课程纲要”修正案。此后，文言复古思潮侵袭国语运动，“小学读经”恢复的呼声一时弥漫朝野，1925 年，教育部“国语派”与“读经派”的谈判结果，一方面将注音字母限制于小学教育和通俗教育，另一方面则恢复小学读经，小学国语教育陷入低潮。

按照近代以来语文运动的发展规律，语言政策在官方层面发展停滞之后，往往会于民间层面寻求生存的机会，北洋政府教育部虽然一度恢复读经，但是“小学国语课程纲要”在20世纪20年代初已于各地试行，且其修正案由中华教育改进社和前国语会通过，该“纲要”及其民间的试行为国民政府成立之初颁行“小学国语科暂行标准”的原型和基础。1929年，国民政府教育部以“小学国语课程纲要”为基础颁行“小学国语科暂行标准”，“小学国语科暂行标准”规定小学国语科的目标之一是“练习运用本国的标准语，以为表情达意的工具，以期全国国语相通”，规定“说话”作业“专教标准语，仿佛和教学外国语一般，应聘能操标准语的人为教员，日常教授”。规定小学第三、四学年“国音字母的熟习运用”“字典辞书的熟习”，第五、六学年“国音字母和汉字互译”，同时规定初级小学毕业的最低限度“说话　能听国语的通俗演讲，能用国语谈话”“能自由使用国音字母和浅易字典”，规定高级小学毕业的最低限度“说话　能用国语演说”。1932年，教育部颁行“小学国语课程标准”，此“标准”是1929年“暂行标准”的修正案，有关“国音字母”的规定并没有作太大修正，只是将“国音字母”的提法改为“国音注音符号”。

2. 政府公文的语体改革

民国初年，公文程式和用语沿用清代的旧制，1912年临时政府内务部根据大总统令，“现今临时政府业已成立，所有行用公文程式，亟应规定，以期划一，而利推行”，办理公文格式。1914年，北洋政府“大总统公布官署公文程式令”，规定各官署公文分为“呈、详、饬、咨、咨陈、示、批、禀”八种，并划定各种范围。1916年，公布“公文程式”规定“凡处理公文之文件名曰公文”，公文名类包括“大总统令、国务院令、各部院令、任命状、委任状、训令、指令、布告、咨、咨呈、呈、公函、批”。由于政局动荡、政府内部各派别对于语体文的态度不一致，革新传统公文格式的“办法”在实际执行中步履维艰，此后近十年时间，包括教育部在内的各政府部门的公文仍然沿用文言文并且没有使用标点符号。

国民政府成立前后，1927年至1928年，三次公布或修正《公文程式体例》，规定“凡公文者，谓处理公文之文书”，公文之类别包括“令、训令、指令、布告、任命状、呈、咨、公函、批”[①]，与北洋政府1916年公布的“公文程式”大同小异。1928年，内政部颁布“暂行公文革新办法”，对民国以来的公文提出六项革新措施。1933年，教育部在推行注音符号时重新对公文用语体文有所规定，1933年7月，国民政府行政院训令所属“公文应采用简单标点，各部会定八月一日起实行，各部会附属机关定九月一日起实行”，并颁发“简单标点办法”三条。随后，国民政府文官处召开会议，议决“公文标点举例及行文款式”，该公文标点和行文款式和1930年制定的“办法”相比变动不是很大（只是省略了其中的一些内容），因而更为简单易行。1933年8月，行政院令发“各部会审查处理公文改良办法”，对国民政府公文的诸多方面进行了详细的规定。10月，国民政府公布“关于公文标点于1934年1月1日起实行的训令”，在中央党部、教育部和行政院的公文逐渐采用标点之后，国民政府将行政院现行的七项公文标点符号推向全国各机关。南京国民政府的建立给公文格式带来一些新的气象，但总体的状况并没有改变，虽然政府已经制定和公布了正式的办法，社会上也有呼声，但是此后政府执行得并不积极。

（四）科学名词翻译、译名讨论对于语言文字的影响

洋务运动是清代覆亡前的最后一次振兴，虽然没有真正力挽清廷于既倒，但却开启了近代中国多项事业的序幕，在语言文字政策方面尤有建树，同文馆和广方言馆的建立对于近代外语教育的作用自不待言，而前二者与江南制造总局在翻译西方科技著作上所担当的角色对于近代中国科技术语的贡献颇为当下研究者称道。

1. 清末的科学名词翻译

科学名词为近代以来对于某一学科专门用语的通称，是现代术语概念的前身。在晚清西学东渐的大潮中，作为基础和工具的科学名词翻译和使用经历三个阶段：第一阶段，经世派官员和文人倡导西学，引发近代科学名词译介的热潮；第二阶段，洋务派重臣创办洋务，国内知识分子逐渐参与传教士主导的科学名词译介；第三阶段，清末变法新政将科

---

① 《公文程式条例》，《政府公报》（1928）。

学名词的译介范围和规模大大拓展，包括大量人文社会科学名词在内的名词开始向社会渗透。学界关于自然科学名词的统一和使用对于中国近现代科学技术发展贡献的研究文献颇丰并已获得相当的学术成果，而关于科学名词（尤其是人文社会科学名词）对于中国近代语言政策影响的研究却相对较少。

2. 医学名词审查会

晚清的科学名词译介孕育了两个传统：一是洋务时期清廷和传教士机构主持的以自然科学名词为主体的科学名词译介，二是维新时期知识分子倡导的以人文社会科学名词为主体的科学名词译介。民国初期的科学名词审查和使用继承了晚清的两个传统，其中自然科学名词的审查和使用逐渐在以医学名词审查会为代表的权威机构中得到继承，并逐步形成制度化的审定过程，同时开始寻求官方层面的支持；人文社会科学名词的使用和统一则仍然较为分散地停留在民间知识分子及其出版机构层面，延续其广泛社会普及的历史传统，并于精英知识分子中引发了关于译名的大讨论。

与清末十年间大规模的留日风潮相比，始于1909年的庚款赴美留学生无论是人数规模还是政治缘起均不可同日而语。但是，历史的大倾向往往从社会的细微处萌芽，便是清廷这一万般无奈的回旋外交对民国时期的科学技术事业和自然科学名词使用和规划产生了深远的影响。中国科学社是中国最早的现代科学学术团体，由中国留学生1915年在美国康乃尔大学创办，旨在“提倡科学，鼓吹实业，审定名词，传播知识”，同年中国科学社《科学》杂志在上海创刊，作为民国时期最有影响的民间科学团体之一，中国科学社自成立之初便对科学名词的审查和统一极为重视并为此做出了大量细致切实的工作，在很多个学科填补了当时的空白。中国科学社早期的科学名词审查和统一工作主要体现在两个方面：一是由于中国科学社聚集了当时中国物理、数学领域的诸多科学家，在物理和数学名词的审定和统一方面做出杰出成就；二是中国科学社的杂志《科学》自1915年创刊至1950年停刊，在民国时期的科学、教育界具有广泛的影响。

3. 译名大讨论

清末，人文社会科学译名的输入日益增多，严复、梁启超、王国维和蔡元培等当世俊学均对新名词的翻译和使用功不可没，大量民间出版物在带来人文社会科学名词普及的同时必然带来名词的混乱，其中以严译词、日译词分呈之势，音译词和义译词的分野之界尤为知识界所论争，清末民初关于译名的大讨论因此产生。一场人文社会科学名词的讨论在所难免，章士钊便是这场讨论的首发。

在译名的问题上，音译、义译各有其理由，前者考量的是新概念、新思想引入汉语的完整性，从被引入语言来考虑翻译，在学理上自有其根据（音译保证了引入名词意义的完整性，义译往往是汉语对于该种名词的解释，而这种解释会因人、因时、因地、因源词而有偏差）；后者考量的是汉语的特点，意标文字和音标文字是差异很大的两种文字系统，对译时不仅要考量概念和思想，同时自然涉及语言系统本身的差异，如汉语中观念的联络和字面的推求，大量同音字的存在导致音译词的同音重复，各省读音不一导致音译词的发音不一致，中国和西方文化科技的巨大差异导致可以完全洽合的名词不过十之二三，使用音译词可能会产生十之七八的新词，当汉语中充斥大量难以联络和推求的音译词时，阅读时的困难会凸显。音译、义译分野的界定固然深奥难求，严译、日译纷呈的局面更是耐人寻味。首先是严译词的日渐式微。清末十年间的大规模留日狂潮给民国初年的中国社会带来了大量的留日学生、汉译日籍以及随之而来的日语借词；同时，清末科学名词译介的一支——维新派倡导的人文社会科学名词（政治、法律、历史和文学等）的译介，由于其特殊的政治原因，在清廷官方失去了发展的空间转而向民间寻求普及。其次是日译词的民间特征。由于清廷的涣散和维新派政治上的失败，大量来自日语的人文社会科学名词从一开始就缺乏官方因素，这一民间的身份决定了其在民国早期的发展主要是通过报刊、教科书、辞典、百科全书以及知识分子译名讨论来实现自身的使用和普及，几乎没有涉及权威机构或者准官方层面的科学名词审查和统一。

4. 科学名词审查会和译名的继续讨论

与国语统一筹备会起伏跌宕的曲折发展相比，科学名词审查会在北洋政府后期的工作相对稳定并成果斐然。医学名词审查会在民初努力寻求的多学科参与和政府认定的发展路线，在这一时期终于开花结果，1918 年该会更名为科学名词审查会并得到教育部批准，这一最初由传教士医生组织的民间机构最终发展成为民国时期下起民间上至政府最具影响力的名词机构。人文社会科学名词则由清末民初的译名大讨论中走出，在北洋后期经历了新文化运动和文言复古的种种社会思潮，关于译名标准的讨论虽一直未曾间断，不过由于在形而上的层面上难以达到类似自然科学名词的整体一致性，也无法形成类似科学名词审查会的制度建设和社会影响，而是继续遵循其清末以来的民间立场，坚持辞典和百科全书编纂的社会普及道路。清末以来译名的两大潮流在北洋后期基本上仍然按照各自的传统和路线，各成体系，没有更多的交叉。

5. 国立编译馆

经过10年的稳步发展，科学名词审查会于1927年年底将本会工作结束，并于1928年将工作移交国民政府大学院译名统一委员会，至此民国时期的科学名词审定工作终于获得官方的整体认定，成为国家语言政策体系的一个组成部分。1932年，国民政府成立国立编译馆。译名统一委员会乃至国立编译馆的成立，在科学名词的组织和制度建设方面具有重大意义，最终将晚清至民初孕育近百年的科学名词事业，由民间组织的科学名词译介行为转变为政府管理的术语统一机构，中国现代历史上的官方科学名词统一机构终于成立，而这距离清末学部科学名词编订馆的昙花一现已经20年了。国立编译馆为民国时期的科学名词编译和审查的官方权威机构，其体制和学术成果均为民国时期中国科学名词使用和规范的集大成。20世纪30年代中期开始，人文社会科学名词的统一和认定终于由民间走向官方，至40年代中期，虽然遭遇抗日战争的严重影响，使得本来较自然科学已经迟滞的发展更是苦心经营、勉力维持，但是在社会学、经济学、政治学、教育学和哲学等多学科内仍然均有成绩。至1946年，已经公布的人文社会科学名词共计35种，编订完成正在审查的共计21种，正在编订的名词共计37种，共计93种。

晚清以来，国门大开，西学东渐，传统中国的文化格局几被打破，由“艺学”至“政学”逐渐传入中国，民国之后，中外交流更加频繁，现代西方的诸多学科先后一一建立，这一重大社会文化思潮在语言上表现为科学名词的统一与传播，该种词汇现象对现代汉语多个层面的形成和发展产生了深远的影响，是民国时期语言政策的重要组成部分。

第二节　清末民国时期语言政策文献的整理研究[①]

清末民国时期语言政策文献的整理研究是现代中国语文运动研究的文献基础和历史回溯。自20世纪30年代罗常培的《国音字母演进史》[②]和黎锦熙的《国语运动史纲》[③]以来，清末民国时期语言政策的文献整理在不同历史时期，面对不同社会发展和学术思潮，大致呈现出语言学倾向和历史学倾向两种主要的文献整理模式，虽然有些时候这两种研究方法的边界并不是特别清晰。进入21世纪，伴随中国语言政策与语言规划研究初具学科雏形，清末民国时期的语言政策文献的整理研究开始兼采语言学、历史学、民族学和政治学等的理论和方法，以更加宏观的社会视角研究清末民国时期的语言状况和语言政策。

一　20世纪30年代的文献整理研究

20世纪30年代，现代中国语文运动经历了清末切音字运动的民间推广和民初北洋政府的规制初定，最终获得了国民政府的官方确认，清末以来在民间和学术领域孕育和发展的现代语文形式（注音符号、国语罗马字母、小学国语科、名词术语和公文语体化等）均以政府法令形式加以认定。在清代朴学传统与西方语言潮流碰撞交流的语言学背景中催生了民国时期语言学的新发展，清末民国时期语言政策文献的整理研究亦是其中一个方面。罗常培的《国音字母演进史》叙述了从明末到20世纪20年代（即1605年利玛窦方案到1928年国语罗马字方案）300多年间中国历史上各种汉语拼音方案的要点，黎锦熙的《国语运动史纲》则详尽梳理和叙述了国语运动的历史源流和各个层面，倪海曙在《清末汉语拼音运动编年史》[④]的“写在前面”中认为“罗书着重方案，近似方案

---

① 本节的目的是叙述清末民国时期语言政策文献的整理情况，作为本书的文献背景，而该领域的文献多为史论合一的著作，加之20世纪以来“语言政策”概念的流变亦是本书的术语基础，因此，本节将清末民国时期语言政策文献的研究状况一并阐述，只是主次、详略有所选择。

② 罗常培：《国音字母演进史》，商务印书馆1934年版。

③ 黎锦熙：《国语运动史纲》，商务印书馆1935年版。

④ 倪海曙：《清末汉语拼音运动编年史》，上海人民出版社1959年版。

史；黎著着重推行，称为运动史”。以罗常培的《国音字母演进史》和黎锦熙的《国语运动史纲》为代表的30年代语言政策文献的整理研究，开启了现代中国语言政策文献整理研究中语言学倾向和历史学倾向两种基本模式，此后的文献整理研究基本是这两种模式的延续或综合。①

（一）罗常培的《国音字母演进史》（商务印书馆1934年版）

罗常培的《国音字母演进史》原本为作者所著《中国音韵沿革》中的一章，20世纪30年代初国语统一筹备委员会开始筹备国语文献馆，《国音字母演进史》作为国语演进文献的重要内容之一，作者将单章扩展为单行本并于1934年由商务印书馆出版②。“虽然它③的第一式才有十五年的寿命，第二式才有五年的寿命，可是从三百年前就播下了种子，从近五十年来已竟在那儿欣欣向荣的发育滋长。期间不知经过多少次挫折，耗费了多少人的心血。我们如果承认国音字母对于文化推进跟教育普及上有相当的贡献，我们就不能漠视这一段史实，不能埋没这些前驱者的功绩！我所以要整理这一批材料就是为这个缘故。”④

《国音字母演进史》从语言的角度按照语言主张的不同将汉字改革主张分为急进、折中和稳健三派，叙述对比罗马拼音运动（折中派）和简字运动（稳健派）的各种方案。该书从国音字母之发端、国语罗马字之演进和注音符号之演进三个部分，分述国音字母演进的三百余年历史中涉及的方案及其他文献，包括：（1）耶稣会士对于国音字母之影响；（2）西洋人关于罗马拼音之论著举要；（3）西洋人所拟罗马拼音制之缺点；（4）罗马字母的萌芽期、发育期的10个方案和成熟期的机构、组织和法令，并有“中西各式罗马字比较表”三种；（5）注音字母的假名系、

① 同一时期的该类研究的单篇论文还有：钱玄同《以公历一六四八年岁在戊子为国语纪元议——与黎锦熙、罗常培书》，《国语周刊》1932年；心恬（罗常培）《刘继庄的音韵学——统一国语，调查方音》《官话字母与合声简字》，《国语周刊》1932年；贾尹耕《注音符号公布前之简字运动》，《国语周刊》1932年；白涤洲《从反切到拼音》，《国语周刊》1932年；黎锦熙《光宣语运史略》《民二读音统一大会始末记》，《国语周刊》1932年，1933年；等等。

② 该书初版后，商务印书馆连版数次；1959年，文字改革出版社又再版并改名《中国拼音字母演进史》。

③ 国音字母。

④《国音字母演进史·自序》。

速记系、篆文系、草书系、象数系、音义系等33种方案，并有“简字运动三分期”和“注音字母基本原则”两篇以及“各式简字与注音符号比较表”两种。

（二）黎锦熙的《国语运动史纲》（商务印书馆1935年版）

1931年，国语统一筹备委员会议决整理档案，布置国语文献馆，黎锦熙受委托草定《国语运动史纲》，同时上海商务印书馆三十五周年纪念刊向黎锦熙约稿《三十五年来国语运动》。黎锦熙随写随寄，共寄稿十次，后遭遇“一·二八事变”，书稿或延误或草就。1934年，黎锦熙“先就原稿，从事订补，厘为三卷，再作《续编》，续叙三年来事，断至本年五月初旬，勒成一卷”①。

《国语运动史纲》分四卷四个时期梳理叙述1898年至1934年近40年间的国语运动②，从社会运动的角度按照三个阶层对于国语的不同作用③把国语运动分为四个时期：（1）“切音”运动时期（1898—），主要述及卢戆章的“切音新字”和吴稚晖的“豆芽字母”；（2）“简字”运动时期（1908—），主要述及王照的《官话字母》、劳乃宣的和章炳麟的“纽文”和“韵文”；（3）“注音字母”与“新文字”联合运动时期（1918—），主要述及读音统一会、国语研究会、国语统一筹备会和其他建设事业略谱；（4）“国语罗马字”与“注音符号”推进运动时期（1928—），先分蝗战（文白之争与小学读经）、蛰伏（议定国语罗马字和修订国语标准音）、龙飞（公布国语罗马字、改组国语统一会、中国大辞典编纂处和改定注音符号名称）和龟走四个部分叙述20世纪20年代后半期至30年代初的国语运动，再分“国音常用字汇”、国语罗马字推行、中国大辞典编纂处工作和国语统一筹备委员会行政四个部分，叙述1931年至1934年的国语运动。《国语运动史纲》正文后附“本书所载教

---

① 《国语运动史纲·总序》。

② “卷一卷二叙自清光绪中（十九世纪末）到民国十二年（一九二三）凡三期约三十年间的事，辞尚简要；卷三叙民十三（一九二四）到民二十（一九三一）第四期八年间事，稍伤曼衍；卷四续编第四期最近三年间事，更苦繁芜。这是因为时代越近，所引的文件越多，文件中大半是些现行法令之类，故须附载全文以便参考。因此，过去的前三期中应引入的文件多从略，那只好请读者参检附注的参考书，或将来的《国语文献汇编》了。”（《国语运动史纲 总序》）

③ “大凡一种‘运动’，总是起于少数先知先觉这一种有意的宣传，跟着社会上一般人士受其影响而相与追随，政府也就受其影响而起了反应。”（《国语运动史纲 总序》）

育法令索引”，黎锦熙希望通过这个教育法令的索引引起国语界的同志们和一般教育界，尤其是教育行政界的注意。“固然‘徒法不能以自行’，但既有法又岂可熟视而若无睹。例如国语会近来接到关于注音符号推行的建议办法颇不少，但都不曾援引民十九教育部颁行的各省市县推行注音符号办法二十条，那里头什么办法都包括了的，可见是忘记了，或者是从来就没有看见过这个法令。”“法令索引”后又附“本书所引重要论文函椟索引”，“把那较有关于文献而被本书偶然引到的篇目著录出来，聊备查检”①。

二 20 世纪四五十年代的文献整理研究

20 世纪 50 年代，伴随中华人民共和国成立，简化字、汉语拼音方案和推广普通话三项语言政策获得了推广实施的制度保障，抗战以来国语国文研究的学者积累和官方语言管理机构——文字改革委员会的建立，使现代中国语言政策研究在理论和应用的多个领域均有丰硕成果。20 世纪四五十年代出版的倪海曙“拼音文字运动史”系列研究②和 50 年代文字改革出版社的“拼音文字史料丛书”（1956 年至 1958 年）及《清末文字改革文集》（1958 年）③ 为该类研究的代表④。其中，倪海曙“拼音文字运动史”系列继承了《国语运动史纲》“运动史”的研究传统，但不同于《史纲》全面叙述分析国语运动的语音文字、词汇语法和教学法等

① “卷尾附一全书重要名词的国音‘索引’这是照例的事情，但在中国著述界并无此例，只因编排汉字，次序难定，检寻不便，其实一依国音，编检都易，本书作此，略表提倡。”（《国语运动史纲·总序》）

② 《中国拼音文字运动史（简编）》（1948）、《中国语文的新生——拉丁化中国字运动二十年论文集》（1949）、《清末汉语拼音运动编年史》（1959）等。

③ “清末切音字运动的原始资料，我在 50 年代已经搜集二十二种编入《拼音文字史料丛书》出版，另外还编了一本《清末文字改革文集》和一部历史长编《清末汉语拼音运动编年史》，也都在 50 年代出版了。这方面的史料算是全了。”（《清末汉语拼音运动编年史·写在前面》）

④ 同一时期其他涉及清末民国时期文献整理的还有：周有光《文字改革概论》（文字改革出版社 1961 年版），书中涉及汉字改革的意义和历史，认为汉字改革运动的历史分期还是一个有待研究的问题并提出个人观点，又在注中提及了罗常培、黎锦熙、陈望道和倪海曙 4 种历史分期方法；方师铎《五十年来中国国语运动史》（台湾国语日报出版社 1965 年版）梳理了 1911 年至 20 世纪 60 年代初（1949 年之后限于台湾地区）共 50 年间国语运动的历史等。

多个层面，“拼音文字运动史”系列梳理“拼音文字”的历史发展，对语言政策的其他层面基本不作涉及。“拼音文字史料丛书”（1956年至1958年）和《清末文字改革文集》（1958年）则延续了《国音字母演进史》“方案史”的学术精神，与《国音字母演进史》系统扼要的语音学分析不同，“拼音文字史料丛书”和《清末文字改革文集》述而不作，搜集整理文献但基本不作解释分析。

尽管20世纪60年代之后，倪海曙的“拼音文字运动史”系列研究和文字改革出版社的“拼音文字史料丛书”戛然而止，但是以这两种系列研究为代表的20世纪四五十年代语言政策文献的整理编校，在继承民国时期国语运动史论研究方法的基础上，开启新中国语言政策文献整理编校的新模式，具有重要的方法论意义和文献价值，是维系现代中国语文运动史论研究的基本线索之一，也是建立当代中国语言规划学科不可断裂的重要一环。

（一）倪海曙的文献整理研究

倪海曙著《中国拼音文字运动史（简编）》[①] 延续《国语运动史纲》“运动史”的视角，沿用《国音字母演进史》的年代跨度，认为中国拼音文字运动是一场上启17世纪初明末耶稣会传教士罗马字注音下至20世纪40年代拉丁化新文字的文字运动，并分为6个历史时期加以梳理叙述：（1）明末耶稣会传教士的罗马字注音；（2）教会罗马字运动和西洋人的华语拼音方案；（3）切音字运动；（4）注音字母运动；（5）国语罗马字运动；（6）拉丁化中国字运动。拉丁化新文字是该书尤为侧重的内容，正文之后有3个拉丁化新文字附录：拉丁化出版物调查、拉丁化和国语罗马字的中间派——林迭肯的“国语拼音文字”和胜利一年中的中国拼音文字运动。该书同时附有19张插图，很有特色。

倪海曙编《中国语文的新生——拉丁化中国字运动二十年论文集》[②] 收集了1929年至1949年20年间拉丁化中国字相关论文9编149篇，“第

① 倪海曙：《中国拼音文字运动史（简编）》，上海时代书报出版社1948年版；倪海曙编：《中国字拉丁化运动年表》，中国拉丁化书店1941年版。

② 倪海曙编：《中国语文的新生——拉丁化中国字运动二十年论文集》，时代出版社1949年版。

一编代表理论和方案的研究起草时期；第二编代表国内初步介绍和讨论时期；第三、四、五编代表国内正式提倡和广泛研究讨论时期；第六、七编代表抗日战争时的推行讨论时期；第八、九编代表抗日战争后的推行讨论时期”①，用以说明这20年的拉丁化中国字运动并以此为研究者提供资料。

倪海曙著《清末汉语拼音运动编年史》② 是“一本分年整理和编写的清末汉语拼音（切音字）运动的历史”③，自1891年至1911年20年间，逐年分条记录切音字运动相关的人物、理论、方案、写法、推行以及其他贡献等内容，计254条。该书包括“清末汉语拼音运动年表”“清末汉语拼音方案一览表”，书末附有索引，正文附有插图。该书关于清末切音字的材料翔实周全，但是与黎锦熙全面深入的“运动史”系列研究相比，该书在一定程度上缺乏基于语言问题或社会状况而进行的分析研究，“这本编年史只能作为一本整理过的或分年编排的清末文改史料看，还不是根据当时社会发展情况作了深刻分析的正式的清末文改史。在编写的当时，编写者限于学力，时间又少，也的确是仅仅以整理文改史料、提供专家们研究作为目的的”④。

（二）文字改革出版社的文献整理编校

1956年至1958年，文字改革出版社出版的“拼音文字史料丛书”和《清末文字改革文集》单行本，内容涉及明代、清末和民国时期文字改革史料的收集、整理和编校。其中第一类《拼音文字史料丛书》为影印本，包括：(1) 明代《西儒耳目资》（利玛窦撰）等2种；(2) 清末切音字方案《一目了然初阶》等20种和论文《驳中国用万国新语说》1种；(3) 民国时期语文杂志《国语月刊》汉字改革号1种。第二类为编校本，包括：(1) 明代学者研究史论《刘献廷》1种；(2) 清末切音字方案史料《江苏新字母》1种和文字改革史料《清末文字改革文集》1种；(3) 民国时期

① 倪海曙编：《中国语文的新生——拉丁化中国字运动二十年论文集》“后记”，时代出版社1949年版。

② 倪海曙：《清末汉语拼音运动编年史》，上海人民出版社1959年版。

③ 《清末汉语拼音运动编年史》“内容提要”。

④ 《清末汉语拼音运动编年史》“内容提要”。

会议史料《1913年读音统一会资料汇编》1种。[①]

文字改革出版社整理编校的近现代文字改革史料（尤其是编校本），不仅为近现代语言政策文献收集保留了重要史料，并且在继承民国时期史料整理编校传统的基础上提出了近现代语言政策文献整理编校的基本类型。(1)“人物类”文献的整理编校。所编《刘献廷》一书收集和整理了“明末清初中国第一个研究文字拼音化的人”[②] 刘献廷的相关资料，包括：清人所著刘献廷传、表传记两篇（全祖望《刘继庄传》、王源《刘处士墓表》）；三篇介绍和研究刘献廷的论文（梁启超《论刘继庄》、罗常培《刘继庄的音韵学》、钱玄同《与黎锦熙、罗常培书》）；刘献廷有关语言文字的若干摘录（《广阳杂记》的片段）。(2)“方案类”文献的整理编校。所编《江苏新字母》一书将“清末五种拉丁字母切音字方案的第二种”[③] 江苏新字母重新整理点校成册。(3)“会议类”文献的整理编校。所编《1913年读音统一会资料汇编》将“我国历史上第一个讨论汉语读音统一和汉语拼音方案的会议”[④] 读音统一会的议事规则、会员名单、会员们在会上提出的拼音方案提案，以及最后通过的“注音字母”的基本原则和方案等汇编点校成册。(4)“综合类”文献的整理编校。所编《清末文字改革文集》一书收集编校有清末文字改革和汉语拼音的著作、序跋、论文、奏折、说帖（会议提案）、书信、演说等六十余篇。

三 20世纪后期及21世纪初的文献整理研究

(一) 20世纪后期的文献整理研究：

经历了20世纪六七十年代政治变迁，清末民国语言政策文献的整理

---

① 文字改革出版社的文献整理编校工作基本上也是由倪海曙完成的。“为了这个目的，编写者做了三件事情：一是编辑了一套‘拼音文字史料丛书’（清末的部分共22本、32种，其中有7种是新发现的材料，由文字改革出版社出版）；二是编辑了一本《清末文字改革文集》（内容有序跋、论文、奏折、提案、书信、演说等六十多篇，也由文字改革出版社出版）；三是编写了这本编年史。前面两种是原始材料的收集，保存和公开；后面这一种是材料的整理。这样对于清末汉语拼音或文字改革的历史研究，可以有比较方便的条件，同时也了结了编写者长期的心愿。”（《清末汉语拼音运动编年史·写在前面》）

② 文字改革出版社编：《刘献廷》，文字改革出版社1958年版。

③ （清）朱文熊：《江苏新字母》，文字改革出版社1957年版。

④ 文字改革出版社编：《1913年读音统一会资料汇编》，文字改革出版社1958年版。

研究枝叶飘零。至80年代伴随改革开放的深入，技术进步和国际视野成为时代主题，清末民国语言政策文献的整理研究方有回春气象。80年代后期，倪海曙编著《拉丁化新文字运动的始末和编年纪事》[①] 开启破冰之旅，至90年代，王均《当代中国的文字改革》[②] 和费锦昌《中国语文现代化百年记事》[③] 提出中国的“语文现代化概念”，高天如《中国现代语言计划的理论和实践》（1993）则将西方的语言规划概念引入清末民国语言政策文献的整理研究领域。80年代的技术进步和国际视野让20世纪后期的清末民国语言政策文献的整理研究充满活力，呈现勃勃生机；与此同时，经历了六七十年代研究断层的学术界，在不断出现的国内问题和大量引入的国际理论之间也出现了一定程度的难以适应和无所适从。

倪海曙编著《拉丁化新文字运动的始末和编年纪事》是作者“近代汉字改革运动”系列之一，受“文化大革命”影响延误出版，“我本来的计划，是想把近代汉字改革运动的四个阶段：清末切音字运动、国语运动（包括注音字母和国语罗马字运动）、拉丁化新文字运动和新中国建国以来的文改运动，各印一些原始资料，各编一部历史长编”。[④] 该书分为“拉丁化新文字运动始末”和“拉丁化新文字运动编年纪事（1928—1955）”两个部分，后附分类索引。其中“拉丁化新文字运动始末”分为产生、介绍和推行三个阶段梳理拉丁化新文字运动的历史，并附有插图；“拉丁化新文字运动编年纪事”是按年月、按地区逐条编排的拉丁化新文字运动的历史长编，计1674条。因为是“文革”之前的旧作，《拉丁化新文字运动的始末和编年纪事》基本延续了倪海曙20世纪四五十年代的文献整理思路方法，使用编年体的体例，侧重拼音文字（尤其是拉丁化新文字）的层面。

王均主编《当代中国的文字改革》（1995）的绪论部分“新中国成立以前的文字改革”涉及清末民国时期语言政策文献的整理和研究，将

① 倪海曙编著：《拉丁化新文字运动的始末和编年纪事》，知识出版社1987年版。

② 王均：《当代中国的文字改革》，当代中国出版社1995年版。

③ 费锦昌：《中国语文现代化百年记事（1892—1995）》，语文出版社1997年版。

④ 倪海曙编著：《拉丁化新文字运动的始末和编年纪事》“写在前面”，知识出版社1987年版。

辛亥革命后的“语文现代化”运动归纳为“语言的共同化、文体的口语化、文字的简便化、表音的字母化”[①]，将清末民国时期的语文运动分为汉语拼音运动、简化字运动、白话文运动和国语运动四个历史时期加以叙述。不同于倪海曙文献整理系列的侧重拼音文字，《当代中国的文字改革》面对改革开放十余年之后的社会发展和学术思潮，运用“语言现代化”的概念重新解释清末民国时期的语文运动和文字改革，强调语言政策中拼音、简化字、白话文和国语的四个方面，在一定程度上回归黎锦熙的“运动史”研究框架。费锦昌《中国语文现代化百年记事》（1997）亦使用“语文现代化”（五化）[②] 概念表述语言文字的演进和语文生活的进步，同时沿用倪海曙编年纪事的体例，从 1892 年卢戆章的《一目了然初阶（中国切音新字厦腔）》出版起始到 1995 年该书发稿截止，逐年分条记录百余年间跟语文现代化有关的重要人物、著作、会议、活动、文件以及理论研究等内容，计 3014 条。

高天如著《中国现代语言计划的理论和实践》[③] 使用“中国现代语言计划”的概念定义中国现代汉语文改革和建设，从文体、共同语、拼音、简化字和书写款式的角度叙述清末民国时期语言政策相关的理论主张、学术争鸣、团体机构、提案决议、推行实际和研究成果等内容，包括：（1）晚清时期的语文改革及其历史地位；（2）白话文运动和汉语书面用语的变革；（3）汉文书写款式和标点符号的更新；（4）国语运动和现代汉民族共同语的音系研究；（5）文艺语言的大众化和“大众语”问题；（6）“国语罗马字”的研制及其应用实际；（7）“拉丁化新文字”的研制及其历史作用；（8）现代史期的汉字简化工作。《中国现代语言计划的理论和实践》迥异于 20 世纪四五十年代倪海曙文献整理系列注重拼音文字的语言主张，与同一时期的“语文现代化”提出的“四化并举”概念亦有所区别，该书利用西方现代语言规划的理论框架，强调共同语和

---

① 王均主编：《当代中国的文字改革·序》，当代中国出版社 1995 年版。

② “我们取周有光先生的说法，中国的‘语文现代化’即语言共同化、文体口语化、文字简便化、表音字母化。我们再加上‘一化’语言文字信息处理电脑化。这‘五化’既指作为交际工具的语言文字本身的演进，也指社会语文生活的进步。”（《中国语文现代化百年记事（1892—1995）》“前言”）

③ 高天如：《中国现代语言计划的理论和实践》，复旦大学出版社 1993 年版。

文体在清末民国时期语言政策中的作用，不再采用罗常培、黎锦熙以来的语文运动历史分期法，而是按照语言政策的内容分述清末民国时期语言政策的各个方面。

（二）21 世纪初的文献整理研究

进入新世纪，引入的“语言政策”“语言规划”概念逐渐替代了本土的“语文现代化”概念，成为语言政策研究领域的基本术语之一，并以此逐渐开始了具有中国风格的语言政策与语言规划研究，在“构建语言生活，提高语言能力”的现实语言需求中构建语言政策与语言规划研究的核心理论和方法论，共时的（国别）和历时的（历史）比较研究成为构建中国语言政策和语言规划方法论的重要组成部分。国别研究在 21 世纪前 10 余年间日益升温，渐有成为显学之势。语言政策和语言规划历史研究则以民族学、政治学的角度，尤其是使用语言政策、语言规划理论的概念和方法，在国语、国音、切音字和语文教科书等语言专题研究上[①]呈现了交叉学科的精神和中国风格的研究；就研究整体而言，虽偶有通史或断代史的著作，但由于缺乏新材料支撑和新理论统贯，依然存在碎片化的倾向。

在语言政策和语言规划的概念和方法逐渐影响语言专题研究的同时，21 世纪初期的主要史论著作依然选择了“汉语规范”和“语文改革、规范”的概念，表明了由国际语言政策语言规划研究中引入的西方概念与本土的“语文改革”“汉语规范”等概念之间确实存在语言理论与语言现实的差异性，这种差异性一方面让研究者纠结于理论与现实之间的不相容性，另一方面也为创立中国风格的语言政策和语言规划提供了可能。

---

① 对国语、标准音、切音字和语文教科书等语言专题均有较为新颖深入的探讨，主要论文有：罗志田《抵制东瀛文体：清季围绕语言文字的思想论争》，《历史研究》2001 年第 12 期；李宇明《清末文字改革家论语言统一》，《语言教学与研究》2003 年第 2 期；于锦恩《民国时期官方确定汉民族共同语标准音的历史回顾与思考》，《云南社会科学》2004 年第 1 期；黄晓蕾《民国时期政府方言政策概述》，《中国社会科学院研究生院学报》2006 年第 4 期；沈玲蓉、陈雨师、范佳颖《清末民国小学语文教科书编者特点探究》，《语文建设》2019 年第 6 期；袁先欣《语音、国语与民族主义：从五四时期的国语统一论争谈起》，《文学评论》2009 年第 4 期；叶宝奎《民初国音的回顾与反思》，《厦门大学学报》（哲学社会科学版）2007 年第 5 期；王东杰《“声入心通”：清末切音字运动和“国语统一”思潮的纠结》，《近代史研究》2010 年第 5 期；王理嘉《国语运动与汉语规范化运动》，《云南师范大学学报》（哲学社会科学版）2011 年第 6 期。

李建国的《汉语规范史略》[①] 以“规范”的概念表述中国传统时期的语言文字政策，概说中国从西周到清末三千多年语言文字政策历史，总结传统语言文字规范三条实施途径：（1）由国家制定规范标准，用行政力量向社会推行；（2）以学校教育为基地，培养人才，带动社会语文规范；（3）编纂语文辞书，贯彻规范宗旨，传播规范成果。提出传统规范标准传承性、兼容性和调适性三个特征。认为以传统规范可以作为当代语文规范三个问题的参照：（1）现代汉语规范标准问题；（2）规范词典问题；（3）规范研究和管理问题。《汉语规范史略》的时间跨度上启周礼文化下至清末切音字运动，恰与《国语运动史纲》在历史年代上互相衔接，虽然两者通史、断代详略各异，“规范”“运动”名称不同，但是《汉语规范史略》所议及的规范实施途径、基本特征和现实观照，与《国语运动史纲》所主张的从社会运动的角度分别社会阶层研究国语历史的“运动史”研究，在研究方法上有某种异曲同工之处。苏培成的《当代中国的语文改革和语文规范》[②] 根据周有光的语文现代化理论用“语文改革”和“语文规范”囊括当代中国的语言文字政策和规划，主要论述了1949—2007年间中国的语文改革和语文规范的历史，其“前奏（1892—1948）”分6个部分：（1）时代呼唤语文改革；（2）从切音字到注音字母；（3）白话文运动；（4）国语运动；（5）国语罗马字和北方话拉丁化新文字；（6）简体字运动，梳理清末民国时期语言政策的历史。[③]

第三节　本书文献的来源、简注和线上建设

民国是现代中国文化剧烈转型的时代，文化承载工具的重要变化之一是报纸期刊等现代媒体的孕育和发展，语言政策文献以政府公报和语文杂志等现代媒体形式为载体得以公布、传播和保存，本书力求全面系统地搜求和梳理民国时期语言政策中与注音字母、国音等文献相关的各

---

① 李建国：《汉语规范史略》，语文出版社2003年版。

② 苏培成：《当代中国的语文改革和语文规范》，商务印书馆2010年版。

③ 清末民国时期语言政策文献的相关整理研究的著作还有：于锦恩：《民国注音字母政策史论》，中华书局2007年版；黄晓蕾：《民国时期语言政策研究》，中国社会科学出版社2013年版等。

类报纸杂志，试图通过政府公报和语文期刊以及其他报纸杂志为基础编著民国时期相关语言政策文献辑录并建立文献数据库。民国也是现代中国社会剧烈动荡的时代，民国初年由于共和草创，某些文献很难搜求，民国后期则因为烽火连绵部分文献缺失不完整，例如20世纪40年代的《国语周刊》，就编者所见所存版本模糊缺失甚为严重，本书力求对这些时段的文献多方寻求、勤加考证，以期给读者提供一个较为完整的文献形式。本节就所辑录的1912年至1930年注音字母、国音等相关文献的来源、简注和线上建设进行介绍分析，以利读者使用。

一　文献的来源

（一）本书辑录文献主要选自政府公报和语文杂志等期刊

1. 政府公报类：主要为民国中央政府注音字母和国音的相关政策法令，也包括少量地方政府的相关语言政策，苏区和其他地区的相关语言政策文献不作涉及。

（1）本书辑录《政府公报》文献34件，其中中央《政府公报》32件，《江苏省（政府）公报》2件，内容涉及：①读音统一会，②注音字母半日校和国语讲习所，③注音字母及次序和书法体式，④《国音字典》，⑤国语统一筹备会和国语研究会，⑥小学校国文改国语科。

（2）本书辑录《教育（部）公报》110件，其中中央《教育（部）公报》86件，《蒙藏委员会公报》1件、《铁路公报》1件、《江苏教育行政月报》1件、《教育周报（杭州）》1件、《京师教育报》5件、《福建省教育行政月刊》1件、《浙江教育》1件、《江苏教育公报》5件、《河南教育》2件、《浙江教育行政周刊》5件、《浙江教育》1件，内容涉及：①注音字母传习所、教材、经费、师资、铜模，②（修正）国民学校令及细则，③国语研究会简章、进行计划书，④高等师范学校国语讲习科及简章，⑤国语统一筹备会规程、会员、分会，⑥国语讲习所，⑦小学校国文改国语科、小学教员加试注音字母和国语文、国语教授办法，⑧国语（音）留声机片课本，⑨《国音字典》及《附录》、修正《国音字典》，⑩语体文，⑪国音电报，⑫注音符号推行委员会及办法。

2. 期刊类：分为“国语类”期刊和其他期刊两类。

（1）本书辑录“国语类”期刊38件。《官话（国语）注音字母报》《国语月刊》《中华国语励进会刊》《全国国语运动会刊》《国语月报》《国语旬刊》《国语周刊》等“国语类”期刊是民国时期语言政策文献的重点和特点之一。该类杂志或为民国时期语言文字管理机构“国语统一筹备（委员）会”和“国语推行委员会”的官方期刊，或为民国时期语言文字运动核心人物，如黎锦熙、钱玄同、吴稚晖等所创办的民间杂志（民国中后期重要的学者文章大部分存在于该类杂志之中）。其中《官话（国语）注音字母报》12件，内容涉及：①注音字母传习所开课、周年纪念，②语言统一，③王璞肖像照，④《官话（国语）注音字母报》周年纪念；《国语月刊》7件，内容涉及：①国语统一筹备会议案、致函，②中华教育改进社国语议案，③钱玄同《注音字母与现代国音》；《国语周刊》3件，内容涉及：①丁山《国音字母与汉字革命》，②疑古玄同《记数人会》，③黎锦熙《国语研究会的年谱和我们的严重的声明》；《国语旬刊》1件，内容涉及：谭耀宗《国音电报第二次研究之结果——给四洮路局的报告文件》；《中华国语励进会刊》2件，内容涉及：①C. H.《国语运动是什么?》，②黎锦熙“《中华国语励进会会刊》祝词”；《全国国语运动大会会刊》7件，内容涉及：①全国国语运动大会缘起，②全国国语教育促进会简章草案，③国语专修学校第一届国语话专科、第三届国语师范科简章，④国音字母歌，⑤ㄏㄐ《国语运动的办法述要》，⑥后觉《乡村小市推行国语的方法》；《国语月报》6件，内容涉及：①黎锦熙、蔡元培“全国国语运动会题词”，②全国国语教育促进会大事记、职员一览、题词、国语教育状况调查表，③蔡殿楫《四洮铁路发明利用国音字母改革电报之实况》。

（2）本书辑录其他期刊29件。《教育杂志》《东方杂志》《新青年》《新教育》等或可补充“国语类”期刊出版（1922年）之前的文献（如前3种），或可提供与“国语类”期刊语言政策观点主张有讨论争议的文献（如《新教育》），是民国时期语言政策学者文献的重要补充。其中《教育杂志》10件，内容涉及：①读音统一会通告、进行程序、摄影，②女子注音字母传习所，③第五届全国教育会联合会年会“推行国语以期言文一致案”，④吴稚晖《论注音字母书》、退之《我的国语统一观》，

⑤国语统一筹备会第五次大会摄影；《东方杂志》2 件，内容涉及：①邢岛《读音统一会公定国音字母之概说》，②伧父《论国音字母》；《新青年》7 件，内容涉及：①国语研究会的讨论建立，②钱玄同《论注音字母》，③吴敬恒《致钱玄同先生论注音字母书》《论注音字母书》，④朱有畇《反对注音字母》，⑤钱玄同《对于朱我农君两信的意见》《答《君“广韵注音字母的格［疑］问”》；《新教育》3 件，内容涉及：①张士一《国语统一问题》，②周铭三《国语的意义和他的势力》，③中华教育改进社第三届年会国语教育组议决案；其他 6 件。

（二）本书辑录文献分为政府法令和学者论文两种基本类型

政府法令多选自民国中央政府的《政府公报》和《教育（部）公报》，件数相对较多，但篇幅相对较短。该类文献反映了民国时期国音的社会分布和政策实施，对于该时期国音政策中的一些基本问题均有较为完整的体现，如注音字母的公布及次序和书法体式、国音传习机构（官话字母传习所、注音字母传习所及国语讲习所）的历史沿革和发展线索、国语研究会的建立和国语统一筹备会的设置、《国音字典》的公布与修订以及小学校国文改国语科等。学者论文多选自期刊，件数相对较少，但篇幅相对较长。该类文献反映了民国时期国音的学理建构和问题讨论，一些争执四起、讨论激烈且社会影响深远的语音问题尤其获得关注，如 20 世纪头十年关于注音字母与传统官音的继承与发展（吴稚晖、钱玄同于《新青年》所载文章）、20 年代前期京音与国音问题（黎锦熙、张士一于《国语月刊》《新教育》等杂志所载文章）和 20 年代后期的全国国语运动（《全国国语励进会会刊》《国语月报》）。

《民国时期语言政策文献辑录（点校本）》（注音字母、国音及其相关文献）（一）所辑录政府法令和学者论文，试图在呈现民国时期社会语音状况和国家语音政策的同时，关注语音学的学理构成和学术讨论，两类文献既各自呈现又互相补充，反映民国时语音政策发生发展的张力和趋势。

二　文献的简注

民国时期语言政策文献涉及中国现代社会由传统向现代的过渡时期社会文化的多个层面，典章制度繁复，机构人物众多，于历史发展的旋涡深处潜藏文明更替和世界进步的静流。本书对于所选文献涉及的期刊、人物和事件等以脚注形式加以简要说明和注释，以说明由传统时期向现代时期过渡的过程中语言政策相关的典籍源流、期刊人物和机构制度，简要解释该领域的一些名词术语，利于读者使用所选文献。大致可以分为三种类型。

（一）清末民国时期语言政策相关的期刊、人物和法令等

1. 期刊等

简要说明所及期刊等的出版时间地点、发行时间和责任人等，包括：《官话字母报》《政府公报》《教育杂志》《教育公报》《东方杂志》《京师教育报》《新青年》《注音字母报》《国音汇编草》《国音检字》《国语新文字论》《驳中国用万国新语说》《新世纪》《中华国音留声机片》《国语留声机片》《兴华》《国语学讲义》《国音浅说》《新方言》《新教育》《国语月刊》《高元国音学》《中华国语励进会会刊》《国语周刊》《教育部公报》《大学院公报》《国语旬刊》《浙江教育行政周刊》《河南教育》等。

2. 人物

简要注释所及人物的出身背景以及在语言学领域的建树贡献，包括：吴稚晖、胡以鲁、王照、卢戆章、陈懋治、张一麐、张国淦、王璞、阎锡山、冯国璋、刘冠雄、段祺瑞、范源廉、黎锦熙、钱玄同、章炳麟、汪怡、袁希涛、蓝建枢、黄侃、胡玉缙、曾彝进、端方、陆而奎、王运闿、高梦旦、傅岳棻、李廉方、钱穆、张士一、刘半农、吴汝纶、严修、张百熙、萧友梅、梁启超、胡适、朱经农、陶行知、康同璧、林纾、傅增湘、严工上、何炳松、刘大白、蒋梦麟、左宗棠、宋恕、谭嗣同、蔡锡勇等。

3. 法令、会议和机构等

简要说明所及法令、会议和机构等的时间、内容和作用，包括：“统一国语办法案”、读音统一会“国语统一事项”及会员录、“奏定学堂章程”及“学务纲要”、“国民学校令”及“施行细则”、“高等小学校令施行细则”、官话字母义塾、注音字母传习所、国语讲习所、国语研究会、全国教育会联合会、北京高等师范学校、南京高等师范学校、国语统一筹备会、金陵大学、社会实进会、上海续行委办会、高等法文专修馆、

通州协和大学、北京华法教育会、孔德学校、大学院等。

（二）传统时期音韵学相关的典籍和人物

1. 典籍

简要说明所及典籍的时间、作者和内容等，包括：《声类》《六书通》《广韵》《切韵考》《切韵指南》《字母切韵要法》《切韵指掌图》《平水韵》《韵府群玉》《菉斐轩词韵》《中原音韵》《音鉴》《类音》《洪武正韵》《七音略》《四声等子》《五音集韵》《释名》《音论》《玉钥匙歌诀》《音韵阐微》《大般涅槃经》《一切经音义》《昭明文选》《五车韵府》《康熙字典》《韵集》《五方元音》《语言自迩集》《等韵一得》《国语》等。

2. 人物

简要注释所及人物的出身以及在音韵学领域的建树贡献，包括：陈澧、守温、陆法言、孙炎、李登、吴澄、张位、兰廷秀、方以智、樊腾凤、李汝珍、郑庠、周颙、沈约、神珙、江永、玄应、钱大昕、葛洪、徐邈、顾炎武、段玉裁、江有浩、陈第、李光地、张惠言、戴震、孔广森、王念孙、严可均、黄以周、郑玄、刘熙、高诱、何休、刘献廷等。

（三）其他一些语言学名词和机构

苏州码子、唐古突语、安南语、暹罗语、上海白话、苏州白、北京白、广州白、国际世界语协会、世界语、基督教女青年会、基督教青年会、正音书院、輶轩使者、桐城派、国语、国文科改国语科、京国派与国音派、文言雾与国语风、官话字母和简字、劝学所、官音和读书正音等。

三 文献的线上建设

编著者同时积极筹备本书线上的文献数据库，力图在本书出版后投入运行。

1912 年文献

教育部官制案

第一条 教育总长管理教育、学艺及历象事务，监督全国学校及所辖各官署。

第二条 教育部职员除各部官制通则所定外，置职员如左[①]：视学（荐任）、技正（荐任）、技士（委任）。

第三条 视学十六人，承长官之命掌学事之视察。

第四条 技正二人、技士八人，承长官之命掌技术事务。

第五条 教育部总务厅除各部官制通则所定外，掌事务如左：一、关于直辖学校及公立学校职员事项；二、关于教育会议事项；三、关于审查及编纂事项；四、关于学校卫生事项；五、关于学校图书馆、博物馆等修建事项；六、关于教育博览会事项。

第六条 教育部置左列各司：普通教育司，专门教育司，社会教育司。

第七条 普通教育司掌事务如左：一、关于师范学校事项；二、关于中学校事项；三、关于小学校及蒙养园事项；四、关于普通实业学校事项；五、关于盲哑学校及其他残废等特种学校事项；六、关于以上相等之各种学校事项；七、关于学龄儿童就学事项；八、关于检定教育

---

① 原文行款为竖排下行，经常使用“如左”“右列”等字样。

事项。

第八条 专门教育司掌事务如左：一、关于大学校事项；二、关于高等专门学校事项；三、关于与以上相等之各种学校事项；四、关于外国留学生事项；五、关于历象事项；六、关于博士会事项；七、关于国语统一会事项①②；八、关于医士、药剂士开业试验委员会事项；九、关于各种学术会事项；十、关于授学位事项。

第九条 社会教育司所掌事务如左：一、关于厘正通俗礼仪事项；二、关于博物馆、图书馆事项；三、关于动、植物园等学术事项；四、关于美术馆、美术展览会事项；五、关于文艺音乐会演剧事项；六、关于调查及搜集古物事项；七、关于通俗教育及讲演会事项；八、关于通俗图书馆、巡行文库事项；九、关于通俗教育之编辑、调查、规划等事项。

第十条 教育部主事员额至多不得逾八十人。

第十一条 教育部参事，佥事，主事定额以部令定之。

第十二条 本制自公布日施行。

（《政府公报》③ 1912 年第 9528 期）

---

① 1911 年，清廷学部召开中央教育会，学部大臣交议“统一国语办法案”获多数议决通过，提出：（1）设立国语调查会调查国语的语词、语法和音韵；（2）选择雅正通行之语词语法音韵，编纂国语课本、语典和方言对照表等；（3）明确以京音、四声和官话为标准；（4）订定音标；（5）设立国语传习所并于学堂教习。教育部官制案所提“国语统一事项”是前清中央教育会“统一国语办法案”的历史延续，为读音统一会的召开提供了行政合法性。

② 关于“国语统一事项”所属有司，清末官话字母设计者、民国读音统一会副会长王照有不同观点，“谓此乃议行拼音字，为普及白话教育之用，应属社会教育司；今乃属专门司，是已入韵学范围，抹煞本旨矣”。（黎锦熙：《国语运动史纲》，商务印书馆 1935 年版，第 50 页）

③ 《政府公报》，日刊，1912 年 5 月创刊于北京，1928 年 6 月停刊。北洋政府机关刊物，登载北洋政府的命令、呈批、公文和通告等。

临时教育会议第十八次议事日程

元年八月初八日星期四午前八钟

一 继续第十七次议事日程未决各项；一 采用注音字母案已提前议 初读；一 实业学校令审查报告 再读；一 专门学校令审查报告 再读。

（《政府公报》1912年第100期）

教育部部令

第二十七号

（读音统一会章程）

读音统一会[①]章程

第一条 教育部据官制第八条第七项筹议国语统一之进行方法，特开读音统一会。

第二条 读音统一会由教育部主持，于民国二年二月十五日开设于教育部，会期预计历两三月。

第三条 会员之组织如左：一、教育部延聘员，无定额。二、各地代表员，各省二人由行政长官选派，蒙藏各一人由在京蒙藏机关选派，华侨一人由华侨联合会选派。

第四条 会员之资格如左：一、精通音韵；二、深通小学；三、通一种或二种以上之外国文字；四、谙多处方言。合右列四种资格之一者均得充本会会员。

第五条 本会职务如左：一、审定一切字音为法定国音。二、将所

---

① 关于读音统一会名称，前清翰林院编修严修亦有不同意见，“（王照）过天津，访严修，述及会名，修曰：此以‘读’书之‘音’相号召，与我辈倡行此事之原意迥为两事；君之赴会，效果殊未可知！”（《国语运动史纲》，商务印书馆1935年版）

有国音均析为至单至纯之音素，核定所有音素总数。三、采定字母，每一音素均以一字母表之。

第六条 行政长官选派代表宜就本省之合格人员选派，亦得就本省人员之侨居京津等处者就近指派。

第七条 聘员川资旅费由部酌量支给，代表员川资旅费各由原派机关酌量支给。

第八条 会议各项细则俟开会时订定。

中华民国元年十二月初二日

教育总长范源廉

（《政府公报》1912 年第 217 号）

蒙藏事务局函

元年十二月三十一日

（蒙藏事务局致教育部派

王锡恩等前往读音统一会莅会函）

迳启者

前准贵部函称读音统一会准于民国二年二月十五日在部开会，兹已届期应由本局派员莅会。查本局主事王锡恩通晓藏文，汪海清通晓蒙文，特派该员持函前往莅会，即请贵部派员接待入场为要。此致。

（《政府公报》1913 年第 282 期）

教育部读音统一会会员录

江苏十七人：吴敬恒（稚晖）[①]，陈懋治（仲平），汪荣宝（衮甫），顾实（铁僧），华南圭，陆而奎（炜士），邢岛（瘦山），杨曾皓（焕芝），董瑞椿（懋堂），王寉（云轩），白振民（振民），朱炎（炎之），谢冰（仁冰），胡雨人（雨人），黄中强，伍达（博纯），朱孔彰（仲我，安徽代表）；

浙江九人：胡以鲁（仰曾）[②]，杜亚泉（伧父），汪怡安（一庵），马裕藻（幼渔），钱稻孙（稻孙），朱希祖（逖先），许寿裳（季黻），杨䟼（洁臣），陈浚（子英）；

直隶八人：王照（小航）[③]，王璞（蕴山），马体乾（子良），刘继善（敬之），王修德（新邦），王仪型（式文，号希岐），张瑾（促苏），陈恩荣（哲甫）；

湖南四人：舒之鎏（贻上），周明珂（芷佩），李维藩（麓石），陈遂意（文会）；

---

① 吴稚晖（1865—1953），原名朓，后改名敬恒，学名吴纪灵（又称寄蛉），字稚晖，江苏武进人。前清举人，后留学法国并参加同盟会，出版《新世纪》报，鼓吹无政府主义，并就中国之使用世界语与章炳麟论战。自 1913 年，吴稚晖历任民国读音统一会会长，国语统一筹备（委员）会副会长、主席，全国国语教育促进会会长，国语推行委员会会长等政府语言管理机构要职，对民国时期语言政策产生重要影响。

② 胡以鲁（1888—1917），字仰曾，浙江定海人，著《国语学草创》（商务印书馆 1923 年版）。《国语学草创》分 10 编，前有章炳麟的序言，后附《论译文》，书中论述了语言的起源、发展，方言、共同语以及汉语在语言学上的地位等问题。

③ 王照（1859—1933），字小航，号芦中穷士，晚年又号水东，河北宁河人。1900 年，王照因戊戌获罪隐居天津，创制官话字母便于俗用。1901 年，在日本出版《官话合声字母》。1903 年，在北京创办官话字母义塾，并出版了合声字母注音读物多种。王照所创京音官话字母是清末切音字运动在北方地区影响最大的一种，对于民国时期注音字母的制定和推广有直接影响。

福建四人：卢戆章（雪樵）[1]，蔡璋（子英），林志烜，陈宗蕃（莼衷）；

广东四人：郑藻裳，罗赞勤（世芳），陈廷骥，杨耀鲲（华侨代表）；

湖北三人：严正炜（彤甫），陈曾（孝通），李哲明（惺侨）；

四川三人：廖平（季平），蒋言诗（志吾），王锡恩（捷三，藏代表）；

广西三人：汪鸾翔（巩庵），蒙启谟（警民），朱资生；

山东二人：张重光（绍宣），隋廷瑞（辑五）；

山西二人：杜曜箕（星南），兰承荣（向青）；

河南二人：陈云路（子怡），李元勋（午樵）；

陕西二人：李良材（桐轩），高树基（培支）；

甘肃二人：水梓（楚琴），杨汉公（显泽）；

安徽二人：洪逵（荠舲），程良楷（子箴）；

江西二人：高鲲南（瀚九），徐秀钧；

奉天二人：李维桢（子栋），张德纯（子文，回代表）；

吉林二人：乌泽声（谪生），王树声（宇清）；

黑龙江二人：赵仲仁，刘澍田；

云南一人：夏瑞庚（小琅）；

贵州一人：姚华（茫父）；

新疆一人：蒋举清；

蒙古一人：汪海清（子瑞）。

籍贯不明者一人：孙鸿哲。

以上八十人中，延聘员三十人，部派员又十余人，余则各省选派之代表也。[2]

（《国语运动史纲》，第51—52页）

---

① 卢戆章（1854—1928），字雪樵，福建泉州人。9岁读书，18岁应试，21岁至25岁于新加坡学习英文。1892年，卢戆章创制“快切音字”，提出以南腔官话为标准音，为清末切音字运动第一个提出的切音方案。1898年，卢戆章由福建至北京将其方案呈交清政府，被搁置。1905年，再呈，之后用汉字笔画另定方案，三呈，清政府学部译学馆文典处以该方案“声母不完全”“韵母无入声”“写法乖谬”将其否决，卢氏无奈之下只好回厦门继续在民间推行。

② 《国语运动史纲》所载名录与《1913年读音统一会资料汇编》，文字改革出版社1957年版，有出入，后者所载读音统一会会员录计69人，会员席次表75人。

论教授国文当以语言为标准

（潘树声）

教授之法由教育之方针而变者也，故吾欲研究国文教授法则必先发一问题曰："今吾所期望于生徒者，其国文当至何种程度而后无憾乎?"海内人士志杂言庞约分两派：甲派视国文太重，见生徒之文俚而不华，虚弱而不充，而字里行间不免疵累也，则相与喟然太息谓文学之将废，国粹之不能保存，推其意，若欲人人能为贾董韩欧之文而后快；乙派视国文太轻，谓今日与列强竞争，暨人民生活之关系不在国文而在科学，若徒以国文相引重，犹是科举时代之中国也，近□年来又略变其□曰："文取应用而已，学校内之生徒能阅书报、通讯问足矣"。

由甲之说，当以此事让之中学以上之专科，至一般之国民非惟无暇抑亦不必。且在科举时代，学者为文大抵庸滥恶劣，揣摩时尚，束书而不观，其真能研精文字发扬国学者，亦仅耳听于时势，则乙派之说必能战胜甲派无疑也。而今之教授国文者，饫闻乎新义，则亦口主张乙说而施于实事仍无异于甲派之所云云，授课之时循例杂选古人文字，逢期命题作文而已，生徒所作之文与所读者不相关也。又以牵于他科，视国文高远难学，成功匪可日月冀，非有偏嗜者则遂恝置之，故毕业时所为文章，与未入校之前若无大异。掌教育者虽日倡议注重，国文教师删改涂乙，虽至繁苦而收效卒鲜，若是者何也?以乙派所谓应用，尚未有其标准也。

今试发一问题曰："国文至何种程度而后能应用乎?至何种程度而后能阅书报、通讯问乎?"研究此问题者，吾当闻其说矣。曰："国文有高等、有普通，所谓应用者，普通之文也。"则试又发一问题曰："国文果以何种程度为普通之文乎?"夫文字非若学校然，高等与普通厘然有其界画也。浸假教普通文者，令学生读书操翰必不越雷池一步，而入于高等之域则闻者必将失笑，盖高等、普通之界说无以定。斯其论议，不攻而自破。于是有强为分析者，甲之言曰："普通之文屏华崇实，不矜藻缋，舍曲取直，不务迂回，高等则病其陋而拙矣。"乙之言曰："普通之文，理论不必奥，征引不必博，出语不必雅驯，高等则病其浅而俗矣。”丙之说曰：“高等之文用字繁夥，普通文则可规定若干字以能应用为止。”丁之言曰：“高等之文，句法常简，示意言外，为普通文毋宁引申之，是人人易晓（例如一县尚不能治而况国乎？当改为一县尚不能治，国之事大于县，则国必不能治）。”以余所闻，异说蜂起，要不外是四类。顾如甲所云高等之文不必华而曲也；如乙所云关于学理，而于文理无与，学理不足者，虽日从事于所谓高等之文，其文不能高等也；至如丙说之规定若干字，此事颇为文明之障害，泰西诸国未之前闻；又若丁说之改定句法，似较合儿童之心理，然遂以此为高等普通之界，则岂其然乎？窃以鄙意断之曰：“文无所谓高等、普通也，今人读唐虞三代之文，以为高等文之源泉，顾其文多杂以方言，且葩经三百，半出里巷之歌谣，安在其为高等也?”高等、普通之界说不能定，于是应用之标准亦随之而不能定，应用之文今日所急，宜研究而定一标准者也。标准乌乎定？曰：“定以语言。定以语言者，顺乎语言之自然而利用之，以习文字也。”其理由有二：

（一）吾人欲学文字，当思文字之由来。上古有语言无文字，嗣以语言之效用不能传后而及远，故文字与焉。然则文字者，特语言之符号耳。唐虞三代，古意未漓，言文尚未大分，故尚书多当时俚语乡曲，小民本其天籁亦娴吟咏。文字至于晚近，与语言愈远而愈难者，皆后世文人之过也。就理论推之，人能语言，则学符号即当能文字，而事实上不能者，符号易识而机调难熟也。夫文章之机调实无异于语言，稍能文之士皆知之矣。

（二）吾人欲教儿童，当知儿童之本能，就本能而扩充之，此教育之原理也。人生而有口舌，自其牙牙学语以至就传其语言，已无蹇涩不通者矣。导其语言于文字，当必有迎刃而解之乐，舍语言而教文字，徒苦儿童耳。向者塾师之不知教授，与国文典之未尝发明，人所同病也。然今年齿稍长者，幼皆受塾师教育而亦未尝不能文，则何以故？曷回忆儿时学文之状况乎？在塾师讲授时，聆其语气，察其离合抑扬之故，积久经验乃始有悟，今学校教师用塾师之长去其短，积以数年，必有成效。其年龄稍长，语言较灵敏而国文有未洽者，由此法而沟通之，当更易易也。

而或有非难余言者矣，曰：“西人言文一致，中国不尔，国文之难坐此，教授之不能利用语言亦坐此。”余应之曰：“文字无中外，皆难也。欲人人为文学家，固中外咸以为难；即浅近之文，其难已大杀。”西人学西文者亦未尝不难之，观其小学教育以读法、书法与算术并重可知。浸假出之于口即能笔之于书，则无须注重矣。且夫西文之规范，若单数复数 Number、若男性女性 Gender、若时 Tence、若格 Case、若冠词 Article，与夫字形之变化，于文法上实皆无必须之理由，其浪掷人之脑力于无用之地远过于中文，故中文文法简，而西文文法繁，此稍治西文者所能知也。儿童之天性乐简单而苦复杂，而竟有以简为难者，诚不知其何说矣？顾或犹谓西文文法虽繁而言文一致，故易于中文，不知方言谚语随地而殊，中外之通例也，谓言文不一致，岂惟中国？欧美下流社会语言驳杂亦难绳以文轨，谓言文一致，中外相较特有等差耳，吾国亦未尝不一致也。何则西人皆屈曲语，一字数音，语根变化，其文如之。吾国为独立语，一字一音，一音一义，语根不变化，而文亦如之，故俗语多可入文，且以语言解文字时往往吻合，不须增减，非言文一致能有此乎？西人以中文为难，无惑也，言文实不一致也。以中国之人而学中文，日由其中而不知，乃亦盲从西说，主张标音。不知满蒙藏皆标音文字，其族通文者亦不能多于本部，即云满蒙藏文化未兴。彼西人曷亦以为难？而于小学重读法书法也。嗟乎！吾国事事效颦，乃并数千年相传之文字，有统一全国之功，无流动不居之弊（吾国自近世上溯至唐虞三代，无不可通之文，西文源出希腊、拉丁，今非习其专科不能读矣，即此可知标音文字当采与否）。国人不急图教授改良，使日以光大，而反立说摧坏之，甚矣！吾国人之不思也。

夫吾谓应用文当以语言为标准，其理由既如上述，曰：“应用文必不夸多门靡，缒幽凿险，务为恢奇之观也，惟求能叙事述意而已”，语言之用则亦犹是尔。吾所期望于生徒，则亦犹是尔，标准既定于是教授之法，可随时向标准进行。其法累幅不能尽，约举其大者有二：

（一）读本

读本，首选义。义有深浅而文无深浅，例如《论语》之文非不明白易晓，惟其义至深，故儿童苦之。与浅人作深语，岂必文字，即促膝接谈亦难领悟矣。西国小学先课童话而后及文，由是道也。次选词，例如

《萧选》之文，其词大率铺张扬厉，累牍不休，绳之以义，实可数语而尽，斯第用为美观耳，去语言远矣。选读本时当选周秦汉文，不拘篇幅长短，择其不假造作而近于天然者，儿童与天近，必易于拍合耳。又当选今人之文，若契约、若书讯、若公牍，搜集式样以资应用。次选字，择语言常用之字，分别为最要、次要，应儿童之程度而讲授之。而于一篇之后，更依本文缀以白话，此时暂用方言，俟国家标准语既定则改用标准语。是说也，可由文字统一之成功而收语言统一之效果，且令儿童练习语法，一洗向者但能文字不善语言之通弊也。

（二）作文

教作文之法维何？（甲）谋联络。课读本，所以学为文也。儿童记忆力最强，摹仿最富，宜利用其摹仿性。例如读本有“吾试语汝”句，既以语言解明之，即以此语言摹仿为文字，读书愈多，可摹仿者愈广。前后错综之，而生变化焉，再三复习之，而使纯熟焉。读本化文字为语言，作文由语言为文字，其间消息有可通者。且古今之文虽汗牛充栋，而文法实止此数，能文者非能别创一异格，特袭取古人机调据为己有，久假不归耳。今以有意识、有方案之教授行之，其文必能日进也。（乙）定范围。吾既言应用文为叙事述意矣，则当以记事、论事两种为范围，而使生徒致力焉。设一事令生徒记之，更令推考之，或由教师陈述，或与儿童问答，或径由儿童以己意说明，然后握笔为文。其先不必命题也，初等小学有时不须命题，高等以上俟文成而为之标题，或令生徒按文制题，而教师订正之，以洗从前有题无文，拉杂塞责之病。（丙）分程度。儿童语言由单简而复杂，为文亦然。初等小学常不过数十字，至高等以上累数百言矣。虽然以此分程度尚未为确也，吾谓程度之分当以生徒能记何事、能论何事为准，又当以生徒于同时间能记若干事、能论若干事为准。初等固宜单简，高等以上可于一小时间，令连续记数事或作说帖数则。盖文之优劣本不在字之多寡，且社会应用之文亦不必累数百言，持此说者仍是科举之故智耳。科举已废，而犹拾其余，沈不已颠乎？

或曰：“信如子言，以语言为标准，学文可无难乎？”曰：“文字无中外，皆难，余固言之矣。定一标准特欲减少其难之程度耳，夫语言，声也，发于口而闻于人之耳；文字，形也，出于手而触于人之目。其器官之作用本不能一，此其所以难也。教授国文者，务使接近而几于一焉，则请以语言为绍介。”

（《教育杂志》[①] 1912 年第 4 卷第 8 期）

① 《教育杂志》，月刊，1909 年在上海创刊，至 1948 年 12 月停刊，共出 33 卷，教育类刊物。该刊由教育杂志社编辑、商务印书馆发行，首任主编陆费逵。该刊旨在研究教育，改良学务。民国初期，尤其在《新青年》《国语月刊》等语文杂志创刊之前，登载多篇语文教育、语文改革文章。

1913 年文献

教育部读音统一会开会之通告

教育部日前通告各省云：国语统一职属本部，采用注音字母曾经临时教育会议议决在案。本部依据议案筹开读音统一会为国语统一进行之初步，爰设筹备处，延聘专员，担任一切。兹由筹备处拟就开会进行程序一册，并由部酌订会章八条，准于民国二年二月十五日在部开会，附上会章一份，即希查照办理。

（《教育杂志》1913 年第 4 卷第 11 期）

教育部读音统一会进行程序

此会由教育部征集。依照公布官制，教育部有统一国语之职务，又依临时教育会议“采用注音字母议决案”，应即特别开会实行采定注音字母，以为统一国语之资藉。惟语言音韵之事头绪纷错，苟进行之次第稍有颠倒，或定立之名称稍有含混，即可歧行误解，变易简为丛脞。故首以进行程序公布于开会之先，庶该会之范围可易于了解矣。

一　定名

定此会为读音统一会。

（理由）“读音统一”之名根据于“国语统一”一部分之性质而生，普通得称为“语”，约含两种性质。（一）说于口中，限于方隅之达意声响，则曰“语”。（二）写于纸上，别于文学之浅易文字，亦曰“语”。

对文字言则为读音，对声响言则为口音，读音、口音原互相关连，以广义言之，宜同时求其统一，此会所预期之效果亦必能达此地步。惟于进行程序上，据从广义命名，含混其词，称为“国语统一会”，则读音、口音歧见纷起，无益于实在，徒滋繁乱。毋宁先从一部分之读音以狭义命名，将各有文字可凭之读音讨论既定，而后即藉读音之势力，用以整齐随地变动止有声响可凭之口音，则有执简驭繁之效益矣，所以“注音字母议决案”第二条亦注重全国读音宜归一律也。

（旁义）所以不即命名为“审定注音字母会”者，因注音字母本对于既有统一之读音而后归纳所统一之读音而发生，是注音字母必统一读音以后方能造作，不过一记注读音之要素而已。与各国构成文字之字母，相似而不同也。（临时暂记讨论所定统一之读音，别有暂法，不必即藉整齐划一之注音字母，说详后。）虽将来通俗教育欲利用注音字母，视之若音字，亦断然可以直接承用，功力必与近来发生之简字等等了无差异。故“注音字母议决案”亦隐隐有认为可以偶代文字，适用于一般人民之意。然彼音字之作用乃为注音字母在学理上兼含之效果，教育部当然早有此意外惊喜之奢望，但不在统一国语之职务范围以内，故不即以审定注音字母代表此会之名。其实审定注音字母并为【非】此会惟一之重要条件也。

二　征集

此会征集各省代表员及教育部延聘员组织之。

（理由）有代表员可以广集方隅之异见，有延聘员可以讨论专门之条项。故代表员以精熟音韵之学，否则或平素研究小学，或通晓外国文字，或熟知南北重要方言，四者有其一即为合格。而延聘员则注重于深通音韵源流，及素讲切音新字有志统一国语，或兼精南北甚多重要方言者。

（要项）代表员额数另定章程指派，其派法或就各该省留京人员指派以节劳费，或由本省派出，或参用两法，皆随各该省自己之意志。延聘员无定额，广罗合格者聘之。以二年二月十日征集，二月十五日开会。

三　会规

会中应有公守之会约若干条，及如何推选会长、副会长、记音员、复核员及教育部特派员等等，均于开会前分别定之。

（要项）记音员为记录会场讨论所既定之读音，复核员则复核记音员用暂法所记录之读音有无错误。二者皆会中要职，员数开会后决定，推举时必慎选之。此会约需延长两三月之久，除星期外每日必开会若干时。与会者必特别矫正，不可随便松懈。

四　审定读音

逐字审定，每字就古今南北不齐之读音中择取一音，以法定之形式公定之，名之曰国音。

（理由）既此会注重于读音，当以文字为讨论之目的物。文字读音之长短清浊，决不能凭偏于方隅之口音，在一地而得其完全，故以地方为标准颇多缺憾。既不能简单指定某城某邑之音，使负完全读音之责任，自应逐字审定。

且标准于指定之某城某邑，吾人对于从前空洞之官音亦无此观念，故官音虽号称北音，然不能指定为北方某城某邑之音。因标准于地方，不惟长短清浊俱失之偏，且每地皆有土俗鄙塞之音，有妨于正雅。若限地以取之，必有尽举鄙塞俗音连带采用之误，是实为将来语文合一之缺点。

每字审定之音命名为“国音”者，其意盖谓此音为全国派人会议所公定，是为国有之音，非复北有、南有、京有、省有、县有，异日就国音而发、近文之雅语作为全国交通之媒介，即名之曰“国语”。国音生，国语名称亦可相承一线。故有拟名审定之音谓为“官音正音”、为“标准音”、为“法定音”、为“通用音”者，似皆不若“国音”之核实。然此名目之问题无关宏旨，应由会议时再行表决。此通告内权称国音，有其名便称引也。

（旁义）逐字审定，人苦其烦。然欲用演绎法，或根源于古音，或折衷于韵书或规范于等韵，则昔日著作之人亦皆囿于方隅，每一学术之纲要论法略同，而填取之字皆有出入，并无互相画一之标准。待以学理争之，必先举四库甲部之闰编，开一数十年经师之长会。争执既定，然后再议读音，且其好处亦不过某类长短应如何，本类从同某类清浊应如何，本类从同得一提纲挈领之便利，然而所憾者，所欲提挈之纲领，争定之劳力反加多也。且恐各持门户，空争派别，头脑为之周章，亦必至于逐字讨论而后已，故不若决计舍去容易蹈空之演绎法，直用思想易寄之归纳法，简单为逐字之审定。卒之，仍当参古音派、韵书派、等韵派而折衷定之。归纳法之一十，还含演绎法之二五，而学术上之空排场省矣。音韵之事无论用何论法，原理本极简单，然头脑稍一分歧，用甲法可数言而定者，用乙法可累数千言而不能定也。且即逐字审定，假如应审定之字近于一万，有同音之省并，有长短内平上去可标一通例之省并，则审定之音止以百数。每日讨论至于一二十，数十日可毕，不至于过于繁重，惹起烦厌也。

□北方之阴阳平，不能遽行援入于长短通例之内，因彼似为清浊之问题非长短之问题。长短者，音同而留声之时间不同，清浊者，音同而所发之音气不同。粗率用一近似之比例，比之于风琴，假如同弹第一音，短乃仅按一拍子长则按至三拍子是也。又如同弹第一音，清乃按右手靠边之一把，浊则按左手靠边之一把，一则其声清以越，一则其声闳以肆。虽长短清浊均为第一音之变相，然长短之与制母问题所涉较少，惟涉及入声主母之感觉不能不生差异。至于清浊则大关制母之问题，举欧文为比例，BPDT 多数之辅母由此分立。所以本会之结果有预料之同意可言者，必大段不离于人人意中之官音，粗率遽称之曰北音亦可。惟决不能不商定者，即北音长短内之入声及关涉清浊，北人意中之所谓阴阳皆留不甚完全之弱点。故为一国之所有事，即不能率言标准于一城一邑之北音字之孰清孰浊，韵学家、等韵家等又皆彼此微生出入，亦非可任举一例即能全合，故不能不逐字审定。

然上文屡称完全非如理想家意中之完全，欲以长短清浊无不完全者为国音之美满。（此等理想之变相，即寻常论及统一国语者皆震骇于全国声音之繁杂。然譬如每字合通国有千音，统一之，择一即可，择之之术固不能不斟酌于有价值重要数音之间。然势不能披沙拣金，尽举一切怪诞鄙塞之俗音，广征而讨论之。然而时人意中终若恂恂然惧有所失者，即此完全之见解隐隐把持其胸中，殊不知迫而不能不为统一矣！则鱼我所欲，熊掌亦我所欲，不能不舍鱼而取熊掌。孰为熊掌？即通行力最大之一，合于天演之最宜，率言之，近于官音者是矣。无论怪诞鄙塞之音，虽默契于完全之妙理，不能竟以少数所习者，强多数人受格不相入之苦。尝有人称广东音为最完全，广东之区域非小于伊大利[①]，如其古世即为一国，广音自当然为广东国之国语，今乃仅为中华民国之一部分，纵使有声音最完全之资格，若据议以广音为国音，必广东人先出而否定。故即高贵如古音，亦不能改后日之“天亮”还而为祖宗口内之“汀忙”。所以全国声音繁杂之问题全不涉于统一读音之难易，吾人习惯之观念所宜略矫正也。）就等韵家之完全而论，准之于列国之国语，皆非必要，且为不可能。先设一简单通例，有如对于音气而论。（甲）凝结力最固为正清。（乙）稍飞散矣在清浊间。（丙）充塞旁薄为正浊。

如以“B”“P”二字相征合：法国则“P”为甲，“B”为丙，而缺其乙；英国则“P”为乙，“B”为丙，而缺其甲；北音则“P”为甲而“B”为乙，竟缺其丙。英法各有所缺，不害其为大邦之国语，则北音何所病于不完全？且北音长短内之有阴阳浊音非全然消灭也。故本会开会后多数如同意者，北音固非无径直采用之资格。惟开会之先不能遽指北音为标准，因完全固非必要，而关于完全问题上重要之部分，亦不能不暂留讨论之余地：如敛收其音，止于上声不能退归于入声，或刚断有余而木强不足矣；如音气常偏于清扬，或慷爽有余而沉雄不足矣。是皆失民气刚柔之调和，决不能全无影响者也。且今日世界数大国之国语，律以等韵上之完全，虽各病其未能，而入声与浊音要皆不缺，中国似不应独居例外。故增添主母加倍其敛收之力，压抑为入声而惯习之；又增添辅母充满其阴声之量，使界画为浊音而分明之，皆转变其近似者，特反手之劳耳。非用绝不相蒙之怪音，使受格不相入之苦痛也。且如是亦必北音居多数，南人终将多弃其相习者，改学其不相习者，而北人为入声、浊音之故，亦略略分受改习之困难。是亦为统一读音之大事，有分担义务之可言也，然其究竟，终待开会公决。反复申论于此，凡以明声音完全之问题，虽非必要，而亦殊有不可略去之价值耳。

鱼与熊掌既必有一取舍，则抱古音散失、土音消灭之憾者又必纷滋

① 意大利。

疑惧，实亦为无谓之杞忧。仍如忧虑全国声音繁杂，皆不相值于统一读音之问题，“天亮”不能返之于“汀忙”，与妙契完全音理之怪音不能取代通行力最普之官音，此已处于无可如何之势。其天然之淘汰，非始于统一读音之时，盖由来久矣。吾人之观念，觉统一读音以后反能增加保存之力。就古音言。“天亮”已久为“汀忙”之代用音，然而“汀忙”无恙者，则以古书间在之，故统一读音以后决无并行烧毁古籍之举，则爱考古音之人仍可抱其残简而考之。了无与于新定之国音，充其量即所定国音与古籍一切违异，不过传至后世在音学源流上添一沿革而已。至于对于国音发生全国异口一声之注音字母，则有助于考古音者甚大。因甲地人所认知之古音欲授于乙地，人若以注音字母切取之，较之顾亭林氏为吴人以“汀忙”释“天亮”，传之于闽广人之脑中必有不合者，似优胜也。又以土音言。先纵以明之。今日燕北人口中之土音，决非全为黄帝战于涿鹿时之土音。字音有古籍载之，略存崖略；土音多消失者，则以既少称引于载籍，又无简便异口一声之注音字母，为之为良好记音之器也。由是横以推之。国音流行，四方之土音自必衰微，为统一国语致祝土音之衰微，正见国音之兴盛。消灭土音本为吾人所热望，然土音虽倏忽绝响于口中，【土音】必分明蜕迹于纸上。因既有异口一声之注音字母作为良好记音之器，彼博言学家即得轻便记载。是四千年以往之后，民得按籍而作今日燕北人之土音，大异于吾人绝不能知黄帝时代之土音何如矣。故曰统一读音以后，发生异口一声之注音字母，是助古音、土音之保存者也。

（要项）审定之时直取字典开卷而逐一审之。甲已审定于前，越数页而遇乙，确可认为音同，或音同而仅平上去之不同者，皆准甲以省复审，是即上文所谓省并也。

每字既公定一音，其音即成国音，由记音员用暂法记录。（因此时国音未全定，注音字母尚难采定也。）所谓暂法者，随记音员之意。或记以声相恰合之乡音，或记以他种新流行之切音新字，或记以东西各国之字母，或数法杂用之。彼之考成，即今日记录之字，明日由覆核员逐字诘问“某字昨定某音”，能朗然对答，绝不为误，即为尽职。倘复核员倾听而有所疑，可朗述于会众，共细审之，必至毋误而后已。

字同义异而音素异读，当然须别定一音。故每字当定一音之说，乃泛言以便行文耳，实则每字当定数音者必不少也。惟仅平上去之异者略之，则从音同省并之例。因异日注音字母不单行，平上去自能因文见义，各有本字表而出之也（注音字母不单行之说并详于后）。

五 归纳母韵

母者辅音，韵者主音（就音而成“字母”，由辅音成者曰“辅母”，由主音成者曰“主母”），是先缩审定之音之同清浊者为若干辅音，缩其同谐韵者为若干主者。

（理由）假如同为“P”之清者，可立一汉文类“P”之音之辅音括之。同为“B”之浊者，又立一汉文类“B”之音之辅音括之。又如同可以“A”韵谐者，可立一汉文类“A”之音之主音括之。同可以“E”韵谐者，又立一汉文类“E”之音之主音括之。对于会中所审定之全数国音，究当有若干辅音及若干主音，此有天然之准则。上智固不能过其恰好，下愚亦不致误于暗合。故此，天然之母韵宜先归纳而定之，以立采制注音字母之根，若括母与韵即辅音主音者，而合以称之，亦可曰“根音”。

（要项）根音之辅音一类，简称为“母”，即本于等韵家“三十六母”等之旧称，谈反切者习称之曰“双声”；称于西文，或曰“子音”、曰“仆音”、曰“无音”、曰“哑音”。名则甚纷，实则同一，用以分别唇与齿等各类之清浊，及清浊之开合者也。其制定根音之辅音法，宜对于所审定之国音，就其系于唇与齿等各类中清浊之正次，及每清浊中开合之正副者，各立一辅音。每辅音代表以可读某音之汉字，如无恰合于某音之汉字者，以音近之汉字代之，读为某音辅音之音。北人不习入声，故皆用“支微鱼虞歌麻”诸韵中之字，实则虽有少数辅音非用“支微”诸韵之字不相适，其余概用入声之字尤为适宜。因入声压缩紧密，所含异性之主音较不分明，故母与韵相切之际成音，较为正确。

根音之主音一类，简称曰“韵”，即因谈反切者习称为“叠韵”；称于西文，或曰“母音”、曰“元音”、曰“有音”、曰“响音”。名亦分歧，实亦同一。（名有专称，有泛称，又或变泛称为专称，故互相纷错。即如“母”之一字，见于本通告内者称辅音为母，仍临时会议之议决案也；称西文之主音为母音，引或称也；称集合辅音主音所成之简笔画为字母，亦本议决案之文也。皆当因文见义，不可但以字面求之。）主音者，在反切家用以分别平上去各韵及声谐韵异等者也，故必按韵为主音，所以得称为“叠韵”。今为国音定根音，惟以声相谐者，混合平上去与数韵，并属一主音，虽有韵名已失其实。粗率举例，假如“东冬宋送”同属于“翁”之主音，全非叠韵之旧，不过无碍为注音字母之根音者，又以注音字母不单行，“东”之别于“冬”，“东”“冬”之别于“宋”“送”皆有本字可自行表显。其制定根音之主音法，就所审定之国音，以声相谐共得若干可谐之声类，即按声立一主音，每主音亦即用一可读其音，或相似其音之汉字代表之，主音之音宜用喉音之正清。

得若干辅音之根音，复得若干主音之根音，皆有汉字一一代表之。假如有汉字作代表之根音八十，此八十根音可拼切一切所定之国音。教育部统一读音之职务如欲在此告完，亦未尝不可。故国人当了然于此次统一读音会，教育部对于范围内之目的所求不过两端。（一）每字有古今南北不齐之读音，开会以多数审定其一，名之曰“国音”。（二）对于国音定一简单之双声叠韵以注之，即假定将有辅音主音共得根音八十代表之，以八十汉字者是也。然以整个汉字之根音当注音字母之用，实不便于行间字里之添注。且有意外可惊喜之奢望，当然能由辅主两母发生者，即有时可借作“音字”，利用于通俗教育，则用整个汉字，亦极累赘。故于整个汉字外，又减缩笔画，制为形似各国字母之注音字母，亦为应行兼收之效益。故统一读音会，依照临时教育会议之议决案，又有采定注音字母之重要一事。教育部固并无欲用注音字母造作音字之议，国人切勿误解。不过将来讲求通俗教育之人，能借注音字母可自由适用为音字。且既有注音字母，果能徐徐统一国语，日久真有音字条理可寻，亦未可知。然此固数十百年以往之事也。

（旁义）辅音与主音皆可以联合复音之法，大加省并。然此事宜讨论于制定注音字母之时，至于根音宜从赅备，稍存反切家之面目，则将来于旧学及新制，可藉以易寻彼此相合之条理也。更当兼详其余意于下文。

六　采定字母

就所得根音或省并或不省并，制定笔画简少之辅母若干与主母若干，名曰“注音字母”。

（理由）根音之应当并省与否，其问题颇为复杂。因近来著作简笔字母者，皆非造意于注音，直单纯为创作音字，故精神充满于字体音理之间，精思闳论，美不胜收。有若“官话字母”“切音新字”之类，有印物行世者已有数十家，主张母多母少，义各有当。此事必应在开会后细细讨论，今姑暂作或词。字母笔画之形貌何者为适，亦人持一理，并当在会场采定，今亦止有笔画当然宜于简少之定理，可得而言。所以名曰“注音字母”者，使人晓然于教育部之采定此字母，固注音者，无意于造字者也。

（旁义）音字而能条理完密代用汉文契约、政教、学术，皆赖以记载，则利于字母少，各国现有之文字是也。拼合繁则分别易讹，纵字母少则拼取之规例较多，然将尽士夫而习之。固无病于繁变中复含近似，必使人辨晰于豪芒。若音字仅仅望其寄声而已，不过于汉文外作多数失学者之方便利器，则智识粗浅之人皆宁可多识字母，不能繁记条例，将字母多而拼法愈简易者为优胜，有若前数年京畿所盛行之“官话字母简字”。凡音皆以辅主两母拼之，音与辅主两母适当其一者，亦即简单竟以或辅或主之一母直代之，在俗人则易知易能。若字母过少，拼字时必三合四合，俗人口舌不灵能，每困于得声之含混而减少其兴趣。若云可取联音一类，预先拼煞，使视同一母，则二五仍为一十，特多一联音之条例，又于书写时多累数母，占去纸幅而已。且适于小学校读本旁注国音之用，尤以两母似反切，一母似直音者，为简单明了。若拘于字母当少，强学列国造字之法，累数母而成音用以注音，反苦累赘。

期世界之大同，异日全世界皆当牺牲其国语，共操世界公共之语，汉语将无须取必于久传。既如此，汉语正可姑寄于汉字加以注音，使用于一时，徐待蟮蜕，不必更费改造音字之劳力。改造音字代用汉文，果急切便有善法，自亦乐观厥成。无如日文早有假名为前驱尚商改音字，积二三十年而未能满，是我国欲造代用汉文之音字，其正需从容久商也益可知。但学校读音之统一，通俗传声字之需要，已迫不可待，正宜先定简单平实之注音，以应今日暂时正当之急需。待以注音为前锋，实收驱除之效，于是举彼国音之纯如者，及彼根音之秩如者，拱手而付，后日造作音字之能手则因繁芜已早为删除，讨论愈极简易，或最良之音母可成，何必于今日千荆万棘之中鲁莽灭裂为之，至于不驴不马，改造仍不可免，而俗人徒受其困乎？今之不惮反覆语此者，即望吾人应有特别注意之点，而知注音字母与造字字母各有不同，宜次第前后别造，欲求两适，偏无一得者也。故母多母少自待开会公定，而注音字母宜多，造字字母利少，则似不可不知。

且用各有当，义实相成，上文已见其意矣。如有有心人负其宏愿，欲为我国汉语制造音字，为汉文之代用物，仅可一面从容著手从事，著作于名山必求，质之于人已无不悉。当然后问世文字者，乃表显事理之符号，无论其为象形字，为合音字，无不形式别异，根柢遥深，传自数千年，皆非作于一旦，成于一手，故虽后起者有资藉相因者易为功。且今日之人类，思虑深密，用科学之条理，几可无繁勿驭，然昔日许叔重钞纂《说文》，不作而述，尚需二十余年之久，今将彻底改造一数千年文明民族之文字，代表学术事理多至巨万者，岂能仓卒成之乎？

至注音字母既定，而会众可散。然发表此会之结果，正当次第有事，故连属以数于进行程序之中。

（未完）

（《教育杂志》1913 年第 4 卷第 11 期）

教育部读音统一会进行程序（续）

七　编注字典

编一字典，使若电报新编之状。取采定之注音字母，一一各注所审定之国音于其旁。

（要项）此字典先由教育部刊刻，任国人翻印。其篇首先以音切为纲，而以同音切之汉字系于其下，以便执音切以求汉字。既有注音字母以后，终望除高文典册不加注音外，其余通俗文字皆如日本之通俗书报，附以注音。试以日本假名二字为例式，分别其写法如左：假カ名ナ此式用于书报及招帖文告等等，使汉文不独立；カ假ナ名此式用于孩童书报及极简单极浅俗之招帖文告等等。日本文于此等通俗杂件，向任字母单行，我则于注音之用如音字时仍注极小之汉字于其旁，使音字轻易不单行。文字与注音常不相离，为益可以无穷，约略试数之。（一）以文字之本字自行表显长短，平上去入之记号可省。（二）文字与注音到处并写，由墙壁之招帖文告，习见何种注音笔画常与何种文字相连结，久之必将能读文字者可望渐识注音，仅知注音者亦可稍识文字。（三）假若众人围观一告示，注音与文字俱全，星卜先生看文字而读别，卖菜男子能读注音，可助其矫正；卖菜男子读注音而支离，星卜先生能通文义，亦可助其朗解。

（旁义）所谓音字不单行者，乃不限于少数个人借注音为音字。与粗人通函，或粗人自相通函，因此特一二人密切之传声达意，无害于从权，亦且仍可不必附加四声记号。因声之入耳，虽偶乖违，自能就上下文而会意，无须如契约之画一。契约之件又自能连结文字，使文字自行表显，则近人所作四声记号实于应用为赘。且粗人自相通问，必不能每音辨知平上去入而附注之，徒使其心中疑惧记号脱落或有谬误，增一歉然不足之苦痛。学人所作能附注矣，而眩目亦甚。此乃近年音字家嫌于韵母之混合平上去而系之于一，能招世儒之疑怪，故作此四声记号以为委蛇之具；否则或因音字单行之愿过奢，即己意亦不释于枝叶之删除太空也，且代用文字之音字将以成契约、道政术、作文章，故必就每一音字着想，予以划然分明之条例。欲苟而无可苟，遂亦无十全之术，尽减俗人之艰困。所以人有恒言，以为音字国之文字可不学而能，此特概言之耳，实不甚的确者，否则尚何有某国识字人为百分之几云云，常见于世界之统计册中乎？汉文之难读难写固然矣，然猝然既无完美之音字可以相代，则契约、政术文章，彼尚负完全之责任。如此又可别为一说，为我国俗人庆幸：因学人之契约、政术文章既有优美之汉文负其责任，则俗人所借用之传声音字，尽可愈单简则学习愈易，性质明敏之贩夫走卒，数十注音字母两昼夜可熟，此外即一无所求。见人所作者，但需随母拼读，欲以己意告人，又但需择声相谐之字母，拼而出之，声声相续，皆随上下文之词气。而见意既不凭为契约，绝无所谓误会。则我国俗人所得于传声之音字，较之他国俗人所得于文字之音字者，为益尤多。因传习之简易，独享特别之便利；藉此特别之便利，传布之时间与劳力皆可大减，于通俗教育之广被，大有影响。若贪图显示文字上之意味，多加赘设之记号，使积旬累月，方竟其业，所得仍无所用，徒增思索，则畏阻者必众，似甚无谓也。

八　集刻音表

对于通国各城邑之人，于京省大都会之间，每地延访其一，使倾听注音字母应读之音，注之以相同之乡音，集刻为音表。于是每地之人欲知注音字母之如何读法者，皆止需就音表中择其乡人所注者习之，则可并无派人传布之必要矣。

（理由）注音字母既成，皆苦传布之难，其实并无所难。假如日本假名之“アイウエオ”，英人欲习之，读之当如是，法人亦当如是，德人亦当如是。然英法德人可各注以英法德之国音，而皆有合也。假如之“イ”一母，英人注以“E”者，法人可注之以“I”，即此类推。注音字母之音，赵人学之，读之当如是，吴人亦当如是，粤人亦当如是，然赵吴粤之人亦可各注以赵吴粤之乡音。假如将来注音字母不能无日本假名“ア”，则赵人注之以“阿”，吴人可注之以“挨”，粤人又可注之以“亚”，赵吴粤人之于“ア”，亦必各凭乡音读之，而皆有合。如其此说不谬，则每页横列数十注音字母，纵列三十郡邑，百页之书可得三千地，百页之书未为繁重而得地已有三千，通国亦几可。三千地之人在北京上海皆可招罗，否则亦止需更向南北东西数大都会足之。好在每求一人注释，一两小时可毕，非烦扰之事也。故虽异日注音字母传习所非绝对不议一设，注音字母传习员非绝对不议一派，然要可以音表为传布之中坚。

（要项）举其音表之状式如左：

ア 阿	注音字母 汉字根音	各地注读之乡音
阿	赵博爱君注，住东城	北京
挨	钱维新君注，住老北门	上海
亚	孙君自由注，住西关	广州

注读乡音，并所注之人之姓名、居处而著之者。一则著有注者之姓

名，愈坚读者之相信。二则每地之口音，城之东西南北皆可异同，标明注者所居之地点，领会尤可正确。三则注者与读者之所居，即不过相去数十里，口音亦可彼此大殊。然既同隶一县，苟将地点标明，彼此又皆易于相效。

注音字母之音，必有一地适缺其乡音，无从释注；又或虽有其音，苦无其字，不能写之于纸上。然遇此等困难皆有辗转补救之便法可用：有如乡音所缺者，可假借邻邑或著名都会之音，为乡人所习知者，注之以小字，标明应读某地之音；又如其音为口中所有，特无文字可写者，又可假借声音近似之字注之，亦以小字说明，应读如本乡人口中形容某状某物之音，就此类推。凡本地人告语于彼之本地人，凡音皆无不可以纸笔宣之，不必惩于俗人无师自通之外国语读本，舛陋可笑，遂从而致疑于音表之未善。殊不知彼注外国语者，既不标明某地之乡音，注法又不精细，自然愈显疏谬。且所注属于外国语，必有华音所无，莫可形容者杂其中，即智者亦无所施其伎。至于音表不过华人注华音，且所注为注音字母，其音必甚近似于素来之官音，鲜有全超意象，莫可形容之音也。

音表注者三千人，本从其数之较多者而言，实则大可少于此数。且或天津注者有人而沧州缺之，沧州欲习注音字母，遍沧州之境内必不至竟缺天津之人，如可得天津人者，沧州之读者即可求天津人就音表中之天津注音教之。故音表传布力之富足，正不必邑邑有人注之也。

且音亦持欲不谬于大段耳。南北东西之人，其发声之轻重、长短、清浊、敛肆，极细微之不同，固非人力所可齐一。故有若同一英语，苏格兰微异于英伦，苏格兰、英伦又微异于美利坚，不害其为大同。我国将来可由统一之注音字母生出统一之国音，盖言大体，九十九必能相合，决非能保无一毫之差也。故谈统一者，又当无闷于大同中之小异。

（旁义）有人并议以留声器辅助音表，此议亦大可因地而采用。虽必有数音为留声器所难传，然可以于说入以后，细细复审，附以说明书。说明何音十分正确，何音略有走板，何音全属模糊也。

九　颁布学校

取《注音字典》及《对照音表》两书，颁布于通国之小学校，使国文尽依国音授读，实施行政上之力量，使不为空文。

（理由）今日虽通国语言庞杂，然能各操似是而非之官音，作不完全之官话，用以互相达意者，其潜势力即为一种读书之音。盖每地读书之音，无不与其谈话之音微有不同，各地皆隐隐认此为官音。此等读书之音，其先必同出于一源，特无字母齐一之，于是经历每地，皆为其地之土音微有所转变。开封小异于北京，武昌小异于开封，长沙小异于武昌，长沙之与北京遂为大殊。然赖此而长沙之人能似是而非勉作一种官话使，北京人闻之意会。即闽广之读书人学习官话，亦易于胸无滴墨之人，尚因有几微之读书音游离其间也。读音势力之大如是，则异日学校中果能以统一之注音字母拼读统一之国音，则有十年八年之习惯，通国人皆以国音为近文之谈话，自成一种极普通之官话，而国语统一之希望不待安排自然达矣。彼此达意既止能取给于读音，各人自必特别留意使下语愈近文，可望彼此之了解愈易。则言鼠即曰鼠，北人不称耗子，南人不称老虫；言医生即曰医生，北人不称大夫，南人不称郎中；言火柴即曰火柴，北人不称洋取灯，南人不称洋煤头，诸如此类。适促语言之改良，可兼收言文一致之效，较之取一城一邑之语言强齐天下。有如昔人教京话者，尽北京士夫所不屑出口者，一皆为传习之必要，一若鼠之必为耗子，医生之必为大夫，火柴之必为洋取灯，方为内家，则求肖于一地之语之意多而近文之志转荒。故统一国语不如以绝容易之读音统一之，得果反良，此因谈话时所语皆取给于读音，而小学读本之词头必连带而熟于口，为自然之趋势。然则统一读音以后，因必有注音字母而得音字之利用，又因群以读音相谈而得文言之一致，皆于学理上坐获必定兼含之效果，真足惊喜者矣。

（要项）教育部刻成《注音字典》及《对照音表》两书，下令于通国之有司。所颁注音字母一切人愿习与否悉随其意，惟师范校与小学校当强迫学习，各该校一切地理、历史、理科、算术等之教习，亦可于注音字母暂勿过问，惟国文教习则必为能通注音字母、能授国音之人。其法于地方有司送到教育部《注音字典》及《对照音表》之日，各该校之国文教习，即于十日内将数十注音字母之笔画，复习数十百遍，一一分别清楚，更于十日内将数十注音字母每母应读何音，复读数十百遍，一一熟读无讹。于是将《对照音表》前所附拼音简法熟玩之，照法试拼，此系天籁，自然习之一二日而即有合。每一注音字母应读何音，假如该教习为广州土著，即可于《对照音表》内，寻出广州西关人孙自由君所注广州乡音，照表循读，自可万无舛误。

该国文教习于二十日内，自己已将注音字母习至能写、能读、能拼。于是以其所能者，按日教授数字母，于三四十日内，俾所有隶属之学生皆将注音字母教至能写、能读、能拼。反切天籁，本适宜于儿童，故儿童习之，必无甚为难也。全校师生已将注音字母于两月内各至于能写、能读、能拼之地步，于是国文教习每于上课之先，在自己之预备室中，将本日应教之国文一首，按字在《注音字典》中查取国音，注之于字旁，练其读法既熟，从而上堂授课。既登教台，将全首课文写之于黑板，照注国音于其旁，使学生各于课书上，按字照黑板所书，将国音附注。注写既讫，教习即按每字之国音，循句成诵，朗然以习诸生之耳，复使诸生各效为之。于是假若“假名”二字，北京学校中读“カナ”者，广州学校中亦读“カナ”，成都学校中亦读“カナ”，苏州学校中亦读“カナ”，则异日曾入学校之北京人与广州人对语，谈至“假名”二字。各操“カナ”之读音相问答，复何扞格之有？故上文已将读音势力能统一国语之理由屡杂论之，此可勿赘也。

一面教育部又将《注音字典》及《对照音表》二书发交国内编印教科书之印刷局，嘱彼等将二书可任意翻刻。并明定日期于某年月日所出版之国文教科书，无论为重版、为新刊，皆一律按照《注音字典》，逐字附注国音于其旁，以省各学校师生于授课时有寻检注写之劳。（如其该印局于历史、地理等种种教科书皆愿附注国音者听，即各学校地理、历史等之教习愿照国音教授者亦听。因推广国音极为有司所望，所以不尽列于条文督责者，欲不过涉于苛烦，期社会自生其动力，较有当也。）各依地方之远近，明定一国音习成之期限。已过习成之限，视学到校，察知该校国文尚未以国音教授，或甚而至于任意腐败，国文教习犹未知注音字母为何物者，即可明白宣布，以著其任事不力之罪，自能按照教习不识字及不娴本科教授等之瑕点，为天然之淘汰。若各该学校之国文已各照国音教授，视学到校，可就学生照国音读过之国文，抽取一二十字，使学生当面试读；复以注音字母拼成一二十音，使学生填注文字，少讹谬者为上考，多舛误者为下第，本校考试之法亦如之；若用加倍督促之力，可并定此项考试得下第，不得升班之例。至此而教育部统一读音之职务已告圆满，惟假借注音字母为音字，其事关于多数失学人民之通俗教育者，至重且大，故相当之扶持亦可得而附论焉。

十　扶持音字

凡有假借注音字母为音字之用，合于规定之法则者，不惟不禁阻之，应当扶持之。

（理由）所谓规定之法则者，既凡公布印刷之件皆宜音字与本字并列，孰宜于体大而正书，孰宜于体小而旁注，可随人意。惟少数个人达意之件则不在此例。（昔人之反对音字者，于诸多误会之中并生一纡曲之误会：即以为恃有音字，人之懒于诵习者，可并汉文而不读，音字而行，必反使识字之人减少，此似前清朝臣曾对简字而下此批评。其实必不得已而读及音字，决非为学龄儿童，大都皆为早已不能就学之人，于懒于诵习之问题本属无关。且昔日音字略有独立之嫌，或不能释此疑似之忧惧。今则就注音而移借，来由分明，本非独立于汉文之外。然语言音韵之事，往往略羼一问题，头脑即非常眩乱：简单辨之，其词难于尽意；繁复辨之，他人倦于久听，异议可坐见其纷如。故当不若示之以平实正确，庶常人皆相说以解。苟取音字与本字始终连写，即不相谅者，亦必淡焉相安。且必以为其人每读音字，即与汉字相晤对，于识字问题上或小有补助矣。汉字与音字之笔画，习惯同映于眼帘，谓可稍助识字，本非尽妄。故两体必相并列，虽排印上增一重之劳力，所得足偿所失也。况昔日各种音字，亦大都音字一行外仍列汉文本字一行，朝暮之三四，实际上固彼此尽同。特彼人皆无有提议为注音，坚欲保持独立之状态，攻者亦即含糊相攻，揭而破之，正可相与颐解。）

借注音字母为音字，原不烦法令之督促，止有待于社会之鼓吹。假如应习注音字母之国文教习，于自己热诚尽职外，并可敦劝同校之教习，于各种科目皆教以国音，对于学生则奖许其拼切之能，广语以反切之益。俾以所能者归而转授于姊弟，授于厮养，则推广无穷矣。又如编印教科书之印局，借此注音之法广注于各种教科书者不自已，复从而推注通俗书，则传布又宏矣。加之通俗教育家利用此借作音字之法，音字之书报方纷纭并作，为中坚之传布，复何藉于官力？然而在官事一方面，若墙壁之通俗文告、实贴晓谕者，使无不各附以注音，又车站驿名等等，西文尚不能从省者，注音亦必附加。诸如此类，稍示以公中之倾向，使一般人信仰注音字母，从而并信仰音字，愈坚而益热，此即所谓扶持之也。

（旁义）在最近十年中，读音之势力未普，失教之国民过众，智识之灌注甚急，宜兼采一便法以为音字之大助，即于注音字母之外，按照等韵原则，尽我国五方所应有之音，更定“闰母”若干，附于《音表》之后，一例使各地人以乡音注之，以便传习。此若干闰母于统一之国音无关，学校之习不习，亦听其便，故无事于公定，止需于采定注音字母以后，由一二等韵学之专家商酌定之。闰母之作用姑先勿论，先论音字之需要，所欲借助于音字者。一为识字人欲有所告语于不识字人，除口讲之外更无别法，有音字则不能口讲可以纸告；一为不识字人与不识字睽隔两地，欲互相达意必见哀于文人，有音字则传声于纸上，彼此可自由通问。

音字固与文字之功用无甚差别，但文字则有义可寻，音字惟有声可传，其呈效之广狭大有不同。当读音未普之时代，一般未踰里门一步之人民，又尚未有学校儿童口中之国音，久铄其耳而使习惯，则识字人欲以不相习之国音传于不识字人之耳中，其不相喻也可知。复欲以不识字之两人，操不能拼切其乡音之国音字母，强使拼取似是而非之音，以达意其为不可能也又可知。于是在此十年中，凡遇此等困难而又欲便于亲故，急于灌输，不得已而借助音字者，非随地改拼土音不可，于是闰母之作用为不可少矣。盖欲拼切任何一地之土音，注音字母有不足者必取足于闰母。近人已有为之者，即《北谱》之外复增《宁谱》《吴谱》《闽粤各谱》等等，是其例也。特今则拟于注音字母正谱外，总立一闰谱，称名尤简捷耳。正谱固关于统一读音之作用，不能不确立界画，至于闰谱为各地拼切土音之补助物，随各地之所宜，多所需则多取之，少所需则少取之，不必画地分属，或反病于拘滞与疏漏。且闰谱亦必尽通国之人能读之，则可互读土音之写件，虽不达意，亦庶几读之朗朗。非如明限于宁谱，则宁人不以吴谱为必要，因而不习吴谱，于是遇吴谱拼切之件，转或至于瞠目。独是随地拼音之议，常人反对甚烈，以为大有碍于统一，建此议于统一读音会进行程序之末，尤招疑怪。殊不知言非一端，各有所当，读音自读音，音字自音字，两事相似而相反，又相反而相成。

各以字母拼切，此相似者也。然一以便人读书，一以便人传声，两不相谋。数千百年各地人皆有两习惯：一面读读书之音于纸上，一面又说说话之音于口中，从未互相混乱，亦未因一废一，何独于今日之学校，教以拼切之国音，有《注音字典》记之垂为不刊者，偏又因本地有最粗乡音之书报，忽至混乱其读音？此不合于习惯之通性者也。

读音者授之于学校儿童，音字者惠之于失学粗人，为用又各不同。惟学校儿童之所习者简，每国文一首数十百字而止耳，教习又能反复指授，故强以不相习闻之国音拼切，容受较易。既而彼又见有乡音之书报，文字同而拼切不同，愈知拼切作用可以随意转变，规例无不如一。失学粗人者不复能知文字，每一通问或告语，动辄数百言，夫惟告以亲切入耳之乡音，则彼循读他人所拼切者，固易了了，即自拼切之亦易了了。久之拼切之法既熟，偶检邻童之课书，按其注音之拼切而读之音，必甚肖。特不知其所云，邻童惊其音之肖也，必乐相告曰，“今子所读之音，即为某义，乡音云何”。则彼于国音乡音间之智识，亦遂增多，岂非全无相混之虞，但有相益之乐乎？

新定国音之读音，必且无论推诸何地，不能尽合其原有之读音，故必有暂需闰母各切乡音之计划。迨十年后，国音之读音熟于人人之耳，人人之感情相喻相习，对之适如昔日本地原有之读音。自此以往，各地最粗浅之书报皆可竟注以国音之读音，亦无不可通，则乡音之书报可绝其迹，而闰母亦归于陶汰，仅足供考古之博言学家藉以切存五方土音矣。所以苟已先有统一读音之势力行于学校，则随地拼音之便法原无久存之要，特今日若拘之于墟，不悟相似相反适相成之理，将随地拼音之便法一笔抹杀之，则在最近之通俗教育上大失其活动力，救急之能事，无可言矣。

且通俗书报之流行，区域本属甚小，因与失学粗人相谈，必按切乡情而下笔，绝非如普通记事日报可一纸通行于全国也。既乡情止宜于一乡，则注以乡音而何害加之？正谱闰谱之字母尽人可习，粤人适吴，欲戏通吴语，则手市上一纸之小报而吴音入耳，逸趣已横生矣。随地拼音之法，原利益颇多，而弊害可云绝无有也。盖乡音之音字，不过于失学粗人间代语于纸上，纵国音发生其统一能力之时，学校中必不使有乡音侵入，然时日未至，能禁市乡之间一般人民之谈话即不作土语乎？如其暂犹不能禁者，则于一般人民尚作土语之日，兼行代语之乡音音字固了无不合。常人尚有一误会之点，一若乡音书报可阑入文学界中发生淆乱，此未尝一深思于乡音书报之仅代谈话，固朝生而暮死，决无有采存千秋之价值，增文字上之周章者也。

惟上文所谓音字必与本字并列，皆指官中文告及高等通俗书报拼切国音者而言，至于乡音书报又当别论。然能仍不离于本字，尤为尽善，试拟左式，国音乡音兼列，或亦甚有取焉：假カキア名ナシン，假名者，汉文也；“カナ”譬则国音，小书而旁注之；“キアシン”譬则乡音。写如昔日简字等之另行对列，如此兼包无遗。虽排印自增繁重，然在最近之十年，特别费此周折，乃为短时间之暂局，非终古将劳苦如是。又最粗浅之通俗书报为失学粗人而设，写法印法固应特别。一纸之劳力，当较常报为三倍，而后与粗人之视觉乃能相适，则彼浅报刷印之手续，本稍繁者，亦不病于多加一重之注音矣。

（《教育杂志》1913 年第 4 卷第 12 期）

江苏省训令

第四百六十四号二年一月二十九日

（令为教育部咨送《读音统一会进行程序》请分发各县由）

令六十县知、省立私立代用师范学校

教育司案呈一月二十九日准

教育部咨开“本部前因筹开读音统一会曾经先后咨送会章及开会进行程序各在案。查读音统一为普及教育之根源，实系当今急务，其统一之理由与方法务使全国学界晓然明白，然后可以推行无阻。开会《进行程序》一书于理由及方法均极详备，相应咨送贵民政长多份，即请分发各知事，转给各该县各种教育机关详细研究可也”等因，并附《读音统一会进行程序》二百册到本公署。准此。除将《读音统一会进行程序》每县三师范学校一册邮发外，合行训令各县知事、师范学校，即便查收分给各教育机关，一体详加研究以利推行。此令。

中华民国二年二月四日　江苏民政长应德宏

（《江苏省公报》1913 年第 103 期）

江苏省教育司复读音统一会江苏代表陈懋治[①]函

（函陈该会情形并送印刷品三种进行程序一册由）

九日

敬复者

接准台函并附到读音统一会印刷品三种及进行程序一册请悉。一是会事荷蒙代表一切，三月之中，备著贤劳，曷胜感佩。除将印刷品及进行程序饬司存案备查外，相应函复即希查照为荷。专复，顺颂台祺。

（附）来函

前奉大札委以代表读音统一会事并车马费银百圆，祗领敬悉。读音会开始于二月十五号，至五月二十二号闭会，除星期及特别事故停会外计历八十余日。与会之人一为部中延聘员，二为各省代表，三为部中临时选派员。其前一月所议专在学理，故争论颇多。大抵各地方音，愈北则愈清，愈南则愈浊，清则音少，浊则音多。黄河流域之音大致相同，长江一带稍稍增益，而江浙湘滇独有浊音，故音较多，闽广音更浊，故更多。多者不肯减，少者不愿增，而冲突以起。卒以北方诸省占全国多数，而浊音又为世界诸文明国所共有，彼此相让。于母与韵之总数则强南从北，于浊音及入声之留存则强北从南。讨论月余而决，乃议定记音符号三十有九，取《音韵阐微》所有字，俾各省之人就其省之读音，择取其雅正者一一以此符号记之。每一星期则萃各省所记者公校之，以相同之多数准为会中公定之读音。然后上之部

---

① 陈懋治（1874—不详），字颂平，江苏元和人。1902 年，编译出版《高等小学中国历史教科书》，与吴稚晖合编《苏州注音字母表》，后又编了《苏州注音字母拼音表》。1949 年，与吴稚晖、胡适、傅斯年等创办《国语日报》并任董事。

中，以待采择。窃意将来部中当依据此次会中所议定之记音符号及所审定之字音，加以鉴核编次成书而颁行之于全国学校。此会事之大概也。懋治猥以谫陋，辱荷隆命，每事恒与黄君中疆商而后行。兹届会事已毕，理合撮其始末，并会中印刷品三种及进行程序一册，具函报告。呈请鉴核，伏乞垂察不□。

（《江苏教育行政月报》1913 年第 6 期）

《国音字典》出版之先声

近有义安杨曲君编辑《国音字典》一书，以统一字音为主，凡同音之字，均编归一课，仍分平上去三声，注以教育部读音统一会内所公定之注音字，及各种字义。其入声则另编一类，以清眉目。凡习一课，但识一字，此课之字，则无不可识。若先通注音字，则尤便。至按音类编，系取法于《音韵阐微》，以期得其正当。全部以音韵字为次序，按开齐合撮四等累排之。每一韵内之字音，按四拾字母顺排之，此为古未有之创格。令初识字者，即能通四声读音韵字，即能明四等熟一韵之字，即能通反切照每音读音，即能归统一。儿童如每日授一课，不二年可以无字不识。业已编辑付印，约明年可以出版云。

（《教育周报（杭州）》1913 年第 19 期）

论普及教育必先统一语言

（大一统）

国家之富强，强以教育民族之结合。合以语言。我中国自黄帝启疆，北暨荤鬻游牧部落，南收交掸椎结种类。四千年前，翕集数百姓团、吸数千国乃成今日之大邦。而文化所被，声教所届，朔逮蹋顿，西极缅挞皆同我左行八体之文。呜呼！冠带之伦咸谙点画，诗书之泽能驯气质，虽苦山川睽隔，藩篱间阻，千驿之遥可以谭心。而一室之中不能晤对，志纷情涣，其势自孤，此界彼疆，其群自弱。外人一入，间接而朘我脂膏，敌骑长驱，分逐而席我土壤。我之乖沮，皆由于语言分歧，遂至形势离析。乃一观于外人，前则唐古突语①，今则大不列颠语，初仅被西北三边，现几遍东南大陆，若不亟求抵制，不将驱我二十余行省之人民同化于盎格鲁等人种之条约支流而不止也，岂不危哉？民国成立所最要者，乃教育之普及，而普及教育尤要在语言之统一，故无论中小学均当设国语一科。国语以北京语为准，则即所谓官话是也。考东西各国学制，凡有学校均特设国语一科，与注重国文相同。惟恐本国人一日不通全国之语言，即一日不能举全国与他敌国相抵抗也。睿其智识，洽其性情，豫使人之知有爱种爱国之特点，相维相系，彼我沟通，而安有自为风气自囿方隅？垩郁不宣为普及［教］育之大障碍也。吾国方舆既广，第一交通不便，如人身之血脉壅塞致成疲痿，他如风俗习惯礼节其不同之点尤属次之，揆厥原始，皆语言不能统一为之梗也。现各省若鄂、若豫、若蜀、若浙，语言皆近官音，于所设立之学堂增入官话一科，事半功倍；不劳而理其余，若闽、若粤，则国语科万不可视为缓图；今者五族一家，若蒙、若藏，尤贵注重国语，使无杆［扞］格不通而情意自易融和。潜移默化，顺势利导，人类合一之理，国群进步之方，悉肇于此矣。国会将开，征集议员，尤贵语言互传，商其政见，倘骈萃一堂而语言各异，必无果效之可言，此特据其己［已］然之迹阂碍如是，而将来历届选举宜亟图补救也。则士商之周旋，工农之酬酢，使皆易其乡言，必能联一国人耳目为一耳目，联一国手足为一手手［足］之。统一语言之成迹，亦甚彰彰也！否则教育即能普及，亦惟各成体段，形若散沙，安翼统中国四万万同胞，结一绝大团体，以巩我中华民国统一之基也？故统一语言即为调和之媒介，御侮之利器，必使无学堂不设此国语一科，无人不习此国语一科，推行无阻，如左史倚相解读九州之书，毋类刘君真长致憾三吴之语。校舍如林，国势日雄，讵不懿欤？愿今之操教育权者留意及之。

（《协和报》1913 年第 3 卷第 44 期）

---

① 藏语。

教育部读音统一会开会摄影

教育部讀音統一會開會攝影

（《教育杂志》1913 年 第 5 卷 第 1 期）

1914年文献

教育部咨文

第六百九十七号三年九月一日

（咨福建巡按使拟将该省中学以上国语定为主要科目准变通办理文）

为咨行事

准咨陈开“查闽省[1]因有特别情形，故于中等以上各学校教授国文钟点中，酌匀一二小时教授国语，但考试计分时，不过与作文、读文之分数平均计算，以为国文一科之分数。以此欲收语言统一之效，殊非易事，行之数年未见效果，职是之故。今欲为根本救治之术，拟自本学年开始时，通饬中等以上各学校，凡新增学级无论何种学科，概以国语教授；并于国文一科钟点中加课国语一二小时；至考试时计分之法，即使各科分数俱能及格，而国语分数不及格者，拟援照专门学校主要科目办法，概不得升级及毕业；并于师范学校特别注重，以树之本。但此种规定与部定规程，微有不符，然闽省系属特别情形，似宜变通办理。至小学教育重在普及，各县城镇乡所设小学，若必限以国语教授，恐合于此项之教员一时尚难其选，拟俟中等以上各学校实行之后，风气所趋，师资辈出，然后再及小学，似此逐渐进行，当可徐收实效。兹拟先将闽省中等以上各学校国语一门改为主要科目，以谋普及，是否可行，相应咨陈大部查核，迅赐见复”等因到部，查闽省语言歧异，于文化学术阻碍实多，

① 福建省由于方言歧异，自雍正年间便设置“正音书院”（后扩及广东省）。清末民国之际，福建省在国语教育上也颇得先声。

拟先将中等以上各学校国语一门改为主要科目，以图渐收国语统一之效，用意甚善，自可变通办理，相应咨复贵巡按使，查照饬遵。此咨福建巡按使。

（《教育公报》[①] 1914 年第 5 卷第 36—37 期）

读音统一会公定国音字母之概说

（邢岛）

叙言

丙午岁，芸窗无事，草创音字[②]一种。戏与三数知己，时用之以通密札。至客岁夏季，诸友怂恿付梓。因思我国幼年失学之人若是其众，读书识字又若是其难，固急宜以音字补汉文之不逮，社会教育庶可发达，人心风俗应可转移。而操教育权者，反置之若可缓图。岛一时心热，自忘其陋，遂将初稿印刷若干册，邮赠海内，征求同志，并期诸大家之指示谬误，以图改革。未几，诸同志时赐简札，咸以意见相商兑。岛复拟折衷诸家之意见重加厘正，续刊问世。适值教育部公开读音统一会，函聘莅京，其事遂由此中止。会开后，计有会员七十余人。除擅长韵学与西文外，其以音字名者约四五十辈。而会外诸音字家落续以著作寄会参考者，尚不一而足。汇合而统计之，无虑百数十家。绞脑汁呕心血以从事于斯者，可云伙矣！然当会中拣定音韵及字母时，诸家各表所长，皆欲自用，争执不已。卒至用我国数千年来固有之音字，即简单之汉字是也。而诸家所耗废数载或数十载之光阴精力，皆随流光而俱逝，其所创造之成绩，亦等于覆瓿物，应天然之淘汰而自行取销。即卢戆章老先生所用数十载之心力，亦同归于无效。运笔墨灾梨枣欲以私家著述推行于

① 《教育公报》，陆续为双月刊、月刊、旬刊，1914 年创刊于北京，由北洋政府教育部编审处编纂股按期汇纂，教育公报经理处发行。

② 切音字。

世者，可云难矣！因自思昔之印送新汉文，布告意见书（见本杂志）亦属痴人梦事。虽本志不欲藉此自眩，以欺世而盗名，而狂行妄作，不善藏拙，适以之见笑而自点。且当日就学理而论，自觉圆满，嗣就世界进化之事实及在读音统一会之经验上察之，觉今是而昨非，悔前此之好事。故岛在京有索阅鄙作者，莫不以辞却之。盖岛非特现在之宗旨，较前积异，况既经公定国音字母，教育部迟早终须公布，何敢再以私作续印行世，以滋歧贰？至月前负疾归里，又见案头书牍寸积，及披而阅之。有以新作之音字见赐，并附告意见者，有探问读音统一会之结果，并询以教育部久不公布之原因者，有质问订正之新汉文何以尚不见出版，而故检拙稿之瑕疵加以冷评热嘲者。岛除一一专复外，今更将读音统一会自开会至闭会时公共议决之完全结果，告诸热心之音字家，劝其无复空废脑力，且以慰希望公布国音字母之诸志士，更自白行不践言之罪，以答世之责我者。

（一）国音字母之写法

ㄠ	ㄫ	ㄅ	ㄥ	ㄙ	ㄋ
ㄢ	ㄐ	ㄆ	ㄣ	ㄓ	ㄌ
ㄤ	ㄑ	ㄇ	ㄦ	ㄔ	ㄖ
ㄛ	ㄒ	ㄈ	ㄧ	ㄕ	ㄍ
ㄟ	ㄬ	ㄪ	ㄨ	ㄚ	ㄎ
ㄡ	ㄗ	ㄉ	ㄩ	ㄞ	ㄏ
ㄝ	ㄘ	ㄊ			

右国音字母，计母二十四，韵十有二，介音三，共三十有九字。写法会中仅定正楷一种，其草体可用其原有之草体。至榜书题额等字，可自出心裁，别为种种优美之式状，即古体篆隶以及如罗马字母之各体。此皆关于美术，尽堪随人意造。惟“ㄅ、ㄌ、ㄖ、ㄘ、ㄡ”等字即寻常最通用之“刀、力、日、七、又”五字，因欲与原文有别，故特用其篆体，写时须注意。

（二）国音字母之古反切

“ㄅ”布交切，义同包；“ㄆ”普木切，小击也；“ㄇ”莫狄切，覆也；“ㄈ”府良切，受物之器；“ㄪ”无贩切，同万；“ㄉ”都劳切，即刀字；“ㄊ”他骨切，同突，如其来之突字；“ㄋ”奴亥切，古乃字；“ㄌ”林直切，古力字；“ㄖ”人质切，即日字；“ㄍ”古外切，与浍同；“ㄎ”苦浩切，气欲舒出有所碍也；“ㄫ”呼旰切，山侧厓之可居者；“ㄫ”五忽切，兀高而上平也；“ㄐ”居尤切，延蔓也；“ㄑ”苦泫切，古畎字；“ㄒ”胡雅切，古下字；“ㄬ”疑检切，屋之一面斜下者；“ㄗ”子结切，古节字；“ㄘ”亲吉切，即七字；“ㄙ”相姿切，古私字；“ㄓ”真而切，古之字；“ㄔ”丑亦切，小步也；“ㄕ”式之切，尸原字。以上皆作母用。

“ㄚ”于加切，物之歧头；“ㄞ”胡改切，古亥字；“ㄠ”于尧切，小也；“ㄢ”乎感切，嘾也；“ㄤ”岛光切，跛曲胫也；“ㄛ”虎何切，呵本字；“ㄟ”余支切，流也；“ㄡ”于敕切，手也；“ㄣ”于谨切，古隐字；“ㄥ”古弘切，古肱字；“ㄝ”羊者切，古也字；“ㄦ”而邻切，仁人也；“ㄧ”于悉切，数之始也；“ㄨ”疑古切，古五字；“ㄩ”丘鱼切，饭器也。以上皆作韵用。

会中议决国音字母，取有音韵、有意义之偏旁，即最简单之独体汉字。用之作母，取其双声。用之作韵，取其鼻韵。皆用古假借法，而不读如本字音。今将其旧有反切及意义，一一录出，盖欲使读者先知国音字母之来历云。

（三）国音字母之读法

母二十有四

“ㄅ”读若北　“ㄆ”读若魄　“ㄇ”读若墨　“ㄈ”读若拂　“ㄪ”读若微厄切

“ㄉ”读若得　“ㄊ”读若忒　“ㄋ”读若诺　“ㄌ”读若勒　“ㄖ”读若肉

“ㄍ”读若革　“ㄎ”读若刻　“ㄏ”读若黑　“ㄫ”读若愕　“ㄐ”读若饥

“ㄑ”读若溪　“ㄒ”读若希　“ㄬ”读若疑　“ㄗ”读若赀

“ㄘ”读若此

“ㄙ”读若思　“ㄓ”读若支　“ㄔ”读若鸱　“ㄕ”读若诗

上母音，皆读清音平声，发声务短促。其中“ㄐㄑㄒㄏ”四母，专拼齐撮二呼之字，故皆收声于下列之“ㄧ”衣韵；“ㄗㄘㄙㄓㄔㄕ”六母，皆属齿音，故收声于支韵（即下闰音“ㄭ”字）。此外各母，则皆收声于下列之“ㄜ”阿韵。

介音三

“ㄧ”读若衣　“ㄨ”读若乌　“ㄩ”读若迂

上介音三，介于母韵之间，所以分四等也：“ㄧ”为齐齿呼，“ㄨ”为合口呼，“ㄩ”为撮唇呼。

韵十有二

“ㄚ”读若鸦鸣声　“ㄞ”读若哀　“ㄠ”读若懊　“ㄢ”读若安　“ㄤ”读若盎

“ㄜ”读若阿　“ㄟ”读畏字开口　“ㄡ”读若讴　“ㄣ”读若恩　“ㄥ”读若鞥

“ㄝ”读也字开口　“ㄦ”读若而

上韵音，皆读喉音之清音开口呼，发声务舒缓。其中“ㄞ”字，原用“乃”字，后因母中已用“ㄋ”字，一字未便母韵皆用。会中遂有提议用“ㄞ”字者，当时通过。按此字韵籍所未载，字典所未收，仅见于《六书通》①。岛拟提议将母中“ㄋ”字改用“[illegible]”字（乃结切，头倾也），韵中“ㄞ”字，则改用“ㄋ”字，而“ㄞ”字不用。时将闭会，因未发表。“庚青”与“东冬”，显然可分为二韵。“江”与“阳”亦然，然“庚江”合口音皆无字，而“东阳”韵近合口，故等韵以“江”配“阳”为“冈”摄，以“庚”配“东”为“庚”摄。当时会中以其同居一摄，遂不立两韵。及至审音时，皆觉以“ㄨㄤ”拼“汪”，以“ㄨㄥ”拼“翁”，发音都不正确。其时审音将毕，无人提议增韵。虽当日曾言拼“阳”韵与“东冬”韵之字，可以“ㄉ、ㄨ、ㄊ、ㄨ”等结合之等母加于“ㄨㄤ”或“ㄨㄥ”结合之等韵上，如西文重“e”重“o”之别，然

① 《六书通》，字书，十卷。清闵齐伋（字寓五，乌程人）撰，毕宏述（字既明，海盐人）增订。该书依《洪武正韵》部次编排，首列《说文》篆文，下列古文、籀文、金文及印章文字。

此法亦不果用。他日教授时，只可向学者申明此中理由而已。将来国音发达，则非特分庚东江阳，即元寒删先与覃盐咸之分，真文与侵之分，皆可如法以结合之等母与结合之等韵，用四合法相拼以别之。

（四）国音字母之清浊平仄及闰音

甲 清浊

会中当清浊问题发生时，会员中遂大起冲突。盖有数处人因其不能读浊音，遂欲将历来韵书所具载之浊音一律打消，争执不已。后议决浊音不另制独立之字母，如“群、定、并、本、从、邪、床、禅、喻、匣”十母，决定以“见、溪、端、透、帮、滂、敷、精、清、心、照、穿、审、影、晓”等母之字母，附加如西文“ ′ ”Akcent［Accent］之重音记号。作为浊音记号（浊音记号，原用二点，因选字母时既力避与日文容易相浑之笔画，则浊音记号亦不当袭用，故议决改用“ ′ ”）。但当日审定国音时亟欲竣事，未分清浊。故凡浊音皆未加记号。将来各书馆之编辑员与各学校之国文教师，至注音时，若遇方言及韵书皆读浊音之字，而公定国音因其时将届闭会之期，未及订正加记号者，皆可自行附加一“ ′ ”，以符当时之议决案。浊音今列下：

“ㄅ ㄆ”读若勃 “ㄈ”读若佛 “ㄉ ㄊ”读若特 “ㄍ ㄎ”读若獮 “ㄏ”读若纥 “ㄐ ㄑ”读若奇 “ㄒ”读若兮 “ㄗ ㄘ”读若慈 “ㄙ”读若词 “ㄓ ㄔ”读若池 “ㄕ”读若时 “ㄧ”读若移 “ㄨ”读若侉 “ㄩ”读若于。（韵之浊音随母而变，故不列）

上列浊音，二母仅作一音者，以上音与下音区别甚微。大致南人用浊音，多读上一字之音，北人用阳平，多读下一字音。例如“爬”字，南人读“ㄅ ㄚ”，北人读“ㄆ ㄚ”是也。

乙 平仄

平仄之别，随地而异，有四声、五声、八声之分。且有以上平、下平、上声、去声为四声，而遣去入声者，当日会中为此亦颇有争执。后议决仍用旧法，以圈为四声符号，注于韵字之四旁：平声圈于韵之左下角，上声圈于韵之左上角，去声圈于韵之右上角，入声圈于韵之右下角。

丙 闰音

闰音议决不另立字母，惟于正音字母中，择其与所立闰音相近者，加一竖于正间字母之右旁以别之。盖闰音都属土音，最为复杂。各处分立而统计之，几及数十，若删同存异，亦不过十数音耳。今择普通者，录之如下：

“ㄇ́”“ㄇ”浊音；“ㄋ́”“ㄋ”浊音；“ㄌ́”“ㄌ”浊音；“兀́”“兀”浊音；“广́”“广”浊音；“ㄢ丨”江浙人读“安”字音；“ㄡ丨”读如西文“o”字长音；“ㄩ”江浙人读“烟”字音；“ㄙ丨”“ㄗㄘㄙ”之音；“ㄥ丨”（呃）开口鼻音，读如日文“ン”；“兀丨”半闭口鼻音，读时舌抵颚，此为闽广音；“ㄇ丨”（姆）闭口鼻音；“ㄱ丨”读如迟缓之应诺声，又如病人呻吟声，然不可误为“ㄥ丨”，盖“ㄥ丨”鼻音，“ㄱ丨”为开口深喉音也；“ㄡ丨ㄥ”此正确之东冬韵；“ㄡ丨ㄤ”此正确之阳韵。

闰音之首。所例“ㄇ́、ㄋ́、ㄌ́、广́、兀́”五字为“ㄇ、ㄋ、ㄌ、兀、广”之浊音，即三十六母中“明、泥、来、疑、娘”五母。此五母在南人都读浊音，北人都读清音。后有人提议群定等浊音，既不别立字母，则“疑、娘”等母亦当认作清音。其读浊音者，亦加（ˊ）以别之。如是则二十四母一律全读清音，可不必于浊音记号外，再立一清音记号。且此五母所属之字，浊时居多，今既用记号，即可养成拼群定等五母时用记号之习惯，当时皆韪其言。

上列诸闰音外，各省会员所别立之闰音，尚有十余字未录。因岛当日细加辨别，皆与上列之闰音或正音似异音同，不过长短疾徐之稍差耳。音既相同，似不必再立一字，以眩耳目。

（五）国音字母与古韵母对照

关于古母归并案，当时议决者如下：一、“群、定”等浊母，不别制独立之字母，决定以“见、溪”等清字母附加一（ˊ）记号以别之。二、“知、彻、澄”三母，议决归并于“照、穿、床”，故上列“知、彻、澄”三母所注之国音字母与“照、穿、床”同。三、“娘”母所属之字，多借“疑”母齐齿“广”字母拼之，故“知、彻、澄、娘”舌上音四母皆不立字母。四、轻唇非母，议决归并于“敷”，故非“敷”同用一“ㄈ”字母。

見ㄍ 溪ㄎ 羣ㄍ 疑ㄫ（以上開合二呼音） 見ㄐ 溪ㄑ
羣ㄐ 疑ㄬ（以上齊撮二呼音） 端ㄉ 透ㄊ 定ㄉ 泥ㄋ
知ㄓ 徹ㄔ 澄ㄓ 娘ㄬ 幫ㄅ 滂ㄆ 並ㄅ 明ㄇ 非ㄈ
敷ㄈ 奉ㄈ 微ㄪ 精ㄗ 清ㄘ 從ㄗ 心ㄙ 邪ㄙ 照ㄓ
穿ㄔ 牀ㄓ 審ㄕ 禪ㄕ 影ㄧㄨㄩ 曉ㄏ（此曉之開合音）
曉ㄒ（此曉之齊撮音） 喻ㄧㄨㄩ 匣ㄏ（此匣之開合音） 匣ㄒ
（此匣之齊撮音） 來ㄌ 日ㄖ

三十六母

迦ㄚ 結ㄝ 岡ㄤ（此岡之一二等音） 岡ㄧㄤ（此岡之三四等
音）庚ㄥ（此庚之一二等音） 庚ㄧㄥ（此庚之三四等音都四聲
音韻岡庚之虛位音） 祴ㄟ（此祴與ㄧ攝之開口音） 祴ㄧ（此
齊齒音） 祴ㄨ（此合口音） 祴ㄩ（此撮口音） 高ㄠ 該ㄞ 傀
ㄟ 根ㄣ 根ㄧㄣ（此與ㄣ即真文與侵之分） 干ㄢ 干ㄧㄢ（此即
四聲音韻岡干之虛位音） 鉤ㄡ 歌ㄜ

古十二摄

（六）国音字母与西文对照

ㄅ P
ㄆ P'
ㄅ B
ㄇ M
ㄈ F
ㄪ V
ㄉ T
ㄊ T'
ㄉ D
ㄋ N
ㄌ L
ㄖ R
ㄍ K
ㄎ K'
ㄍ G
ㄏ H
ㄫ NG
ㄐ HC
ㄑ HC'
ㄐ G
ㄐ DHC
ㄒ HS
ㄬ GN
ㄗ TS
ㄘ TS'
ㄗ DS
ㄙ S
ㄙ Z
ㄓ CH
ㄔ CH'
ㄓ DCH
ㄕ SH
ㄕ ZH
ㄧ Y
ㄨ Ü
ㄩ Ü
ㄧ Y
ㄨ U
ㄚ A
ㄞ AI
ㄠ AU
ㄢ AN
ㄤ ANG
ㄛ O
ㄟ A
ㄡ OU
ㄣ EN
ㄥ ENG
ㄝ EH
ㄦ ER

以上所注西文，首“P、T”等字，为拉丁及法文音。次“P'、T'”

等字为英文音，其余“M、N、G”等字，则为西文普通音。今两两对照，亦可为研究国音字母之一助。

（七）国音字母之拼法

会中研究古韵者，守二字反切法，故多主张用双拼。就中有欲分等于母者，有欲分等于韵者，讨论不决。后议决注音时除开口呼外，应三拼者概用三拼法，即一母一介音一韵，三字母拼成一音也。于是概不分等于母，亦不分等于韵。众论始息。

关于拼音之议案，当日决定者如下：

一、“ㄐ、ㄑ、ㄒ、ㄬ”之下，不得再用“ㄧ”字。因“ㄧ”为齐齿介音，而“ㄐ、ㄑ、ㄒ、ㄬ”已读为齐齿音也。二、“ㄖ、ㄗ、ㄘ、ㄙ、ㄓ、ㄔ、ㄕ”之下，不得再加“ㄦ”韵，因“ㄦ”为支韵，而“ㄖㄗ”等字，已读为支韵也。三、“ㄅ、ㄆ、ㄇ、ㄈ、ㄪ”等唇音，拼合口音时不加“ㄨ”字，因“ㄅ、ㄆ”等音已近合口也。

以上所列七条，仅就国音字母分论。其当日所审定每字之读音，字多不能备载。至读音统一会之内容，及国音字母之应用与推行法，已具载于朝廷程序，兹不再赘述。

（《东方杂志》[①] 1914 年第 10 卷第 8 期）

① 《东方杂志》，月刊，半月刊，1904 年上海创刊，1948 年 12 月终刊，商务印书馆印行。杜亚泉、胡愈之等出任过其主编。内容多辑自国内外各种报刊，分谕旨、时论、社说、内务、军事、外文、教育、财政、实业、交通、商务、宗教、小说、文艺、时事日志、译件、丛谈、记载、现代史料等栏目。

1915年文献

教育部咨文

第四百二十八号四年二月十七日

（咨复福建巡按使小学校增授国语暨所拟推行程序准备案文）

为咨行事

准咨陈开“据福建省教育行政会议议长姜可钦详称，除原文有案不录外后开，闽省方言复杂，大为文化交通之阻碍。前由本巡按使酌定中等以上学校自民国三年八月学年开始，凡新招学级均酌加教授国语钟点列为主要科目，其余各科亦概以国语教授各办法，业经咨陈核准在案。据详前情，以小学校为中等以上学生所从出，亦应注重国语，以植其基，所议各办法亦属切实可行，除批准并通饬遵行外，相应咨陈查核备案，并希见复”等因到部，查国语统一于教育之普及至有关系，闽省语言隔阂实足阻进文化，该会议拟请自小学校增授国语以植读音统一之始基，极有见地，所拟推行程序亦称妥协，应即准予备案，相应咨复即希查照饬遵可也。此咨福建巡按使。

（《教育公报》1915年第10卷第107期）

大总统申令

四年七月二十二日

国民教育以小学教育为基础，观小学儿童之态度而可觇国之兴衰。小学教员者兼父母师保之职，故爱之重之异于常流。吾国教育本未普及，重以改革废学尤多，且办法分歧，精神缺乏。予①在天津时因小学班级参差，进步迟滞，特设模范小学一所，颇资倡导之力。京师为全国人士所观瞻，应迅设模范小学，为各省表率。所有建筑开办等经费，本大总统自行捐发，以树风气，务使学校如林，庠序盈门，有厚望焉。此令。

（《教育公报》1915 年第 2 卷第 4 期）

大总统申令

四年七月三十一日

兹制定国民学校令②公布之。此令。

第一章　总纲③

第一条　国民学校施行国家根本教育，以注意儿童身心之发育，施以适当之陶冶，并授以国民道德之基础及国民生活所必须之普通知识技能为本旨。

第二条　国民学校由自治区负担设立者，名区立国民学校；由私人

① 袁世凯时任中华民国大总统。

② 1904 年，清廷公布《奏定学堂章程》，又称癸卯学制，该《章程》包括《学务纲要》《初等小学堂章程》等多项内容，为中国现代学制源头。其中《初等小学堂章程》是 1916 年的《国民学校令》的基础。

③ 《国民学校令》原文共有“总纲”“设置”“教科及编制”“设备”“就学”“经费”“职员”“管理及监督”“附则”共九章，此处只录入相关的前五章。

之经费设立者，名私立国民学校。

第三条 蒙养园及类于国民学校之各种学校适用前条之规定。

第二章 设置

第四条 自治区设立国民学校其校数以足容本区学龄儿童为准。

第五条 自治区设立国民学校时得于本区内划分学区。

第六条 区立国民学校之校数、位置经自治会议及学务委员会之协议，由区董陈请县知事定之。在单独自治区，由区董咨询学务委员之意见陈请县知事定之，学务委员会之规程别以教令定之。

第七条 自治区之一学区内，如有不能于通学适宜之地域成立一国民学校者，区董得令邻近学区处理其一部分就学儿童之教育事务。邻近学区遇有不能处理前项教育事务时，县知事得令该区与邻近自治区组织学校联合设立国民学校，或将一部分就学儿童之教育事务委托于邻近自治区。前项学校联合及委托事项之解除或停止须经县知事之认可。

第八条 《地方自治试行条例》第二条第六项缓设自治区地方，其就学儿童之教育事务由县知事处理之。

第九条 自治区因特别情事，于应设国民学校之校数一时未能全设者，县知事得令该区暂以私立国民学校代用之，但须详经该管长官之认可，代用国民学校规程由教育总长定之。

第十条 私立国民学校之设置须经县知事之认可，其废止及变更时亦同。

第十一条 蒙养园及类于国民学校之各种学校适用前条之规定，国民学校得附设蒙养园及类于国民学校之各种学校。

第三章 教科及编制

第十二条 国民学校修业期限为四年。

第十三条 国民学校之教科目[①]为：修身、读经、国文、算术、手

---

① 《奏定学校章程》之《小学堂章程》规定“寻常小学堂课程门目表”为“修身第一，读经第二，作文第三，习字第四，史学第五，舆地第六，算学第七，体操第八”，《国民学校令》将“作文”科改为“国文”科。

工、图画、唱歌、体操、女子加课缝纫，遇不得已时可暂阙手工、图画、唱歌之一科目或数科目。

第十四条 国民学校得设补修科，关于补修科之细则由教育总长定之。

第十五条 国民学校之教科目除修身、读经、国文、算术外，其他科目有因儿童体质所不能学习者得免其学习。

第十六条 国民学校之增减科目在区立者，由区董报经县知事之认可；在私立者，由设立人报经县知事之认可。补修科之设置与废止时应照前项办理。

第十七条 国民学校之教科图书，须用教育部所编行或经教育部审定者。前项图书关于同一教科目而有数种者，应由县知事招集各校校长会议择定，补修科所用教科图书由各学校校长择定。

第十八条 国民学校之休业日，除日曜日[①]外每年不得过九十日，补修科不在此限。遇传染病预防或非常灾变时，区董得命临时闭校，但须陈报县知事。除前项外，遇有急迫情事校长得临时闭校，但须报由区董转陈县知事。

第十九条 关于国民学校教则及编制之细则由教育总长定之。

第四章 设备

第二十条 国民学校应设备校地、校舍、校具及体操场、学校园，视地方情形可暂阙学校园。

第二十一条 国民学校之校地、校舍、校具、体操场等，除非常灾变外不得作为他用。

第二十二条 关于国民学校设备之细则，县知事依照教育总长所规定之程序定之。

第五章 就学

第二十三条 儿童自满六周岁之翌日始至满十三岁止，凡七年为学龄。儿童达学龄之日后，以最初学年之始为就学始期，以国民学校毕业之

① 星期日。

时为就学终期。学龄儿童之父母或其监护人，自儿童就学之始期至于终期有使之就学之义务。

第二十四条 学龄儿童如以疯癫、白痴或残废不能就学者，区董报经县知事认可后，得免除其父母或监护人之义务。学龄儿童如以病弱或发育不完及其他不得已之情事，达就学期而未能就学者，区董报经县知事，认可后得展缓其就学。区董认学龄儿童之父母或其监护人实以贫困不能使儿童就学时，得照前项办理。

第二十五条 学龄儿童未经国民学校毕业而为人佣役者，其主人不得因其为佣而妨其就学。

第二十六条 学龄儿童之父母或其监护人应令儿童就学于区立国民学校或代用国民学校，但经区董之认可得令其在家庭或他处肄习国民学校之教科。就学于国立或省道县立各学校之附属国民学校及在预备学校修业四年者，与就学于区立国民学校无异。

第二十七条 儿童年龄未达就学始期者，不得令入国民学校。

第二十八条 国民学校校长察知儿童中有患传染病，或有可虞之情状者，或性行不良有妨他儿童之教育者，得停止其出席。

（《教育公报》1915 年第 2 卷第 4 期）

教育部呈文

第一百零六号四年十二月二十日

（呈为试办注音字母传习所请予立案文并批令文）

为试办注音字母传习所①请予立案仰祈

睿鉴事

---

① 1903 年，王照在北京创办官话字母义塾，以《官话合声字母》为教材教授所创官话合声字母，以后共办官话字母义塾二十四号。1913 年读音统一会召开，王照及其学生王璞均以直隶会员的身份参会（王照初为副会长）。会后王璞提出创办注音字母传习所，一方面教授读音统一会审定的注音字母，另一方面延续其师王照创办官话字母义塾在民间推广字母的旧制。王照、王璞，尤其是后者，对于民国时期注音字母乃至国音教学、推广影响至深，此一点仍有待学界深入研究。

窃闻国之强弱文野以教育之能否普及为衡，即以全国识字人民之多寡为标准，据各国统计言之，则德居首，英法美次之，日本又次之，然亦过百分之九十，我国则千人中仅得七人而已。夫以东亚数千年文物最古之邦而识字之人乃远在人下，岂人智而我愚耶？一麟[①]尝深求其故，以为文字之难易使然也。盖吾国文字形为主而他国文字音为主，主形则文字繁，主音则文字简，繁则难记，简则易知。夫文字者语言之符号，古人造字之始亦必先有言语而后以文字传之，惟其主形而不主音，又古文易而籀篆，籀篆易而隶草，隶草易而真书。即古人之以形为主者，如日月山川之类，已无复形焉者，存而文字，与语言转截然离而为二。观三代钟鼎之文，往往字少而用广，凡同音者皆可以通假为之。故《诗三百篇》如罝兔之野人、江汉之游女皆能发为诗歌，流传千古，则语言与文字尚未分离也。自秦以来二千年，文字既屡变而失真，语言亦参差而各别，期其普及若登天。一麟尝追溯科举时代，学政之所录取不过国文而已，然通三年，全国平均记之县，不过入学一二十人。夫一县之大，学龄儿童以万计，此三年中仅得此能文之十余人，而各种科目尚未尝肄业，况加以修身、体操、算术等种种科目，而欲如东西各国之教育普及，宁有是理？更征诸外国。欧美文字不出二十六字母以外，日本文字不出假名五十音以外。世界各国若埃及、巴比伦文字亦主象形，乃其后渐推渐衍，自希腊、腊丁以后，变而音母相切之法，故能有今日之文明。日本若无假名而尽用汉文，又安所得普及之利器？当此科学昌明之世，非节省童年之脑力日力，殆将无以生存。今欲改造国文，则老师宿儒必惊诧为斯文之将丧。然吾国识字人民仅有千分之七，此千人中之九百九十三人既无术使之普及，则更为一种简易文字以代语言之用，其为有利无弊也明矣。清之季年，若闽之蔡锡勇、苏之沈学、直隶之王照、浙之劳乃宣，多有切音字母之作。暨民国初元，本部慜于我国语文之庞杂，尝召集全国研究字母专家与夫通晓中外文字及古今音韵学者数十人，又令每省派遣一人述其方音，开读音统一会于京师，讨论三阅［阅三］月，制

---

① 张一麟（1868—1943），字仲仁，号公绂，别署民佣、大圜居士、红梅阁主，江苏吴县（今苏州）人。民国之初，历任总统府政事堂机要局局长、内阁教育总长等职。该文为张一麟应王璞所请，为准予试办注音字母传习所立案并呈请政事堂批令所作的呈文。

定字母三十有九。凡四声入声之异、清浊阴阳之分、喉音介音之选择、字形符号之选择皆有根据，与向壁虚造者迥异。当经全体会员共同议决，延未举办。兹据该会员等禀设注音字母传习所，请批准立案前来。此项字母既经全体会员悉心讨论，自非私人著述可比，已指定公共房屋一所准其试办，并由一麟月捐俸银二百元为经费。俟传习数月后，先就京城未入校之学龄儿童及失学贫民之年长者，每一学区饬学务局会同警察厅匀配地点，多设半日学校、露天学校强迫入学，专习此项字母；一面印成书报，令所有语言均可以此项文字达之。以次推诸近畿各局，并咨行各省酌派师范生到京练习。借语言以改造文字，即借文字以统一语言，期以十年，当有普及之望。综其利益，厥有数端：政府之条教号令不能及蚩蚩之氓，今则一目了然，家喻户晓，壅蔽既去，上下不睽，爱国之心，油然发现，此利于政治之推行者一；老农之所经验，工人之所流传，言之无文，行之不远，今则受以耳者，皆可受以目，苦力渐能阅报，老妪亦可解颐，此利于文化之进步者二；东西各国，虽在乡村必有图书之馆，虽有盲哑能扪凹凸之文，此项字母可制模型，排印之费无多，设备之具亦省。儿童牙牙学语可以字母制为饼饵，少成若天性，习惯成自然，及其长也可简省日力脑力以专习科学。崇实黜华，事半功倍，此利于国民之经济者三。其他开通风气、交换智识之处更仆难数，推而行之，将三代家塾党庠之盛不难复见。于今名为更新，实则复古，似于化民成俗，不无裨益。所有试办注音字母缘由应请批令允准，立案施行。俟试有成效，再请以明令颁布，庶昭郑重而免阻碍。伏乞！

睿鉴谨呈

政事堂奉

批令准予立案。即由该部督饬切实筹办，次第推行，俾观成效。此令。

（《教育公报》1916 年第 2 卷第 11 期）

1916 年文献

国民学校令施行细则

洪宪元年一月八日

第一章　教科及编制[①]

第一节　教则

第一条　国民学校应遵《国民学校令》第一条之本旨教育儿童。儿童身心宜期其发达健全，凡所教育必适合儿童身心发达之程度。体育、智育、情育、志育均宜并重，以锻炼儿童之能力。凡与国民道德相关事项，无论何种科目均应注意指示。智识技能宜择国民生活上所必需者教授之，务令反复熟习，应用自如。对于男女诸生，应注意其特性及将来生活，施以适当之教育。各科目教授之目的方法务使正确，并宜互相聪络以资辅助。

第二条　修身要旨在遵照教育纲要，涵养儿童之德性，导以实践。宜就孝悌忠信亲爱义勇恭敬勤俭清洁诸德，择其切近易行者授之，渐及于对社会对国家之责任，以激发进取之志气，养成爱国爱群之精神。对于女生尤须注意于贞淑之德，并使知自立之道。教授修身宜以嘉言懿行

① 《国民学校令施行细则》包括"教科及编制""设备程式""就学""职员""学费""蒙养园及类于国民学校之各种学校""附则"共七章及"第一号表""第二号表""第三号表"，此处录入语言政策相关的第一章第一节和"第一号表"。

及谚辞等指导儿童，使知戒勉兼演习礼仪。

第三条 读经[①]要旨在遵照教育纲要，使儿童熏陶于圣贤之正理，兼以振发人民爱国之精神，宜按照学年程度讲授孟子大义，务期平正明显，切于实用，勿令儿童苦其繁难。

第四条 国文[②]要旨在使儿童学习普通语言文字，养成发表思想之能力，兼以启发其智德。首宜正其发音，使知简单文字之读法、书法、作法，渐授以日用文章，并使练习语言。读本文章宜取平易切用可为模范者，其材料就各科内，择其富有趣味及为生活所必需者，用之女子所用读本宜加入家事要项。国文作法宜就读本及他科目已授事项，或儿童日常闻见与处世所必需者，令记述之，其行文务求简易明了。书法所用字体为楷书及行书。教授国文务求意义明了，并使默写短句短文，或就成句改作，俾读法、书法、作法联络一致，以资熟习凡语言文字，在教授他科目时亦宜注意练习。遇书写文字，务使端正敏捷，不宜潦草。

第五条 算术要旨在使儿童熟习日常之计算，增长生活必需之知识，兼使思虑精确。首宜授十数以内之数法、书法及加减乘除，渐及于百数以内，更进至通常之加减乘除，并授简易之小数分数诸等数加减乘除。算术宜用笔算兼及珠算。教授算术务令解释精审，演算纯熟，又宜说明演算之方法理由，尤宜令熟习心算。算术问题宜择他科目已授事项或参酌地方情形，切于实用者用之。

第六条 手工要旨在使儿童制作简易物品，养成勤劳之习惯，审美之趣味。宜授纸、丝、黏土、麦秆、竹木等简易制作，教授手工宜说明材料之品类、性质及工具之用法，其材料取适用于本地者。

第七条 图画要旨在使儿童观察物体，具摹写之技能兼以养成其美感。首宜授以单形，渐及简单形体，并使临摹实物或范本。教授图画宜

---

① 《奏定学校章程》之《学务纲要》关于“读经”规定“中小学堂宜注重读经以存圣教”，“经学课程简要并不妨碍西学”“学堂不得废弃中国文辞以便读古来经籍”。

② 《奏定学堂章程》之《学务纲要》关于“官音”规定“兹拟以官音统一天下之语音，故兹师范以及高等小学堂，均于中国文一科内，附入官话一门。期练习官话，各学堂皆应用《圣谕广训直解》一书为准。将来各省学堂教员，凡授科学，均以官音讲解，虽不能遽如生长京师者圆熟，但必须读字清真，音韵流畅”，《国民学校令施行细则》内对“官音”并无规定，只是简单提出“首宜正其发音”，对于“官音”“官话”并无提及。

就他科目已授之物体，及儿童所常见者，令摹写之，并养其清洁缜密之习惯。

第八条 唱歌要旨在使儿童唱平易歌曲，以涵养美感，陶冶德性。宜授平易之单音，唱歌歌词乐谱宜平易雅正，使儿童心情活泼优美。

第九条 体操要旨在使儿童身体各部平均发育，强健体质，活泼精神兼养成守规律、尚协同之习惯。首宜授适宜之游戏，渐加普通体操。视地方情形，得在体操教授时间或时间以外，授适宜之户外运动，或游泳体操时所习成之姿势，务宜恒久保持。

第十条 缝纫要旨在使儿童熟习通常衣服之缝法、裁法，兼养成节俭利用之习惯。首宜授运针法，继授简易之缝法、补缀法。缝纫材料宜取常用之物，在教授时宜说明工具之用法，材料之质量，及衣服之保存法洗濯法。

第十一条 教授各科时常指示本国固有之特色，启发儿童爱国自觉之心，并引起其审美观念。

第十二条 国民学校各学年教授程度及每周教授时数依第一号表，缺手工、图画、唱歌、缝纫之一科目或数科目者，其每周教授时数可分加于他科目，并可减少总计时数一小时或二小时。前项分加于他科目时数，在国文、算术每科每周以一小时为限。视地方情形得酌加手工时间。

第十三条 国民学校施二部教授时，其教科目之每周教授时数，各部须在十八小时以上，但在第一第二学年得减至十二小时。前项每周教授时数由管理人或设立人定之，但须经县知事之认可。

第十四条 国民学校编制数，学年之儿童为一学级时得依同一之程度教授全部或一部之儿童。

第十五条 国民学校校长应详定各教科目之教授细目。

第十六条 国民学校校长于修业年限之终，认为修毕各教科之生徒应授以毕业证书。

第一号表

学年 教科目	每周教授时数	第一学年	每周教授时数	第二学年	每周教授时数	第三学年	每周教授时数	第四学年
修身	二	道德之要旨	二	道德之要旨	二	道德之要旨	二	道德之要旨
读经					三	讲授《孟子》	三	讲授《孟子》
国文	一〇	（发音）简单文字之读法、书法及日用文章之读法、书法、作法、语法	一二	简单文字之读法、书法及日用文字之读法、书法、作法、语法	一四	简单文字及日用文章之读法、书法、作法、语法	一四	简单文字及日用文章之读法、书法、作法、语法
算术	五	百数以内之数法书法 廿数以内之加减乘除	六	千数以内之数法书法 百数以内之加减乘除	六	通常之加减乘除（珠算加减）	五	通常之加减乘除及简易之小数诸等数加减乘除（珠算加减乘除）
手工	一	简易制作	一	简易制作	一	简易制作	一	简易制作
图画			一	单形简单形体	一	单形简单形体	男二 女一	简单形体
唱歌	四	平易之单音唱歌	四	平易之单音唱歌	一	平易之单音唱歌	一	平易之单音唱歌
体操		游戏		游戏普通体操	三	游戏普通体操	三	游戏普通体操
缝纫					一	运针法通常衣服之缝法	二	通常衣服之缝法 补缀法
总计	二二		二六		男三一 女三二		男三一 女三二	

（《教育公报》1916 年第 2 卷第 12 期）

教育部饬文

第九号洪宪元年一月十五日

（饬试办注音字母传习所发阅汪怡禀陈改良音标意见仍缴原件文）

为饬知事案

据前读音统一会会员试署直隶平山县知事汪怡禀陈改良音标意见，并送拟定《国语音标概说》一册到部。查该员以发音专学研究注音字母堪资参考，该所原系试办，自宜随时研究得失，慎审利弊。特将该员禀陈各节发交该所阅看，以备一说。仍仰缴还原件。此饬。

（《教育公报》1916 年第 3 卷第 1 期）

教育部批文

第二百六十五号洪宪元年二月二十二日

（批注音字母传习所请传习毕业担任教授应规定薪俸一项应毋庸议文）

据注音字母传习所详为传习毕业担任教授应规定薪俸以昭划一而资鼓励等情，阅悉。

该所于毕业诸生设会研究，果能力求熟练，以备将来担任教授胜任愉快，洵属扼要之图。惟报酬一项，宜俟延聘者临时双方约定乃较妥洽，倘预为规定，转恐或滋窒碍，所请应毋庸议。

（《教育公报》1916 年第 3 卷第 3 期）

京师学务局饬文

第二九号洪宪元年一月二十七日

（饬注音字母传习所呈请拨助经费文）

为饬知事

本月二十六日奉

教育部饬第二十六号饬开“据注音字母传习所呈请拨助经费等情，业经本部批准，由北京地方[①]补助费项下照拨在案，为此饬知该局自本月起按月发百元也。此饬”等因，奉此。查本局按月发放之各项补助经费，每以部中款发之先后为准，每届发款期定，另函通知具领所有，该所每月补助费壹百元自应一律办理。惟本月分各项补助经费业定于本月二十八日发放，该所长应即按期携带自用图章亲身来局领取，以重公款，为此饬仰该所遵照。此饬。

（《京师教育报》[②] 1916 年第 27 期）

教育部批文

第五百零六号五年四月七日

（批仇绍州所编《简易识字纲要》请设校各节着毋庸义）

据浙江公民仇绍州禀一件阅悉。

查该公民所编《简易识字纲要》，以四十四字为阴阳，箭母十五字为

---

① 从清末王照在北京创办的“官话字母义塾”，至民国初期王璞在北京主理的“注音字母传习所”，再至民国中后期国语统一会在各地主办的“国语讲习所”，这三个机构为研究清末民国时期拼音字母传习的重要线索。北京地方是“京音”所在地，是拼音字母传习体系的发源地和中心，在此文中可见一斑。

② 《京师教育报》，月刊，1914 年在北京创刊，1919 年由《京师学务局行政月刊》替代，《京师学务局教育报》编辑室编辑，京师学务局印行。

标母，拼合成音，创造颇具苦心。惟前读音统一会议决之注音字母业在京师试办，此项简字倘种类过多，徒乱人意，于统一语言亦有窒碍。所请设校各节着毋庸议，书存。此批。

（《教育公报》1916年第3卷第5期）

教育部批文

第五百八十六号五年四月二十三日

（批注音字母传习所《注音字母报》大致妥适请转咨警厅立案一节应迳向该管警署禀请核办文）

据详已悉。

核阅该报选材注音大致妥适，于通俗教育不无裨益。惟所请转咨警厅立案一节，应由该所遵照报纸条例第三条，迳向该管警署禀请核办可也。此批。

（《教育公报》1916年第3卷第5期）

教育部饬文

第一百七十号五年四月二十八日

（饬京师学务局注音字母传习所详请于露天学校添设此项功课是否可行仰确实调查酌办文）

为饬知事

据注音字母传习所详称“窃职恭请大部呈请立案文内载：俟传习数月，先就京师未入校之学龄儿童及失学贫民之年长者，每一学区饬学务局会同警察厅匀配地点，多设半日学校、露天学校强迫入学，专习此项字母在案。敝所自民国四年十二月开班，已授传习之师范生兼以分所师范班传习生共约二百余名，其特班、普通班实能写、能读、能用者不下五六百名，风行一时，推举甚利。职于教授之余，经验尚无流弊，舆论亦渐允孚。应请饬学务局将所辖学区内之露天学校一律加习此项字母，每日一小时，敝所师范生应令分担教授之事。是否有当，恭请核示，祈遵”等因，据此，查露天学校添设此项功课是否可行，仰由该局确实调查，酌量情形办理可也。此饬。

（《教育公报》1916 年第 3 卷第 5 期）

教育部部令

第十九号五年十月九日

（修正国民学校令）

民国四年七月三十一日大总统教令公布之国民学校令，经本部呈准修正特公布之。

第十三条删去“读经”二字；第十五条删去“读经”二字；第二十六条第二项删去“及在预备学校修业四年”十字。

（《教育公报》1916 年第 3 卷第 11 期）

教育部部令

第二十号五年十月九日

（修正国民学校令施行细则）

民国五年一月八日公布之国民学校令施行细则兹经修正，特公布之。此令。

第二条第四项下加一项；“自第三年起兼授公民须知，示以民国之组织及立法行政司法之大要”。第三条全文删去。第六条第二项“竹木”等下加“及本地原有工艺品之”九字。第二十条删去“读经”二字。第二十一条第一项删去“前后”二字。第二十二条第四项删去“前后”二字。第四十八条删去“预备学校”四字。第八十六条“洪宪元年”改为“民国五年”。第八十八条“洪宪元年九月”改为“民国五年八月”。第九十条修改为第三章，第四十条、第四十五条、第四十八条、第五十一至第五十四条之施行期别以部令定之。

第一号表修改为

学年 教科目	每周教授时数	第一学年	每周教授时数	第二学年	每周教授时数	第三学年	每周教授时数	第四学年
修身	二	道德之要旨	二	道德之要旨	三	道德之要旨，公民须知	三	道德之要旨，公民须知
国文	一〇	（发音）简单文字之读法、书法及日用文章之读法、书法、作法、语法	一二	简单文字之读法及日用文章之读法、书法、作法、语法	一四	简单文字及日用文章之读法、书法、作法、语法	一四	简单文字及日用文章之读法、书法、作法、语法
算术	五	百数以内之数法、书法，二十数以内之加减乘除	六	千数以内之数法、书法，百数以内之加减乘除	六	通常之加减乘除（珠算加减）	五	通常之加减乘除及简易之小数诸等数加减乘除（珠算加减乘除）
手工	一	简易制作	一	简易制作	一	简易制作	一	简易制作
图画			一	单形，简单形体	一	单形，简单形体	男二 女一	简单形体
唱歌	四	平易之单音唱歌	四	平易之单音唱歌	一	平易之单音唱歌	一	平易之单音唱歌
体操		游戏		游戏，普通体操	三	游戏，普通体操	三	游戏，普通体操
缝纫					一	运针法，通常衣服之缝法	二	通常衣服之缝法，补缀法
总计	二二		二六		三十		男三一 女三十	

（《教育公报》1916年第3卷第11期）

京兆尹公署训令

第一四号五年八月三日

（令为注音字母半日学校由）

令大兴等二十县知事

案查注音字母半日学校为京兆地方筹备自治第一期应办事宜，曾经呈准在案，现在亟宜筹备，以资进行。惟此项师资现时无所取给，应由各该县在城区先设注音字母传习所一处，借用城区相当学校讲堂开办夜班，每晚教授三小时，以劝学所长兼任传习所长，以资管理。通俗教育讲演员前在讲演传所曾经兼习注音字母，择其成绩较优者，调充城区讲演员，就近兼任传习字母教员，概尽义务不再支薪。招取国文清通、粗知算术者入所肄习，限一个月毕业，核计此项经费为数无多，着在地方会计款内，撙节动支。一面由各该县会商自治区董，将注音字母半日学校设置地点及应用经费迅速妥筹，每区至少应设两处以上，逐渐推广。一俟前项传习所毕业试验合格，即行派充半日学校教员。兹发去《注音字母报》自第四期至第七期各五份，以二份交字母传习所作为教授参考用书，其余交讲演所以为讲演资料。另由本公署订定《注音字母传习所简章》一并发给。应即按照规定办法迅速组织，限于本年九月十五日以前一律成立，并将各员姓名、校址、经费及学生姓名、资格造册呈报，查核毋违，切切。此令。

计发《注音字母报》四五六七期各五份共二十册、《注音字母传习所简章》三份

京兆尹印

中华民国五年八月三日　京兆尹王达

京兆各县设立注音字母传习所简章

第一条 本所以养成注音字母教员，推广半日学校或露天学校以期教育普及为宗旨。

第二条 借用城区相当学校讲堂开办夜班，每晚教授三小时。

第三条 学生名额以足敷各区分配为标准，其额数由各县定之。

第四条 入学资格以籍隶本县、年在二十岁以上四十岁以下、国文清通、曾学算学者为合格。

第五条 本所教授科目及每周时间如左：注音字母二小时，教授管理法大意三小时，珠算三小时。

第六条 限一个月毕业，如届时教授未完得酌量延长。

第七条 学生毕业后，由各县派充各区注音字母半日学校及露天学校教员。

（《政府公报》1916 年第 213 期）

京师学务局训令

第九号五年九月六日

（令为注音字母传习所所长王璞由）

令注音字母传习所所长王璞

案奉教育部训令第二二号："据注音子母传习所所长王璞呈称，该所试办有效，恳请辅助经费以资持续等情。查该所自试办以来已阅半载，现因款竭恳请维持，亦属实情，究竟能否酌加补助，合行抄录原呈，仰该局查察情形酌量办理可也。此令"等因，奉此，查本局已由本年一月起按月补助该所银一百元，现在款项异常支黜无法再为增加，仍须请由教育部每月增加补助该所银一百元，每月由局另文请领。俟领到再行发给，当即拟具办法，呈请在案。兹奉教育部指令："据呈称注音字母传习所请再加补助费一节已悉，该所办理需费自属实情，仰该局在北京地方补助费项下，自九月起每月加拨百元。倘该局所领补助费因此致有不敷，将来由部补给等因奉此，合行令知该所由九月起遵照办理，仍俟发款有期，另行知照。此令。”

（《京师教育报》1916 年第 35 期）

京师学务局呈文

五年九月二十六日

（呈教育总长案奉部令第六号文）

为呈复事

案奉部令第六号

据注音字母传习所所长王璞呈请派员宣讲字母以期扩充而谋推行，并附陈办法敬候拟示等情。据此，查京师地面巡行宣讲此项字母是否可行，抄录原呈及办法令仰该局体察情形呈候核夺等因到局。窃查注音字母之宣讲系属创闻，可否之处非试办不知。惟宣讲地点其办法内开以庙会集镇为地点，似以选择未经过办过通俗讲演之地为宜，否则既经听受非注音字母之讲演则先入为主，此项注音字母之宣讲恐于习惯上有格不相入之势。是否有当，复请大都鉴核。谨呈。

（《京师教育报》1916 年第 35 期）

教育部批文

第一千零九十二号五年九月二十九日

（批注音字母传习所仰即迳赴学务局商酌宣讲字母办法文）

呈悉

已令行学务局体察情形呈候核夺去后，兹据复称：“注音字母之宣讲系属创闻，可否之处非试办不知。惟宣讲地点，其办法内开‘以庙会集镇为地’，似以选择未经办过通俗讲演之地为宜，否则既经听受非注音字母之讲演，则先入为主；此项注音字母之宣讲，恐于习惯上有格不相入之势”等因，到部，仰即迳赴学务局商酌办理可也。此批。

（《教育公报》1916 年第 3 卷第 11 期）

北京注音字母传习所开所教育部张总长训词

今日为注音字母传习所开所之第一日，诸生萃集，本总长①不胜厚望焉。所长王②先生今日创办此事，关系于中国前途者，非常之重且要。何言之？以中国识字人数，与外国比较。据实在之调查，外国百人之中，识字者约有九十人上下。至中国则百人之中，不敢谓有一识字者，千人之中，只有七人识字而已。或以为此言未免过甚，不知在北京首善之地，与各省都市之区，或不至如斯，而在乡间以及西藏蒙古等处，则千人之中，仅七人能识字，实非虚言也。然则对于此九百九十三人，当用何法以教之也？若仍以固有之汉字教之，则案普通人之学力言之，自六七岁识字时起，至于国文半通不通之程度，非达二十岁不可。然则今欲以之教此九百九十三人，则非有十五年之功不可。且尚不过仅通知粗浅之国文而已，至于普通学，仍一无所知也。或谓此为文字不善之故，实则我国有文字之始，初非即有今日之弊也，其后日趋月异，遂变成今日之一种美术品。考之历史，上古之时，结绳而治。盖其时人民，知识浅陋，事亦单简，故结绳已可为治。其后世变事繁，结绳不足为治，于是始造文字。其始不过象形而已，即如鸟则画鸟形，水则画水文以象之，又如日月等字，皆系象形为字者也。其后复以不足为用，于是有假借、指事、

---

① 张国淦（1876—1959），时任教育总长。

② 王璞（1875—1929），字蕴山，河北宛平人。清末宛平县学生员，师从王照学习官话字母。1902 年，上书官学大臣张百熙请求使用官话字母。1903 年，作为直隶代表参加读音统一会，后继任临时主席主持会议。1913 年，将读音统一会议定之字编《国音检字》一书。1915 年，成立“读音统一期成会”和注音字母传习所。此后参与《国音字典》审定，受聘国语统一筹备会会员，灌制《中华国音留声机片》，并历任北京师范大学、国立北平女子大学及女子师范学院国音教员等职。著有《国音京音对照表》《王璞的国音示范》《注音字母发音图说》《注音千字文》等。

会意、转注、谐声等，逐为增加。虽然，此时文字与语言并未为二事也，文字即言语，言语亦即文字。即如《诗经》一书，今人当为诗读，而在当时，则系人民之歌语也，且《汉广》之诗，直为女子歌语。夫人民及女子之歌语皆系诗，则当时文字语言之无分可知矣。今日外国语言文字之不分，与我古时同也。而我今日，则反语言为语言，文字为文字矣。故如以通晓英文之英国人而读英文报，则不通晓英文之英国人听之，可以了解。而以我国通晓国文之人读我国报，则不识字之人，丝毫不晓，此语言文字不同之故，而古时则无此弊也。且今日之文字，旨深义繁，吾人一生精神，被此耗废者，占有十分之五。因此之故，遂造此种最简要之字，使人易于认识，而节省精神，以为他用。或曰如此，岂非将汉字废弃？不知有此种简要之字，汉字反足以保存。况以之教此不识字之九百九十三人，更有利而无弊也。所谓汉字反足以保存何耶？盖因识得此种字，以为过渡，藉可多读汉文书，则汉字岂非因之反足以保存乎？至于此种字适用与否，此实无问题也。何则？即以各国论之：英文之二十六个字母，日文之五十音，果无丝毫缺点乎？况中国自有简字，二十年以来，作之者不一人，如江苏沈学氏、福建蔡锡勇氏、直隶王照氏、浙江劳乃宣氏等，皆有创作。至究以何者为适用，则只好以通行之日为标准。不然，虽百数十年，恐亦不能有定。北京为首善之区，全国之中心，宜先创办焉。俟有成效，再及于各省。今日受学诸生，即他日教人之人。然而教岂易言，学岂有止步？诸生既宜致力于他之普通学，复须于道德体力，加之意焉，此则本总长所厚望于诸君者。此事王先生既极热心，且曾在高等师范试办，将来成效，不待言也，诸生尚其勉之！

（《社会教育星期报》1916 年第 25 期）

注音字母传习所预定进行事项披露

开班讲授注音字母，已实行；发刊《注音字母报》，已实行；编纂《师范讲义》，已出版；编纂《普通课本》，已出版；编纂《通俗白话注音字汇》，未脱稿；编纂《绘图注音字母课本》，未脱稿；编纂《注音字母白话家政学》，未脱稿；编纂《注音字母有益小说》，著《电报新码》，未脱稿；制一千三百二十二音注音字母模，未实行。

（《官话注音字母报》1916年第16期）

大兴县第十自治区注音字母传习所开课演说词

（教员瑚图礼述）

今日为吾京兆大兴第十区注音字母传习所开课之第一日，诸君不辞辛苦，远途就学，其意志殊堪嘉尚。顾诸君既有志于斯学，不可不明其用意之所在。今谨于开课之始，将注音字母之意义大略言之，尚乞多留意焉。

注音字母用意之所在，据愚意度之，可判为广义狭意二种。就广义言之，其功用在统一语言，疏通知识。盖我国幅员广漠，方言各殊，非只甲省语言不通于乙，丙县语言不辨于丁，省县既不相通，乡言亦多各异。言心声也，所以代表心志，发挥意见者也。语言既不相通，则甲之意不能达于乙，乙之意又不能通于丙，学问百业，均待研究而致精。今既隔漠不通，无怪乎其衰弱不振也。此实为吾中国绝大缺憾，亦文明进化迟缓之原因也。今注音字母定语言之标准，若全国宗之，语言虽不能悉属吻合，究竟尚可相通。则其普及通行后，知识之交换，文明之进步，实倚重之。然其达到较难，故以广义名之。就狭义言之，其功用在普及教育。夫吾中国现处于危急存亡之秋，凡稍有知识者，略能知之，究其致弱原因，实由于教育之不普及，知识薄弱之故。中国人识字者本属百不择一，而在年长尤居多数，今以急需多数有知识之国民，以扶弱为强，而必令其入学，非惟教学两方面因经济困难势有不能，而以中国现势度之，实有迫不及之势。当此危急之秋，欲求急济苦，亦惟有注音字母是赖。盖注音字母，将字母二十四，介音三，韵十二，读熟后，凡吾国所有一切字音，莫不可以拼得。若每日以二小时计算，多则月余，少则二十余日，则可学成。若以整日六小时计算，则十日八日便可成功。学成后凡一切注音书报，便可观看。虽极生极难认识之字，亦能一目了然，较读十年书者，有过之无不及。将来书报众多，风行之后，则举凡新知旧识，悉可因注音字母而灌输，日久天长，即能成为有用之国民，国势振兴实是赖之，其功用亦伟矣哉！至于能记账簿，能读书信，有益于各人之身心者尤难枚举。诸君学成之后，将来广为传播，由迩及远，使无识之国民，变为有识之国民。国民者合国家份子也，份子多一分健强，国家即多一份精神。故吾认注音字母，为济时之良药，谁曰不宜？

（《官话注音字母报》1916 年第 16 期）

“哎呀，我的眼睛看不见”插图[①]

（《官话注音字母报》1916 年第 16 期）

① 该插图文字部分以汉字居中、右旁注以注音字母，是《官话注音字母报》行文的一般格式；图片部分“以马竿交与盲人”喻“以注音字母教以不识字之人”。

论国音字母

（伧父）

欲统一全国之语言，必自统一全国之读音始。欲统一全国之读音，必自设定标注读音之字母始。民国二年教育部开读音统一会，以公定国音字母为职志。当时会议情形，多以议政立法之普通集会方法为标准，稍不适于研究学术之性质。惟开会之后，尚不能谓其全无效果。三十九字母，既于此会中规定，且按字审音，而以规定之字母标注之。虽将来能否收统一读音之效，尚未可知，但即其所成就者而言，亦足备世人讲求声韵者之研究。惜当事者既未力谋其进行，且未尝公表其结果，良可惜也。

记者曩日，曾躬与斯会。散会后屡欲以斯会之成绩，及记者个人之意见，揭诸本志，经年未果。而会员江阴邢岛君，乃以《公定国音字母之概说》① 一篇，投寄本社，即为录载，见本志第十卷第八号中。于会中成绩，已举其概要。至记者个人意见，则经此次传言以后，而知吾国读音之所以不统一者。其重要之点，不外下列数端。

一、各省母音，多寡不同。就其大系而言，约可区为二部：甲部有清音而无浊音，乙部则清浊显有区别。凡乙部读浊音之字，甲部大抵读以清音。惟读平声者，则较之读清音之平声稍为延长，于是以清音之平声为上平，以清音之平声而稍延长者为下平。其读上去者与清音全无区别。北京音属甲部，江浙音属乙部，其余或属甲或属乙，或出入于二者之间。例如，“通”清音也，“同”浊音也。北京人读“同”如“通”，惟其音稍延长而为“通”之下平声。若读上去声者，则全无区别。江浙人“通”“同”别为二音，平上去入皆然。

二、舌上音、齿头音、正齿音三部，有区分明晰者，有仅能辨二部者，有全合为一部者。例如“之资支”三音，或全然有别，或仅别为二，或全合为一。

---

① 见《读音统一会公定国音字母之概说》（1914 年）。

三、半舌半齿音，有明晰者，有不能发此音而混入于他母者。例如日母之字，江浙人多混入禅母或邪母，若欲强其作半舌半齿音，几为不可能之事。

四、四声之别，有明晰者，有缺入声者，有分上平、下平者，有分五声、八声、九声者。其八声、九声之别，殆合清浊音之四声而成。

五、各省读音之异，由于声母之不同者尚少，由于韵母之不同者居多。如“A、E、O”三母，有分为高中低三韵者，有分为高低二韵者，有混合为一韵者。

六、向来韵分四呼，即开口呼、齐齿呼、合口呼、撮口呼是也。但有一韵分为四呼者，有二韵、三韵、四韵配为四呼者。于是，一部【分】之人，以“江”与“阳”，“东”与“庚青蒸”，“元”与“寒删先”，“文”与“真侵”，皆以为同韵而异呼；一部分之人，则不认为同韵。

以上六事为我国方音大体上之差异。读音统一会对于上列诸问题，有详加研究者，有不甚注意者。就其结果而言，则对于上列问题，其解决如下：

关于第一问题者，会中对此问题，讨论最多。其结果则声母皆读清音，其读浊音者，则附加记号。关于第二第三问题者，去舌上音之“知澈澄娘”诸母，而齿头音之“精清心”诸母，正齿音之“照穿审”诸母，及半舌半齿之“日”母，依旧存留。关于第四问题者，依旧法分四声。关于第五问题者，“A”之高音与“O”之高音合为一韵，“A”之低音为一韵，“E”之高音为一韵，“E”之低音与“I、U、Ü”合为一韵，“O”之低音为一韵。大致与向来之十二摄相同，惟“祴”与赅摄并合而已。关于第六问题者，定“I、U、Ü”为各呼中之介音，然仍依旧时之法，以异韵相混合。

记者个人意见，以为欲统一读音而设定字母，则此字母之音，必使命国之人皆能读之，故必取全国皆有之音以为准。若其音为某处所，则强其发此音，在势为不可能，即孟子所谓日挞而不可得者。故凡甲有而乙无，甲分而乙合者，宜从乙勿从甲。依此主张。则浊音之诸母固可去，即齿头音之诸母，半舌半齿之日母，亦宜去之。而四声之入声，可并于他三声中，“A、E、O”之高音低音，亦可并合。但如是则声母韵母，简单过甚。在研究声韵之学者，自必不以为然。会中所定，未始非折中之道。惟会中于异韵之音，依呼法混为一韵，记者殊未满意。记者以为每韵分四呼，若甲韵之一种呼音，有一部分之人不甚明晰，而混入乙韵者，宜缺甲韵之某呼，不可将乙韵并入甲韵。如阳庚韵之合口呼与江东韵混合者，宁缺阳庚韵之各口呼，而勿使江并于阳、东并于庚，以明韵之条理。兹以记者个人意见，表示如下[①]：

CH	TS	HC	P	T	K
之	貲	飢	悲	堆	該
CH'	TS'	HC'	P'	T'	K'
鴟	此	溪	坏	台	開
SH	S	HS	F	L	H
詩	思	希	灰	來	海平聲
	R	GN	M	N	NG
	日平聲	疑	梅	內平聲	呆

(声母)

右声母二十有三[②]，依会中所定，以西文标记之。删去“V”母，此母若非“F”之合口呼，即近于“F”而可并合者也。此西文与声母之对照，亦会中所定，可与邢岛君《国音字母概说》参看。惟次序稍异。

右介音三[③]，亦会中所定。但改“I”为“V”，为齐齿呼之介音；改“U”为“W”，为合口呼之介音；以“I”“U”用于韵中，作开口呼也；“Ü”为撮口呼之介音。

V	W	Ü
以	烏	迂

(介音)

① 下图为直行竖排。

② 上图。

③ 右图。

AU AN ANG AI A
侇 删安 陽罌 低哀 高丫
韻 韻 音 音

EU EN ENG EI E
歐 先庵 庚哼 低也 高提
韻 韻 音開 音開
口 口
呼 呼
IN I
眞恩 口衣
韻 呼開

ON ONG Ô O
元錯 江盎 低 高阿
韻字 韻 音 音
等
韻
ÔN UNG Û U
等脝 口翁 口迂 口烏
韻村 呼開 呼開 呼開

(韵母)

AP AK
壓 聲罌
入

EK
聲哼
入

IT
聲恩
入

OK
聲盎
入

ÔT UK
等卒 聲翁
韻撮 入

(入声韵)

右韵母二十①，照会中所定者增五韵。此等增加之韵，在会中本以介音连于他韵，以为其韵中之一种呼法者也。又去一韵，因“儿、而、耳”等止有一音，可单用一“R”母代之。

右入声韵七②，其上去声则于韵中作记号可也。至会中所列字母之笔画，以最简单之独体汉字，取其双声，用为韵母，取其迭韵，用为声母，以示述而不作之意。此等字母，用于吾国文字中，不至破向来沿习之体例，自不可省。会中又于此等字母之外，定对照西文之字母，则专用切音以记录文字语言者，亦可用之。惟其所对照之西文字母，拘泥西文固有之音，不稍变换，而仍杂取英、法、拉丁之音，亦非纯粹采用某国或某种之拼法。记者个人意见以为，与其拘泥西

① 上图。
② 左图。

音而仍不免于驳杂，何如略加改变。故于韵母中虽用西文字母拼合，但皆从发音之系统上合之，不必尽与西文拼法合也。总之第一次之读音统一会，为我国统一语言制作标音字母之创始，将来或由政府提倡，或由私人研究继续进行，则达其目的，亦不难也。

私人之研究音韵制作标音文字者，不下数百家，其用力最久而最勤者，当推卢君戆章。卢君居厦门鼓浪屿，孜孜于声韵之学者，殆三十余年。奔走南北，以考察方言，推广其标音字母。其标音字母，取单简之笔画，而以一声母与一韵母构成一音。惟其声母则记于韵母之四隅，即以声母所在之地位，表示平仄：在左下者为上平，在左上者为上声，在右上为下平，在右下为去声及入声，而入声则加“·”以别于去声。标音字中，笔画之简单，殆无出其右者。然笔画过简之文字，记忆及辨别往往较难，故标音文字之最合于理想者，当推邢岛君所作之新汉文。其字母即取诸罗马字母，而更采希腊文以补之，间有不足，则更采及日本假名、朝鲜字母、回文等。较之读音统一会所定之对照西文字母，较为单简。其最合于理想者，则标音之前，另有一字母以表义，如天文、地文、地质、地理、人种、伦理、生理、人造物、动植矿物、药品等名词，及虚字动词、形容词之类，各定一字母，以为记号，深合于吾国形声之义。盖吾国制作文字，本于六书。六书之中，形声居多，一旁标音，一旁表义。其构造之方法，本为最善。惜声音递变，其标音之偏旁仅为类似之音，而不能正确。名物之分类，又不详尽，其表义之偏旁，条理未明。果能理而董之，使标音正确，表义者亦依科学上取类之法，条理详明，则实为人类理想上最适宜之文字矣。邢岛君冥心独往，既构此新汉文，且设国文社，集同志以推广之，盖慨然有俄国才梦荷（Zamenhof）博士创行世界语之志焉。惜天不假年，赍志以没，遗著仅以誊写版印刷，未有刊本，殊可悼矣。又近闻北京王璞君在京设注音字母传习所，用会中注音字母教授，其推广之热心令人钦佩！近见其讲义，仍不用浊音而用下平声，盖王君所教授者为京音，故仍用旧法也。卢、邢、王三君，皆读音统一会会员，因论国音字母，附记三君之概略。盖专心一志，研究声韵之学如三君者，亦会员中之仅见者也。

（《东方杂志》1916年第13卷第5期）

初小改设国语科意见书

（陈懋治）

谨按

近来毕业于高等小学之儿童，其所学国文[①]不能达意者，颇占多数，其仅初等小学毕业者，程度更下，求其作寻常家书而亦不能。以较日本及欧美诸国之儿童，瞠乎后矣。虽教授法之不善，亦由吾国文字简古，初小高小及中学以上并无划然分明之程序可言。其所借以判浅深者，只字句间略显区别而已，于儿童心理初未适合也，故教者学者皆徒劳而少功。欲救斯弊，窃谓宜改初小国文科为国语科：取今日通行之语，所谓官话者，择其尤近于文者，而编定之为国语，小学之国文科即改用此种国语，其各种教科书，亦用此种国语编辑之。庶儿声入心通，易知易解，不特教育易于普及，且可为他日语言统一之基础，是诚急不容缓之举矣。爰设为问答，以着明其利害焉。

一、谓：改国文为国语，则中国古书能解者少，文学将绝，历史及其他学术知者更少。答：无论今之小学，非专攻国文，在学且仅四年，毕业后必无能解中国古书之理。即往日科举时代，亦未必一隶学籍皆能读古书也。其以文学著名者，各省皆不多观。若在偏陬僻邑，求一明白晓畅寻常书记之才，已不可得，遑论其他。盖中国文学，系美术的非实用的，专门的非普通的，故非专心致力十余年必不能通。苟其人天资非近文学，即有十余年之功，亦不能通。夫以万不能使人人共能之事，而必强之使能，此所以日言兴学而无效也。况夫初等小学固非为造就文学专家之地，有志文学专家固当于专门以上学校求之。中学及专门学校以上，不废国文，中国文学安得而绝？至于历史及其他学术，则因纯用语言传播，易于索解，知者将更多矣。

---

① 依据1916年颁布的《高等小学校令施行细则》，高等小学校“国文”在国民学校（初等小学校）“学习普通语言文字的”“渐授日用文章”的基础上“渐及普通文之读法、书法、作法，并使练习语言”，此处的“日用文章”“普通文”为由浅入深的文言课文。

二、谓：初等小学学国语后，入高等小学再学国文，厥有二弊。先入为主，文俗互混，不易纯一，阻碍国文进步。一也。前之所学必尽废弃，徒伤脑力，事倍功半。二也。答：使今所用国文业与语言一致，则第一事诚足虑。然各地方言已与文异，未入学以前所学之方言，已先入为主。入学后学文，不患其文俗互混。然则先学国语，后学国文，亦何有进步阻碍之惧乎？至第二事，亦不足虑。前之所学，虽无与于文，然三千余常用之单字及常用之名词形容词动词等，文与语固非绝对不同，安得谓必尽废弃乎？且十一岁入高等小学，始学国文，已晓字义，亦不得谓事倍功半也。

三、谓：我国方言各殊，文字则一。今舍文用语，其弊必至各用其方言，而数千年统一之文字，将因是破坏，而酿成各地分离之祸。答：我所主张者，谓改国文为国语科，非改国文为方言科也。谓就今日通行之所谓官话者，整齐而厘定之定为国语，亦非欲以一地之方言，强使全国人习之也。夫今所谓官话最近于文，各地之人但曾受教育者，无不能借是以达意。故定之为国语，实有三利。人人易知易解，一也。俚俗土语，可渐淘汰，语言得渐统一，二也。文中所常用之名词形容词动词等，即为语中所常用，而一般人民思想可以稍扩，语言程度得渐增高，三也。

四、谓：国文所难，在与方言异耳。今国语既与文近，又仍与方言不同。然则童子入校，学文学语，初无二致。譬之施采于素，黑黄苍赤，为色不同，为工则一。难易既等，而改国文为国语，徒为此纡曲，且滋纷扰，不亦惑乎？答：国语诚不可谓与方言同，然亦不可谓与方言绝异，盖其异同之点，固不能以国文方言之相差为比例矣。谓童子初无所知，学文学语，彼若无别，似也。然其难易，文与语固不同，试以实事证之。历史者，最适于童子之心理，而所喜读者也。然而授以四史，能解其文而识其趣味者，殆数百人而一焉。易之以演义三国志之属，比例乃与之相反。盖彼所欲知者，历史之人与事。演义近于方言，其费思力于字句间者较少，有余力以默识其人，默会其事。四史文义简古，思考其文，至于能解，精神已疲，而其人其事，已在恍惚间矣。此其所以一迎一拒，一读者多，一解者少也。且更证之读报，京师白话报纸，其每日销数较文言之报，销售最广者，殆三倍而强。虽由售价之低廉，然亦可见白话之易解矣。故谓学文学语，难易相对，而诋国语为纡曲而纷扰者，非实事也。

五、谓：国语既较国文为易，则小学愈不可不学国文。学之纵不能必成，而学校既以此为教，千百中有二三成就者，究较无一成就愈矣。国语既易，出校以后，可以自修。何为必用之学校，使此千百之二三，亦无自而造就也。答：此所谓千百之二三者，必其天资之近于文学者也。天资所近，苟无专门学校为之栽植，诚有消灭摧折之虑。今小学以上，专门多矣，何虑其无自造就也。且所谓文学者，当就其广义的言之。广义的者，国语亦文之一也。必典谟训诰，始谓之文，则孔子删诗，不宜存里巷歌谣矣，然则今日白话小说，未尝不可列于文学。而童子资禀近文学者，即其学为国语时，必已能自表见，必能由是而渐发达其文学之天才，又何足虑乎。

六、谓：改国文为国语，不如于国文科之外增设国语科，或于他种学课之课本均用国语，而仍存国文一科，俾资近文学者，得养成其文学之本能。而与文学不相近者，亦可稍识国文梗概，若是则国语国文，人人可兼习之矣。答：此偏于理想，无充分经验之谈也。童子脑力未足，本土方言既不能不学，而又益之以国语。国语与方言，大同而小异。又加之以国文，国文之于方言及国语，则小同而大异者也。其异同之点，皆必一一强记之，而后能用之各当，否则所谓文俗互混之弊见矣。夫至成年以后，小学毕业已习国语，及入高等小学乃习国文，尚虑其文俗互混，而于辨别力尚未发达之时，而同时三者并授，乃不虑其一无所成乎？

七、谓：文与语不妨并存。国文国语，小学可以分设，听其择一用之。儿童之资近文学者，令入国文课本之小学，其不近文学者，令入国语课本之小学，此两全之策也。盖学问之事，半由人力，半由天赋。天赋者，出于其人祖若父之遗传，故世家子弟，多能文之士。而能奋迹白屋以扬声文苑者，究居至少之数。文语分涂，俾弓冶箕裘，专家之业，可以勿替，斯亦保存国粹者之所许乎。答：遗传性之事，固有征矣，然亦未必人人皆同也。有子孙不类其祖父者，有兄弟而各具特性者，亦常常见之矣。且安能于儿童未入学之前，知其资之所近而为区别之乎？此事既与事实相背，而与国民教育之原则尤戾。国家设立小学，乃为一般国民计，决不能有两种之教育。既为国民，即有受小学教育之义务，而父兄不得自私其子弟，仍人自为教，而家自为学也。且更不容存有阶级之制，以违反民国立国之精神也。故分设文语两种小学之说，乃决不可行者也。

八、谓：文与语较，语繁于文。用文则外形虽简，而内蕴实繁，用语则文字冗长，而内蕴单简。文长则费时日，内蕴单简则所需之知识或不足。答：简与繁之比，诚不能易矣。然童子学文之难，即苦其外简而内繁耳。盖外形既简，则辨别不着，辨别不着，而欲其辨之审也难矣。然使外形简而内蕴亦简，犹之可也。乃文之所包，即至浅者亦较语之所含者为繁，故其辨之也更难。若夫所需知识之足与否，则视乎教科书材料取舍之当否，与夫教授者之良否而分。且小学既有规定之教授要目，其所出入，盖亦鲜矣。

九、谓：今朝鲜有谚文矣，其便于小学教育也。当如今之所论，而无救于亡。马来亦有文字，其语文且一致，而文化若彼，然则此固无关得失之事欤。答：是不可以为例也。朝鲜之亡，其原因至多。谓其教育之不良，犹可言也，谓其有谚文而无关于教育，必不然矣，马来人种之于南洋也亦然。且何不观印度乎？梵文之奥衍不亚于腊丁，而何以见并于英也？然则古文学之不足以兴国也明矣。且日本用东京语统一全国，而教育乃勃兴，又何说乎？

（《教育公报》1916 年第 3 卷第 9 期）

改国民学校国文为国语科议

（吴县　陆基）

国文一科，为国民学校最重要之课程，亦教授上最难见效之学科也。国文何以最难见效？因吾国普通文字亦皆必有所本，所谓字字皆有来历者也，否则为杜撰，为杂凑，即不成文字矣。小学儿童从识字至毕业，仅仅此四载光阴，所受读之书，亦仅仅此数册之国文教科书。而欲其出校后，所作文字即足以供应用，是亦未免责望太奢矣。当其诵读国文时，呐呐然不能上口，与经书无以异，又何怪操笔作文，枯涩艰窘，白字连篇，句不成句乎？今欲救其弊，而徒归咎于国文教授法之未善，不从教科书之改编国语着手，恐再越一二十年，亦仍如今日之难于见效也。

国语者，联合国民情谊之利器也。今聚各省士民于一堂，或作齐言，或作楚语，土音各殊，方言杂出，情谊因之隔阂，意见由是分歧。国语不能统一之害，此固人人所共见，毋庸隐讳者也。

欲国语之统一，非改国文科为国语科不可。窃尝闻德国尼女士之言矣，彼谓德意志之联合无数小邦，而竟能成一最强大之国者，实由各处民学皆用统一的国语之效果也。今国民学校之名称，既采用德制矣，而教科书仍沿用国文，尚未改编国语以便教授，是真买椟而还其珠矣。

学国语易，学国文难，两言可决者也。顾迟回审慎，若不敢轻言改革者何哉？亦只以吾国承尚文之旧习，已数千年，文化蒸蒸，郁为国粹，方且保存之不暇，何堪轻弃？不知保存国粹，自有文学专科，不必人人同负此责任也。况此至宝至贵之国粹，直等于夏鼎商彝，足备博古家之参考，而不足供人民日用所需。今乃舍日用必需之国语，而强使一般人民子弟必习文人学士所为之国文，究之岁耗国家巨万之教育费，造成多数无用国民，于国家兴学育材之本旨果有当乎？

往者不可谏，来者犹可追。读经之当废，固不待言已。其难于见效，与读经无甚悬殊之国文，若不及早改革，恐国语之统一无期。而国文之陋劣，且日甚一日也，岂非两失之乎？某等管窥所及，不揣冒昧，聊贡刍议。国文一科是否应即改为国语，尚祈当代大教育家共研究之。如其不然，亦幸有以见教，无任企祷之至。谨议。

（《教育公报》1916 年第 3 卷第 9 期）

统一言文议

（吴兴让）

窃尝谓我国今日当力行三要政：一曰广开铁道，二曰统一币制，三曰统一言文。五年以来[①]，持此说以语人莫不笑为迂远。即有同志，而所主之方法，亦各不同。愿抒鄙见，与国内教育家一商榷之。今先揭此议宗旨如左。

一、语言文字以博〔传〕达思想为作用，能语言而不能文义，人类之作用未完。此议宗旨为多数未通文义之人，完其传达思想之作用，与文人学士无涉。

二、此议既以完传达思想为宗旨，故不论用何方法皆愿商权。除此作用以外，皆非所及。

三、此议宗旨在以文就言就文。以言就文，不主用方言注音方法，亦不于通行文字外另创文体。盖以方言注音，仅能适用于方言相同之处，于统一反远。另创文体，则又限于新学此体之人。旧日文人反不能用。所谓以言就文者。当先使一切语言尽能写出，而后兼用切音之法以读之。不但求其闻音知解，并欲使其各具定形。此层属于方法上，此议不及详容另述。

今我国之语言，省与省异，即一县之内，亦无不各异。感情不洽，交际不便。省界县界这意见，牢不可破，皆由于此。其甚者，甲地之谦词，而乙地以为傲语；丙地之方言，而丁地以为忌讳。一语之微，彼此误会，冲突起衅者，此显然之弊也。其余学生不便随地入校，教习不能随才聘请；法官审案，授权于胥吏之通译，会议也、演说也，言者不能达，闻者不能晓，此更于无形中增其隔阂矣。

若夫言与文不统一之弊，一为教育上之阻碍，一为政治上之阻碍。试分述之。

就教育上言。我国人民能作寻常信札，阅浅近报章者，当为极少之数，故人人以普及教育为亟务。然用今日之文义施诸普及教育，困难不可胜言者，试就近日最浅教科书阅之。一级之课本，但取目前实物指示，无甚意义，固属易晓。及稍进一步欲达意义，则非用文不可。然一人用文之境，已与语言分为二途。学生脑力便须分二层记忆。一为课本上之

① 当指 1912 年中华民国建立以来。中国语言文字及其与国家（民族）的关系问题是清末以来社会与学术焦点之一，梁启超自 1907 年在《广益丛报》开始连载的《国文语原解》为其代表。此时经历了十数年的社会发展和学术思潮，国文、国语问题最终发酵，并直指小学校国文科改制。

文句，一为教习口中讲解。是不啻读一有字之书，兼须默记一无字之注。尤有难者，文句少而意义多，讲解者不能不于某字相当某语之外，别添若干之解释。初学闻之，模糊不辨，往往而然。几见有高小毕业，能将课本之文义，一一应用乎？夫执笔不能达意，与哑无异。阅信札报章不能了解，与盲聋无异。今普及教育，既欲为多数人去哑盲聋之病，则惟有统一言文，为最良之妙药。语云药期治病，不必古方，即此理也。

或曰：文字即难于语言，不过令学生多动若干脑力而已，庸何伤？数千年来，通文义者未尝乏人，而咎文义，是不揣其本而齐其末也。

答曰：此反对普及教育之说页。昔之文人，生计不必理，科学不必究，竭数十年之力，从事于文字，然犹学如牛毛，成如麟角。今欲持此以求普及，能乎不能，且用各有所当。深文古义，典故词章，于民生日用，丝毫无益，何苦以无益之事，耗多数人之光阴脑力乎？此谈教育者，不可不注音也。

就政治上言。共和国以人民为主体，国会为代表，行政为公仆，此通论也。然议会之所议何事，行政之所进行何事，无一不藉文字以宣布。多数人民，既不通文义，则福国利民之政治，或疑其病民也。改革之举，创办之事，或疑其纷扰也。甚至国家有不得已之举动，而议论纷起，无可解免。况今日之条教号令，问题愈大者，文字愈修饰。一般人民，愈不能晓。忽焉而帝制，忽焉而共和，忽焉而独立，忽焉而统一，均不知其果何为也。或曰：人民主体，不过法律上之解释，世界先进各国，大都以优秀人物为中坚，本不能全国人民尽悉原委。此其说在前清拒绝国会时代，每利用之以要求立宪，对于朝廷有人民程度不足之说而发，非所论于今日也。试问世界各国之人民，除优秀人物外，果皆如我之多数不通文义乎？此阅近日各国统计而知期不然者也。人民程度固不能齐，而谓全国人民不必尽悉，此乃专制秘密之口实。不但欧美各国无此政治，即民权不甚发达之日本亦不至此。日俄战役，虽下女车夫，亦莫不阅报章究时事，尽人知国家之用意，此其所以战胜也。更就近事证之。民国三四年间，利用愚民政治之时代也。苟有藉乎民意之时，令优秀人物铸造之足矣，何取乎民智？虽然，及其派捐也，加税也，公债也，说明自己之苦衷也，宣布他人之劣迹也，惟恐人民之不能相谅，惟恐人民之不能体会，于是白话印刷之品竭力遍布。当此之时，恨不能令识字之人骤增多数。一时欲其愚，一时欲其智，何异既欲其生，又欲其死乎。今若谓人民通文一事，与政治无关，无论其抵触共和之精神。吾恐临时有求谅于人民之事，已无及矣。此谈政治者。不可不注意者也。

或曰：言之无文，行之不远。倘令一切文义，俱如俗语，岂不鄙俚可笑？不知古人所谓文者，指有韵而言，有韵谓之文，无韵谓之笔。古昔时代，印刷未发达，一言一事，须藉口传，故亦经多韵语。而后来医方算术，皆有歌诀。借天籁之自然，俾不易忘却，而流传可广。今印刷发达时代，断无赖口传之理。况今日之所谓文者，以美观为主，而不以易诵易记为主。语愈练，词愈雅，气息愈古，去俗愈远，文之程度愈高，则知者愈少。是昔日恐无文而行不远者，今则愈文而行愈不远矣。至鄙俗可笑，诚所不见。然令多数之人，并此鄙俗可笑之文，亦不能为之。群哑群盲群聋，相聚一国。持此以较，不犹彼善于此乎？况此鄙俗可笑之文既起，于原有典雅高古之文无所损也，文人学士自适其典雅高古之兴味可矣。多数蠢民并此鄙俗可笑之能力，尚阻之不使开，是何意欤？

且语言文字之作用果何在乎？一人之思想意见欲传达于他人，则利用语言，欲传达于隔地隔世则利用文字。则语言文字者一传达之器具而已，苟能传达，即作用完全。工拙雅俗。无所别也。令多数人能言语而不能文义，则人类之作用未完。文人学士之文字，仅能与程度相等者交际，不能与多数人交际。即文人学士之作用，亦有缺陷。苟此鄙俗可笑之文字，遍国皆通，不但为愚民增一传达之能力，并可为高等文人增一社会交际之境，岂不大益乎？更述言文统一之利。

一、普及教育可施也。入学幼童，所学之文字，即家庭之言语。则有兴味。读一文即得一用。不但学童乐于从事，即其父兄亦视为有益，斯无待强迫。既省其光阴与脑力，食力之人，俾可早谋生计，且农工商贾，既多通文之人，则百业有发达之望，上焉者志在专门科学，移其研究文字之光阴与脑力，以研究科学，则科学必更发达。就多数言，则取无数群哑群盲群聋而化为口利耳聪目明之人，使生人缺陷，俾令完全。人类之幸，亦国家之幸也。

二、政治易施也。上既述通文之人少，则政治上之阻力生。反之而通文之人多，则政治易施可知矣。虽然，前仅言大政之作用耳。或尚有不能达期目的若干种矣。度量权衡之习惯，尺寸升斗之改章，土地之整理，户口之调查，以及民法之施行，无一不与多数人民息息相关。若但以今日之条教号令，登诸公布，欲求实行，势不可得。苟言文统一，则每举一事，即编一教科书，加入普及教育中，不啻家喻户晓矣。夫岂仅前所述大政治作业，欲令人民尽晓已耶！

（《教育公报》1916 年第 3 卷第 9 期）

1917 年文献

京师学务局批文

第二号六年一月十三日

（批呈一件为借用本局巡行讲演地点宣讲注音字母办法由）

原具呈人注音字母传习总所王璞

呈一件为借用本局巡行讲演地点宣讲注音字母办法由

据"函呈商请派员宣讲注音字母之便利与报告传习处所"等情，均悉。查所请各节与本局通俗教育讲演尚无妨碍，应准于庙会讲演所在地本局巡行讲演员讲毕后加讲一段。惟所派人员是否专任或临时指定，本局无从深悉，由该所制定此项讲员标识，将式样二份送局，以便通知巡行讲演员等查照。至庙会讲演之地点日期，希即与本局巡行讲演员迳行接洽可也。此批。

（《京师教育报》1917 年第 39 期）

京师学务局函文

京字第二号六年二月二十六日

（致京师警察厅公函）

迳启者

准"函询注音字母传习所所长王璞拟在庙会或集市人众之区宣讲字

母之便利曾否报局核准，查明见复”等因，查该所长前曾函请本局，拟在局设之庙会讲演各处于讲毕时加演一段，当经批准在案。惟局设之庙会讲演仅有隆福寺、护国寺、妙应寺、南药王庙、土地庙等处经均报知贵厅饬区保护在案，今该所长所称庙会及集市人众之区未经指明系本局所设庙会讲演地点范围大小或者不同，恐有非本局所知者。相应函复，请烦查照。此复。

（《京师教育报》1917 年第 40 期）

教育部批文

第二百四十五号六年三月七日

（批程德梓筹设京音国语专科所请转咨各省考送学生应毋庸议）

据呈，已悉

查国语统一问题重要，如发音之标准、方言之改正等，在均待研究，将来是否以京音为国语标准尚难预定。该具呈人果于此道索有新得，尽可公同研究，预备将来采择。至设所传习系属私人研究学述之举，与国立高等师范性质迥不相同，所请转咨各省考送学生，应毋庸议。此批。

（《教育公报》1917 年第 4 卷第 7 期）

教育部批文

第二百七十一号六年三月十六日

（批国语研究会发起人蔡元培该会准予备案文）

呈悉

查我国幅员辽阔，语言歧异，苟非定有一种标准语以谋统合，则文语悬殊，教育不易普及，方言隔阂，情意尤难感孚，其于文化进步政治统一均多窒碍。该会有见于此，结合同志研究本国语言，选定标准，以备教育界之采用，用意深远洵可嘉许，所呈简章九条亦切要可行，应即准予备案，简章存。此批。

附原呈

呈为发起国语研究会陈请立案事①

窃维吾国今日欲图教育之普及，必自改良教科书始。欲改良教科书，必自改革今日教科书之文体而专用寻常语言入文始。欲用语言入文，必先调查全国之方言，博征古籍，以究其异同，详着其变迁之迹，斟酌适中定为准则。其程度必视寻常之语言稍高，视寻常之文字较低，而后教育可冀普及，而语言亦有统一之望。夫教育不普及，语言不统一，实吾国今日之大患。同人等有鉴于此，爰有国语研究会之设立，业经集合同志互相讨论，一俟在京各省会员征求已齐，即当照章推举会长及会中各职员。兹先将发起人姓名并征求会员书暨国语研究会暂定简章九条粘呈，鉴核请予立案，实为公便。谨呈。

附中华民国国语研究会暂定简章②

一、定名　中华民国国语研究会。二、宗旨　研究本国语言，选定标准以备教育界之采用。三、会所　设于北京，暂借北半截胡同旅京江苏学校为事务所。四、会员　凡赞成本会宗旨者，由本会会员介绍得为本会会员。五、职员　设会长一人，副会长一人，干事若干人，评议员若干人，由会员互举之。六、会务　（甲）调查各省区方言；（乙）选定

---

① 1916 年，北洋政府教育部数位关注语言文字问题的官员陈懋治、陆基、董瑞春、吴兴让、朱文雄、彭清鹏、汪懋祖和黎锦熙等，在报章上鼓吹“言文一致、国语统一”，并与胡玉缙、林纾等在《北京日报》上往返辩驳，引起全国语文界、知识界的关注。随后，各省赞成“言文一致、国语统一”的代表发起组织以“研究本国语言，选定标准，以备教育界之采用”为宗旨的“国语研究会”。1917 年，国语研究会于北京召开第一次大会，选举蔡元培为会长，张一麟为副会长。

② 国语研究会提出的“国语”概念：（1）与读音统一会就统一汉字读音提出的“国音”概念不同，国语研究会提出“国语”概念更加全面和完整，包括调查方言、选定标准语、编辑辞典和教科书等，为清末中央教育会议“国语统一办法案”所议“国语”概念的继承和发展；（2）与官话字母讲习所立足北方地区通俗教育以传习“官话字母”为目的不同，国语研究会提出的“国语”面对国家整个教育领域，不单是一种京音和一套拼音方式，而是为语言教育提供一个包括标准音、文字、词汇、语法和教科书在内的标准语系统。

标准语；（丙）编辑语法辞典等书；（丁）用标准语编辑国民学校教科书及参考书；（戊）编辑国语杂志。七、会期　每年开大会二次，如有特别事故得开临时会。八、会费　本会开办经费暂由发起人担任之，常年经费由会员担任之（每人年缴会费二元）。九、附则　以上简章得于大会时以多数会员之同意修改之。

附中华民国国语研究会征求会员书

同一领土之语言皆国语也，然有无量数之国语较之统一之国语孰便？则必曰统一为便。鄙俗不堪书写之语言较之明白近文字字可写之语言孰便？则必曰近文可写者为便。然则语言之必须统一，统一之必须近文，断然无疑矣。虑之者有二说焉。甲说曰："我国既有无量数之语言，各安其习，谁肯服从？将以何地之语言统一之？"乙说曰："数千年之积习，数亿万之人口，数亿万之面积，欲求统一能乎不能？"今试为分解之。甲说谓各安其习者，未生不便之感觉也。吾人之始离乡里也，应对周旋一切不便，及其既久，不知不觉而变其乡音。其变也，但求便利无所容其自是，亦无所谓服从。况统一之义，当各采其地之明白易晓近文可写者定为标准，互相变化，择善而从，删其小异趋于大同，初非指定一处之语言服从之也。至乙说所虑，谓之为难可也，谓之为不能不可也。夫语言本古今递变（顾亭林说），今日各地之方言已非昔日，各地之方言具有明征（春秋吴越语今苏杭人不解，红楼梦之京话与今之京话多不同，苏州白话小说及传奇中之苏白大异于今苏语，其他古今白话不同之证甚多）。但其变也，无轨道可循，则各变其所变；使立定国语之名义，刊行国语之书籍，设一轨道以导之，自然渐趋于统一，不过迟速之别而已。沈约四声韵谱，当时本多反对，及其韵书流行，虽日本朝鲜同文之国亦归一致，然则苟有轨道可循，无用虑区域之广，人口之多也。由此言之，不必虑统一之难当，先虑统一之无其术与其耳。同人等有见于此，思欲达统一国语之目的，先从创造统一之方术与夫统一之器具为入手方法，惟志宏才薄，惧不克成此大业，爰设此会，冀欲招集同志共襄此举，四方君子幸赞助焉。此启（名次从略）。

（《教育公报》1917 年第 4 卷第 7 期）

国语研究会讨论进行

国语研究会发起于去年八月本年二月末日，由发起诸人在北京宣武门外学界俱乐部开会，讨论进行方法。莅会诸人皆教育界知名之士，当经议定简章。摘述如左：一、定名，中华民国语研究会；二、宗旨，研究本国语言，选定标准，以备教育界之采用；三、会所；四、会员；五、职员（均略）；六、会务，（甲）调查各省区方言，（乙）选定标语，（丙）编辑语法词典等书，（丁）用标准语编辑国民学校教科书及参考书，（戊）编辑国语杂志；七、会期 。（以下均略）

国语研究会于当日开会后，并有《征求会员书》[①] 发表，其文曰："中华民国国语研究会之起源，盖由同人等目击今日小学校学生国文科之不能应用，与夫国文教师之难得，私塾教师之不晓文义，而无术以改良之也。又见夫京师各报章用白话文体者，其销售之数，较用普通文言者，加至数倍。而京外各官署，凡欲使一般人民皆能通晓之文告，亦大率用白话。乃知社会需要，在彼不在此，且益恍然于欲行强迫教育。而仍用今日之教科书，譬犹寒不能求衣者，责之使被文绣。饥不能得食者，强之使啮粱肉。夫文绣粱肉，何尝非饥与寒者之所愿？其如贫窘，力不能逮何？职是之故，同人等以为国民学校之教科书，必改用白话文体。此断断乎无可疑者。惟既以白话为文，则不可不有一定之标准。而今日各地所行白话之书籍报章，类皆各杂其地之方言，既非尽人能知，且戾于统一之义。是宜群加讨论择一最易明了，而又于文义不相背谬者，定为准则，庶可冀有推行之望。此同人发起斯会之旨也。四方君子，与有同

① 载《新青年》的《征求会员书》与《教育部公报》所载《中华民国国语研究会暂定简章》内容各有侧重，可参证补充。《征求会员书》提及国语研究会缘起三点内容值得注意（"小学校国文科""京中报章白话文"和"京外一般人民文告"），这三项内容是清末民初白话文最初使用的社会领域。

志者，幸赞助焉。此启”。

（《新青年》[①] 1917 年第 3 卷第 1 期）

教育部委任令

第三十四号六年六月二十六日

（令佥事陈懋治）

令佥事陈懋治

案查统一国语为统一国民教育最要之关键，我国幅员辽阔，方言各殊，自非急筹统一办法无以速文化之传播。考日本维新以来，以东京语为标准几于全国一致，但其推行伊始必经过种种之手续，始着成效。兹派该佥事前赴日本调查统一国语经过情形[②]，详晰报告。又夏期讲演补习等会所以利用暑假增益学识，日本各地方学校及教育团体组织上项学会久著成绩，我国上年教育行政会议曾议决假期修学办法，经本部通行酌办，兹派该佥事便道调查日本关于夏期各种讲演补习等会之宗旨办法，一并具报，以资参考而便采行。此令。

（《教育公报》1917 年第 4 卷第 11 期）

《注音字母报》周年纪念辞

副社长陈哲甫

---

① 《新青年》，1915 年创刊于上海，初名《青年杂志》，陈独秀创办并主编，上海益群书社印行。1916 年，自第二卷起改名《新青年》。1918 年，李大钊、鲁迅、钱玄同、刘半农、胡适等参与编辑工作。1919 年，仍改由陈独秀一人主编。1920 年，成为中国共产党上海发起小组的机关刊物。1926 年，停办。

② 近现代日本的国语化进程一直受到同一时期中国政府的关注与学习。1902 年，清政府曾派京师大学堂总教习、桐城派古文家吴汝纶考察日本，后吴如纶将日本的“国语”概念正式引入中国。

敝社自民国五年五月一日发行《字母报》，特聘邵君笠农、杨君念典、王君理臣担任编辑。内容丰富，议论正大，凡取用汉字都是日用常见之字，决无深奥难解、合俗写俗字这些毛病，注音更是非常的准确。看报的人无不交口称赞。自出版到现在，忽然一年了，现当周年纪念的日子，敝人将这一年所经验的说说。本报自出版以后，这一年之中，也有反对本报的，也有赞成本报的，赞成本报的暂且不说。反对本报的说注音字母报一出世，汉字必要废掉。于是群起反对，互相辩驳，等到天长日久，汉字并没受丝毫的妨害，反能由注音多认识汉字，于是反对之声全部消灭，赞成字母的更是到处提倡，设所传习。从前目不识丁的人居然能看书阅报写信记事，由看书阅报增长许多的知识，渐入于道德之境，于教育前途不是很有利益吗？因学字母的人日见加多，本报也随着不够卖了，当出版的时候每次不过五百余册，半年以后每次达一千余册。成本每册铜元八枚，为鼓励阅报起见，特别减价，每册只取三枚。敝社宁赔钱出卖，以期推广销路，国人均受其益，慢慢到了富强的地步，就是本社的志愿了。更有言者，敝社编辑有益社会白话书多种，尚待发印，因经费困乏，不能逐志，实为恨事。俟本社款项有余，即当付印出版，以餍阅报诸君之望。到那时敝同人的志愿才算称意了。

（《官话注音字母报》[①] 1917 年第 25 期）

① 《官话注音字母报》，半月刊，1916 年于北京创刊，1921 年自第 103 期改刊名为《国语注音字母报》。社长王璞，副社长陈哲甫，经理邵笠农。《注音字母报》在内容上延续了晚清白话报的传统，分注音字母、论说、中外故事、家庭谈话、实业浅说、物理、格言、杂俎、简易地理、选录、小说等栏目，以通俗文章“培养道德，增进知识，矫正风俗，提倡教育”（1916 年，16 期），在形式上则继承了清末切音字方案的体例：竖排无标点，“用普通话旁加注音字母”，于汉字右旁加注音字母，“俾使年长失学曾习字母者输入三育”（同上）。其中语言文字类篇目约占报刊总篇目 10%（后期略有提升），包括以下四类：（1）注音字母和文字类，约占语言文字类篇目的 50%；（2）白话和国语类，该类篇目比例较低；（3）儿歌和旗语，儿歌类篇目自 1918 年之后所占比例与注音字母类篇目相当，是《字母报》后期语言文字类篇目的重要内容，旗语类篇目比例极少，虽然该项内容是注音字母讲习所的重要工作之一；（4）时讯。

注音字母传习总所二周年纪念报告

今天是注音字母传习总所二周年纪念，其第一年的成绩已于去岁周年时在《注音字母报》上报告过了，今谨将民国五年至六年推行的大略报告于诸君。

本所由民国五年十二月十五日至民国六年十二月十五日，这一年的工夫，招生传习师范特别普通三班，学会的及毕业的，共有七百余人。往远处传演到华侨，日本、瓜哇、朝鲜 、香港、广东、广州 、上海 、江苏 、安徽、福建、厦门 、河南、山东、吉林 、奉天 、黑龙江、哈尔滨、天津、昌黎 、荆州以及京兆二十县。又于本年添设本京四城巡行宣讲员，每逢各庙会集镇宣讲注音字母的利益。

注音字母经北京教育会在全国教育会联合会[①]提出议案，已经全国教育联合会全体通过。议决此项字母，于普及教育、统一读音有密切的关系，拟请政府以明令将此项字母加入小学课本，以促统一语言、普及教育的进行。

《注音字母报》本年共销出七万余本，又印出《注音百家姓》及《注音小说汇选》。

以上诸端是本传习所本年所进行的事业，今后本所同人更当加意进行，以符诸君之雅望。并祈诸君随时指教，以匡不逮，那是我们最盼望的！

本报恭祝注音字母传习总所万岁！

（《官话注音字母报》1917 年第 38 期）

---

① 全国教育会联合会，亦称全国省教育会联合会。1915 年在天津举行第一届年会，每年举行一次，至 1925 年之后停止。发起人沈恩孚、黄炎培和经亨颐等，由各省教育会及特别行政区教育会推派代表组成。历届年会所讨论议决的提案多为当时国内教育界重大问题。现代中国的语文政策发端于启发民智、普及教育的教育领域，因此全国教育会联合会关于语言问题的提案对于朝野的政府语言机构和民间学校教育均有重要影响。

说语言统一之益

（陈哲甫）

中国时局，日见危险。其大原因，就是感情不能联合，满国散沙，没有团结的力量，所以大事小事全不能成，且易冲突。南方识字的人较多，而语言太庞杂，北方识字的人较少而语言尚整齐，把全国横切为上下两段。北几省如山东、河南、山西、直隶、陕西、甘肃、东三省，各省语言相差不算太多，南几省福建、广东、浙江、江苏诸省，直是府各不同，县各不同。革新以后，彼此用日语谈心，用英语传话，祖国是已经忘掉了。我国在外国留学的人、贸易的人、充使官的人、华侨华工，在外多年，反观本国，首以国语不能统一为病，函电商榷，呼唤同胞，万勿忽视。彼真知利害相关，治乱相系。现在最险的现象，几乎要用英语作吾们国语，用日语作吾们国语了，是何道理？再不醒悟，更当如何？注音字母出现以后，北方人传诵甚快，能拼能用的人已达数万，可惜政府不知此字的益处，总有些外视之意；下级机关竭力推广，民间信政府命令，势如流水。政府一提倡把公事搀用字母告示旁注字母，百姓一念字母就可以知道一切要政新闻，去多少阻力，成多少事业，扶助人群进化的力量何等博大！现在国务院参议曾叔度君发明新式电码，聘王蕴山先生研究用字母打电报，不用从前一二三四号码；又著新式旗语，海陆军中亦可应用；更要为第一二学年幼童编白话教科书，纯用注音字母，儿童脑力省下来，长大成人，求科学亦省些力，不至从小就把脑力耗损，长大作为废人。独有一等文人学生未知舍己从人，抱定自己先入之见，硬说注音字母不能救国，横生沮阻力。无奈社会上人心，亦有点分别事理的见识了，不能遏沮阻。不过持志不坚，容易摇撼，倘若学习日久，自然脱去汉文深奥的困苦，亦就势如破竹了。奉劝已经学会字母的人，加功习练，越熟越好。比较汉字，定是用力少成功多。遍布全国，人人都是看报识字的人，国本稳当，国气坚实，民智开通，民心巩固，可就在此一举了。中上等社会人就要用字母写信记事，日久纯熟，你看利益如何？幸勿河汉鄙言。

（《官话注音字母报》1917 年第 34 期）

吴县苏州区私立女子注音字母传习所全体摄影

（《教育杂志》1917 年第 9 卷第 2 期）

1918 年文献

教育部批文

第一百十号七年二月十九日

（批注音字母传习所新式旗语等书二册准作学校童子军用书文）

据“呈及所编新式旗语[①]”又“续呈单旗语灯语并传音传形法说明暨加添修改各式”，均阅悉。查泰西旗语自输入以来，凡传递我国语言时率取向来电报所用，以数目字作码之法。译授既烦赘费时，即编定之语亦多缺漏不备。此编利用在注音字母直接传语，一扫从前障碍，诚为有益实用之作。至借音传形一法巧妙便利，向所未有，确系一大发明，深堪嘉许，应准作为学校童子军用书，原书发还。此批。

（《教育公报》1918 年第 5 卷第 5 期）

教育部批文

第一百八十一号七年三月十八日

（批注音字母传习所《新编文字俗解》一书可供教育家之讨论及试验文）

据呈及《新编文字俗解》一书，阅悉。查是书以向来通行之俗称而

① 现代海军等军种通用的通信方式。

扩充之，为二百二十余名，于教授国文口传生字时颇有便利之效。惟字体复杂，此二百余名尚未能悉行包括，若再加分析又病烦琐难记，欲求尽善尚待研究。而此法之确有实用则尚可信，姑以是编为发端以供教育家之讨论及试验可也，原书发还。此批。

（《教育公报》1918 年第 5 卷第 7 期）

教育部批文

第一百九十二号七年三月二十一日

（批注音字母传习所女子师范学校添设国语兼习字母一节应从缓议文）

呈悉。查该所呈请增设京师女子师范学校国语科一节，审度现时情势应从缓议。此批。

（《教育公报》1918 年第 5 卷第 7 期）

教育部训令

第二百三十五号七年六月一日

（令为郭会员提议高师附设国语讲习科等案由）

令北京、武昌、沈阳、南京、广东、成都高等师范学校

案查“全国高等师范校长会议议复部交咨询案第三项并议决郭会员提议高师附设国语讲习科”等案，办法均甚切要，所订各种简章亦俱妥洽可行，合行采录全案，令仰该校遵照办理可也。此令。

附全国高等师范学校校长会议议决教育部咨询案第三项[①]

附国立高等师范学校联合简章[②]

附高等师范学校附设国语讲习科议决案

吾国语言不能统一为政教上之大障碍，已为一般教育家所公认，是以第三次全国教育会联合会议决案内有“请定国语标准并推行注音字母以期语言统一之案”，江苏省教育会亦有“酌定各学校用国语教授办法”之呈请，且北京南京两高等师范学校已设有“国语”一科，其余各高等师范学校亦得次第设立以期造就师资。惜限于在校学生未能普及，本会公同讨论，拟由高等师范学校于夏期增设国语讲习科，以为推广国语教育之预备。其国语讲习科之简章议决如左：

附国语讲习科简章

一、定名　本科定名为国语讲习科，由国立高等师范学校组织之。

二、宗旨　本科专教注音字母及国语，以养成国语教员为宗旨。

三、学员　本科学员就各省区中等学校职教员选派，选送区域由部定之，每级以三十人为限。

四、修业时间　修业期暂定为二个月，于暑假期内行之。

五、科目　本科之科目为，注音字母、声音学、国文读本、会话、文法、成语、翻译、演讲、国语练习、国语教授之研究。

六、费用　各学员之费用由选送之学校担任之。

（《教育公报》1918 年第 5 卷第 10 期）

① 略。

② 略。

教育部咨文

七年六月十八日

（咨各省区部定高师附设国语讲习科选送学员区域表应行知照办文）

为咨行事

案查本年四月本部召集全国高等师范校长会议议决“高师附设国语讲习科”[①] 一案，业经本部采录令行各高师校遵照在案。查该讲习科简章内载有“本科学员就各省区中等学校职教员选派，选送区域由部定之”等语，兹由本部审度各地情形，酌定区域，编列成表，俾各高等师校得以按表派选所有。山西、陕西、甘肃、新疆四省学员，在陕西高师未开班以前，准暂送北京、武昌两校听讲，但须由各该省教育厅长先期知照应送之校，以凭派选。除令各高师遵照外，相应检同前表咨请贵署查照可也。此咨。

附表一纸

教育总长傅增湘

中华民国七年六月十八日

高等师范附设国语讲习科选送学员区域表

北京高师[②]：京兆　直隶　山东　河南　热河　察哈尔　绥远；

武昌高师[③]：湖北　湖南　江西；

沈阳高师：奉天　吉林　黑龙江；

---

① 清末民初，官话字母、简字主要在通俗教育、平民教育中传习，发展至20世纪20年代初，民国政府开始着手在小学校教授注音字母，在高等师范学校设立国语讲习科，注音字母、国音在教育领域中的传播逐渐向纵深发展。

② 1901年，清政府重建京师大学堂，下分“仕学馆”和“师范馆”。1904年，师范馆改为优级师范科。1908年，京师大学堂优级师范科改名为京师优级师范学堂，是我国高等师范学校独立设校的开始。1912年，京师优级师范学堂改为北京高等师范学校。

③ 1913年，北洋政府教育部决定在武昌延用前清方言学堂师资及图书设备，建立国立武昌高等师范学校，并任命贺孝齐为校长，并于同年正式开学。

南京高师[①]：江苏　浙江　安徽；

广东高师：广东　广西　福建；

成都高师：四川　云南　贵州；

陕西高师：陕西　山西　甘肃　新疆。

（《福建省教育行政月刊》1918 年第 3 卷第 7 期）

教育部咨文

第一千一百六十六号七年六月二十八日

（咨京兆、山东、热河、察哈尔、绥远各省区

检送北京高师国语讲习科简章咨请查照办理文）

为咨行事

据北京高等师范学校呈称："本校附设夏期国语讲习科拟成简章一通，仰恳察核分行指定各省区如期派员来京，以便开课。除检送简章三十份外，理合呈请鉴核施行"等情到部。查国语讲习科选送学员区域业经本部酌定，分别行知在案，现暑假伊迩，开课在即，应请按照该校简章从速派员到校讲习，相应检具原件，咨请贵公署查照办理可也。此咨。（附注）此案同时训令京师学务局及直隶、山西、河南各教育厅并指令北京高等师范学校。

附：北京高等师范学校夏期国语讲习科简章

一、宗旨　本科专教注音字母及国语，以传授国语为宗旨。

二、学员　本科学员以三十人为定额，其资格以师范及中小学校职教员为限。计北京、京兆、直隶、山东、山西、河南各四人，热河、察哈

① 1902 年，张之洞与两江总督刘坤向清廷上奏，呈请在两江总督署江宁（即南京）办一所师范学堂，同年开始筹建三江师范学堂。1905 年，三江师范学堂易名两江优级师范学堂，李瑞清出任两江师范学堂监督（校长）。1914 年，江苏巡按使韩国钧委任江谦筹办南京高等师范学校，两江师范学堂改设成为南京高等师范学校。

尔、绥远各二人，均由学务局及各省区选送。

三、讲习期间及时限　讲习期定为一个月，自七月十二日起八月十一日止，每日教授三小时。

四、科目　注音字母、国语读本、会话、成语、翻译、国语练习、国语教授之研究。

五、费用　本科不收学费，其食宿费均归自备。

（《教育公报》1918 年第 5 卷第 11 期）

教育部指令

第九百九十六号七年八月二十三日

（令为成都高等师范学校京师现设有注音字母传习所该校可速派员学习文由）

据呈，已悉。该校以国语讲习科之设，现无精通音学之教师，拟暂从缓办，先派国语素有研究之教员赴京学习，毕业后再行开班，自系为实事求是起见。惟查京师注音字母传习所设立已久，该校欲储师资即派员赴该所学习可也，仰即遵照。此令。

附原呈

为呈复事案奉钧部训令案

查“高等师范校长会议议决郭会员提议高师附设国语讲习科案，办法均甚切要，所订各种简章亦俱妥洽可行，合行采录全案，令仰该校遵照办理”等因，奉此。窃查语言统一洵吾国教育之急图，而音读分歧尤边省学校之通弊。欲收整齐读法之效，必造精通音学之师，国语讲习科之设诚不宜缓。惟是既名国语，自当合全国之音以共炉冶，庶不至各为风气，自限方隅。况细读简章，此科全重注音字母，确定实难，双声叠韵之未谐，深喉半齿之偶误，差以毫厘，谬更千里。若中央之标准不立，各省之趋向无依。不但齐传楚咻，窃恐南辕北辙。校长深知闭门造车未必合轨，空谷传响，徒诮拘墟。因是集合本校教职员会议，佥以讲习科设宜先储师资，暂从缓办。拟恳钧部在京师首善之区特设全国国语讲习会，由各高等师范学校派国语素有研究之教员赴京学习，毕业后再行开班讲习，一以中央主音为准，改定偏方俗读之讹，庶可收国语统一之效。校长又念欲改音读当备教才，不审沿讹，焉知正谬？爰拟暑假后组合本学教员征集各地名彦，于本校附设一国语研究会，搜采各方音读之异同，细审个人语言之清浊，或背众而协古，或习惯而忘非，或语尾词头见之载籍，或方言鄙谚可备辅轩博考旁征，汇为成帙。总期异时开学得考镜之资，庶使中原正音有渐被之望。所有本校附设国语讲习科渐拟从缓，一俟派员到京学习国语回川后再为开办，并拟于暑假后附设国语研究会。各缘由是否有当，理合具呈请鉴核示遵。谨呈。

（《教育公报》1918 年第 5 卷第 14 期）

教育部令

第七十五号七年十一月二十三日

（注音字母表）

查统一国语问题前清学部中央会议业经议决。民国以来，本部鉴于统一国语必先从统一读音入手，爰于元年特开读音统一会讨论此事。经该会会员议定注音字母三十有九以代反切之用，并由会员多数决定常用诸字之读音，呈请本部设法通行在案。四年，设立注音字母传习所以资试办，迄今三载，流传浸广。本年全国高等师范校长会议议决，于各高等师范学校附设国语讲习科，以专教注音字母及国语、养成国语教员为宗旨，该议决案已呈由本部采录，令行各高等师范学校遵照办理。但此项字母未经本部颁行，诚恐传习既广或稍歧异，有乖统一之旨，为此特将注音字母三十九字正式公布以便各省区传习推行。如实有须加修正之处，将来再行开会讨论，以期益增完善。此令。

附注音字母表

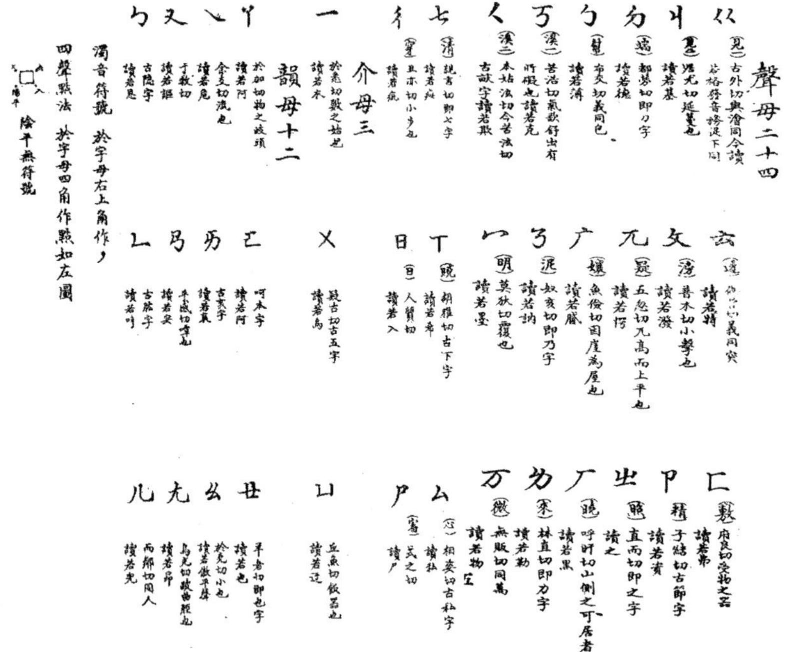

聲母二十四

介母三

韻母十二

濁音符號 於字母右上角作丿

四聲點法 於字母四角作點如左圖

陰平無符號

（《教育公报》1918 年第 5 年第 16 期）

教育部令

第九二号七年十二月二十八号

（国语统一筹备会规程）

兹订定国语统一筹备会规程，特公布之。此令。①

① 1919 年，教育部成立国语统一筹备会，其主要成员为在北洋政府时期教育部中任职的国语研究会会员，分为教育部指派、部辖学校推选以及陆续延聘等。教育部指定会长张一麟，副会长袁希涛、吴敬恒，会员由教育部指派的有黎锦熙、陈懋治、沈颐、李步青、陆基、朱文熊、钱稻孙等 41 人，部辖学校推选的有钱玄同、胡适、刘复、周作人、马裕藻等 35 人，会中陆续聘请的有赵元任、汪怡、蔡元培、白镇瀛、萧家霖、曾彝进、孙世庆、方毅、沈兼士、黎锦晖、许地山、林语堂、王璞等 38 人，共计 172 人。

国语统一筹备会规程

第一条 国语统一筹备会以筹备国语统一事项及推行方法为宗旨。[①]

第二条 国语统一筹备会设立于教育部，受教育总长之监督。

第三条 国语统一筹备会其筹备事项分左之四类：一、音韵；二、辞典；三、语法；四、各种语体书报。

第四条 关于音韵类之事项如左：一、《国音字典》之校核订正；二、各种注音书报之审核；三、方音之调查。

第五条 关于辞典类之事项：一、《国语辞典》材料之搜辑调查；二、《国语辞典》之编辑及审核。

第六条 关于语法类之事项：一、语法材料之搜辑调查；二、语法之编辑及审核。

第七条 关于语体书报之事项：一、各种语体书报之调查及审核；二、各种语体书报之编辑。

第八条 国语统一筹备会以左列会员组织之：一、教育部职员若干人，由教育总长指定；二、教育部直辖学校教员若干人，由各该校推选；三、其他于第三条所列事项确有专长者若干人，由该会延聘。

第九条 国语统一筹备会设会长一人、副会长二人，综理该会事务。前项会长副会长，由教育总长指定之。

第十条 国语统一筹备会设常驻会员若干人，承会长之指挥，分任调查编辑审核事宜。前项常驻会员由会长陈请教育总长指派之。

第十一条 国语统一筹备会得酌用书记，掌理缮写、收发、保管文件，及其他庶务。

第十二条 国语统一筹备会遇有应行会议事项，由会长定期招集之。

---

① 关于国语统一筹备会与国语研究会在朝在野、互通声气的合作关系，黎锦熙在《国语运动史纲》中有专门解释："在社会方面，四十年来的国语运动史，要算国语研究会的工作是最鲜艳的几页。但中国向来革新的事业，不经过行政方面的一纸公文，在社会方面总不容易普及的；就算大家知道了，而且赞成了，没有一种强迫力也不会实行的。所以这教育部附属机关国语统一筹备会的行政事业也大有可纪。况且这筹备会的会员，大多数就是研究会的会员，每有举动，发端于彼，观成于此；此主执行，彼任宣传。到了后来，索性'宫中府中，俱为一体'，而研究会这个机关，渐成了一个历史上的名词，更不能不把这个行政机关作国语运动史的主体了。"（第75页）

第十三条 国语统一筹备会会员为名誉职，除书记外概不支薪。

第十四条 本规程如有未尽事宜或应得增改之处，得由该会随时修正呈请教育总长核定施行。

（《政府公报》1918 年第 1049 期）

国语研究调查之进行计划书

（黎锦熙①拟）

谨按

我国文字语言久为教育界一大问题。盖现制国民学校②期限不过四年，所授国民应具之知识至为有限，惟赖文字语言足以应用，庶毕业后得藉以吸收各种之常识，棣通彼此之情意。譬犹屋有基础，室有门户。所谓四年之国民教育，不过为儿童筑此基础，辟此门户而已。是则国文一科关系极重，而学文必兼习语，亦已为教育家所公认。然我国各种教

① 黎锦熙（1890—1978），字劭西，生于湖南湘潭。1911 年，黎锦熙毕业于湖南优级师范史地部。1914 年，任湖南省立第一师范学校历史教员。1915 年，受聘为教育部教科书特约编审员。1916 年，加入“中华国语研究会”，并于次年提出《国语研究调查之进行计划书》。1922—1923 年，黎锦熙兼任天津、济南、上海、长沙暑期国语讲习所讲师，北京大学、北京女子师范大学、燕京大学等校的国文系教授，又与钱玄同、赵元任等组成国语罗马字拼音研究会，并任国语统一筹备会国语辞典编纂处总主任。1924 年，出版《新著国语文法》。1926 年，黎锦熙与钱玄同、赵元任等拟定国语罗马字拼音法，并与钱玄同创办《国语周刊》。1928 年，任国立北平大学第一师范学院院长，主持的“国语辞典编纂处”改名为“中国大词典编纂处”，下设搜集、调查、整理、编著、统计五个部。1933 年，出版《比较文法》。1935 年，所著《国语运动史纲》出版。1937 年，国立北平师范大学迁至西安，与几所高校合并为国立西安临时大学，任国文系教授、主任。1938 年，西安临大迁至汉中，改称国立西北联合大学。1939 年，西北联大分出国立西北师范学院，迁往兰州，黎锦熙兼任教务主任。1944 年，在黎锦熙的倡议和推动下，西北师院（兰州）、女子师院（白沙）、社会教育学院（璧山）创办了国语专修科。1945 年，任西北师院院长。1946 年，参与创建九三学社。1947 年，任北平师范学院国文系主任兼教授。1948 年，黎锦熙继任北平师范大学国文系主任兼文学院院长。1949 年，黎锦熙被毛泽东指定和吴玉章、马叙伦、范文澜、成仿吾、郭沫若、沈雁冰 7 人组成“中国文字改革协会”。1950 年，继任北京师范大学教授兼中文系主任、中国大辞典编纂处总主任。1955 年，被聘为中国科学院哲学社会科学部第一届学部委员。

② 见“国民学校令”及“国民学校令细则”（1916）。

科之中，其在教授上最无系统、无条理者，即莫国文一科。若大都循例传习，究莫知其如何而始能获实用，如何而后能谋教授上之改良。且言文既歧，雅俗异趣，国文之外更不知有所谓国语[①]。方言万殊，情意隔阂，既阻民智之开通，复碍国家之统一。长此不变，即将来厉行强迫教育，而所普及者非其具，则实效恐亦难期。近年以来，国中言教育者稍自觉悟，遂有倡言文一致与国语统一之说者。然而议论杂出，骛新者至欲废弃汉文，笃旧者又必墨守故法。大抵奋其私人之意见，徒有偏至之主张，广泛之理论，其不能具一种切实可行、详密有条之计划则一也。窃谓我国文字自有特征，语言虽歧，本源则一。国语与国文之问题须作一串解决，不能尽效欧美，亦不能悉循旧章。因革之间，权衡至当，则非有精确之研究调查不能也。发就所见，列为进行计划若干条如左：

一、划一国语并推行之，应先从研究及调查入手，故今只以研究调查为范围，其如何推行统一之法，系第二步之计划，俟诸将来可也。

二、我国语文，二者昔本一致，后渐分歧。自分歧以来，文字则全国渐趋统一，语言则各地日以不同。故今欲对于千余年来未经整理之语言而加以研究调查，仍须以已经统一且与语言同源之国文为基础。除高等文学之修辞法、文章法等别属之专门研究外，所有单字形义及词性文法等，在我国现今尚无一定之系统条理，而语言实以此为之基，应均列入研究范围之内。

三、区国语之内容事项为三部，并本前条之旨趣，各附以基本研究之事项如左：（1）音韵部，以字母及含［今］韵为基本研究；（2）词类部，以单字形义及词性为基本研究；（3）语法部，以文法为基本研究。

四、音韵部进行事项如左：[②]

（一）关于现今国民学校国文科发音教授者。（说明）案《国民学校令施行细则》第四条称："国文教授首宜正其发音"，今以标准音未定之

---

① 国语研究会倡导的"国语"概念首先冲击的是学校教育中的"国文"一科，从此"国文、国语之争"愈演愈烈。虽然这一语言、教育领域的争论似乎不如"文言、白话之争"更为当时社会和后世研究所乐于讨论和研究，但是作为民国时期语言政策的发源地，现代中国的语文运动和语言改革均由此开启、因之展开，因此，相对于"白话"一词的文学性和民间性，"国语"这一概念对于现代汉语的语言认同乃至现代中国的国家认同具有同样深远的意义。

② 音韵部所列三项即为民国时期语音政策中有关语音教学、统一和研究三个部分。

故，似国中各校均未注意此点，实则统一方音非一蹴可几之事。于未统一之先教授读音，应根据已经通行之正音正韵，定一有系统之方法。左列各项即先就国民学校国文科之发音一事，拟定一种教授方法，以供目前师范学校之研习及小学教员之应用者也。甲、定发音教授法纲要本国各国民学校中有已试行发音教授者，应先调查其方法以供参考；乙、编订读本字音表部编国文读本已有字音表样本；丙、造发音图以字音表之音类为主，仿外国字母发音图例为之（如日本寻常小学读本教授书中，列有发音时口器动作部位图）。

（二）关于国音统一之筹备。（说明）民国元年读音统一会已议定有注音字母，并由会员编定《国音检字》[①] 一书，惟甫经草创，国中识者认其有可议之点二：1. 三十九字母不能概括众音（即设闰音亦不能完全拼切）；2. 京音有偏缺处，切杂土音，不尽足为全国标准，故令当作进一步之调查研究，以次列其办法如左：丁、拟定暂用之音标以注音字母为准，其有不足，则参考旧音韵并查南音之必不可缺者，就原定字母扩充之，俾成一种能概括众音之音标。戊、制定全国方音调查条例及表式既有完全之音标，即可分别纲目，定此表式。己、调查全国方音即照前条例表式为之，唯调查之机关与方法当另议（见后第八条），调查完竣再合制总表。庚、定标准音以调查所得，综合讨论，就注音字母略加订补，即仿前代国家所颁韵书及国音检字例，编定一书，以标准音为纲字，以类从，使各地咸知各字正音之读法。辛、作各地方音分布图仿日本音韵分布图例，分省区制成此图，或更加详细分道或县为之，用以考知何种音流行最广，何种音最狭，以便施行统一之方策。

（三）属于音韵学专门研究者（说明）本项计划系考古与言语学范围，兹附及之。壬、编纂中国语音源流变迁考解决古韵分部问题并确知其读法。癸、改良旧书反切法如用音标，使人人能读。子、世界语音之比较为言语学之一部（见语法部庚项）。

五、词类部进行事项如左：

（一）单字形义之分析研究。（说明）我国文字主形不主音，自教育

---

① 读音统一会至洪宪改元，北洋政府的官方语言措施和政策基本停滞，1912 年至 1913 年间议定的注音字母只是在会后编成《国音汇编草》和《国音检字》，且搁置数年亦未公布。

上言之，一方面见为教授之障碍，他一方面则见此种文字实具特别之优点。盖一字之构成，合形声义三者而一以贯之，于理解上、记忆上、兴味上均有莫大之便利。今国语所研究者，为音韵，为语言，对于字体原不能有所改易。故凡单字之形声义类，必先有以寻其条理，定其系统，然后进而调查方言，改订词类方具基础也。甲、选字将常用、间用、罕用之字及省笔古体俗字，分等列表，名曰国语选字表（现已着手编辑）。乙、编订单字形体声类表以形与声为两大纲，参酌六书之例，分别列成，以明制字之源及其组织，同时将现行楷体不合说文之例者，别为说明。为识字之便利起见，凡可以助理解便记忆者，如郑樵、王安石之字说等，不妨兼采，盖本表之用，一方面为寻字源，一方面为便认识与书写也。丙、考查字义之变迁及诸义应用之广狭以单字为主，先准照前项之表，定其字之本义，次依六书转法假借之例，说明其义之变迁，终乃将此字诸义查明，孰为日常应用所必备，孰为专家考古所宜知，孰为新兴之训，孰为已废之诂，以便定教授之程序，为编辑教科书及词典之预备。丁、区别各单字之词性前项手续既竣，再将每字之词性细为分析，并各举例明之，以为编定文典语法之基础，此项当在品词分类之后为之（见后语法部甲项）。

（二）词类及方言之搜集及调查。（说明）谓我国语言不统一，其言犹失于笼统，必分析言之，则一为读音不统一，二为词类不统一。词类之不统一，又可分为二方面，一曰言文不同，二曰方言歧异。读音之谋统一，既由音韵部任之矣。兹则以单字为基，进而整理词类，先就文籍集成大观，旁及通行之俗语，再进而调查各地之方言，夫尔雅者，近正之谓，大多数所用必为近正者，无疑至是，而后标准语可制定也。戊、搜集古今词类凡聊绵两字或以双声叠韵之关系合为一称者，依前选字表之类序，用辞典体例搜集之（现已着手）。己、搜集古今成语合前项同时搜集之，词类以两字或三字合成之词为限，略似英语之（Phrace）；成语则三字以上，雅俗所习用者，如水落石出、吹毛求疵之类等属之（略似英语之）（clause）；成语有联缀成谣谚者，别存之（现已有编纂成书者）。庚、制定全国方言调查条例及表式方言之异大抵即由所用词类之不同，口语所用之词类既不尽合于文言，又随地而殊异，较之方音尤难整理。兹拟以单字为纲，以文中所用及已通行之词类及成语为目，制成表式，分地调查，不论属何词性，以详备为主，其诸有音无字之词及语尾语气等，概用音标表之。辛、调查全国方言依前条例及表式为之，各地汇齐，再作总表或其他之统计图说，如日本口语法分布图之例。壬、定标准语依调查总表，就各词类及成语中选其流行较广及接近文言者，定为标准语。我国语句之构成，即所谓语法者，全国颇称一致，故只须词类成语定有标准，复于标准语注以标准音，则全国语言自趋统一，于语法无甚关系也，惟语法之整理亦为要事（详后语法部）。

（三）《国语辞典》之编辑。（说明）国语所用既以联绵之词为多，则单字之后必继以词类，故辞典即以单字建首，无庸别编字典矣。癸、改良字典部首以便检查为主，汇集各方面之主张，斟酌定之（并以本条乙项所定为基础）。子、排列单字根据本条甲至丁项所预备者，为之即字典也。丑、排列词类及成语根据本条戊至壬项所预备者为之，以壬项所定之标准语为主，以前项之单字提纲依序列入，即成完备之辞典。寅、编定普通辞典完备之词典卷帙必多，宜根据前甲项选字表，别为约编，以供普通社会之用。卯、编定学生辞典专备国民学校学生之用，俟国语读本编成后方可为之（见后语法部）。

六、语法部进行事项如左：

（一）关于文法者。（说明）我国语文之歧，大抵由乎所用词类之繁简单复不一，而不系乎句之构成，前既言之矣。唯句之构成，语文亦间有不同之点，而语势之轻重，语意之疑决，及一切抑扬抗坠之情，表诸语言，相习而能喻形之楮墨，则文易而语杂，要其大体组织，则语文固无殊也，故欲规定语法，须先整理文法。甲、定词性之系统依旧法分实字虚字为两大类，复参酌欧西及日本文法，分别品词，制成精确之系统表。前部中编辑国文读本时，已备有“实字性格表”及“虚字系统检查表”二种。乙、编定虚字用法分析表于每一虚字之用法，详为剖析，上溯古义，下逮俗语，旁及他国同类之词，务以极详明无漏义为主（已有样本）。丙、编定国文典我国文词全以虚字为之枢纽，有上两项之预备，则本项自易着手。大约可参酌《马氏文通》及坊间近出各种文典文法为之，以不失我国文词之本质，而又合于世界文法之通规为主。

（二）关于语法者。（说明）文法既定，则语法之大部分亦定，再就语与文组织不同之点，详为区别，则语法成矣。语法全国本已一致，故不便调查，然发言巧拙不同，故必须规定方式以为练习之标准，须适用此方式于教育，则必编纂国语教科书，至是而国语事可告成一段落矣。丁、区别语句与文辞构成之异点专就辞句之组织言之，其异点甚少，可制表以概括之。戊、编定国语法以国文典为基础，参以前项研究所制成之表，编成有系统之国语法，其中运用词类，则概以前条壬项所定之标准语为准。己、编定国民学校国语读本根据国语法为之，字旁注以标准音，最后一年可渐及浅近之文辞。庚、编纂言语学此当属诸专门研究，附识于此。辛、随时调查本国各地语言之变迁，并翻译关于外国整理改良其国语国字等之近况。此项系三部共同必要之事，且当继续永久行之，附识于此。

七、右系三部之完全计划，各就其一定之程序言之，如欲应社会之急需，不妨将事项之列于后者，斟酌提前办理。

八、国语调查机关宜仿日本文部省国语调查会[①]之例，于教育部设总机关，再由各省教育厅或教育会设分机关，再分之于各道县、各自治区，并规定调查员之资格。调查前后一切讨论编订之事，由教育部及其他国语研究机关任之，关于审定颁行之事，则由教育部行之。

（《教育公报》1918年第5卷第3期）

注音字母传习总所三周年纪念报告

今天是注音字母传习总所[②]三周年纪念日，其第一年、第二年的成绩，已于去岁周年时在注音字母报上报告过了。今天将民国六年至七年推行的大略，按月报告诸君。

（一）本年二月，教育部为京通马路作土工的人设立注音字母传习

---

① 清末民国时期，政府语言政策的内容和机构在很大程度上参照了当时的日本，该种对比研究学界似乎重视不够。

② 1917年至1918年，当时教育部已着手在高等师范学校设立国语科，以培养小学校国语教师，其国语科的师资培训相当一部分来自北京的注音字母传习总所。

所，教授不识字做工的人。因为该工人没有一定的住处，又没有相当的地点，后改在慈幼局传授那被灾的儿童。本所派学员章润轩、金绍棠二君担任教员，学会的灾童数百余人。是月陆军部设立旗语传习所，委所长王蕴山君[①]担任教授。是月王蕴山君所著《文字俗解》蒙教育部批准，现已出版。

（二）三月，有国务院参议曾叔度先生发明新式旗语，经王蕴山君编纂，呈教育部审定，蒙批应准作为学校童子军用书。是月，上海江苏教育会[②]添设国语科，来函聘教员，本所派学员李文元君赴江苏教育会传授字母，学会的及毕业的男女学员有数百人之多。本所附设旗语传习所本月成立。

（三）四月，本所接山西教育厅来函聘教员，本所派学员杨学川君前往传授字母。山西阎省长[③]对于注音字母热心提倡，特由行政费内拨款数万元，专办注音字母的事项，并出《国语日报》，现在晋省字母很发达。

（四）五月，前公府秘书长张仲仁[④]先生捐助本所中票一百元。所长王蕴山君所著的二册《模范语》于本月出版。

（五）六月，武昌高等师范学校校长张绶青君派教员廖西平君，南京高等师范学校校长郭鸿声君派教员周铭三君，来本所学习字母。是月前冯大总统[⑤]在公府看本所同人试演旗语。六月女子师范学校请王蕴山君传授注音字母，女生两班，毕业一百余名。又三册《模范语》本月出版。

（六）七月，王蕴山君至大总统府守卫队对传授旗语，又派教员王理臣君至景山陆军十六师六十二团传授旗语，长官士兵毕业者共有一百余名。是月本所开十三期字母传习班，师范特别普通三班，毕业学生八十余人。二十二日，开夏期国语讲习科，在北京高等师范学校开学，由教育部召集京兆、直隶、山东、山西、河南、东三省、热河、察哈尔等处各省学员，来京的有数十名。

（七）八月，《新式旗语简密码》脱稿。

---

① 王璞。

② 全国教育会联合会江苏分会，总部设在上海。

③ 阎锡山。

④ 张一麐。

⑤ 冯国璋。

（八）十月，海军部刘总长[①]看本所同试演新式旗语。是月，中华续办委员会在上海昆山花园，特开注音字母及他项字母讨论大会，全体通过实用此项注音字母，教授一般不识字的基督教徒，俾得输入知识。

（九）十一月，海军部特派本所教员杨念典君，赴南京鱼雷枪炮学校传授新式旗语，又派学员章润轩君赴烟台水师学校传授新式旗语。第四册《模范语》于是月出版。

《注音字母报》本年共销出一万余本。

又各种书籍本年共销出五千六百余本。

以上诸端，是本传习所本年所进行的事业，较比去年虽有天渊之别，实赖各界诸君提倡之力。以后本所同人更当加意进行，以符诸君之雅望，并祈诸君随时指教，以匡不逮。那就是我们最盼望的！

本社恭祝注音字母传习总所万岁！各省及华侨各分所万岁！

（《官话注音字母报》1918 年第 60 期）

《注音字母报》二周年纪念

（邵笠农）

时光好快呀，转眼又是一年了。今天是本报出版第二周年。本报居然能到第二个周年，实在是我们想不到的，因为什么呢？其中有个原故，这一年间所用的人工、材料、食物，没有一样不是贵的，中交票是很贱的，而且本报是赔着本钱卖。请想两头赔钱，还有不停版的吗？如今竟能到了第二个周年，我们觉着很怪。即至细一推想，原来有个道理，皆因是我们社长[②]苦心经营，同人一心，合衷共济，克勤克俭，拿着公事当自己的事一般，所以才能到今日。不但能到今日，并且这一年功夫，又出了不少的成绩。如敝社社长所著的《模范语文字俗解》《新式旗灯语单旗语静旗语》等

① 刘冠雄（1861—1927），字敦诚，号资颖，福建闽县人。1912 年出任南京临时政府海军部顾问，北洋政府时期历任海军总长、福建省都督等要职。

② 王璞。

书，还有《注音小说汇选》《反切直圆》《注音百家姓》，又副社长所著《学书一隅》，这都是敝社印刷出版的书籍。至于《注音字母报》，这一年的功夫，售出两万余本。因此近来各省纷纷来信，不是定报，就是买书，要不然就是请注音字母教员。陆军段总长[1]委任敝社长王蕴山君为旗语传习所教员。以上都是这一年小小的进步，较比起前年总算是强多，从此往后我们更当同心尽力，百折不回去作，并望阅报诸君提倡注音字母，能达到全国语言统一，教育普及，国家盛强。我们《注音字母报》那时候办周年纪念，我们自然是痛快，阅报诸君心里大概也是喜欢的。有此希望，故此我祝中华民国万岁！《注音字母报》万岁！阅报诸君万岁！

（《官话注音字母报》1918 年第 48 期）

注音字母传习社社长王蕴山君肖像

（《官话注音字母报》1918 年第 39 期）

① 段祺瑞。

论注音字母

（钱玄同①）

一九一三年的春天，教育部开“读音统一会”，会里公议注音字母三九个，现在先把他写出来。

表“母”（就是“子音”，中国向来叫做“声”，又叫做“纽”）的字母二四个：ㄍㄎㄫㄐㄑㄬㄉㄊㄋㄅㄆㄇㄈㄪㄗㄘㄙㄓㄔㄕㄏㄒㄌㄖ；表“韵”（就是“母音”）的字母一二个：ㄚㄛㄝㄟㄞㄠㄡㄢㄣㄤㄥㄦ；表“介音”的字母三个：ㄧㄨㄩ。

这三九个注音字母，原来都是中国固有的字，取那笔画极简单的。借来做注意的字符号表“母”的二四个，单读原字的子音：像“ㄎ”字原字的音读做“Kao”，现在单读他的子音“K”；“ㄈ”字原字的音读做“Fang”，现在单读他的子音“F”。表“韵”和“介音”的一五个，单读原字的母音像“ㄛ”字原字的音读做“Ho”，现在单读他的母音“o”，“ㄞ”字原字的音读做“Hhai”，现在单读他的母音“Ai”，“ㄨ”字原字的音读做“Ngu”，现在单读他的母音“V”。

这种字母的形式、取材和读法，很有人对他生一种的疑问。有的说：“既然新制音标为什么不特造新符号，要借用古字，读他音的一半呢?”有的说“与其借用古字，何不直取世界公用的罗马字母来标中国的音呢?”

这两种疑问，待我来答他。

---

① 钱玄同（1887—1939），原名钱夏，字德潜，又号疑古、逸谷，常效古法将号缀于名字之前，称为疑古玄同，五四运动前夕改名玄同。浙江吴兴（现浙江湖州市）人。钱玄同早年留学日本，曾任北京大学、北京师范大学教授，“五四”时期参加新文化运动，提倡文字改革，曾倡议并参加拟制国语罗马字拼音方案。著有《文字学音篇》《重论经今古文学问题》《古韵二十八部音读之假定》《古音无邪纽证》等论文。自 1918 年至 1922 年《国语月刊》创刊之前，钱玄同、吴稚晖等在《新青年》讨论并提倡注音字母，前者以音韵大家的学者身份分析注音字母对于传统音韵的继承和改革，后者则从政策实施的行政角度强调注音字母对于初级教育和国语统一的作用和意义。该系列文章涉及注音字母和国音的理论和实践、传统与现代的种种发展问题，无论理论深度还是应用意义均为一时之冠。

答第一问：特造新符号，原没有什么不可以，不过符号的形式，很难决定。因为造新符号，在应用上固然贵乎简明，然在形式上也要求他好看，才能得到多数人认可。否则甲所做的，乙说不好看，乙所做的，丙又说不好看，丙所做的，又有丁、戊、己……说他不好看，纷纷扰扰，闹了一会子，终究还是没有结果，这是很不好的。但是形式好看这一层，却是很难用“一丨㇏㇀”这些直线笔画，三笔两笔凑成一个符号，怎能好看？前几年，什么“快字”“简字”“音字”之类出得很多，没有一种是行得通的。这个缘故，固然由于做的人于声韵之学从未讲求，把制音标的事情看得太容易；然而形式不好看，难得多数人之认可，却也是一个大大的原因。现在借用古字，则形式是固有的，好看不好看，制音标的人不负这个责任，但求简明，便可应用，可以免却许多无谓的争执。据我看来，这借用古字的法子，实在比造新符号来得好。

答第二问：取罗马字母来标中国音，这是极正当的办法。但是据我个人的意见，以为中国现在应该兼用罗马字母和注音字母两种来标音。为什么呢？因为罗马字母已经变成现世界公用的音标，同其国有特别形式之文字者，若要把他的语言和名词行于国外，都要改用罗马字母去拼他的音，像俄罗斯文、印度文、日本文之类，都是这样办法。我们中国向来没有纯粹的音标，现在急须新制，当然应该采用罗马字母，这是毋庸置疑的。但是中国的音标，却有两种用途：（一）记字典上每字的音和高深书籍上难识的字的音；（二）教科书通俗书报各新闻纸之类，应该在字的右旁记他的音。

第一种的记音，自然当用罗马字母，至于第二种的记音，罗马字母却有不便利的地方。因为中国字是直行的，罗马字母只能横写，这一层还可以想法把中国字也改成横行。还有一层困难，因为罗马字母记音的方法：如为单独母音的字，只须用一个母音字母便够了；如其备有子音、介音、母音和收鼻音的，至多的可以用到七个字母（因为子音、母音和收鼻音，有时都要用两个字母去读他）。你想，这一个字母和七个字母，他的长短大不相同，拿了来记在字字整方的中国字旁边，那种参差不齐的怪相可不是很难看吗？这是不能不用注音字母的了。据我看来，高等字典和中学以上的高深书籍，都应该用罗马字母记音，学生字典、中小学校教科书、通俗书报和新闻纸之类，都应该用注音字母记音（学生字典可以兼用两种记音）。假如再过几年之后中国竟能废弃这种“不象形的字”（中国古代的字本是象形的，但因籀篆录草的变迁，已经不象形了，现在的字既非拼音，又不象形，这种无意识的记号，我姑且戏称他做“不象形的字”），改用纯粹拼音的字，那么注音字母当然跟了一同废弃。若在今日，则注音字母正复大有用处。

这两种疑问既已解答，于是当说明注音字母的读音和他的缺点。

现在先将注音字母中表“母”的字母二四个，与旧有的守温三六字母及罗马字母，列为对照表，如左：

（附记）这表中标“知、彻、澄、娘、微、匣”六纽的罗马字母，用亡友胡仰曾[①]君所著《国语学草创》中所标。

注音字母于兼有清浊的纽只制清母，不制浊母，因为北音浊声不很发达的缘故。但是北音也并非全无浊声，北音凡上声、去声字（北音没有入声）虽然有清无浊，然在平声却是清浊全备，像“通”（透）和“同”（定）、“千”（清）和“前”（从），分明是两个读法，这便是有浊声的确据。既然平声有浊，乃竟不制浊母，那么请问“同、前”这些字归入哪一纽呢？原来他却有个很可笑的办法：那上去的浊声字，既然不读浊声，便硬把他改入清声；至于平声的浊声字，也把他归入清声，唤做“阳平”。像“通”“同”两个字都归入“透”纽，把“通”字唤做“阴平”，“同”字唤做“阳平”；“千”“前”两个字都归入“清”纽，把“千”字唤做“阴平”，“前”字唤做“阳平”。这种名称非常荒谬，要知道平仄是长短的区别，阴阳是清浊的区别，两事绝不相干，岂可混为一谈？无如从元明以来，就有这种奇怪名称到了现在，有一般人说得更妙。他道：“南音的四声是平、上、去、入，北音的四声是阴平、阳平、上、去”。这种议论真要叫人笑死！当读音统一会未开之前，吴稚晖先生——后来就是读音统一会正会长——做了一本《读音统一会进行程序》[②]，早把这种荒谬名称加以驳斥。先生说道：“北方之‘阴阳平’不能遽行援入于长短通例之内，因彼似为清浊之问题，非长短之问题。长短者，音同而留声之时间不同；清浊者，音同而所发之音气不

① 即胡以鲁，与钱玄同皆为章炳麟学生。

② 见《读音统一会进行程序》（1913 年）。

守溫三十六字母	注音字母表「母」的二四字母	羅馬字母
見	ㄍ ㄐ	K Ch
溪	ㄎ ㄑ	Kh Chh
群		G, Gh Dj, Djh
疑	ㄫ ㄬ	Ng(齊音.) Ng(撮音.)
端	ㄉ	T
透	ㄊ	Th
定		D Dh
泥	ㄋ	N
知		Ṭ
徹		Ṭh
澄		Ḍ, Ḍh
娘		Ṇ
幫	ㄅ	P
滂	ㄆ	Ph
並		B, Bh
明	ㄇ	M
非	ㄈ	F
敷		Fh
奉		V, Vh
微	ㄪ	Vv
精	ㄗ	Ts
清	ㄘ	Tsh
從		Dz, Dzh
心	ㄙ	S
邪		Z, Zh
照	ㄓ	Ṭ
穿	ㄔ	Ṭh
牀		Ḍ, Ḍh
審	ㄕ	Ṣ
禪		Ẓ, Ẓh
影		A E I O U
喻		Y W
曉	ㄏ ㄒ	H
匣		Hh
來	ㄌ	L
日	ㄖ	J(略如法國讀法)

同。粗率用一近似之比例，比之于风琴：假如同弹第一音，短乃仅按一拍子，长则按至三拍子是也；又如同弹第一音，清乃按右手靠边之一把，浊则按左手靠边之一把，一则其声清以越，一则其声闳以肆……所以本会之结果：有预料之同意可言者，必大段不离于人人意中之‘官音’，粗率即称之曰‘北音’亦可；惟决不能不商定者，即北音长短内之‘入声’，及关涉清浊北人意中之所谓‘阴阳’，皆留不甚完全之弱点。故为一国之所有事，即不能率言标准于一城一邑之北音。”

吴先生当日早已料到这一层，恐怕读音统一会的结果仍旧留下这个弱点，所以先加以警告。然而后来竟不出先生所料，专制清母，把浊声的平声仍旧唤做“阳平”。于是其人想出一个补救的方法来说：“可以仿照日本假名的办法，就在清声字母的右上加他两点，算做浊母”。

我想这个法子固然可行，但是这第三位的浊声都是兼承两个清声，有些地方承第一位，有些地方承第三位，像那“群”纽，有些地方读“G”，是承“见”纽“K”，有些地方读“Gh”，是承“溪”纽“Kh”，“定”“澄”诸纽都是这样，然则应该在哪一个清声字母上加点呢？这还是待研究的问题。

“见、溪、疑、晓”四纽都有两个字母，因为这四纽的出声，除福建、广东等处以外，其余各处读正音（就是“开口”和“合口”）和副音（就是“齐齿”和“撮口”）都微有不同，所以用“巜、丂、兀、厂”四母表正音，用“ㄎ、ㄑ、广、ㄒ”四母表副音。这是因时制宜的办法，倒很不错。

“知、彻、澄”三纽，今音和“照、穿、床”三组的三等呼读得一样，“照、穿、床、审”四纽的二等呼，今音和“精、清、从、心”四纽读得一样（“照、穿、床、审”四纽的二等和三等，出声不同，《广韵》[①]

① 《广韵》，全名《大宋重修广韵》，宋代陈彭年等奉敕编撰。《广韵》继承了《切韵》《唐韵》的音系和反切，反映了隋唐语音系统。共分 5 卷，平声上下 2 卷，上、去、入声各 1 卷；分 206 韵，平声 57 韵（其中上平声 28 韵，下平声 29 韵），上声 55 韵，去声 60 韵，入声 34 韵；收字 26194 个。

里反切用字各分为二，清陈澧做《切韵考》① 说：“应该分做八组”，很是。这是守温做字母时误合的）。注音字母于“知、彻、澄”三组不制字母，也用“ㄓ、ㄔ”两母去标他。这是于现在的音很对的（“照、穿、床、审”的二等，在注音字母里，大概也用“ㄗ、ㄘ、ㄙ”三母去标他）。

“敷”组的出声，本和“非”组差不多。前人因为“非”从“帮”变，“敷”从“滂”变，统系不同，所以分做两组，注音字母合做一母，也很不错。

注音字母于“娘”组没有制母，当时误用“疑”组副音的“广”去标了，这是很不对的。“疑、娘”二组的出声，有喉舌之异，断不可混合为一，但是“娘”本从“泥”变，其声颇不易读。现在各处读“娘”组字，颇有仍归入“泥”的，像“拿铙赧女尼”，这些字都是我以为“娘”组不必增母，也用“ㄋ”母去标他便了。

凡“影”组的字，都是纯粹母音字。本来不应该有这一组，因为从前做反切的人，守定用两个字标音的例，不知变通，就是纯粹母音字，上面也要配他一个字（反切两字，上字标子音，下字标母音）。守温②做字母时，就把这些字标为“影”组。现在用注音字母去改良旧切，遇母音字只须用一个母音字母去标他便够了，这“影”组当然应该删除，至于“喻”组虽是“影”组的浊音，究竟不能算做母音，注音字母连带删除，这却不对，我以为应该加一个标“喻”组的字母才是。

表“韵”和“介音”的字母一五个，与《广韵》的二〇六韵，元刘鉴《切韵指南》③ 的一六摄，明人《字母切韵要法》④ 的一二摄及罗马字

---

① 《切韵考》，清代陈澧著，成书于1842年（道光二十二年），是用反切研究《切韵》语音系统的著作，分为内篇6卷，外篇3卷。内篇第1卷序例，第2卷考证声类，第3卷考证韵类，第4、第5两卷把考证的韵类列成表，第6卷探讨某些理论问题。作者利用《广韵》的反切考证《切韵》的声韵分类，考证出《切韵》有40声类，311韵类。

② 守温，唐末、五代时期和尚，相传创造了三十六字母。今人于敦煌资料中发现一个署有“南梁汉比丘守温述”的韵学写本残卷，守温韵学残卷载有30字母，其标目和总数跟敦煌唐写本《归三十字母例》一致。

③ 《切韵指南》，元代刘鉴撰，该书宗《等子》《指掌图》，等韵之法于是始详。

④ 《字母切韵要法》，一卷，撰人不详，刊于《康熙字典》卷首。赵荫棠《等韵源流》考证是书“乃由《大藏字母切韵要法》而来”。《字母切韵要法》包括两种韵图，一种叫“内含四声等韵图”，是一个声韵拼合表，不标明声调；一种叫“明显四声等韵图”，是一个声韵调拼合表。

母，列为对照表，如左：

廣韵韵目	切韵指南一六摄	字母切韵要法一二摄	注音字母表「韵」和「介音」的一五字母	羅馬字母
齊支脂之微	止	裓（模魚虞韵皆在此摄）	一	I
模	遇（魚虞韵亦在此摄）		ㄨ	U
魚虞			ㄩ	ü
麻	假	迦	ㄚ	A
歌戈	果	歌	ㄛ	O
		結	ㄝ	
灰		傀	ㄟ	E
咍佳皆	蟹（灰韵亦在此摄）	該	ㄞ	Ai
豪肴蕭宵	効	高	ㄠ	Au
侯尤幽	流	鉤	ㄡ	Eu
寒桓刪山先仙元 覃談咸銜添鹽嚴凡	山 咸	干	ㄢ	Au,Am
唐陽 江	宕 江	岡	ㄤ	Ang
痕魂臻眞殷文諄 侵	臻 深	根	ㄣ	En,In,Im
庚耕青清 登蒸 東冬鍾	梗 曾 通	庚	ㄥ	Eng,Ung
			ㄦ	

把韵书里母音相同的韵归纳为一，叫做“韵摄”。现存最古的讲韵摄的书，是宋杨中修的《切韵指掌图》① （此书旧称司马光作，非是），其书不但无标摄的记号，并且无韵摄的名目，称说很不便利。刘鉴的一六摄，其分摄最多。《字母切韵要法》（此书载在《康熙字典》卷首，从“证乡谈法”起至“□韵首法”止，不知撰人姓名，劳乃宣说大抵为明正德以后清康熙以前人所作）分一二摄，纯以元明以来之北音为主，与注音字母什九相同。所以兼列此两家，以资参考。

① 《切韵指掌图》，约南宋人所作，以三十六字母总三百八十四声，别为二十图，不立“韵摄”之名，为研究等韵和宋代语音的重要依据。

现在的《诗》韵，本于刘渊的平水韵①和阴时夫的《韵府群玉》②。其中如“鱼、虞”分二而“虞、模”反合为一，“元、魂、痕”三韵并合为一“元”韵之类，于音理极为乖谬，所以此处只列《广韵》而不及《诗》韵。

(附记) 所记《广韵》韵目，皆举平以赅上、去、入。

注音字母所取的音，百分之九十九是京音——本册有吴稚晖先生的通信，说明此事——京音只有平上去三声，没有入声；他碰到入声，都拿来消纳到平、上、去三声之内。以前的《菉斐轩词韵》③ 和周德清《中原音韵》④ 里，都有“入声作平声，作上声，作去声”的话。复来李汝珍作《音鉴》⑤，有“北音入声论”一篇，他说道：“‘屋’者，韵列一屋，乃入之首也，而北音谓之曰‘乌’，此以入为平矣；余如‘七、发’之类，皆以阴平呼之，‘十、斛’之类，皆以阳平呼之，‘铁、笔’之类，皆以上声呼之，‘若、木’类，皆以去声呼之。兹分录于后，注以反切，较之周德清所化北音，略加详备矣。”

注音字母对于入声的分配，大概和周李诸家相同。相同至于字母之音，都读平声。遇到上、去的字，照旧法于其字左上右上以圈或点作记。——或用“阴平、阳平、上、去，为四声”之说，阴平圈左下，阳

---

① 平水韵，宋代刘渊刻印，成于1252年（宋淳祐十二年）。书分107韵，依据《广韵》韵目下所注的“独用”和“同用”，凡标注“独用”的，保持韵目不变，凡标注“同用”的两个或三四个韵，就把这些韵的字合在一起，选择其中一个韵目作标目。

② 《韵府群玉》，宋阴时夫著，分韵一百零六部，摘录典故词藻，隶于各韵之下，为现存最早以韵隶事之类书。所分韵部为后世作诗赋遵用为标准，清修《佩文韵府》及通行的《诗韵》，皆以此为蓝本。

③ 《菉斐轩词韵》，宋人韵书，不著撰者姓氏。平声立19韵，次以上、去声，其入声即配隶三声，不另立韵。

④ 《中原音韵》，曲韵著作，元周德清著，反映了14世纪中国北方通语的语音系统。《中原音韵》的内容分两大部分：第一部分以韵书的形式，把曲词里常用作韵脚的5866个字，按字的读音进行分类，编成一个曲韵韵谱，分19韵，每一个韵里再分声调；第二部分称“正语作词起例”，是关于韵谱编制体例、审音原则的说明，关于北曲体制、音律、语言以及曲词的创作方法的论述等。

⑤ 《音鉴》，又名《李氏音鉴》，1810年正式刊行，代表时音的通俗韵书，为童蒙学习而作。全书共六卷，前五卷是问答体，共33章，评述了音韵学的基本理论和方法；后一卷是“字母五声图”，这是一个以33个字母和22个韵部相配合生出的单字而组成的音节表，每个单字都注明反切和射字暗码。

平圈左上，上声圈右上，去声圈右下。这实在是不通的办法，说详本卷第一一页。

“一ㄨㄩ”三母，兼作“介音”用。什么叫做“介音”呢？原来子音母音相同的字，往往有可读出四种声音的，就是“开口”“齐齿”“合口”“撮口”，名曰“等呼”。读这四种声音时候嘴的姿态，潘耒《类音》[①] 里曾说道：“初由于喉，平舌舒唇，谓之‘开口’；举舌对齿，声在舌腭之间，谓之‘齐齿’；敛唇而蓄之，声满颐辅之间，谓之‘合口’；蹙唇而成声，谓之‘撮口’。”“开口”的字，既然“平舌舒唇”，则但用子音拼合便足，无须介以他音；“齐齿”则因有“举舌对齿”的姿态，中有“I”音，所以就用“一”母作介；“合口”则因有“敛唇而蓄之”的姿态中有“U”音，所以就用“ㄨ”母作介；“撮口”则因有“蹙唇而成声”的姿态中有“U”音，所以就用“ㄩ”母作介。例如“心”纽“山”摄的字“珊”是开口，则作“ㄙㄢ”；“仙”是齐齿，则作“ㄙ一ㄢ”；“酸”是合口，则作“ㄙㄨㄢ”；“宣”是撮口。则作“ㄙㄩㄢ”。这个方法，倒很巧妙。

“麻”韵中“车、遮、奢、蛇”这此字，现在北音不读“A”母音，所以注音字母于“ㄚ”母之外，又制“ㄝ”母。这实在是一种方音，不是多数人能发的，我以为“ㄝ”母只能作为“闰母”，为拼切方音之用（“闰母”之说，亦见《读音统一会进行程序中》）。至于“ㄝ”母的音，用罗马字应该怎样拼他，我却拼不出来，有人拼作“Eh”，恐怕不很对罢！

“寒、桓……”和“覃、谈……”，其母音后之收鼻音，本有“N”“M”的不同，所以唐宋以前，这两类的字，从不通用。填词家称“侵”“覃”诸韵为“闭口音”，闭口的意义，就是说他收“M”。南宋以后，北方把收“M”的音也读做收“N”，渐渐的中部也无了。到也［了］现在，只有广东人读“覃”“谈”韵的字，还字收“M”，如“三”读“Sam”，“甘”读“Kam”之类是。因收“M”的音既消灭，所以元明以

---

① 《类音》，清潘耒撰，增三十六母为五十母，每母之字横播为开口、齐齿、合口、撮口四呼。四呼之字各纵转为平、上、去、入四声，四声之中各以四呼分之。惟入声十类，余三声皆二十四类。凡有字之类二十二，有声无字之类二。

来用北音讲韵摄的书，都把“寒、桓……”和“覃、谈……”并合为一。——刘氏之分“山”“咸”二摄，大概只是存古，未必当时的北方还有这“Am”的音。

“真……”和“侵”的并合，与“寒、桓……”和“覃、谈……”的并合同例。

这并合“M”“N”的收音为“一”，从理论上讲，本来很分别的，忽然大混合，却是不对。惟现在读“侵、覃”同于“真、寒”者，居全国十分之八，那就只好“将错就错”了。

“庚、耕、清、青、蒸、登”和“东、冬、钟”母音截然不同，自宋以前，从没有拿“东……”算做“庚……”的“合口”的。不知何故，明清以来，凡以北音为主的韵书，都说“东……”是“庚……”的“合口”，因此注意［音］字母也把他合成一个“ㄥ”母。我以为不合于古，还没有什么要紧，若和现在的声音相差太远，却是不可，这“东、冬、钟”诸韵，还宜别加一个字母才是。

至于《广韵》又把“庚、耕、清、青”和“蒸、登”分为二类，刘鉴亦分为二，“庚、耕、清、青”为“梗”摄，“蒸、登”为“曾”摄。——这大概和“东”“冬”的分别相类，或者是古音不同之故，现在无从考证，且与造注音字母为应用之资者全不相干，可以不必去论他。

注意字母里造得最奇怪的，就是“儿”母。造这字母的时候，因为“支”“脂”“之”诸韵中“儿”“耳”“二”等字，其母音似与“羁”“奇”“宜”“题”“离”“皮”诸字不同，于是异想天开，说他的母音不是“一”仿佛是“儿”，因此造了这个“儿”母。殊不知“儿”音在西文中，即是“L”或“R”断断不能说他是母音。若因其母音不像“一”则如“知、摛、驰、诗、时、赀、疵、斯、词”诸字，其母音也不像“一”，仿佛就是劳乃宣说的那个“篋师”读成一音的母音，岂不是还要加一个母音字母，才算完备吗？

殊不知“儿、知”这些字的母音，实在是“一”。不过舌齿间音读成“齐齿”，往往不能清晰。其实“知”的音确是“ㄓ一”，“儿”的音确是“ㄖ一”，因为读得不清晰，于是“知”字的音，好像只有子音“ㄓ”，“儿”字的音，又好像别有一个“打弯舌头”的母音“儿”了。

综观这三九个注音字母，因为全以北音为主之故，所以删浊音，删入声，而如“ㄓ、ㄔ、ㄕ”诸母，则存而不删（此诸母有发其正确之音者，全国中不过十之三四）。此等地方，不可谓非制字母时之疵点。平心而论，现在国中南北东西语言绝异之人相见，彼此而操之“普通话”，其句调声音，略类所谓“官音”（“官音”与“京音”大同小异），似乎以北音为主，亦非全封锁理由，但是既为国定的注音字母，当然不能专拿一个地方的音来做标准。所以我对于注音字母，虽极愿其早施行，而在此未曾施行之短时期内，尚欲论其缺点，希望有人亟起讨论，加以修正。那么这注音字母的音，真可算得中华民国的国音，并不是什么“京音”“官音”“北音”了！（本期通信栏内，有作者答与吴稚晖先生一信，可与此参观。）

（《新青年》1918 年第 4 卷第 1、3 号）

致钱玄同先生论注音字母书

（吴敬恒）

吴稚晖先生虽这封信，于本年一月下旬登在《上海时报》中，只登了三次，玄同审其语气，似乎未曾完结，但迟至二月中旬，尚未见续登，以为下文的确没有了，因即抄下，转载本志第四卷第三号通信栏，并附答语。现在接到吴先生寄来全信，才知道登在时报上的只有十分之三，还有十分之七改登《上海中华新报》。玄同前此因为没有看见，以致转载未完。此信后半，精义尤多，实能发前人之所来发，因此再把全信录登于此，以供研究注音字母者之参考。

钱玄同

玄同先生执事：

读先生大著《论注音字母》篇（见《新青年》四卷一册），欣喜无量。此事若多经通人引论，其发达之速，必能别出意外。大著平允精核无伦，虽犹未卒读，于要点已见多所抉正。自二十年以来，外人之著作勿论外，国人之从事于此事者，有数十家，任择一家而用之，二五犹之一十，均可合用，当日王小航、劳玉初[①]两先生之所作，尤近适当。若早经政府社会合而欢迎，则今日普通教育已久有利器矣。无如一事之创起，虽属毛细，必经千回百折，由于应当审慎者半，由于彼此未谋者亦半。此事言其简单，固简单已极；言其纷杂，而纷杂亦甚。在学问范围之内，旧则有古音学家、韵学家、等韵学家、词曲家；新则有发音学家、外国语言学家、符号创制家，通俗教育家等。彼此不同研究，遂亦不同见解。范围之外，普通一般人又有或"神奇"或"怪诞"或"肤浅"或"僭妄"等之批评。所以民国二年，教部[②]遂有开会讨论，决于法律性质之手续，即得先生所论之三十九母，对以［已］审定几千字之音，其实犹夫诸家之旧。特就其异同而整理之而已，惟取所较当与诡其合理，皆当日会中同人之志也。然教部所以迟迟未发表，会中编理其结果之人迟迟未将全案清缮者[③]，即正欲将会中所经历，如何而公决为较当，如何而群认为合理者，略报告于多数学者，并以语于普通之国人。其条理纷错，叙述较迟之故也。去年复经范静生[④]先生长部时，郑重催促，当去发表不远矣。今就大著半篇所及可以略说者，先承教于左方：

八千字之音，虽由三十九字母而审定，实则三十九字母，为此八千字音所产生（审定之字虽八千，而同切者可类推，准而用之，无不可取得其音也）。今即舍无字之音，仅言有音之字。合古今南北不同之字音，非此三十九字母所能概括而尽，故浊音无母、喻纽无母等，皆必然之数矣。字母之数，止对其全国统一及现行之字音而定，为凡用字母国之所同。虽注音与造字异其趣，而准于所需之音，俾莫或阙赘，则一也。[⑤]

八千字之音，何等之音耶？曰所谓"官音"是也。虽不必有北史李冲其人，指帝言为正，然八千字中百分之九十九，又所谓"京音"者也。

① 王照、劳乃宣。

② 教育部。

③ 注音字母于1913年由读音统一会制定，于1918年由教育部公布。

④ 即范源廉（1875—1927），字静生，湖南湘阴人。1916年，任段祺瑞内阁教育总长。

⑤ 注音字母所确定国音由审定八千字读音而来，是"对其全国统一及现行之字音而定""准于所需"之音，是今音而非历史音。

盖出于口而言者以为滑熟，入于耳而听者以为适当，有莫知其所以然，此即古今字音所以成变迁。故每一时期，必有一种特殊之音声，积渐而著，莫反其初，非人力所能制止而矫正之也。[①]

汉魏之音，虽不同于殷周，而论者以为犹未若齐梁间变古之甚。齐梁方标其音韵之盛轨，迨陆法言[②]综厥成，行至唐末，即受攻驳。宋元间刘阴方以并韵为适时，而周德清辈之《中原音韵》，已借曲韵而崭露其头角，乐、宋因以造《正韵》[③]，虽增《中原音韵》之部十九为二十二（二十二部，谓若平上去之每类）。文学界与之相持，似《正韵》于五百年间不显功能，实则潜势力之增长至于今，而注音之韵母止剩十有四：（“儿”母特别，未数）“江”“阳”固并，“麻”“遮”固分，而又“支”“齐”莫辨，“萧”“爻”无别，“真”“寒”“删”“先”并而为二，且吸“侵”“覃”“盐”而入之矣。故古音虽经卫古之士时时争持于纸上，而节节失败于口中。今所谓咬字甚清、音正腔圆作西皮二簧之“剧评”者，固不足道，其如实际正相承认之何哉？且文人学士以纸上之清浊，作南北之杂腔，亦复无形中自惭其为“蓝青官话”，则又何哉？盖今日八千字之官音，即古今流变中一段之音，将取用于现时，以为齐一全国之用，固应时之骄子。[④] 殷商莫可如何于汉魏，汉魏莫可如何于齐梁，齐梁宋元莫可如何于明清以来者也。

以上言“韵”耳，而“声”亦有然。孙叔然[⑤]固未示其声系，同时

---

① 注音字母所确定国音为“一种特殊之音声，积渐而著，莫反其初”，是“官音”而非正音。

② 陆法言（约 562—?），隋魏郡临漳人，名词，以字行。与刘臻、萧该、颜之推等讨论汉魏六朝反切旧文得失，评议古今音韵是非，文帝仁寿元年，撰《切韵》五卷，成为唐宋韵书之蓝本。原书已佚，敦煌遗书有唐写残卷数种。

③ 《正韵》，即《洪武正韵》，明太祖朱元璋鉴于唐宋音韵在长江以北多失正，命与廷臣参考中原雅音正之，乐韶凤、宋濂等 11 人于洪武八年（1375）奉诏编成，宋濂奉敕撰序，共 16 卷。

④ 源自“八千字之官音”的注音字母所代表是现代的、统一的、共时的语音体系，是“古今流变中的一段之音”，并非汉语历史音。

⑤ 孙炎，三国魏乐安人，字叔然。所撰《尔雅音义》，为用反切注音之最早者，书已佚，陆德明《经典释文》引用六十余条。

李登虽有所作，今亦徒存《声类》[①] 之名词，残辑之稿，莫能审其类也。直至陆氏《切韵》，存其例法于《广韵》之中，经最近陈兰甫氏考定为四十类。至舍利造字母，谬并为三十；守温复增其六，乃为三十六母，沿用于《切韵指掌图》《七音略》[②]《四声等子》[③]《五音集韵》[④]《切音指南》诸书，至于今而似犹确定。殊不知"门法"等方增繁于元世，而元吴澄[⑤]等已辗转不惬于"知、彻、澄、娘"等之独立。自明以来张位[⑥]、兰廷秀[⑦]、方以智[⑧]等之二十母，复大惬心贵当于时人；樊腾凤[⑨]、李汝珍[⑩]之徒，且以把持于一般流俗之社会，势力伟大不可言（李母虽三十三，实则十九，正二十母之嫡系）。近代新化邹叔绩，通人也，犹拜倒于二十母下，张目甚力，可谓异矣。然何异哉？注音字母之结果，其声母名虽二十四；若以"ㄐ、ㄑ、ㄒ、ㄏ"四母依常法复之，固刚刚二十耳。辗转必入其玄中，此莫可引避者也。

故若音之存于纸上者：高之而求先秦之音部，自郑庠[⑪]六部以迄今日

---

① 三国魏李登编著。《声类》原书已失传，书目见于《隋书·经籍志》。据唐代封演《闻见记》所载，《声类》共10卷，收字12520个。另从颜师古转引得知，《声类》用反切注音。

② 《七音略》，南宋郑樵依据《七音韵鉴》修订。收入《通志》（约1162）第36卷。与《七音韵鉴》（最早可能称《韵镜》）在开合、内外、归等方面互有正误。

③ 《四声等子》，作者不详，大概是南宋以前的著作。依据韩道昭的《五音集韵》编订，与《切韵指掌图》相比少了四个韵图。《四声等子》分十六摄二十图，为"韵摄"立名之始，在图式上沿袭了《韵镜》和《七音略》，在语音系统上受当时实际语音的影响。

④ 《五音集韵》，金韩道昭所作。韩道昭，字伯晖，真定松水人。全书分160韵，比《广韵》少46韵，比《壬子新刊礼部韵略》多53韵。平声共44韵，上声43韵，去声47韵，入声26韵。

⑤ 吴澄，字幼清，称草庐先生，元抚州崇仁（今江西崇仁）人。主修《英宗实录》，著有《学基》《学统》，校正《皇极经世书》等。

⑥ 张位，明江西新建人，字明成，号洪阳。著有《词林典故》《问奇集》等。

⑦ 兰廷秀，明云南嵩明人，字廷秀，号止庵、和光道人。著有《韵略易通》《滇南本草》《兰隐君集》等。

⑧ 方以智，明末清初江南桐城人，字密之，号鹿起。著有《通雅》《物理小识》《药地炮庄》《东西均》《浮山集》等。

⑨ 樊腾凤，字凌虚，清直隶唐山人，著有《五方元音》。

⑩ 李汝珍，清直隶大兴人，字松石。著作以小说《镜花缘》为最著，另有《李氏音鉴》《受子谱》。

⑪ 郑庠，宋代学者，其《诗经》古韵分部一以收音为式，分古韵六部。

章太炎[①]先生之二十三部，“侈敛”“阴阳”“对转”，极古音之奇观；精之而推等韵之母数，由舍利之三十母，复至于今日劳玉初先生之五十八母，统“清浊”而辨“戛透轹捺”，又尽声纽之能事。然此正皆为音学界谈说名理，研精古籍之所资，决非可以圆满之理论，造一美备新语，强群不熟于其耳之人而使容易出口者也。故先生大著引及当日会中之论述，以为于“平仄”“清浊”等等，颇望有所矫正，此实有之，恒亦其中之一人。然迄今详思而博考之，而知经典主要之声韵尚莫能返古，则晚近美例又何妨略多变除，劳玉初先生即深致此忠告者也。

即如“知、彻、澄”与“照、穿、林［床］”，先生亦已允许今并，为此大牺牲矣。若详加讨论，不惟古音“知、彻、澄”合于“端、透、定”，而“照、穿、床”包括“精、清、从”。我国学子固斤斤分别，即日本采用吾文，“知、彻、澄”之字与“端、透、定”皆在“タ”行，“照、穿、床”之字与“精、清、从”尽列“サ”行，不相混也。况以发音状态而言，北方能读“知、彻、澄”，以“照、穿、林［床］”合并之也，其读法以舌尖略略返抵上腭，音之感觉在舌叶（“叶”谓近舌尖之面），不在舌尖，感觉于舌尖，则为不规则之“端、透、定”矣。中部能读“照穿床”（遍于全中部，否则未深考），以“知、彻、澄”合并之也。其读法以舌尖平抵龈后上颚之边脊，音亦感觉于舌叶，若感觉去舌尖稍近，则为不规则之“精、从、清”矣。以理想言，如混合中北两部而各存一系，岂非将于三十六母可无所缺？然而群不属意于此者，非以此一问题为较浑，而别有问题为较画；浑则可任其吞并，画则当出力保存欤？然浑画之

① 即章炳麟（1869—1936），浙江余杭人，初名学乘，字枚叔，后改名绛，号太炎。1890年，章太炎在朴学大师俞樾主持的杭州诂经精舍学习。1897年，任《时务报》撰述。1903年，被捕入狱。1904年，与蔡元培等发起光复会。自1905年起，章太炎在《国粹学报》上发表若干学术文字，并在东京开设国学讲习班，著有《文始》《新方言》《国故论衡》《齐物论释》等，期间发表《驳中国用万国新语说》，与吴稚晖等就中国能否改用世界语往来论战。1906年，参加同盟会，主编同盟会机关报《民报》。1909年，又编有《教育今语杂志》，撰写若干白话述学著作，以普及学术。1911年，上海光复后回国，主编《大共和日报》，并任孙中山总统府枢密顾问。1917年，脱离孙中山改组的国民党，在苏州设章氏国学讲习会，以讲学为业。1935年，在苏州主持章氏国学讲习会，主编《制言》杂志。

间，正未易定其程量也。

“知、照”等音，南部闽广皆合并于注音字母“ㄐ、ㄑ”诸母之中，论者称其即为“知、照”等之古音“ㄐ、ㄑ”诸母，不属于牙音之齐齿，另当独立，乃断然可决，昔日部[1]中吾乡杨奂之先生曾言之矣。今以“ㄐ、ㄑ”诸母之发音状态而言，当舌尖略着于下齿之背，以舌前（舌前者，谓舌面中部略前之处）抵上颚之深处。其出声，与牙音各母出音舌根者固不同，即与北、中两部读“知、照”等舌出于舌叶者亦不同。于古既“知、彻、澄”之与“端、透、定”，“照、穿、床”之与“精、清、从”可相出入，“端”等昔出舌尖，“精”等近舌尖，若微缩而成舌音叶有是理矣，深入舌面腹部不应有此理。以恒揣想之，南部读“支”如“几”，必如中部人读“支”之状态，舌忽下垂而音之感觉则移诸舌前，成为“ㄐ、ㄑ、ㄒ、ㄏ”一系之舌前独立音。北、中两部人牙音之齐齿亦读于此系者，齐齿韵母“一”字之势力在舌前，其声母“ㄎ”字之势在舌根。闽广人能加多舌根之势力，故齐齿字犹读在牙音本系，而北、中两部人之发音为舌前韵母之势力所胜，故遂变入“ㄐ、ㄑ”诸母之系矣。惟《释名》[2] 云：“‘天、显’也，以舌腹言之”，若舌腹正如舌前之部分，则“显”同“ㄒ”“ㄐ”，或果曾为“端”“知”之古音矣，且西方对于“ㄐ”“ㄑ”本有以为以“ㄉ”“ㄊ”连结“ㄒ”音而成也。

“知、彻、澄”之与“照、穿、床”，其较浑者，而母之清浊与声之阴阳则较画。然“阴阳”也、“清浊”也、“长短”也、“高下”也、“广狭”也、“缓急”也、“轻重”也、“快慢”也、“小大”也、“尖圆”也、“钝锐”也、“强弱”也，诸如此类之词类，皆为谈音家所惯用，实则有时而若绝有界限；迨有时一生连带之关系，则又彼此融晕而相入。虽声为长短，母为清浊，如此之辨别，至今吾意犹然，且不得不然，因无此分别标定之名词，则将穷于言说而莫可形容。惟年来反复穷思，其

---

[1] 教育部。

[2] 《释名》，汉末刘熙作，仿照《尔雅》训解词义，今本 27 篇，分为 8 卷，所释为天、地、山、水、丘、道、州国、形体、姿容、长幼、亲属、言语、饮食、采帛、首饰、衣服、宫室、床帐、书契、典艺、用器、乐器、兵、车、船、疾病、丧制。

不妨假借之观念日积增强，亦有足为先生告者：

（一）四声究以何者为标准乎？今不知出诸当日周彦伦[1]、沈休文[2]等之口者何如，若取今日所可质论者而论之，除每地之四声，或则递高一等，或则递下一等，无有恰相符合者勿论外；又除变声之字，单读则副其标向，复读则其意为动为静，其位则为上为下，皆可变倒其声格，亦勿置论外。（他如闽广等有七声八声，大都合清浊而累数之，尚未发见其有价值之研究。近日伦敦大学讲师英人阿猛斐尔氏著一《普通发音学》[3]，据粤东吴君之说，以“分”“粉”“困”“焚”“奋”“份”为六声之分别，谓系大发明，即此类也。）即四声自身之长短，向有两派。甲为考古派：《音论》[4] 以平为最长，上次之，去次之，入又次之；古音去入相变，秦陇则去声可为入，梁益则平声可似去，皆其明证。其读去声，皆主不甚着力。解“去”字之意，大约即谓其声将去而不留。今日南、北主此读法之地甚多，而北方更溥。乙为通俗派：则以去为最长，平次之，上次之，如又次之。神珙[5]所引《元和韵谱》谓“平声哀而安，上声厉而举，去声清而远，入声直而促”，《玉钥匙歌诀》[6] 谓“平声平道莫低昂，上声高呼猛烈强，去声分明哀远道，入声短促急收藏”，皆此派之所本。其读去声当清，则与不着力为相反，曰“远”，曰“哀远道”，则延长可知。是彼解说“去”字，盖谓送其声而远去，吾郡即如此读法也。

（二）入声果当于四声之分配乎？今日读入声而最明晰者，为长江流

---

① 周颙，南朝齐人，字彦伦，汝南安城（今河南汝南）人。与沈约等于永明年间发现汉字平上去入四声，并要求诗歌写作运用声律，严格遵照“四声”，避免“八病”，为“永明体”诗创始人之一。著有《三宗论》。

② 沈约，字休文，南朝吴兴郡武康县（今浙江湖州德清县）人。与周颙等创“四声八病”之说，著有《宋书》《沈隐侯集》辑本二卷，《四声谱》《齐纪》等，已佚。

③ 即 R. M. S. Heffner 所著 *General phonetics*。

④ 《音论》，清顾炎武撰，计三卷。上卷三篇：《古曰音今曰韵》《韵书之始》和《唐宋韵谱异同》；中卷六篇：《古人韵缓不烦改字》《古诗无叶音》《四声之始》《古人四声一贯》《入为闰声》和《近代入声之误》；下卷六篇：《六书转注之解》《先儒两声各义之说不尽然》《反切之始》《南北朝反语》《反切之名》和《读若某》，共十五篇，皆引据古人之说以相证验。

⑤ 神珙，唐西域沙门，宪宗元和以后人。以类聚双声字，同四声以迭韵而结合，作《四声五音九弄反纽图》，其序言引及《元和韵谱》并论四声读法，上附“五音声论”，分喉、舌、齿、唇、牙五声。撰有《四声五音九弄反纽图》，类聚双声字，结合四声、迭韵以释反切之法。

⑥ 《玉钥匙歌诀》，为《篇韵贯珠集》第七门《创安玉钥匙捷径门法歌诀》。《篇韵贯珠集》，明释真空撰，分为八门，编成歌诀，大体以《五音集韵》《篇海》为本。

域之中部，然其收声，概含西方“H”母？故西人译我入声，即一概殿以“H”母为讫事。此非齐梁以来之故物，则不可讳。盖东邻之音，传自六朝唐宋，无论“吴音”“汉音”其入声例有语尾：如“屋、沃、烛、觉、药、铎、陌、麦、锡、职、德”之字则用“K”，“质、术、栉、物、迄、月、没、曷、末、黠、辖、屑、薛”之字则用“T”，“缉、合、盍、叶、帖、洽、狎、业、乏”之字则“P”。返而证之于《音韵阐微》[1] 序例等之所论，今日粤人等口中之所说，正复相同。然则“屋”“质”“缉”等之用“K”“T”“P”收其声，与“东”“真”“侵”之以“NG”“N”“M”收其声又何以异？且“东”“真”“侵”等所含之音母，与“屋”“质”“缉”等所含之音母，在西方十八九统以为“短音”，又相同也。然则胡为“东”“真”“侵”等之鼻音有平、上、去三声可分，而“屋”“质”“缉”等独无之乎（试就入声一字，而以平上去读之，似无人不能造其区别也）？故若谓周德清辈以入声分隶于平、上、去为不合古音，似矣。而谓入声自亦可有其平上去，必非无一论之价值：盖以“东”“真”“侵”等为一团，“屋”“质”“缉”等为一团，复以“东”“真”“侵”“屋”“质”“缉”等所自出之，“支、脂、之、微、鱼、虞、模、齐、佳、灰、皆、灰、贻、萧，肴、宵、豪、歌、戈、麻、尤、侯、幽”为本团。

三团皆有其平、上、去，其较周沈等之分别为善乎？近世北方即有如是之倾向。惜“支、脂”等皆西方所谓“长音”，而北人读“屋”“质”“缉”等同之，终为美中不足耳。（然平、上、去之分别，恒亦非敢认为“天经地义”。如按音理而细分，恐决不止于三阶，若仅适于声歌词章，似长言短言而已足，即所谓“平仄”是也。前有浮声，复有切响，齐梁发明四声诸子，其功用亦止于此。惟宋元词曲家有云“上去不可无辨”，其然，岂其然乎？）

（三）北方之“阴阳平”果何自来乎？大概言之，“群定澄并从床”

---

① 《音韵阐微》，18 卷，清李光地等撰，雍正六年（1728）武英殿刻本。全书按读音收汉字 16000 余个，将这些字分别隶于《平水韵》106 个韵部，每个韵部字下说明该韵部与《广韵》《集韵》以来韵书的韵部关系；每字首释音后释义，释音先注《广韵》《集韵》的反切，后注本书的反切，读音完全相同的字只注第一个字的读音，释义一般皆引其他韵书，简单明了；本书的反切是合声切法，用以切音的两个字，缓读为二字，急读成一音。

等六声母，平则通于“溪、透”等而为其阳声，仄则通于“见、端”等而同为阴声（虽江慎修[①]等有异论，而事实则然也。至“疑”等十二母，别论于后），故分配母之清浊自来不一，其见解有以“见群”为配者，有以“溪群”为配者。近时劳玉初先生则坚主“见群”为配，而谓“溪”亦自有其浊音，特中国缺之耳。恒略考之，两配皆在，未尝有缺。玄应[②]所引《大般涅槃经》[③]“比声”二十五字中，即具此证。当时钱竹汀、[④]陈兰甫[⑤]诸先生意不属此，故未注思。不然“阴阳平”之为物，早略有着落矣。今取其舌根声五字，复以英人梵文注音并列之，自灼然可见。

迦　胠　伽　[illegible]　俄

K　KH　G　GH　NG

见　溪　群　奇　疑

姑取“奇”字以为配“溪”之阳平，则“见群”一对，“溪奇”一对，合南北而分配之，自无所缺也。西方发音家呼“见溪”为“气”子，“群奇”为“声”子。“见群”为狭类“气”子“声”子之一对，斯惠脱氏谓法兰西之子音皆狭类是也，如“K”读“格”，正即“见”母。“溪奇”为广类“气”子之一对，斯氏又谓英国之子音皆广类是也，如“K”读“克”，正即“溪”母。所谓狭类者发音紧，广类者发音舒耳。如英法等，或广或狭，皆止有其一类。而我国之于“气”子南北皆兼有广狭，斯为异微；惟于“声”子，北方仍有广而无狭，南方亦有狭而无广。

（四）阳平之广狭果归一律乎？十八浊母之性质，以发音状态而审测之，固彼此各异其趣：“群、定、澄、并、从、床”者“断”子，“奉、微、邪、禅、喻、匣”者“续”子，“疑、泥、娘、明、来、日”者“流”子也。惟“断”子之阳声，南狭而北广，至“续”子六阳声，似

---

① 江永，清徽州婺源人，字慎修。撰有《周礼疑义举要》《读书随笔》《礼记训义择言》《春秋地理考实》《古韵标准》《四声切韵表》《音学辨微》《律吕阐微》《近思录集注》等。

② 玄应，唐僧，本长安大总持寺沙门，太宗贞观末从玄奘居弘福寺译经，后又从玄奘居大慈恩寺为译经法师。著有《一切经音义》，又名《玄应音义》。

③ 《大般涅槃经》，佛教经典，亦称《大本涅槃经》或《大涅槃经》，简称《涅槃经》。北凉昙无谶译，40 卷。

④ 钱大昕，字晓征。清江苏嘉定（今属上海）人。参与修撰《音韵阐微》《续文续通考》《续通志》《一统志》，著有《廿二史考异》《经典文字考异》《声类》等。

⑤ 陈澧。

南北皆广。因“非、敷、心、审、晓”之音，其价值等“溪”（“影”则杂有母音，其子音擦颤之状态难于吐发，参详下文“影”母之子音条），如是则“奉、微、邪、禅、喻、匣”等之音，价自然亦等于“奇”。此因此类“续”子每由擦颤而成，音气啴涣，不易狭读之故也。其“流”子六阳声，似南北皆狭，此六母者，自周德清以至樊腾凤，皆有阳而无阴，与南方之有浊无清为相应，仅执阳声浊音以相求，殊不易定其广狭。惟自李汝珍辈定为阴阳兼有，王润山[①]先生之《国音检字》因之，由所谓阳平若“［声］欧、尼、浓、摩、蛮、隆、来、戎、茸”等求之，其音价自等于“见、端”阴而清者如此，则其阳而浊者若“挨、昂、倪、农、糜、曼、龙、雷”等，亦将等价于“群、定”，此因“流”子有半母之性质，易广亦易狭也。（惟“流”子六母，在南固纯粹似狭，若北方则不能断其甚纯，因北方于狭浊，本有倾向于广浊之势。且“流”子之狭量决不能比“断”子，故以“疑、泥”较“群、定”，即南人口中狭量亦自有差别，所以等韵家亦以“群、定”为全浊，“疑、泥”为次浊。如是，或北方于此六母，太半为狭，少半为广欤？惟其阴平，似南北皆绝无广音，倘北方果于阳平杂有广狭，而广无所配，亦一特例也。）

仅举上陈四端而审量，似周沈在齐梁时之定四声，亦止为一种之分配，而条理其当日之现状，非不有不可动摇之界画，足以范围古今，使尺寸不可逾越也。故以“阴阳平”与“上去入”为“五声”之阶系，是杂衡系于纵系，自多可议。但既浊音仅异其广狭，而实际存在，而“上去入”之名称依然无恙，则五声者见其为五声，四声者见其为四声，能各满所愿以去，“阴阳平”即“阴阳平”可矣（且南方于“奉、微、邪、禅、喻、匣”诸母，亦有阳平也）。

况吾人所以今日犹必致谨于“四声”“五声”者，于单文只义之字，视此每略减其郑重。惟质有精粗谓之“好上恶入”，心有爱憎辨为“好恶皆去”，当体则云“名誉去”，论情则曰“毁誉平”，南北学者皆计较之必审。是四声五声，功用如一。即或因四五之异同，而致称别之混淆，又将为说经家所容许，因此等无谓之区分，古无其事，不过萌芽于汉代，

① 王璞。

渐盛于葛洪、[①] 徐邈[②]以来耳。

昔人不明乎“支、脂”等为“A、E、I、O、U”之一团，“东”“真”“侵”等为尾音当加“NG”“N”“M”之一团，“屋”“质”“缉”等为尾音当加“K”“T”“P”之一团，援入声于四声，叙述宜其周章考诸经传而入声独立，不与三声相混，有清诸儒以为足当一声之据。殊不知彼之不相混，乃与“东”“真”“侵”等之不相混于“支、脂”诸韵同一理由。“支、脂”诸韵固因发音宽广，而字数较多，有其平、上、去。“东”“真”“侵”等之音尾为“流”子有半母性质，而发音尚舒，其字数亦多，亦有平、上、去。惟“屋”“质”“缉”等之音尾为“断”子发音追促，字数既少，平、上、去亦不易分别，遂若与“支、脂”“东、真、侵”等异其趣，为“团”者降为“声”矣，亦与“阳平”之本为“音类”者变为“声类”，沈休文[③]固与周挺斋[④]同一，不求甚解也。（入声或细按经传，自其不相混用者而分别之，可得“平屋”“上屋”“去屋”亦未可定。惟“支、脂”“东、真、侵”等，经传尚平、上、去多其混用；则“屋、质、缉”等，止有少数之字，其混用愈可知。然则欲得古人入声之平、上、去，殊不为易事，且古人似亦本无平、上、去也。）顾亭林氏[⑤]首先致疑，有“入为闰声”之说，其机陧于其分配乎四声，情态如见；复于四声相配之法，亦不以《广韵》等诸韵书为然。恒则以为陆氏[⑥]等韵书之配法与顾氏等古音之配法，两各有当：陆氏等则以含有音尾者与含有音尾者相配，且分配适均，惜其见解能达此点，竟未悟入声之为一团，是时世为之；顾氏等则以配于彼此有语尾者，后以配于所含之音，双配之法，尤合三团一贯之理，在学理为较陆氏等为进步，惜既仍未悟入声为一团，其分配亦不完整（就中似以江慎修为最当，然与宋元等韵

① 葛洪，字稚川，号抱朴子，西晋丹阳句容（今属江苏）人。著有《抱朴子》《金匮药方》《肘后备急方》等。

② 徐邈（171—249），字景山，东汉燕国蓟（今北京）人。

③ 沈约。

④ 周颙。

⑤ 顾炎武，字宁人，原名顾绛，明末清初江苏昆山人，居亭林镇，学者称为亭林先生。著有《天下郡国利病书》《肇域志》《音论》《诗本音》《易音》三卷，《唐正韵》《日知录》《古音表》《韵补正》《金石文字记》《求古录》《杜解补正》等。

⑥ 陆法言。

家之双配法，大同小异，未甚改良也）。

段玉裁[①]谓古无去声，江晋三[②]则谓古音有去无入，平轻去重，平引成上，去促成入（江氏所知之四声长短法，似即吾郡之通俗法，用以论古，不免扞格）。上入之字，少于平去，职是故耳。北人语言，入皆成去，至今犹旧。（按：二说似异而实同，段则入转去，江则去转入耳。）段所据者，经传多去入相变之字，最为其所注意。惟入之变去，乃“屋、质、缉”等失其音尾，变入“支、脂”等耳，与“雺”之并韵于“东”“侯”，“寅”之两谐于“真”“支”，为“东、真、侵”等失其音尾，转入于“支、脂”等，正相同也。故去、入转变之说，不足为去、入惟一之关系。入之变去者固多，其变而为平上者，亦未为少：如“祝”可为“州”，“蒲”可为“亳”，殆难悉数也。至江氏并以北人语言入皆为去，援为去促成入之证，则疏谬殊甚。北人入声之转变，略以《中原音韵》迄于《李氏音鉴》诸书所载者考之，大约等韵正清之字变为上声，次清正浊之字变为阴阳平，次浊诸母之字方变为去声，何尝入皆成去乎？惟段江之是非，不在今日讨论范围之内，姑可从略。恒所以引其说者，彼等认许四声可增减，如陈季立[③]所谓“上去仅轻重之间”云云，其意皆有足取者。恒辗转以思，约有如下之概念，然仅附论于同志之通信，聊当剧谈耳，决非敢提议有所改作也。吾意入声则自为一团，与“支、脂”“东、真、侵”等并立为三团。于古、于今之北方，其实皆止有“长短言”，“长”即谓“平”，“短”即谓“仄”。求入声平仄之法：即以经传中入之韵于平上去者推类求之，可也；或如今日注音字母，实际已失去音尾，转入“支、脂”等，即照《中原音韵》等之法，分隶于平、上、去而求之，亦可也。今惟就“支、脂”“东、真、侵”两团而论其平仄，则周颙、沈约等当日之分上、去，无异即周德清等之分阴阳平。何也？周沈“上”其名，实即古之“阴阳”；“去”其名，实即“阳仄”而已。试为表于左以明之：

---

① 段玉裁，字若膺，清江苏金坛人。著有《六书音韵表》《说文解字注》《礼经汉读考》《毛诗古训传》《古文尚书撰异》《春秋左氏古经》《毛诗小学》《汲古阁说文订》《经韵楼集》。

② 江有浩，字晋三，清安徽歙县人。著有《音学十书》《古韵总论》《音学辨讹》等。

③ 陈第，明福建连江人，字季立，号一斋，又号温麻山农。著有《寄心集》《五岳两粤游草》《毛诗古音考》《屈宋古音义》等。

<table>
<tr><td>平见—阴平—狭</td><td>上见—阴仄—狭</td></tr>
<tr><td>平溪—阴平—广</td><td>上溪—阴仄—广</td></tr>
<tr><td rowspan="3">平群—○○—狭</td><td>上群/</td></tr>
<tr><td>去见—阳仄—狭</td></tr>
<tr><td>去群/</td></tr>
<tr><td>平奇—阳平—广</td><td>去溪—阳仄—广</td></tr>
</table>

右表明者，即刘士明等谓“北方读浊上似去”，是其重证也。虽江慎修等争之，此与钱竹汀言“‘影’母之字引而长之则为‘喻’母”，陈兰甫亦力辨其非，而西方发音家则言“I”母引读太长，起舌颚间之擦颤，则成“J”子，是“影”母引长，确可成为“喻”母。先儒不以发音状态为要，故多拘执。浊上挟其峻促之势，若以广声子之法读之，固不成散短，不能不变而为去；即以狭声子之法读之，亦必弛而莫保其上声之音价。今于实际，固以狭声子声法读之者也，无如其已似于去。就是以推，考古派与今日北方之去声，皆主弛短，则清去浊去，虽勉强与外来之浊上同以狭气子狭声子之法读之，弛且短，声带即不能无颤，适皆成为狭声子矣；上声次清，因峻促而保有其广气子之音价；若去声次清，吐发尤弛，遂以广气子之资格适成为广声子矣。细审其转变之结果：上声适成为广狭两气子，去声适成为广狭两声子；上声为阴仄，去声为阳仄者也。而尤可援以证明者，即北方入声正清变为上声，其次浊变为去声，清浊对待，正是阴阳仄，而何上去之有？故五声之法，非特阴阳平为音系而不为声系，即上去两声亦为音系而不为声系也。若辄以吾郡通俗派之四声长短法律之，鲜有不极诧者，然追迹于先秦“长短言”之时代，又正有可讨论者焉。

又先生郑重于三十六母之存废，谓“影”非声母，“喻”不可缺，其论固精核矣。惟三十六母自身之分类，实有其不尽当者。先生之所发见，则“ㄐ、ㄑ、ㄒ、ㄏ”当独立于三十六母之外，复以发音状态纠之，似“心、邪”“审、禅”与“精、清、从”“照、穿、床”同列，“非、敷、奉、微”与“帮、滂、并、明”相配，均不合法。当日会议之时，惟汪怡安[①]先生颇持精要，而劳玉初先生向日之著作，亦多所变改，惟喉鼻舌齿唇之音类仍依旧法，则迁就“戛、透、轹、捺”太过，分法遂失其自由。今姑以自然者分类之表于后，自见其得失也。

声门音……续子一对，晓匣（黑等）。

舌根音……断子两对，见群溪〇（格克等）；流子一对，〇疑（兀等）。

舌根兼唇音……续子两对，影喻晓匣（乌呼等）。

舌前音……续子一对，影喻（伊等）。

舌前兼唇音……续子一对，影喻（迂等）。

舌腹音……断子两对，见群溪〇（几溪等）；续子一对，晓匣（希等）；流子一对，〇疑（睨等）。

深舌叶音（甲）……断子两对，知澄彻〇；流子一对，娘。

深舌叶音（乙）……断子两对，照牀穿〇；续子一对，审禅。

浅舌叶音……断子两对，精从清〇；续子一对，心邪 。

舌尖音……断子两对，端定透〇；流子一对，〇泥。

伸舌之边音……流子一对，〇来。

翘舌之边音……流子一对，〇日。

唇齿音……续子一对，非奉。

唇音……断子两对，帮并滂〇；续子一对，敷微；流子一对，〇明。

所谓舌腹音者，常稍前于舌前一几微。然舌前“伊”之浊音，与舌腹“希”之浊音，即甚不易分，惟能心知其意而已。“舌腹”之名即因《释名》“显为舌腹”言之，借以名焉。

发音家论轻唇字，在英文为唇齿，在日文为唇。今似中国之“非、

① 汪怡（约1875—约1960），字一庵，浙江省杭州人。毕业于两湖书院，后任职于教育部并兼北京师范大学、北京师范学校教员，读音统一会会员，国语统一筹备会会员，国语统一筹备委员会常务委员，中国大辞典编纂处国音普通词典组主任，增修国音字典委员会起草委员等。著有《新著国语发音学》（1924）、《注音符号讲义》（1943），参与主编《国语辞典》（1943年）。

敷、奉、微”，当分属两类，“非”“敷”两气子究应谁属，则不可说。李安溪[①]以“非、奉”“敷、微”为配敷樊腾凤，则作“敷、奉”“非、微”，姑从李氏以见意耳。“非、敷”之字已相混淆，不可理而当也。惟“奉”则必属于唇齿，“微”必属唇，两声子之关系有可言者，北方“微”皆归“喻”，即为同是唇音而互变。日人读其“ワ”母，有时若我国南方“无”，亦此关系之所致（若谓古音“并、奉”“明、微”相对转，此乃轻重唇转变之关系：“奉”以唇齿与“并”相交涉，而“微”以同在唇者与“明”就近相交涉，皆无害其为各分音系也）。“非、敷、奉、微”为续子，中国续子皆非若断子兼有广狭，则“非”母万无必以与“帮”母相当之理也。胡仰曾先生为我国知音巨子，其注“微”母等西音，皆极精当，先生故皆依之。

发音家之论子母，如“乌”字发音在舌根，而唇虽近于密合，不起擦颤者母音也，唇上起有擦颤之感觉则子音矣；其论“伊”“迂”亦同，“伊”之擦颤起子颚，而“迂”亦在唇。故“影”母不当列母音，为正当之论断。且吾人不能读“乌”“伊”“迂”为次清之音，以配“喻”之广子，仅假借母音读若狭子，尤与“非、奉”“敷、微”“心、邪”“审、禅”“晓、匣”等之同宗系者相乖迕。“影”之一母位，殊与余之三十五者不相当。惟在其位上，当有一子音，则又事实之所不可缺，不得已借母音当之，乃图适于施用，无可于何而已。而“喻”母既为“影”母之浊声，当然与其他浊母同为阳平之牺牲物矣。

实际字母之数当存在者，就上表断子十有四对、续子十对、流子七对而言，即对于北方广浊不为之地，去其空圈，亦应有独立之母四十有八；而旧日之三十六母，固为不甚完好之分类也。如此则迁就保存之意，又无妨稍冷淡也。

终之，音声之学，亦与诸科学相类，积今日之人智而日昌。故即吾国“古音”“韵学”“等韵”诸学，亦必有推求日密之观，将来著作之富，应千百倍于向有之卷数。惟学问则必有论争不定之音，而国语则期其及今可行，疏密之异势，盖有无可如何者也。

---

① 李光地，字晋卿，清安溪（今属福建）人。校理《御纂朱子全书》《周易折中》《性理精义》等书，奉诏编纂《音韵阐微》。

故如代表音母之笔画，尤为微末，不加深察者，往往看作郑重。前年闻国会中曾有山东某先生欲专为笔画之讨论，列作议案。其实除采用西母，或另采简易速记术等之字，甚难分别，不适于通俗教育者外；如其止仿日本“假名”之体式，采用汉字偏旁，终与今之采用最少笔画之字毫无异同，徒失却附带而得之历史的价值也，试取各家偏旁之字母详细比较之，自可见矣。故先生亦于“答第一问”中深切言之，谓“借用古字，实比新造符号为好”。恒之意，且以为但以所定之简易古字便于浅学记认者作为基本，行之已久，其笔势欲趋于简单，自可由美术上之工巧成之。如日本之“平假名”，如彼其累坠，尚能书以狂草，使飞速有致，则何有于所定注音字母之本较简约乎？至于行之域外，可仿日本之法，拼用罗马字母对照为之，诚如先生所谓“应该兼用”者也。但恒视世界之趋势，罗马字母亦将与我国说文等早晚必为博物院之陈列品。盖一个符号止代一个之音，为今日发音学家之定论。限于二十六母，一字必将如先生所虑“或需七母”此岂新世界应得存在之物乎？今日改良之音符，普通者已有两种。一为万国发音会[①]之所定，沿罗马字母而修改之者也，用此音母注读各国文字之势日盛一日，将来第一步之改良字母必或以此为代用。当时世界语[②]因迁就时好，所用字母，尚多可议，异日亦必迫与修改。一则为发音学祖师佩尔氏之音字，依发音状态而成，在实际尤为美善；惜以习惯上之关系，佩母终将止用专于门学术中，不易即成为代用罗马字母之一物也。但罗马字母决不为惟一之通用品，则或承认此说者已多。然则我国注音，且取我国固有之简易字而用之，恒亦与先生同意也。欲就商榷者不尽百一，惟愿先生常常教之！

这封信才录完，又得吴先生信，对于本卷第二四五、二四六两页的拙著又有见教，现在把这信节录于后。

又玄同对于吴先生的信，还有要请教的地方。等回信写成，尚拟附录于本志之通信栏中。

---

① 即国际世界语协会，于1908年4月28日宣告成立。从1955年起，国际世协的总部设在荷兰鹿特丹，世界语创始人柴门霍夫博士在创造世界语两年之后曾建立全世界世界语协会。

② 1887年，波兰籍犹太人柴门霍夫博士在印欧语系基础上创立的一种国际辅助语，旨在消除国际交往中的语言障碍。目前世界语已经成为了国际上使用最为广泛的国际辅助语，全球150多个国家和地区都有世界语组织和世界语者。

（一）我邑于“支、微、齐、佳、仄”之北方“EI、AI”两音，皆读长“A”，并无“I”之余韵。而北方“车”“遮”之母，代表以“ㄝ”者，似确系英国“E”之短音，寻常字典作“E”者也。时汪怡安[①]先生论为“后中母”，弟现在略审其音，似为前母。古无“ㄚ”音，姑从众说，然虽无“ㄚ”音，必有“AI”（即“ㄞ”）音。如是，“麻”之一韵，读“ㄚ”者，“AI”失去“I”字；读“ㄝ”者，“EI”失去“I”字；或未可定。或者“车”“遮”等字，先由“EI”而混入“AI”，再由“AI”失“I”而成“ㄚ”；北方俗音则残存最初“EI”之音而渐亦失其“I”者耳。惜弟未能详考“车”“遮”等字先秦古音，与今日读“ㄟ”等字有何关系痕迹可求，先生博达经典，盍暇时一迹之？

（二）注音字母之“ル”字，最为枝赘，不惟无韵母价值为可议也，且当时何不即以“ㄌ”字当之，读为“儿［ル］”音，与“ㄖ”相类，甚佳；何必反与“ㄍ”“ㄎ”等为类，读之为“ㄌㄛ”而反赘一“ル”乎？……现在“ル”在字典，仅供注出“而、耳、二”等子耳，“而、耳、二”等字既非有韵母之价值，何必立一韵母以注之？如谓声母不能独立，而“ㄓ”固独注“知”“支”等字，此真十分糊涂。弟已想不出当时之理由，大约即因北方品物，多殿以“儿”，北人欲一独立之母以适之。然“ㄌ”如读“ル”又何尝不？适真可怪之。至……惟“ル”之与韵母，离本题而闲谈，古人实曾有行之者，即钱竹汀所引《一切经音义》[②]之天竺字母：“理”“厘”为韵，实与“逻”“罗”之“超声”为声者不同；钱氏概称为“来”母，则不合也。《大槃涅槃经》止载“理”“厘”二母，其实有四。盖天竺韵母，或载十二韵（不数“理”“厘”），或载十四（即合“理”“厘”言之），或载十六（即“理”“厘”外尚有“理”“厘”）。即“L”一长一短，“R”一长一短也，英文注释，用加圈之“L。”“R。”为之。惟此韵母，天竺字法亦不切字，但用于古书。故“理”“厘”者，印度人实认为韵母，西洋人亦从而韵母之者也。因“流

---

① 汪怡。

② 《一切经音义》，25 卷，唐代大慈恩寺翻经沙门释玄应撰。此书仿陆德明《经典释文》例，从经中择字为注，形音义三者兼顾。梵语名号也一律注明音读，解说所译文字。注文中所引古书，除经传注释以外，以古字书训诂书为多，清代学者从中辑录出多种佚文训释。

子”如“NG、N、M、L、R”等，介乎“韵”与“声”之间，性质本有怪殊。弟则主张“ㄓ、ㄔ、ㄕ、ㄙ、ㄦ”等之韵母，似非“一”母，必与舌叶相关，或颤擦为“L、R”，不颤擦者即此物。但舌前以外尚有韵母，非西人所论，此又实为我东方之特性，或必俟我东方考定之！然弟于音理智识太浅，无野心探索，先生盍祛此疑。

（《新青年》1918 年第 4 卷第 5 期）

反对注音字母

（朱有畇）

适之先生：

前几天我寄交先生的书籍和信，此刻想已经登览了。从前我说要和先生讨论的事件，今天我有一二小时闲空，暂且先把最要紧的一件事写给先生看看。这件事就是“反对注音字母”。

我对于改良中国文字主张用罗马字拼法，和这件事有密切的关系。至于反对的理由，那就很多了，因为一刻不能和盘托出——我的闲空时间，极其宝贵，不得不算就了行事，原谅原谅——只得将要紧的分条写出如下：

（一）注音字母不足简省学者的脑力

这一种理由，可以拿日本人用注音字母（指用假名注汉字而言）的覆辙做证据。日本自发明假名以来，已经八百年了，不但一点好成绩也没有，反大受其害。现在虽有许多眼光稍远的日本人，要把罗马字拼音法来代替旧文字，却被汉字（音读的）所累，不能成功。日本地方比中国小，人口比中国少，方音比中国单纯，尚且用注音的成绩不佳；那末将来中国用注音字母的成绩不佳，可以“不言而喻了”。我知道有许多人看见这议论，一定要驳我道：“日本一般社会上的人，至少三分之一能够看报写信，这就是好成绩。”这种议论，听起来像有道理，其实是不对的。日本能看报写信的人比中国多，一半是教育普及的成绩，一半是教授得法的成绩。譬如我们中国人有和日本同样的教育，同样的教法，我敢说那个时候，就使这害煞人的汉字未废，比较起来，中国的能看报写信的人未必比日本人少呢！再进一层说，拿欧美来同日本比，欧美的小儿大多数十五岁即可写信看报，请问十五岁的日本小儿有几个能够这样么？这就是日本文字不适用、不好的铁证，也就是注音字母和汉字（单音字）不好的铁证。更进一层说，日本人不过偷几个汉字用，尚且注音字母的成绩不好，可见全用汉字的中国文，更与注音字母不相宜了。

为什么日本人用注音字母的成绩不佳呢？这就是我说的注音字母不能简省学者的脑力。为什么注音字母不能简省学者脑力呢？这很容易明白的。简单说，譬如一个人要记一件事，当然比记两件事容易；所以记一个干干净净的中国字，比记一个中国字又加上旁附的注音字母要容易。如果用注音字母，则学者不但须熟记此字母，而且仍不能不熟记汉字；反转来说，就是除记了汉字外，还要记这附加的注音字母。这个到底是省简学者的脑力呢，还是多费学者的脑力呢？就说这注音字母极容易记，不见得多费学者的脑力，但是那个汉字依旧是“依样画葫芦”，断不省简学者的脑力，这是确实无误的定论了。注音字母原来为省简学者脑力而说的，既不能省简脑力，请问要他做什么？

请看那些日本人，拿了一张报，嘴里嘀嘀咕咕的念，一面看汉字，一面看注音，这是什么缘故呢？因为他们先看字不念音既不能懂，念了音不看字仍旧不懂，就是看了字念了音还须去猜摸意义。请问这种文字有什么好处？日本的明白人，哪一个不说他们的文字不合用。我们中国如果用这个注音字母，以后受害还要比日本人大呢！（因为全是汉字之故）

我们中国人以为日本文最容易学，就以为日本文简便，比欧美文容易，所以我们可以仿照他的样子用注音字母 。但是要知道中国人的以为日本文容易学，并不是日本文真容易学，不过内中的中国字我们原已认得的便了。犹之乎意大利人学法文比美国人更容易，是一样的道理。你如问一问懂中国文和日本文的欧洲人：“到底中文容易还是日文容易学?”我知道他一定说：“中文容易。”这个不是我空设的比喻，我已经问过好几个这种欧洲人了。这样推想起来，将来中国用了这注音字母，或者把这害煞人的难汉文更加弄难了。

总而言之，用注音字母的理由，不过是简省学者的脑力，既不能简省学者的脑力（已经证明），我绝对的不赞成。

（二）注音字母不足改良文字

这一种理由更容易懂了。今日中国最要紧的事，改良文字要算一件。如果不先改良文字（如何改良文字，不能在此条理由内讨论），先用注音字母，请问在桐城派①的古文、文选②派的文学上加几个注音字母，能够使这种死文字起死回生么？能够使学者容易学么？如此推想，就晓得注音字母对于改良文字，一点好处也没有。我也知道提倡注音字母的诸君，以为藉此可以统一中国的语音，可以做一个建设国语的基础，但是我说这种注音字母决不能统一语音。日本人用假名已经八百年了，至今横滨人跑到九州地方，仍然和到了外国一样，这就是一个好标榜。不但如此，就在英法等国，语音又何尝统一？伦敦人跑到了爱丁堡，巴黎人跑到了马赛也要吃语音不同的亏的。这是地域上、习惯上的效果，语音因地因时而变改，先靠注音字母去强同他，是万万做不到的。就说道注音字母能有统一语音的功力，等到数年数十年之后因地域、因习惯而改变，渐渐又不同了，岂不是又要造一种注音字母去统一他呢？况且这注音字母并不足统一语音么？所以现在对于改良文字这一问题，先用注音字母去统一语音，实在不是根本的办法。先生曾说“国语不是单靠注音字母去统一语音能造成的”，不但如此，就是统一语音也不能靠这注音字母的。所以我说这种注音字母，不过多费一番精力，实在毫无益处。

（三）何不爽爽快快地把中国字完全去了

既要用注音字母，就是要保存中国旧文字。为什么缘故呢？因为注音就是注汉字的音，那末不是保存中国旧文字是什么？吴稚晖先生曾说：“中国文字，迟早必废”，既然如此，何不爽爽快快把汉文全然打消，用世界最通行的罗马字拼法，为什么要用这白费一番精力、毫无益处的注音字母呢？难道这也是和中国一般宪政党的屁话说“中国没有 Republic

---

① 桐城派即桐城文派，又称桐城古文派、桐城散文派，清代后期的散文流派。该派的开创者方苞以及刘大櫆、姚鼐都是安徽桐城人，因此把他们及其追随者称为桐城派。他们继承了“唐宋八大家”到明归有光的古文传统，提出了以“义法”为核心，“义理、考据、辞章”三者并重的文章理论。

② 《昭明文选》又称《文选》，约编成书于梁武帝普通七年（526）至中大通三年（531）之间，由南朝梁武帝长子萧统组织文人共同编选，收录自周代至六朝梁以前七八百年间130多位作者的诗文700余篇。

的程度，必须先立宪”一样，以为中国没有立即改用拼音文字的程度，必须先用注音字母么？日本吃死了注音字母的亏，我们中国人还要去走他的旧路么？至于反对罗马字拼音法的人，不是那一班讲国粹的守旧鬼，就是不知道拼音文字好处的人。这种人不配反对拼音文字！诸君，诸君！我们受了这汉字古文的害已经几千年了，还要用这注音字母去挽救他，再使我们子孙受害么？

用罗马字拼法的好处，当另作文讨论。以上这三种理由，是我反对注音字母的主脑，此外还有许多理由，我很想和盘托出，但是我的闲空时间已经告终了，且待后来再说。

过几日再有空，当再和先生讨论他事。但是我已经写了三封信给先生，至今没有得到一封回信，甚念。

七年九月十五日　　朱有畇谨启

（《新青年》1918 年第 5 卷第 4 号）

对于朱我农君两信的意见

适之兄：

承示朱我农君两信，嘱我作答。我看了一遍，觉得“反对 Esperanto”的信，无可讨论。朱君是认 Esperanto 为“已死的私造符号”，我是认他为将来人类公用的语言文字，所见统不相同，似可不必辩论。且我对于提倡 Esperanto 的意见，已屡屡言之，见致陈独秀、陶孟和、孙芾仲、区声白诸君信中，现在可以不必再论。我已决定，以后凡有提倡 Esperanto 的来信，我当与之讨论。至于反对 Esperanto 的来信，惟主张 Ido 及他种“世界语”的当与之讨论，若如陶孟和、朱我农两君及老兄之根本推翻 Esperanto 者，甚或不承认将来人类应有公用的语言文字者，则不复置辩。

至于朱君“反对注音字母”的通信，我却要答他几句。并且我对于罗马字母拼汉语之说，先有几句要说的话。

我本来是不赞成汉语改用罗马字母拼音的（其故详下），但我亦非绝对的反对此说。因为汉字的形式实在难识难写，如其有人能够想出很完

美的拼音方法，将汉语改用拼音，或者可以减省识字的困难。所以前次朱君来信，盛称罗马字母拼汉语之可行，我也附和几句，说是教育上可得一种利器。但我彼时以为朱君研究此法，一定很有心得，与从前王照的官话字母、劳乃宣的简字一定不可同年而语，因此“延颈跂望”，要看朱君第三次寄来的附件（其时老兄对我说：“朱君尚有附件，不久可到”）。以为这附件必是一种说得很详细的罗马字母拼音方法，同关于推行学习的议论，如日本的“ロ|マ字ノ主张”“百ケ条ロ|マ字反对论”“チ破ル发音ロ|マ字”，或如“ロ|マ字学校”“ロ|マ字独习”之类。如果有此等著作及议论，大足以供吾人之参考。或者［我］还不赞成用罗马字母拼音的人看了，也可以恍然大悟，幡然改图，来主张此说。不意附件寄来，乃是一本用罗马字母拼厦门（?）语的《内外科看护学》，乃使我大为失望。此等书籍，我以前也看见过，我们只要照看《五车韵府》[①] 等书，将用汉字写的文章一个一个找出拼音，连了起来，就可做到，并且拼的还是普通语言，比这《内外【科】看护学》总还容易看一点。但是照此办法，是否可以算做汉语改用拼音的完全解决，我实不能无疑。今就极小之处而论，已有可商者。如《内外【科】看护学》中所拼复音名词仍是逐字分开，但以“-”连之而已。如开卷第一行，“解剖学”三字，拼作“Kái-phò-hák”，不作“Káiphòhák”，则作者尚未知汉文的“解剖学”三字，是等于英文的“Anatomy”一字。名为三字，实是一字。汉文因为字字整方，所以只好分做三个字去写。既改拼音，当然要把他连写，才是正办。今作者并此而未知，似乎于拼汉音之法尚欠研究。此外尚有毛病与否，我因其书所用之音实在难懂，只好不去研究他了。

至于我不赞成用罗马字母拼汉语的理由，本年三月中致独秀兄信中已经说过（见四卷第三五二、三五三两页）。独秀兄和老兄都不以为然，惠答之语，多主张汉语应改拼音。我虽承两兄之教，然一时尚未能服从，只好“各行其是”。此外还有一个理由，则我以为今后的中国人，应该把

---

① 《五车韵府》，清初编定刊刻韵书，由明末陈荩谟《元音统韵》二十二卷中的“统韵”十卷独立而成。该韵书统象数与韵学而多作变通，统今韵、等韵而各有分工，其音系性质是在传统《诗韵》框架下暗含通用读书音的时音特点。晚清英国传教士马礼逊编的首部华英字典亦名《五车韵府》，该字典将陈荩谟《五车韵府》所收韵字按英文字母顺序编排，注释用英文。

所有的中国旧书尽行搁起，凡道理、智识、文学，样样都该学外国人，才能生存于二十世纪，做一个文明人。既然如此，就应该学外国文，读外国书。那固有的汉语，因事实上不能立刻消灭，只好暂时留住一部分勉强可用的——把那不适用的都送进博物院去，以为短时期内交通之用，但与学术无关。至于文字：在文章方面，既改用口语，较之旧日之言文不一致，已可便利许多；在书写方面，则应复用草书，或兼采古体俗体之笔画简单者——如“从”“处”“围”“与”之古体，“竈”“宝”“箇”“鑪”之俗体，大可采用——声音难明者，则注以注音字母。如此将就行去，也可勉强敷衍十年廿年。至于汉字之代兴物，我以为与其制造罗马字母的新汉字，远不若采用将来人类公用的 Esperanto。即退一步说，亦可采用一种外国语来代汉文汉语。我以为采用 Esperanto 与采用外国语，比制造什么罗马字母的新汉字，上算得多，有用得多，也是我不赞成用罗马字母拼汉语的一个理由。

上面所说，明知老兄和朱君看了，一定要大加反对。但我的意见既是如此，也不妨老实说说。

至于朱君反对注音字母的话，我初看了，以为必有一番议论，可以供吾人之讨论。不料把信看完了，又大为失望。

朱君说道：“日本自发明假名以来，已经八百年了，不但一点好成绩也没有，反大受其害”。我看到这里，亟欲知道日本怎样的受假名之害，不料底下说道：“……却被汉字（音读的）所累……日本地方比中国小……尚且用注音的成绩不佳……。”上面说为音读的汉字所累，下面说注音的成绩不佳，似乎意思有点不甚相贯，其下又说道：“譬如我们中国人有和日本同样的教育，同样的教法，我敢说那个时候就使这害煞人的汉字未废，比较起来，中国的能看报写信的人，未必比日本人少呢。”照这意思，似乎说中国虽没有假名，只要教得得法，也能和有假名的日本文收同样的好果。就此语而论，似尚不能作为日本受假名之害的证据。其下又说欧美小儿十五岁能写信看报，日本小儿不能，于是下一断语道：“这就是日本文字不适用不好的铁证，也就是注音字母和汉字（单音字）不好的铁证。”说日本受汉字的害，以致文字不适用，这话固然不错。至于说日本不能及欧美是因为他有注音字母的不好，请问日本的“ア、イ、ウ、エ、オ”和欧美的“a、i、u、e、o”，在独立用时，其标音之方法有何区别？英国小儿认得了字母，就会写“You”，日本小儿认得了假名，也就会写“ナタ”，其功效有何差异？若说假名注于汉字之旁，不及欧美直写字音之便利，那自然不错。但此是汉字的不好，并非假名的不好。难道日本汉字的难读，是因为有了假名的缘故吗？

其下又道：“日本人不过偷几个汉字用，尚且注音字母的成绩不好，可见全用汉字的中国文，更与注音字母不相宜了。”照这几句话看来，似乎说有了汉字，便不能用注音字母，汉字愈多，注音字母愈不适用。换言之，竟是衍形的文字不能适用注音的方法了，此诚下愚之所太惑不解者矣。此下又有朱君自评为“确实无误的定论”一段，大意谓记一件事比记两件事容易，所以学记汉字比兼记注音字母容易。这话我也有点怀疑。譬如日本人识汉字，看见一个“山”字，旁注“ヤマ”，那就知道“山”字的意义了。意义既知，字形自然随之而能记忆。要是其旁不注“ヤマ”，则永远不知“山”是何字何物，即永远不能识此“山”字了。凡识字，总是先记得字音，才能认得字形。无论识中国字，识日本字，识西洋字，都是如此。我以为日本有了假名，实在是帮他认得汉字的利器，和没有假名，光看汉字，瞠目结舌，不知为何物者相较，孰难孰易，愿朱君有以语我来。

其下又道：“请看那些日本人拿了一张报，嘴里叽叽咕咕的念，一面看汉字，一面看注音。这是什么缘故呢？因为他们先看字，不念音，既不能懂；念了音，不看字，仍旧不懂；就是看了字，念了音，还须去猜摸意义。”我要请问，那些中国人拿了一张报，嘴里想要叽叽咕咕的念也不能。只看汉字，莫名其妙。这是什么缘故呢？因为他们只有字可看，没有音可念。就是想看了字去猜摸他的意义，因为不知道他的音，竟无从猜摸起。这个情形，与朱君所讲的日本人的情形相较，其得失何如？其下又引欧洲人的话，说中国文比日本文容易学，于是断言道：“这样推想起来，将来中国用了这注音字母，或者把这害煞人的难汉文更加弄难了。”这所说的，比上文更加显明。即谓汉字本难识，日本人加了假名，于是更难识。中国人如其加了注音字母，不消说得，自然也是更难识了。注音之法用于非拼音之文字其害竟至于此，其然岂其然乎？

其下又道：“请问在桐城派的古文、文选派的文学上加几个注音字母，能够使这种死文字‘起死回生’么？能够使学者容易学么？”我们因为桐城古文、文选骈文不好，所以不要人去读。如其这两种文章有读的价值，竟有人刻出加注音字母的《古文辞类纂》和《文选》，那一定要比什么康刻本、胡刻本容易读得多。因为看了注音，可以读得下去。有一件事可以做个比例，现在北京大学预科里的《模范文选》将古代文章用新式句读符号，并且分段分节，我们看了，觉得着实比刻在古书里没有句读、不分段落的明白得多。然则就是古代文章，如其加了注音，也要比没有注音的明白得多。下文又谓注音字母不能统一语音，举日本之横滨和九州语音绝异为证，又举伦敦和爱丁堡、巴黎和马赛语音也不相同，以作语言不能统一之证。照此看来，就是朱君所最主张的罗马字拼母音，亦无法以处此事了。然则注音字母就是没有统一语音的能力，似乎也不能算做一种罪案罢。

其下又道："既然用注音字母，就是要保存中国文字。为什么缘故呢？因为注音就是注汉字的音，那末不是保存中国旧文字是什么？"我主张注音字母，是因为汉字一时不能废去，所以想出这个"补偏救弊"的方法，绝无保存中国文字的意思。朱君谓注汉字的音就是保存旧文字，则朱君要改罗马字母拼音，是否是拼汉字的音？如其是也，岂朱君亦要保存中国旧文字乎？其下又道："吴稚晖先生曾说'中国文字迟早必废'，既然如此，何不爽爽快快把汉字全然打消，用世界最通行的罗马字拼法……"敬告朱君吴先生此语，系兼指中国语言而言。吴先生作此文时，是主张用 Esperanto 来代汉文的。吴先生又是最反对用罗马字母拼汉音的人，与朱君所见全不相同，未可并为一谈也。"我生平是最恨中国一般宪政党的屁话，说'中国没有 Republic 的程度，必须先立宪'，所以以为中国大可废去野蛮之汉文，而用尤较文明之 Esperanto（或用较文明之法、德、英文）"。

以上所说，是我对于朱君来信的意见。还有几句话，要请问朱君：

"何以明治以前之日本书，于汉字之旁不注假名，而五十年来旁注假名之书日见其多，大杂志如《太阳》《科学世界》等等，皆字字旁注假名？何以日本的新闻纸，除'一二百千'等字以外，无不旁注假名？新闻纸天天要印，论说、时事、文艺、小说，花样很多，而印刷时必须一一加以注音，不惮麻烦，这是什么缘故？有人说，因为新闻纸为全国人人须看之物，故不得不多费此一番手脚，以期通俗。这话究竟对不对？"

以上两层，请朱君赐答。

临了尚有奉告朱君一语，朱君对于汉语既主张改用罗马字母拼音，则反对注音字母固宜。但罗马字母拼音制造之时并不容易，决非单单把音拼成，就可了事的。于语言发音上、文字组合上，在在皆须研究。窃谓欧文组合的方法，日本 Romaji① 会里的议论，皆有可供参考的价值。若专靠几个传教的西洋人做的几本拼方音的书，似乎稍嫌不够一点。不知朱君以为然否。

弟钱玄同 一九一八，十，六。

（《新青年》1919 年第 5 卷第 4 号）

① 罗马字。

1919 年文献

教育部部令

第四号八年一月八日

（国语统一筹备会规程第八条）

本部此次订定国语统一筹备会规程，业经公布亟应克期成立，以策进行。应依本规程第八条之规定指定：本部次长袁希涛，参事蒋维乔、刘以钟，司长张继煦、沈步洲、高步瀛，厅长胡家祺、熊崇煦，秘书陈任中，佥事陈懋治，编审员黎锦熙、陆基、朱文熊、彭清鹏、毛邦伟、周庆修、卢均、陈衡恪、沈颐，科长吴震春、洪逵、钱家治，视学陆懋德、钱稻孙、李步青、王孝缉，佥事吴思训，主事王丕谟，办事员裘善元，部员雷通群、张远荫、叶润猷为国语统一筹备会会员。此令。

（《教育公报》1919 年第 6 卷第 3 期）

教育部部令

第八号八年一月二十日

（国语统一筹备会亟宜集思广益以利推行）

此次本部设立国语统一筹备会亟宜集思广益，以利推行。兹特加派参事汤中，普通教育司科长张邦华、谢冰、路孝植为会员，以便会同研究。此令。

（《教育公报》1919 年第 6 卷第 3 期）

教育部部令

第十三号八年一月二十日

（本部设立国语统一筹备会，兹加派佥事沈彭年为会员）

本部设立国语统一筹备会，兹加派佥事沈彭年为会员，以便会同研究。此令。

（《教育公报》1919 年第 6 卷第 3 期）

教育部部令

第十四号八年一月二十五日

（国语统一筹备会）

兹特派本部主事刘靖侯、高丕基为国语统一筹备会会员。此令。

（《教育公报》1919 年第 6 卷第 3 期）

教育部训令

第三十一号八年一月二十八日

（令为查国语统一筹备会规程业经公布照第八条第二款由）

令南京高等师范学校、武昌高等师范学校、奉天高等师范学校

为训令事

查国语统一筹备会规程业经公布，照第八条第二款所列会员资格，应由该校长于该校教员中推选数人，迅速具报，以便该会开会时通函研究。仰即遵照办理，规程五份附发。此令。

（附注）本案已同时训令京直辖各校及山西大学校、北洋大学校、济南学校、武昌商业专门学校，其原规程已登本报前期法规门。

（《教育公报》1919 年第 6 卷第 3 期）

教育部指令

第三百五十七号八年三月二十二日

（令为呈一件送江苏六十县国语讲习科简章及计划书请示由）

令南京高等师范学校

呈一件送江苏六十县国语讲习科简章及计划书请示由

呈及附件均悉

该校所拟江苏六十县国语讲习科简章及计划书均尚妥适，应准照行。此令。

附原简章

一、定名　江苏六十县国语讲习科，由江苏教育厅委托南京高等师范学校办理，定名为江苏六十县国语讲习科。

二、宗旨　本科专教注音字母及国语，以养成江苏各县国语讲习会之师资为宗旨。

三、学员　本科学员名额以六十人为限，由江苏教育厅令行六十县劝学所①各就本县选送一人前来学习。

四、学员资格　选送学员以有国语基础及有教育经验者为合格。

五、修业年限　修业期限定为二个月，自民国八年三月一日起至四

① 劝学所，始设于 1906 年，为清政府各厅州县学务之地方自治机关。劝学所以该地方行政长官为监督，设总董一人综核该地方各学区之事务，每学区设劝学员一人。民国初年废除，1915 年复设，章程有所修改。

月三十日止。

六、报到日期　民国八年二月二十六、二十七两日。

七、开课日期　民国八年三月一日

八、科目　本科之科目为：注音字母、声音学、语音学、语言学、读本、会话、文法、成语、翻译、演讲、国语练习、国语教授法之研究。

九、课程　本科课程分月列表如左：

第一个月

科目	注音字母	声音学	语音学	读本	会话	文法	翻译	国语练习	演讲	合计
每周时数	六	六	二	三	三	四	二	六	二	三四

第二个月

科目	注音字母	语言学	读本	会话	成语	翻译	国语练习	演讲	国语教授研究	合计
每周时数	六	三	三	三	六	四	六	二	三	三六

十、证书　凡学员考试成绩及平日成绩，总平均分数满六十分以上，并缺席时数未满讲习时数三分之一者，由南京高等师范学校给予证书。

附计划书

一、职员　讲习科主任教员一人、声音学教员一人、语音学教员一人、语言学教员一人，均由南京高等师范教员分任兼充。此外拟聘国语专任教员一人，又添设事务员一人，缮写讲义兼办杂务等事。

二、经费　讲习科主任教员、声音学教员、语音学教员，俱由南京高师教员兼职，均不另支薪水；惟声音学教员，所授一月之课每周钟点多至六小时，拟酌给津贴二十元；国语专任教员，薪金每月五十元，二个月共需一百元；事务员，薪金每月十六元，二个月共需三十二元；印刷费，如蜡纸、油墨及印刷纸张，二个月约需一百元；添购国语参考书，约需四十元；寄宿舍仆役二人，每月工食十二元，二个月共需二十四元。此外学员之费用，除来往川资由各县自行设法、住宿由教育厅指定外，每人每月伙食费及杂费应需五元，二个月共需十元，本省六十县每县派一人，共需经费六百元。上述各项经费连同预备费，总计约需一千元。

（《教育公报》1919 年第 6 卷第 5 期）

教育部指令

第三百六十七号八年三月二十四日

（令为呈一件送注音国语班简章请示由）

令南京高等师范学校

呈一件送注音国语班简章请示由

呈悉。该校为促进普及教育起见，增设注音国语班，用意甚善，所拟简章亦尚妥适，应准备案。此令。

附原呈

呈明添设注音国语班谨订简章恳请鉴核备案事

窃维统一国语为国家文化进步阶梯，而推行注音字母即为统一国语利器。本校前既遵照大部核准办法，设有国语讲习科，令附近各省选送学员至校讲习。兹为热心研究国语注音者便利起见，因于国语讲习科内酌量添设注音国语班，特订简章。分校内校外两种办法，专教注音字母及国语，以期容易推广。除由校内另行招生开班外，所有校外办法：凡各教育机关有愿习此项注音国语者，照章满二十人以上即可于该机关内附设教室，以谋就学者之利便。兹第一届注音国语班，在金陵大学①校内附设教室，由国语科主任教员周槃教授。所有学员多数为该大学师范生，现共有二十九人，已于二月二十八日在校举行始业之礼。除应缮具各学员名册另案报告外，所有本校酌设注音国语班缘由，理合具文检同简章，呈请鉴核仰祈指示办理并准备案，实为公便。谨呈。

---

① 金陵大学，1888 年，美国基督教会美以美会（卫斯理会，Methodist Church）在南京创办的教会大学。1928 年，金陵大学向民国教育部注册并或批准，1951 年至 1952 年间，中国大学院系调整，金陵大学撤销建制，主体并入南京大学。

附简章

定名　本班隶属于本校国语讲习科，定名曰注音国语班。

宗旨　本班专授注音字母及国语，以统一国语促进普及教育为宗旨。

办法　凡志愿入本班学习者须得相当之介绍并得本校之允可，其地点在校内者满十五人以上、在校外者满二十五人以上即可开班，每班至多以四十人为限。

期限　授课时间每日一小时，期限为二个月，不得半途中止。

地点　设在校内，但以便利推广起见，得酌量情形设在校外。

费用　每人每月应缴学费二元，二个月共四元，当于一次交足，膳宿由各人自理。

证书　凡考验成绩及平日成绩总平均分数满六十分以上，并出席时数满授课时数三分之二者，由本校给予证书。

（《教育公报》1919 年第 6 卷第 5 期）

教育部批文

第一百六十二号八年四月十日

（批国语统一筹备会印《国音字典》契约九条应准照办文）

据呈。该会印行《国音字典》与上海商务印书馆订立草约九条，大致妥洽，应予照办，并准商务印书馆于出版之日起专卖三年。仰将正约缮定送部备案可也。此批。

附国语统一筹备会、商务印书馆因印行《国音字典》订立契约如左：

（一）国语统一筹备会将新编《国音字典》全部呈准教育部交商务印书馆承印，其印刷发行等费，商务印书馆允为担任。

（二）国语统一筹备会为顾全商务印书馆成本起见，允自出版之日起三年以内归商务印书馆专卖。

（三）商务印书馆应于出版后以五百部呈送教育部，其封面及末页但用“年月日”及“教育部印行”字样。

（四）商务印书馆除照前条呈送教育部五百部外，国语统一筹备会如趸购五十部以上，在专卖期内均照定价六折计算，其他机关不得援例。

（五）商务印书馆发卖之本，得于末叶加入“印刷者”“发行者”及“呈准教育部特许专卖三年”字样。

（六）商务印书馆专卖期满时，国语统一筹备会如许其他书店印行，当另订印行规则并声明，不得就商务印书馆原版翻印。

（七）出版以全稿交到商务印书馆后三个月为期。

（八）书式及定价由商务印书馆与国语统一筹备会协定之。

（九）本契约照缮三份，以一份由国语统一筹备会呈教育部立案，余由国语统一筹备会与商务印书馆各执一份。

（《教育公报》1919 年第 6 卷第 6 期）

教育部批文

第一百六十五号八年四月十一日

（批注音字母传习所仰将国语

讲习班办法课程及所用书籍讲义等件详细呈部再办文）

据呈已悉。仰将国语讲习班办法课程及所用书籍讲义等详细呈部再行核示。此批。

（《教育公报》1919 年第 6 卷第 6 期）

教育部部令

第三二号八年四月十六日

（注音字母音类排定次序）

查注音字母业由本部于七年十一月二十三日以部令第七十五号公布在案，兹据国语研究会呈请，案照音类排定次序并具案前来，经本部审查认为适当，合亟公布，以资称引。此令。

计开

ㄅㄆㄇㄈㄪ　ㄉㄊㄋㄌ　ㄍㄎㄫㄏ　ㄐㄑㄬㄒ　ㄓㄔㄕㄖ　ㄗㄘㄙ　ㄧㄨㄩ　ㄚㄛㄝ　ㄞㄟㄠㄡ　ㄢㄣㄤㄥ　ㄦ

附说明

（一）声母以收声于“歌”韵入声等者为甲团，以收声于“支”韵等者为乙团，庶不使异声间杂，而后读之顺利。

（二）甲团先叙唇音故始之以“ㄅㄆㄇㄈㄪ”，而后进而叙舌尖音，以舌尖之边音附焉，故次之以“ㄉㄊㄋㄌ”，而后进而叙舌根音，以舌根后之浅喉音附焉，故终之以“ㄍㄎㄫㄏ”。

（三）乙团先叙与舌根音相关之舌前音，故始之以“ㄐㄑㄬㄒ”，而后稍出而叙舌叶音，以舌叶之边音附焉，故次之以“ㄓㄔㄕㄖ”，而后再出而叙齿头音，故终之以“ㄗㄘㄙ”。每团之每类有五有四有三不能齐一者，乃按音理，而各国声音各有偏缺亦出于物之大情，故旧等韵亦有四有五有二不能以齐也。

（四）韵母先叙介母。介母之旧次极当，故始之以“ㄧㄨㄩ”。而后续叙独母，旧次亦极当，故次之以“ㄚㄛㄝ”。而后续叙复母，旧次“ㄟ”在“ㄞ”先则失“ㄚㄛ”相次之序，故当又次之以“ㄞㄟㄠㄡ”。而后续叙附属声母之韵母，旧次“ㄣ”在“ㄤ”先，则达“ㄚㄧㄛㄧㄚㄨㄛㄨ”之例，故当又次之以“ㄢㄣㄤㄥ”。而后续叙东方特有之韵母，故终之以“ㄦ”。

部印

中华民国八年四月十六日

教育总长傅增湘

（《政府公报》1919年第1153期）

教育部函文

第一百八十八号八年四月十七日

（函致吴稚晖、张仲仁[①]、袁观澜[②]先生指定为国语统一筹备会副会长、会长、副会长）

迳启者

本部此次设立国语统一筹备会，前经专函延聘并酌定本月二十一日为开会日期通告在案，现距会期甚近，谨依本规程第九条之规定，指定执事为国语统一筹备会会长、副会长。尚希台驾常川莅会，发抒伟论，主持一切，至纫公谊。此致。

（《教育公报》1919年第6卷第6期）

教育部批文

第四百八十号八年八月二十五日

（批注音字母传习所《注音字母发音图说》应照签修正呈部复核文）

前据该呈送《注音字母发音图说》请予审定前来，当经发交国语统一筹备会审查。兹据呈复，所有应行修正之处一一签出，大致尚属合用，似应准予审定等情，仰即照签修正，呈部复核可也。此批。

---

① 张一麐。

② 袁希涛（1866—1930），江苏宝山（今属上海市）人。字观澜，又名鹤龄。1912年，赴北京任教育部普通教育司司长，1914年任北京教育部次长，1917年以次长代理部务，1919年代理教育总长，不久辞职。1923年被选为江苏省教育会会长，江苏义务教育期成会会长。

附国语统一筹备会函

谨启者

前接大部发交注音字母传习所呈文一件并《注音字母发音图说》一种，兹经本会将此书审查一过，所有应行修正之处一一签出。全书大致尚属合用，似应准予审定，俾令印行以备教授国语之用。为此具函声复，即希察照为荷。此致。

附该会意见单

注音字母流布以后，各省推行渐广。七年十一月，奉部令正式颁布已有一定标准。惟各地方音庞杂，学习此项字母者，口耳授受虽易于正确，而偏僻之地独修之士仅睹音标断难吻合。作者就泰西发音学原理编成此书，虽草创未必完美，而于学习字母之人得所凭藉，亦一助力器也。他日有继此而作，或由此益加修整，殊于国语教育为益非浅，应予审定，作为国语教授用书可也。

（《教育公报》1919 年第 6 卷第 10 期）

教育部批文

第五百三十六号八年九月八日

（批汪怡请附设国语讲习科准照行文）

呈暨附件均悉

查该所为养成国语教员起见，拟附设国语讲习科用意甚是，所订章程亦尚妥适。应准照行。此批。

附原呈

呈为传习新式速记拟并设国语讲习科请准备案事

窃维师资以广事培植是尚，学术以联贯讲求为宜。吾国今日教育之不易普及，情意之每相隔阂，推求其故，虽有种种之关系，而其最要原因，要不外语文互异、方言万殊之所致。钧部[1]有见于此，既公布注音字母于前，复令设国语讲习所于后，统一国语积极进行，凡我国人均深感佩。怡[2]研究国语亦有年，所近以平昔发明之新式速记，编撰成书，已另文呈请核准，设所实行传习。惟查该所规定各科目，固以音韵为重，而词类语法亦复并为讲习。按与高等师范学校附设国语讲习科所定各科目实大致相同，将来该所毕业各生不第速记为所专修，即于教授国语应行备具之学识亦已窥其大概。且该生等在京传习既有两学期之久，即非籍隶京兆者，其于与国语标准最近之京语[3]，固已多所通晓，学理实习两者具备，倘再进习国语为功，自必较易。现今国语教员人才，既为适时所要，而两者学科复有相联之关系，若于传习新式速记两学期终了以后，就其毕业各生再于国语各科加以深造，大可养成多数之国语教员，实为一举而两得。兹已拟有附设国语讲习科章程一种，事关教育拟请准予一并备案，届时庶可进行便利。所有传习新式速记拟行附设国语讲习科恳准一并备案，缘由理合备文连同章程一份，呈请钧部察核批示施行。谨呈。

附新式速记传习所附设国语讲习科章程

第一章 总则。第一条，本科就新式速记传习所，已习注音字母、声音学、会话、文法、演讲等科各毕业生，进习国语，以养成国语教员为宗旨；第二条，本科修业期暂定一学期自四月一日起至暑假止，每日授课三小时。

第二章 学科。第三条，本科科目为注音字母、声音学、国文读本、会话、文法、成语、翻译、演讲、国语练习、国语教授之研究；第四条，各种钟点以传习新式速记时已多讲习，孰应温习，孰应补讲，俟是时考察程度再行规定。

第三章 入学退学。第五条，本科以新式速记传习所毕业各生有志讲求国语者，升入讲习；第六条，讲习各生如有违犯规则情节重大者，

---

① 教育部。

② 汪怡。

③ 北京话。

本科得命其退学。

第四章 毕业。第七条，本科举行毕业试验时，呈请教育部派员监试，以昭慎重，及格生由科发给证书，造册送部备案，如遇他处有需用国语教员时，本科得为介绍。

第五章 学费。第八条，本科按照新式速记传习所减收半费，计洋四元五角，于入学前缴清，中途退学者概不发还；第九条，教科用本，除本科印行者得免缴费外，余概自购，一切文具亦由自备。

第六章 考勤。第十条，本科设立考勤簿，稽查勤惰，分别报告，无故旷课者并照章扣除分数。

第七章 附则。第十一条，本章程遇有未尽事宜，得加修改仍报部备案。

（《教育公报》1919 年第 6 卷第 11 期）

教育部批文

第六百十六号八年十月四日

（批王璞《注音字母发音图说》准暂时予审定
作各学校国语科参考用书文）

前据呈送修正《注音字母发音图说》经发交审核，据复“应暂予审定作为各学校国语科参考用书”等情前来，合亟批示遵照。此批。

（《教育公报》1919 年第 6 卷第 12 期）

教育部电文

七年十二月五日

（电山西省长注音字母在《国音字典》未出版以前暂以现所传习者为准）

山西省长鉴

支电悉。本部编有《国音字典》未出版以前，暂以现所传习者为准。

教育部歌印。

附原电

教育部鉴

晋省现正推广注音字母，分班传习。惟字音有国音京音之分，究以用某音为宜，请查酌见示为荷。阎锡山支。

（《教育公报》1919 年第 6 卷第 1 期）

浙江教育厅训令

第一一六零号八年十二月十三日

（令为采用商务印书馆新出《国音字典》及《字汇》由）

令省立各学校、各县知事转饬所属学校（登载月刊不另行文）八年十二月十三日

案据上海商务印书馆有限公司经理高凤池呈称，为新出《国音字典》及《字汇》恳请通饬采用事："窃以统一国语为普及教育之本，而统一国语尤以统一国音为先。自注音字母公布以后，教育部读音统一会依据此项字母编辑《国音字典》为实施国音之标准。奉教育部批令，由敝馆专印专卖，现已出版，实为今日教员学生必需之书。敝馆复依据此项字典编辑《国音学生字汇》一种，凡应用上需要之字汇已备载，俾与《字典》相辅而行。兹谨检样本二份，呈请察核，通饬各学校采用。伏乞批示，祈遵"等情。据此，除批示照准外合行令仰各学校、各该县转饬所属学校采购备用。此令。

（《浙江教育》1919 年第 2 卷第 12 期）

教育部批文

第八百十六号八年十二月二十六日

（批刘立夫给阅国语研究调查之进行计划书一册请设𬨎轩使者毋庸议文）

前据呈请仿古设立𬨎轩使者[①]调查方言等情，即经交国语统一筹备会审议。据复称“该请愿人所称各节颇有见地，与本会宗旨亦属相符。惟设立𬨎轩使者办法，则不特经费不易筹划，且现在情形既与古异，即欲调查各省方言，自可另用简便方法。本会成立之先，曾有《国语研究调查之进行计划》一册，请发该请愿人一阅”等情，相应发给《国语研究调查之进行书》一册，至所请仿古设立𬨎轩使者一事，应毋庸议。此批。

（《教育公报》1920年第1卷第2期）

教育部批文

第八百二十八号八年十二月三十一日

（批陈若瑟呈请试办创行简字统一国语碍难照准文）

据呈已悉

创行简字以谋统一国语，洵属急务。惟本部选定注音字母业经颁行在案，若另用欧文字母别创新法，深虑纷扰，转难收益，所请准予试办之处碍难照准。此批。

（《教育公报》1920年第7卷第2期）

---

① 汉代调查方言民风的史官，西汉扬雄撰《𬨎轩使者绝代语释别国方言》。

教育部调查方音声韵表

省区、道、县

一、各依土音，逐字注出注音字母于次两行。

二、第一行注读音，第二行注语音，其读音语音相同之字，则仅注读音。

三、注音者须将地名详细填入。于某县下，并详注城乡村镇等名（如城内外各门音有不同者，须分别加注）。

四、土音有非注音字母所能注出者，得各增制闰音母，而附说明于后。制闰音母时，除浊音用符号外，可借用音相近之字母，或将两字母拼合，均于其旁作“一”之符号以别之，附例如左。

声母有浊音者概加浊音符号“ㆍ”，为润音母。

开口鼻音作“兀”（如日文之“ㇱ”，英文之“ng”）。

舌抵颚鼻音作“ㄋ”（如英文之“n”）。

闭口鼻音作“ㄇ”（如英文之“m”）。

“ㄛ”如西文“o”长音，《国音苏音对照表》作“ナ”。

“ㄡ”如苏州读“欧美之欧”，表作“夂”。

“ㄟ”如苏州读“博爱之爱”，表作“才”。

“ㄥ”正确之“东、冬”韵，如苏州长沙读“翁姑之翁”，表作“サ”。

“ㄤ”正确之“江”韵，如英文之“ong”，苏州读“盎于背之盎”，表作“⊥”。

“ㄢ”如苏州“安”字音、湘潭“冤”字音，表作“干”。

“ㄧㄢ”如苏州长沙之“烟”字音，表作“ㄇ”。

“ㄢㄇ”“覃、盐、咸”等闭口韵，闽广有之。

“ㄣㄇ”侵之闭口韵。

“ㄕ”“ㄓㄔㄕㄖ”之韵母，兼可作声母（如苏州读用汝作舟楫之汝表作“▽ㄕ”）。

“ㄙ”“ㄗㄘㄙ”之韵母，兼可作声母。①

---

① 以下各图表均按原图表版式自上而下、自左向右。

蒙		低	基
忙	夫	梯	欺
梅	敷	题	奇
毛	扶	颠	鸠
	无	天	邱
龙	非	田	求
郎	霏	冻	供
来	肥	痛	恐
劳	微	洞	共
	方	对	举
牙	芳	退	去
吾	房	队	巨
敖	亡		敬
尧	反	奔	庆
外	○	喷	竟
偶	饭	盆	急
岸	晚	拜	泣
迎	弗	派	及
仰	拂	败	
鱼	佛	遍	东
元	物	片	通
疑		便	同

枢	超	搦	牛
○	潮	柠	吟
输	长		
殊	昶	而	囊
章	丈	汝	奴
昌	竹	饶	难
○	矗	芮	那
商	逐	人	诺
常		然	脑
昭	嘲二	弱	泥
弨	飗	让	宁
○	櫂	肉	年
烧	椿	软	念
韶	蠢	柔	
	撞		闹
淄二		知三	拏
嵯	支三	痴	娘
茬	蚩	弛	尼
师	○	豬	匿
○	施	樗	女
搔	时	除	赁
钞	朱	朝	钮

寄支四	○	襄	巢
儿脂三		详	梢
纪之三		醉	○
机微		翠	诅
鸡[illegible]四		萃	楚
		[illegible]	助
支支三		遂	疏
至脂三			○
志之三		遭	莊
制祭三		操	疮
		曹	床
诸鱼三		骚	霜
朱虞三		○	○
		租	
儿支三		粗	咨四
二脂三		徂	雌
而之二		苏	慈
		○	斯
济齐四		臧	词
祭祭四		仓	将
		藏	跄
废废三		桑	墙

退灰一	回灰一	华麻二	非微三
胎胎一	灰灰一	胡模一	
	外泰一		居鱼三
蒯皆二		遮麻三	拘虞三
快夬二	刿祭三	者麻三	
块灰一	圭齐四		胥鱼四
	归微三	迦戈三	须虞四
牌佳二	癸脂四	邪麻四	
败夬二	诡支三		书鱼三
佩灰一	怪皆二	野麻四	输虞三
斾泰一	侩泰一	崖佳二	
		谐皆二	古模一
买佳二	皆皆二		乌模一
埋佳二	解佳二	为支三	土模一
麻麻二	盖泰一	位脂三	拖歌一
昧泰一	该胎一	胃微三	
		慧齐四	歌歌一
卦佳二	崔灰一	秽齐三	戈戈一
瓜麻二	猜胎一		
	蔡泰一	会泰一	左歌一
佳佳二		怀皆二	祖模一
嘉麻二	泰泰一	话夬三	

往阳一	公东一	楼侯一	
汪唐一	弓东二		弔萧四
	攻冬一	酒尤三	
章阳三		走侯一	萧萧四
臧唐一	风东三		宵宵四
	峰钟三		
茫唐一			了萧四
盲庚二	笼东一		缭宵三
	隆东三		
仓唐一	龙钟二		焦宵四
伧庚二			
	江江二		交肴二
蓬东一	罔唐一		包肴二
彭庚二			高豪一
朋登一	邦江二		
	帮唐一		抄肴二
雄东三			操豪一
胸钟三	双江二		
兄庚二	霜阳二		久尤三
	桑唐一		纠幽三
昆魂一			
	张阳三		刘尤三

均谆三	升蒸三	平殷二	敦魂一
君文三	深侵三	竝青四	登登一
		品侵三	
文文三	陈真三		根痕一
	椿谆三	巾真三	庚庚二
远元三	逞清四	斤殷一	耕耕二
	称蒸三	惊殷二	亘登一
寒寒一		颈清四	
含覃一	因真三	经青四	很痕一
	尹谆三	兢蒸三	亨庚二
难寒一	殷殷三	金侵三	恒登一
南覃一	婴清四		
	影庚三	新真四	孙魂一
曰寒一	应蒸三	荀谆四	生庚二
端桓一	音侵三	莘臻二	僧登一
胆谈一		性青四	
	遵谆三	星青四	欣殷三
欢桓一	臻臻二	心侵四	杏庚二
桓桓一	尊魂一		馨清四
还删二	争耕二	申真三	兴蒸三
	增登一	舜谆三	
乱桓一		声清四	贫真四

秃屋一	凡凡三	衫伤二	婪覃一
讬铎一	烦元三		烂删二
		牵先四	蓝谈一
独屋一		遣仙三	
毒沃一			船仙三
铎铎一		简山二	善仙三
		见先四	
宿屋一		蹇仙二	轩元三
粟沃一		检盐四	言元三
朔觉二		兼沃四	颜删二
叔屋三		缄咸二	眼山二
熟屋三		鉴衔二	限山二
赎烛三			砚先四
索铎一		先先四	焉仙三
		仙仙四	延仙三
育风三		选仙四	盐盐四
浴烛三			嫌添四
学觉二		年先四	咸咸二
		彦仙三	
足烛三		念添四	删删二
捉觉二		黏盐三	山山二
作铎一		严严三	三谈一

黑德一	瑟栉二	哲薛四	略药三
	色职三	絷缉三	
妾叶四	塞德一	执缉三	鹊药三
切屑四		拙薛三	
戚锡四	律术三		客陌三
城德一	列薛三	一质三	刻德一
缉缉四	劣薛三	乙迄三	渴曷一
七质四	霹锡四	益昔四	
	力职三	忆职三	隔麦二
没没一	立缉三	揖缉四	閤合一
末末一		邑缉三	
麦麦二	乞迄三		橘术三
墨德一	泣缉三	恤术三	厥物三
	惬贴四	悉质三	蹶月三
弗物三	怯业三	屑屑四	
	隙陌三	薛薛四	笔质三
贼德一		雪薛四	鳖屑四
杂合一	逆陌三	昔昔四	碧昔三
	聂叶三	锡锡四	壁锡四
合合一	业业三	息职四	逼职三
盍盍一		燮贴四	
	赫陌三		质质三

国德一	发月三
	法乏三
	杀曷一
	戛狎二
	霎洽二
	拉合一
	腊盍一
	猎叶三
	插洽二
	锸叶三
	察黠二
	恰洽二
	鸭狎二
	拔末一
	滑黠二
	骨浸一

（《教育公报》1919 年第 6 卷第 10 期）

第五届全国教育会联合会年会推行国语以期言文一致案

（呈教育部并函各省区教育会）

吾国方言杂出，文语纷歧，组成规则从未发明，应用范围亦不确定，遂致教授无着手之良方，传布无通行之利器。普及教育之停滞，职此之由，有志之士罔不以改革语言文字为目前切要之图。缓进派主张提倡浅文，急进派则主张径用国语。窃谓两说尽可并行，但恐行之无方，皆徒托空言而无实效。现在《国音字典》业已刊布，推行较易。特拟具办法数条，敬请大部采择施行。[①]

办法

一、全国师范学校一律添授国语科。并依据《国音字典》教授注音字母。二、各县劝学所及教育会利用寒暑假时间，设立国语传习所，招集本境小学校教员，一律传习国语，并依据《国音字典》，补习注音字母。三、各省检定小学教员办法，应加入通习国语及注音字母一项。四、国民学校国文教科书应即改用国语。高等小学国文教科书应言文互用。五、各省区教育会应设国语研究会。六、提倡编辑《国语辞典》《国语文法》《国语会话》等书。

（《教育杂志》1919 年第 11 卷第 11 期）

① 1919 年前后，改革语言文字以普及教育的改革派中又可以分为缓进派（提倡使用浅近文言）和急进派（主张使用国语），当时的全国教育会联合会则认为两者可以并行，而国语师资的培养是当务之急。

注音字母传习所五周年纪念报告

今天是注音字母传习所五周年纪念日，每年这一天都有一篇纪念词，并将一年所办的事在诸位台前报告一番。不敢说是成绩，总算有个交代。这一次纪念，我也照例将一年已过的事报告报告。

民国八年共开班五次，毕业学生一百余名，共印书报三万八千七百余本，送出书报六千余本，卖出书报三万余本。海军部总长①聘敝所所长②至陆战队教授旗语，社会实进会③请义务教员教注音字母，本所派讲员郑耀堂。呈教育部在本所特开国语讲习班。上海续行委办会④，杜牧师、宋牧师在六国饭店约敝所长，决定全国教会采用注音字母。教育部国语统一筹备会开成立大会，高等法文专修馆⑤请义务教员，本所派教员王理臣。边防军教导团聘敝所长教授旗语。京兆公署《通俗须知》底稿一本，经本所拼注字母。本所开新式电码班，由曾叔度君借来莫尔斯电机一架，以便学员练习。海军部长在海军部考试旗语成绩非常之佳。通县协和大学⑥夏期教育会，敝所长莅会讲演注音字母。今年夏天北戴河华北夏令会开会，敝所长与教育部陈颂平君同被约讲演注音字母。华语学校请教员教注音字母，本所派教员王理臣。青年会⑦女子夏令会请王理臣

---

① 蓝建枢（1854－?），字季北，福建闽侯人，时任北洋政府海军总司令。

② 王璞。

③ 社会实进会，1913年成立，北京基督教青年会所属的社会团体，由参加青年会活动的大、中学生发起组成，以“联合北京学界，从事社会服务，实行改良作风”为宗旨，举办演说会、游戏场等社会服务活动。1918年，增设编辑部，由郑振铎担任编辑部副部长、部长，1919年创办《新社会》杂志。

④ 上海续行委办会，1913年，在华基督教宣教士在上海举行第四届全国宣教会议，中国代表占出席人数的一半，会议决定成立“中华续行委办会”，编纂出版《中国基督教会年鉴》《中华归主——中国基督教事业统计1901—1920》等。

⑤ 高等法文专修馆，1918年，北京华法教育会创办的留法勤工俭学预备教育机构，馆长蔡元培，副馆长李石曾，名誉馆长铎尔孟。初附设于北京大学。1919年春，在北京西安门大街独立设校，以“养成法文及专门人材”为宗旨。

⑥ 通县协和大学，亦称通州协和大学，1867年创办，初名公理会潞河书院，1916年并入为燕京大学。

⑦ 青年会，基督教女青年会，基督教新教的社会活动组织，1844年创立于伦敦。1890年，基督教女青年会由美国传入我国，1908年，成立中华基督教女青年会全国委员会。

至西山卧佛讲演注音字母。北京大学学生杨君赓陶等，因留法欲速学注音字母，请敝所长特别教授。北京华法教育会[①]请教员教授注音字母，本所派教员王理臣。敝所长作《发音图说》一本[②]，经教育部审定。海军舰队在吴淞开第二班旗语，仍派教员杨念典担任教授。北京青年会学校部约本所教员王理臣去教注音字母。

以上一层一层的，都是关于注音字母，敝所所办的事。今天报告诸君一番，权当作一篇周年纪念词罢。

（《官话注音字母报》1919 年第 82 期）

国语之经过及其计划

民国七年十月在武昌高等师范国语讲习科讲演

（黎锦熙）

锦熙奉派南来，因武昌高师校国语讲习科[③]关系三省，此事尚在萌芽时代，所以不能不重视。注音字母不过国语之一部分，若论国语，应分三部：一曰音韵，二曰词类，三曰语法，即如讲习科十科目中，如字母、如声音学当属音韵部，如成语当属词类部，如文法当属语法部，此外如读本、翻译、练习、会话、演讲及国语教授之研究等科，则与三部都有关系。[④] 不过现在已完成之教材惟有注音字母，其他关于词类、语法者尚在研究讨论中，所以诸君来此，实是以传习注音字母为主，在国语范围中只算是音韵一部分。其他两部，尚望诸君将来共同研究讨论，以谋国语之完成。此次锦熙所报告即分为两大节：第一，国语问题经过之概况；

---

① 北京华法教育会，中国近代教育团体，1916 年成立于法国巴黎。会长欧乐、蔡元培，副会长穆岱、汪精卫，宗旨为“发展中法两国之交通，尤重以法国科学与精神之教育，图中国道德、智识、经济之发展”。

② 见《注音字母发音图说》（1920）。

③ 见“教育部训令第二百三十五号七年六月一日（令为郭会员提议高师附设国语讲习科等案由）”。

④ 黎锦熙在该文中将“国语”内容明确为“音韵”“词类”和“语法”三个部分。

第二，国语筹备进行之计划。其间与各种学术都有关联，不能细谈，但述崖略而已。

一 国语问题经过之概况

（一）注音字母之制定。注音字母不过国语之一部分，其目的在统一语音，并不能说到言文一致，但是此事发端最早至今，可谓有三四十年的历史了。最初外人学习官话，苦于中国无标音之字母，就用罗马字母作成音标，我国人渐自觉悟于是，制音标者接踵而起，至今不下数十家。最著名者，北方有王君照（小航）的京音字母，南方有劳君乃宣（玉初）的简字。其得失是非，无暇细论，总之三四十年来，国中音韵学专家苦心经营此事者，大都各本其平日之研究，各就其所居之地方，有所创作。因之见解不同，争论无已。民国二年春间，教育部遂开读音统一会，每省派代表二三名，议定音标，按字审音。可惜是用多数表决的手续，与议政立法相同，不甚适于讨论学术，因之结果未能满意。[①] 然而注音字母三十九即由此会正式议决，并且审定八千余字之音（即今《国音检字》），其间千回百折，煞费苦心。外间不知此会经过之情形，所以多轻视此三十九字母，以为向壁虚造。会员中有于事后将成绩发表者，如邢君岛之《公定国音字母之概说》载在《东方杂志》第十卷第八号，杜君亚泉（伧父）之《论国音字母》载在第十三卷第五号。会员之外，则有钱君玄同之《论注音字母》载在《新青年》杂志第四卷一、三两号，最近又有当时会长吴君稚晖《致钱玄同论注音字母书》登在《上海时报》及《中华新报》（《新青年》四卷五号转载）。诸君若须从音韵学上考究注音字母之来历，不妨将四君之文查出一阅，其中尤以吴君所说为最精详。但是四君之中除吴君外，都对于注音字母略表示不满意之态度，而皆持之有故，言之成理。锦熙之意以为，此三十九字母纵有偏缺，但纷纭聚讼垂四十年，此次所定，无论如何总须权作为确定之音标。若以古韵学家

① 读音统一会审音之所以使用与“议政立法”相同的“多数表决”方式议定八千汉字的读音，在很大程度上是因为“议定国音”不仅仅是一个语言问题，也是一个政治问题。

之眼光批评之，则隋陆法言之二百六韵已为古韵学家所不取。故张惠言氏[①]之古韵二十部，径将广韵部目一举而空之，以诗求韵，佐以易屈。直到最近，黄君侃[②]始将“从广韵中求古韵”一个公式发明出来。在古韵家之心目中后世韵书且不承认，何论注音？即退一步以今韵学家之眼光批评之，则守温三十六字母，亦有不肯承认者，如陈澧氏即痛恶字母将《广韵》切语上一字分为四十类，以为是魏晋以来师师相传之双声标目。三十六字母尚无价值，更何论注音之二十四音母乎？不知考古是一事，国音又是一事。就时间言，无百年不变之音，就空间言亦无百里相同之语。国音统一是说空间，不问时间，是要将此三千余万方里之中国，设法使语音齐一，不是要起千数百年前之古人使与我聚谈一室。[③] 所以讲古韵或唐韵的人，若是将古韵或唐韵中的道理来驳注音字母，只可算是两不相干。并且古韵分部的问题，自宋郑庠分六部后，顾炎武分十部，江永十三部，段玉裁十七部，戴震[④]二十五部，孔广森[⑤]十八部，王念孙[⑥]、江有诰二十一部，张惠言二十部，严可均[⑦]十六部，黄以周[⑧]十九部，近人章君炳麟分二十三部，章君门人黄君侃又分二十八部。大都是分之于

---

① 张惠言，字皋闻，江苏武进人。清嘉庆进士，充实录馆纂修官，翰林院编修。工词赋，习篆书，研究《六经》，尤精通《易》《礼》。著有《周易虞氏义》《周易郑氏义》《周易荀氏九家义》《易义别录》《仪礼词》《读仪礼记》《茗柯文》《词》等。

② 黄侃（1886—1935），字季刚，别署信川、乔鼐、病禅、量守居士等，湖北蕲春人。早年留学日本，1908 年起从章太炎学习，后主办上海《民声日报》，先后执教于北京大学、金陵大学、中央大学等。著有《日知录校记》《尔雅略说》《文心雕龙札记》《集韵声类表》《黄侃论学杂著》《说文笺识四种》《诗品注释》等。

③ 黎锦熙在此处分析总结了传统和现代时期两种不同的语言标准：传统历史音是侧重于某个特定时间范围内语音标准，现代国音是则倾向于某个特定空间范围内语音标准。这种多维度的语言标准对于理解中国由传统时期向现代时期复杂纠结的语言问题很有启发，关于该问题的专门论述可见黎锦熙的《国语新文字论》（北京师范大学出版社，1950 年）。

④ 戴震，字东原，清安徽休宁人。著有《六书论》《声韵考》《声类表》《方言疏证》《毛郑诗考》等。

⑤ 孔广森，清山东曲阜人，字众仲，一字㧑约，号巽轩。著有《春秋公羊通义》《诗声类》《仪郑堂骈俪文》《大戴礼记补注》《经学卮言》等。

⑥ 王念孙，清江苏高邮人，字怀祖，号石臞。撰有《广雅疏证》《读书杂志》。

⑦ 严可均，字景文，清浙江乌程（今吴兴）人。著有《说文类考》四十五册、《说文翼》十五篇、《说文校议》三十篇、《石经校文》十卷、《上古三代秦汉三国六朝文》、《四录堂类集》一千二百余卷。

⑧ 黄以周，清浙江定海人，字元同，号儆季。著有《礼书通故》《儆季杂著》等。

纸上，并不能验之于口头，惟顾氏[①]与友人会，有读“天明”为“丁芒”一段佳话。近年胡君以鲁着《国语学草创》，曾于古韵之下注以罗马字母，按外国字母读古韵，略能分别，然究有牵强之处，此实我国研究古声韵之一大缺点。因为言古韵者只从古书中勤搜证据，加以裁断，傍形求音，定其类系，此固不失为一种归纳的研究法。但我以为往后研究古声韵学的必须如“丁芒”之例，字字能用古音读出，方算是能实验，方可谓合于研究学术的法则。那么自然也要用一种音标以期共喻，旧式的研究法也不能不稍稍改良了。总之，注音字母说是要从古韵、唐韵中寻出源流来则可，以古韵、唐韵学的眼光来批评他则不可。因为二十四声母既是根据守温三十六字母，并将他省去十五十二韵母与三介母，更是与元刘鉴的十六摄、《康熙字典》[②] 卷首之十二摄，沆瀣一气，其地位且在平水韵、洪武正韵之下，其主旨本在从俗，本要求简，何能以之道古？所谓“往而不返必不合矣”。至于等韵学家自然知道注音字母与等韵有密切之关系，但亦必有许多怀疑之点。诸君曾学等韵者若有此感，一读邢、杜、钱、吴四君之文，自可解释。锦熙不避烦琐，再将二十四声母与守温三十六字母、三介母、十二韵母与《广韵》各列为一对照表，以明其省并，分析之理由，今更按表说明，便知会中议定此种字母时之曲折困难了。(表见后)

1. 二十四声母。三十六母中“群、定、澄、并、奉、从、床”七母何以不制声母？因为南方以此七母为“见、端”等母的浊音，北方以为“溪、透”等母的浊音（此南北的界线不甚明了，在乎默喻）。而北方唯平声可分清浊，即谓之为阴平、阳平，南方有数省四声各有清浊，所以议决浊音一律不制独立之字母。除上七母已合并外，“邪”并于“心”，“禅”并于“审”，“匣”并于“晓”，“喻”并于“影”，有能读浊音的概加一“丿”的符号。北方就将韵母的阴阳平作为声母清浊之分，于是

① 顾炎武。

② 《康熙字典》，成书于康熙五十五年（1716），由康熙帝令张玉书、陈廷敬等参照《字汇》和《正字通》编纂而成。全书42卷，分为12集214部。书首列《字母切韵要法》和《等韵切音指南》，以便读者了解切音。又有《检字》和《辨似》。书中每字下详列《广韵》《集韵》《古今韵会》等书的反切，并加注直音；字义之下都引经、史、子、集文句为证，共收47035字。

此一大问题遂告解决。

“知、彻、澄”三母并入正齿音之“照、穿、床”，所以不制声母。其实依“ㄓ、ㄔ”之读法可以说是“照、穿、床”并于“知、彻、澄”，因为南方能读“照、穿、床”的容易与齿头音“精、清、从”相混。北方只有舌上音，无正齿音，譬如“知、支”二字，其音毫无区别，即湖广亦然。舌上正齿既难分辨，面子上就说是舌上并于正齿，骨子里实是正齿并于舌上，有能分别舌上正齿两音的自然知道。

“非、敷”两母本无区别，前人因要将轻唇音的“非、敷”比配重唇音的“帮、滂”，所以添此蛇足。陕西人虽有能读出“敷”母的，仔细审察，为辨甚微，当时并合为一，也就无甚问题。

“见、溪、晓”三母何以分作六母？就是因开合呼与齐撮呼的出声不同，惟有闽广人的出声是一样，后来服从大多数，就各分为正副两母。此理惟吴君说得最精，他说：“闽广人舌根势力大，故‘见、溪’等母之齐齿字犹在牙音。本系北中两部人之发音，为舌前齐齿韵母（如一）之势力所胜，故变入‘ㄐ、ㄑ’诸母之系。”今试将语音学（英语所谓 Phonetics）上的道理来说明：“ㄍ、ㄎ、ㄏ、ㄫ”是小舌与舌根之阻（Obstruction），“ㄐ、ㄑ、ㄒ、ㄬ”是软颚与舌背（即舌根稍前之处）之阻，比较略有前后之分；若再步步向前，则硬颚与舌面之阻为“ㄓ、ㄔ、ㄕ、ㄖ”，龈与舌头之阻为“ㄉ、ㄊ、ㄌ、ㄋ”，齿背与舌尖之阻为“ㄗ、ㄘ、ㄙ”，此外则唇与唇之阻为“ㄅ、ㄆ、ㄇ”，唇与齿之阻为“ㄈ、ㄪ”，发音机关显然不同。今作一口器直剖面图表明，此六类发音机关一览便能明白（图略去）。（又钱君文中谓，“娘”纽并未制母，但是会中当时制“ㄬ”母时，虽属“疑”纽齐齿呼，实是秉作“娘”纽之用。现在读“ㄬ”母已与“娘”纽混为一音，因为“疑”之齐齿与“娘”纽发音时均须舌颚相切，所拼之字又均属齐齿呼，所以特别易混，就乘势混为一母了。）

“影、喻”是深喉音，注音字母三介母及十二韵母概以深喉音读之，故注音时不用声母之字，即是属于“影、喻”两纽，此是求简通变之方法，不像从前反切限定两字切一音。惟“喻”母江浙人有主张存留的，因为他与“影”母确有清浊轻重的分别，现在只好暂作罢论。

“日”母在当时颇有争辩，因为江浙等处的半舌半齿音多半混入正齿音之“禅”母，如读“日”如“实”之类。若要他卷舌发声极为困难，所以有主张省去的，但是北京人此音最发达，不独声母中须存此音，即韵母中且勉强制出一个“儿”母来了。

2. 三介母。注音字母中最神妙最有价值的就是介母。从前所制音标大都是在六七十字以上，学者每苦于记忆，未有能以三十余字母了事的。因为我国同音之字又分等呼，开口齐齿，合口撮口，呼法不同，字音即异。当初制音标的，不是分等于母，就是分等于韵。分等于母，声母就繁多了（如劳氏简字，单就声母说，京音有五十母、宁音五十六母、吴音六十二母）；分等于韵，韵母又繁多了。自从发明介母用三拼法，便能以简驭繁，确是一大进步。除开口呼不用介母外，齐齿用“一”，合口用“ㄨ”，撮口用“ㄩ”，譬如“珊、仙、酸、宣”，同是用声母“ㄙ”、韵母“ㄢ”拼切，而齐齿之“仙”则作“ㄙㄧㄢ”，合口之“酸”则作“ㄙㄨㄢ”，撮口之“宣”则作“ㄙㄩㄢ”。前年胡君玉缙[①]有文登在《北京日报》说注音字母：单拼的是比音，三拼的是拼音，不合双声之理。不知三拼法上下两母仍是一纽一韵，无异反切，中间介母特以表明等呼，层次井然。大约本不知道注音字母的，遽然用音韵学理来批评，多半不合事实。

3. 十二韵母（并三介母）。“麻、韵”中“爹、嗟、些、邪、车、遮、奢、蛇”等音，明清以来早成变韵。《洪武正韵》一书，向来音韵学家诋为毫无价值，惟吴君[②]说他“五百年来有一种潜势力，卫古之士时时争之于纸上节节失败于口中”，其言甚为痛快。此书变古从俗，务与实际相合，故将“遮、车”等字毅然别立一韵，现在从北部、西南部以及湖广语言中都有此音，试在各都市叫“车”便可实验，惟有江浙等处不能发出。所以韵母中分开“麻”韵别制“ㄝ”母，在历史上既有根据，地理上也是占优胜的。

---

① 胡玉缙（1859—1940），字绥之，江苏元和（今苏州）人。1891 年中举，1900 年任福建兴化教谕，1903 年入湖广总督张之洞幕府。1904 年东渡日本，考察政学。1906 年补学部主事升员外郎，1908 年任礼学馆纂修，后任京师大学堂讲习。入民国后曾任北京大学、北京高等师范学校教授。

② 吴稚晖，吴氏意即在五百年时间里，语音标准逐渐由书面语（时间）维度向口语（空间）维度过渡，此说是前文黎锦熙多维度语音标准在近古时期逐渐发展的生动表述。

韵母中也有复古的，如“虞、模”之别，“灰、咍”之别，“元”与“魂、痕”之别。在平水韵（即现在通行的诗韵）本合并得毫无理由，今日居然复广韵之旧（看后表自明），也是事实上本来如此。

韵母中之“儿”母，本是将就北方的方音，现在反对的甚多。即注音时亦不常用，因其在“支”韵中仅有一音，即“儿、而”及“耳”二等字。大约“支”韵分隶各音最为复杂：齐齿各音属于介音“一”，合撮各音属于韵母“乀”，齐齿中舌上正组各组之音又另为一部，即是“ㄓ、ㄔ、ㄕ、ㄗ、ㄘ、ㄙ”各声母之本音，而“日”组各字又特制一韵母“儿”，是一韵变成四韵。北音如此，湖广亦然。江浙一带不能依此区别，大抵只属于介音“一”，所以读“儿”若“倪”，对于“儿”之韵母，当然反对。但是“儿”之为母，不专为辨韵而作。所谓北京方音，就是品物名词之下大半缀一“儿”字，在近世小说词曲中已数见不鲜，所以北人要另制一母以当之，事实上也不是全无理由。声母既有“日”，韵母复有“儿”，故京腔之特征就在打弯舌头的音特多，也就是东南各地方所不满意的处所。

平水韵中“支、微、齐、灰、佳”五韵，除“儿”之外，凡齐齿各字多属“一”，合撮属“乀”，开口属“ㄞ”，故“乀”母所属之字关系四韵。如同是“ㄍㄨㄟ”音，有“支”韵之“龟”，“微”韵之“归”，“齐”韵之“圭”，“灰”韵之“傀”，都作合口呼。故古今音分合虽复，却甚有条理。

会中争执甚烈，终归于调停的，就是添造闰音一事，其中最要紧的就有三个问题：第一是“庚、青、蒸”与“东、冬”之别。今即以湖南音读之“东、冬”与“庚、青、蒸”确有分别，北方读“东、冬”不过是“庚、青、蒸”的合口音，所以不愿另制韵母。第二是“侵、覃”等闭口韵问题。在古韵中“侵”与“真、文、魂、痕”，“覃、盐、咸”与“元、寒、删、先”截然不同，填词家尚称“侵、覃”等为闭口音。至今广东音犹与古合，所以三喜牌之“三”拼成英文为“Sam”，以“m”收声。在他处此音早绝，粤音虽契于古，只是寡不敌众。第三就是“江、阳”之别。江浙人分别最清，犹记前年江苏出有一种关于注音字母的印刷物，将“江”韵另制一韵母，以求合于实际。其实此三问题会中已经解决，各地方可将不同之韵别为闰音（或于韵母右旁作一竖为记，或用复拼法，观后表自明）。但现在注音时并不会实行，恐是实际上已无分别之必要了。

4. 四声点法。至于点声之法，当初本议决依旧法分为平、上、去、入四声，后因北京无入声，就分为阴平、阳平、上、去，而缺入声。现在注音字母是用五声，阴平无号，阳平、上、去、入仍依旧法作点。其实当时各省代表有主张缺入声的，有主张平声不分阴阳的，有主张用五声八声至九声的。八声是将平、上、去、入各分阴阳（即清浊），而广州人于八声外，尚有一种不清不浊不阴不阳之入声。北京音无一入声，广东音一字乃有三入声，可见四声多少原无一定。因为四声的分别不过是发声时间之长短不同，所以当时会长吴君于未开会以前所作进行程序书中就说明，北音之阴阳平，是清浊问题，非长短问题。又将风琴作一比例，同按一音，短的按一拍子是入声，长的按至三拍子以上就是平声，这是对于四声一种严格的解释。关于此点，学说甚多，现在也无暇细论。总之本来知道分别四声的，无论是何处人，只照所知著点，一定不错。因为千余年来，四声是应试时作诗赋必须讲究的，功令所关，在纸片上早经统一，但是一到口头，就是一乡之隔，便觉不同。所谓“秦陇则去声为入，梁益则平声似去”，在陆法言的时候四声分判未久，已是此种情形。现在学习国音要从口头上分别四声，据我的经验就是陆法言这两语的方法最好，各人将本处四声读法为本位，每声与国音作一番比较，即于其间加一等号。试举长沙音为例，国音的阳平等于长沙的去声，上声等于入声，去声等于上声。无论何字，国音读平上去，我就暗中读去入上，自然差不远了。但是此种方法只能得其大凡，不能十分精密，因为四声本来是不能十分确定的，并且四声在统一语音上却无重大关系，只要所说之字声母韵母与呼法都不错，即令用本地土音的四声，北京人听了也是懂得的。

（二）注音字母与标准音。注音字母不过是注明国音的一种音标，若要统一国音尚须定标准音。标准音者以国中某地之音为标准，再将字母逐字注上，是制定字母以后第二步的工夫，所以当时会中就接续审定字音，通过八千余字，王君璞（蕴山）等既依此编为《国音检字》，吴君稚晖又由部委托编定《国音字典》，现在已经脱稿。北京既是首都，照东西各国以首都音为标准语之例，自然应以京音为标准。但是此一问题现在议论尚不一致，如章君太炎一派多主张以湖北音为标准，意谓“金元以来朔虏侵入，中原之音移于江汉”[①]，这就是他主张的理由。本来官话有两种：一为南方官话，一为北方官话。南方官话历史较长，北方官话之词头语尾间亦杂有土音，试令一南京人与一北京人各说一段话，依音录出其有音无字之处，北京人必较多，即此可判优劣。但此尚兼有词类与语法的关系，若专从音韵范围讲究，所不满于京音者不过数点：第一即是无入声。然现在国音明明不废入声，北京人自不能不从众分别，故此不成问题。第二即是母之清浊与声之阴阳不分。但此是音理上之讲究，在言语上不足为京音病。第三即是卷舌音太多。然英、法、德等国语言亦是如此，从比较语音学上论，此种音之价值尚难判其高低。由此而谈以北京音为标准，只要事势上便利，也不必过于苛求了。现在我国本部的语音，章君曾分为十类，我以为就统一之难易而言，约可分作四等[②]：第一等最难的是闽广；第二等是江浙及安徽之一部分；第三等是江西及安徽、湖南之大部分；第四等就与京音相差不甚远。如黄河流域六省及东三省，虽各地方也有难解之土语，但大致是同一系统，即所谓北方官话；此外则湖北、四川、云贵、广西及湘西与南京、杭州都可算是南方官话，此一大类几占本部四分之三，却是最容易统一的。照此看来东南沿海最便交通之处，语音倒很难听。西南边远文化初开之地，语言反甚普通，岂不可怪？考其原因，西南改土归流不过二三百年间事，当时施政设教自然是励行国语，所以有此效果；东南情形便不相同，其语言或存古音或杂土语，族姓转徙频繁，语音尤易混杂，惟有金陵、临安曾为国都，故南京、杭州犹存官话，合历史、政治、社会种种方面观之，语音流变确有脉络可寻。但闽广语音虽怪，势力却不可侮，南洋华侨通行闽粤之语，演说若用官话便须翻译，若到美洲又非粤语不行。近见南洋华侨所用国语教科书专授官话，可见都有国音统一的感觉了。所以用京音为标准，学之不成也不失为南方官话，因当初南北官话本属一种，自

---

① “南北相较，惟江汉处其中流，江陵武昌韵纽皆正，然犹须旁采州国以成夏声。”（章炳麟：《驳中国用万国新语说》，《民报》1908 年第 21 期）

② 黎锦熙以语言统一的难易程度将汉语分为闽广地区、东南地区、西南地区和北方地区四等，并从历史发展、社会变迁的角度分析东南与西南语音难易的缘由、南京杭州等城市语音的历史优势、闽广语音的海外势力等，颇具民国时期社会语言学分析先声。

不必过为分别。官话所包区域如此广大，自是积之有素。故日本文部省之国语调查会，去年对我们部中调查员说：“贵国官话实系一种普通语且极有权威，为国民教育计自宜普及于一般人民”，可知定京音为标准音，也是有因势利导的作用。

（三）注音字母现在之应用。国音统一，利益及于种种方面，教育上、交通上更可除去许多障碍，其理易知，不须多说。注音字母既是统一国音的利器，已学习者即知国音之拼切法，并且有此独立的音标，就要学各处的方言，也有了记声音的符号，比较按字记音容易得多。推之习等韵、学反切，有此符号即能离字辨音，不为形象所拘，不为乡音所缚。即如开合等呼自有了三介母，无论何字均可自然分出四种呼法，且无论何人均能随口读出四种呼法。所以我说三介母最神妙、最简便，因为他既可作声（“影、喻”）又可作韵（“支、微、齐、鱼、虞”），放在声母与韵的中间，非声非韵，即足以辨等呼。从前文人学士视等韵反切为专家之学，有此注音字母便妇孺能解了。还有可报告的两件事，都是注音字母发生的作用，尚未实行的是新式电码，已实行的就是旗语。中国电码只能传形不能传声，四码始得一字一翻一译，程序甚难，比较外国的电码，繁简迟速真不可以道里计。譬如北京至天津、苏州至上海，凡轮轨可通的地方，发一快信，在一二点钟内即到，若用电报两面翻译费时反多。至于铁道行车，钢轨桥梁忽有损坏变生，顷刻补救不及，惟有发电前站使车停避，当紧急之时，一分一秒之迟速关系千百万之生命财产，试问此时以旧法拍电所受的损失应有几何？所以京汉铁路发电概用法文，京奉则用英文，所以不用本国文字实是势不得已。又如海轮遇险，发电求援，无线军电尤须迅速。倘若发电须翻，收电须译，一定贻误事机，因此曾君彝进（叔度）[①] 在北京发明一种新式电码（前数年商务印书馆印君有模曾有所创制，不过将旧法稍加改良，至今似未实行）。此种新式电码即是利用注音字母，以京音传电。一写即发，一收即阅，既省时间又能节费，依他的计算，电费至少省去一半。现在尚未实行，

① 曾彝进（1877—?），本名仪进，字叔度。四川华阳人。清末赴日本东京帝国大学留学，归国后任职于满清政府工部、邮传部、大理院及资政院。民国初期，任约法会议议员、政事堂参议及“国语统一筹备会”委员等职。

也就是因为国音尚未统一之故。至关于军事的新式旗语，则已渐通行于全国陆海军，当初陆军中所用旗语，也和电码一样迟缓困难，无补军事，海军中径将英语作旗语之用，敌人一望而知。因之曾君又发明一种新式旗语，由王君璞编纂成书（北京注音字母书报社发行），全用注音字母，不仅传声且能传形，极简便，极迅速。现在陆军部传习殆遍，教育部已审定作为全国学校童子军用书。总之我国物质文明交通事业，如果日有进步，那些文字上的障碍自然要设法排除。注音字母所以立声音之准，济文字之穷，实是大势所迫，不能不制定颁行的。

（四）注音字母学习法。学注音字母的人若本来通晓等韵，但须看此两表便可无师自通，不过记忆字母稍须练习。然三十九字母就是最简单之独体汉文，表中具有本字，习说文者一览而识。惟写时多用篆体作楷书笔法，读时应知道二十四声母，但取本字之双声，发音务促，收声只在“支、歌”两韵的阴平或入声而已。三介母和十二韵母，但取本字之叠韵发音，务舒缓，只读喉音、开口呼、阴平声而已。拼法则单注、双拼、三拼，均无不可（北京注音字母书报社出版之《国语讲义》说得颇明白）。至不知音韵学而通外国文者，一二小时也可学成，此外则须学习一两周再加练习，自然纯熟，犹之学外国文的拼音，又无不规则之处，所以容易。

（五）其他关于国语之事项。国语问题除注音字母已经解决之外，尚无何等重要之事实。惟“国语”二字当初不过是左邱明一部书名[①]，辽金各代虽有国语，尚是示别于汉文之名称[②]。记得前清末年，北京中央教育会曾提议“国语统一案”多数通过，又民国二年教育会联合会开会于北京，湖南代表似曾提议“改小学国文科为国语科”，自是“国语”二字方与日本学校课程中所谓国语科之意义相合。[③] 民国五年秋在京各省人士始发起一国语研究会，从文字上之鼓吹入手，搜集各种关于

---

① 左丘明《国语》。

② 上古时期“国”的概念多为“诸侯国”，所以《国语》一书记录各诸侯国历史；中古之后“国”亦指异族政权，所以辽、金乃至清均以“国语”一词表示各自的民族语言。

③ 清代前期亦有“国语骑射”一说，其中的“国语”表示满族的民族语言（满语）。至清末伴随现代“国家”概念进入汉文化，日本的“国语”概念随之进入，“国语”则表示中国的国家语言汉语。

国语之书报颇多。六年暑假时，部派陈佥事懋治到日本调查统一国语办法，购搜该国文部省国语调查委员会所编纂之书籍及调查图表数十种而归，是年全国教育会联合会议议决“改国民学校国文科为国语科案”，曾具文向教育部呈请。本年夏间全国高师校长联合会议决“设国语讲习科以养成国语教员为宗旨”，暑假后次第举办，这都可算是实行上逐渐的准备。

二 国语筹备进行之计划

国语中之注音字母，目的在统一语音。若讲到国语全部的目的，就可说是言文一致。关于此点，社会上之议论主张，急进、缓进极为复杂。锦熙曾就个人的意见，拟就一具体的计划书，只以研究调查为范围，曾刊载本年《教育公报》及上海商务馆《教育杂志》，现在一并印出，藉供诸君讨论。锦熙作此，本含有一种调和折衷的意味，无论何派意见但有切实可行之方法，总可兼收并蓄纳入此计划书的系统中。[①] 至于各方面不同的主张，约可分为四种：第一种最急进的，是要实行文字上的根本改革。谓主形不主音的文字，照世界的趋势看来，在二十世纪以后决无存在之余地。并且现在各种新学艺的叙述与汉文实不相适，所以专门书籍多难翻译，不如径以世界语为国语，或采任何一国之文字为第二国语。因为文字不过是代表言语的一种无意识的符号，只求简便，确实易于通行，不必要与民族历史有关系。第二种稍为缓和的，是提倡新文学的一派。谓现在国文实是古典文学，应该用现代通行的白话建设一种新文学，就名为国语的文学，以欧西拉丁语与近代各国之国语，作我国文词与白话[②]的比例。第三种最称稳健的，就是纯粹教育家言，主张将中等以下各学校国文一科改为国语。就是要将社会上通行的文字程度改低，使小学生徒易于通习，多留脑力时间用之于实用科学，且社会上交通情意，灌输知识，无文字上之隔阂，自较容易。至于中等学校以上，国文仍列为科目，专门文科自不必说。第四种就是率由旧章的保守派了。平心论之，第一派理想虽高，在现今的事势上实难办到，即如日本本有假名，本系

① 黎锦熙自认为是语文改革诸派别中的折中派。

② 文言与白话。

言文一致，要将少数汉字废去，提倡多年尚且不能实行，何况我国数千年习用之字，岂能骤改？只好待之将来自然的趋势罢了。第二派要从文学上改革，我以为“改革”二字似用不着。因为此种文学，在宋元人的小说词曲盛行时，早已成立。金圣叹选集才子书，《水浒传》《西厢记》已与左孟庄骚并列，何待今日始行建设？至于古典文学，原与国语的文学两不相妨，尽可依各人的志愿与趣味自由选择，似不必提出“改革”二字，徒然招旧文学界的恶感。不过社会风气将古典文学看得太重，小说词曲只当作消遣之具，应用的文学上竟无白话体的立足地，则不可不有人提倡转移耳！至于第三种（第四种可以不论）的主张，就是我们今日亟须讨论研究的。因为四年间的国民教育原是谋教育普及，现在的通俗书报、白话文告在社会上本已通行，而小学国文一科，尚是因仍旧习，学生在此四年中所学文字，一知半解，雅俗两伤。锦熙数年来熟思深虑要改编一种完善的小学国文教科书，易稿凡三四次，后来据各方面的实验，方知文体不改，断难达到应用之目的，不如因势利导，迳用白话浅说编成教材，使之于四年中熟练正确之国语，以期适用于社会，无须强作文词，反贻下笔谬劣之羞。且从儿童心理方面观察之，用白话输入知识唤起兴味，较之文言为易。无句法笔法诸缭绕，解释上可省却许多工夫，识字可以较多，发表传达其思想亦自较易。并且用国语为教材，语言程度可以提高，与程度低之文字自相接近，不说言文合一也自然合一了。本来国语与国文并无截然之界划，不过是程度之高下不同，不学语而先学文，只可谓之颠倒次序。因为文词关键，惟在虚字，凡虚字通顺者，实由暗从口语词气中比照而得。设如儿童说话尚不知运用“的”字，遽从读本中教以介词“之”字，或尚不能作疑问语气与反证语气，遽授以“乎”“哉”等字，即令他读之琅琅上口，终是莫名其妙，必待书万本、诵万遍，成了生理上自然的习惯，方能使用自如。所以旧时讲习国文，虚字神味任其自喻，只可谓之一种“神秘的教授法”。若能先习口语，正其词气，到学习国文之时，遇一虚字，略加指点，而意即通，而神即传，何等胜任愉快！凡此皆教授上之便利，语文非但无忤，抑且相资。迟徊审顾的人，疑团可以尽解，诸君将来不妨试行国语教授，字音照国音读固是紧要，尤紧要的就是改变文体。可先于国民一二年级将文词试改为白话浅说，虽则部章未用国语为科目名称，先行试办，固无妨碍，此即后幅《计划书》中编定国语教科书之先声。虽则严格的筹备尚应有多少事项，但根本的计划与应急的方法，原可同时并进。其余各事，均望诸君就《计划书》细加讨论，不必覼缕陈述了。[①]

（附）国语研究调查之进行计划书（已载本报第五年第三期附录门）

（附）字音表序例黎锦熙拟（民国六年）

国文初步，首重发音。他邦拼音成字，始授字母，音必正确，则其特重发音教授，固其宜也。我国部定小学校教则，于国文要旨亦云首正发音，故课程表中特标此项。顾至今发音教授尚无一定之成法（实则国文一科其教授法全无统系，不止发音一事也）。坊本苟简，宁能及此？（近坊本有以分别四声为字音教授者，用意甚善，特四声不过声音之长短舒促，于发音之重要关系无与也。）论者以为国音尚未统一，方言各殊，此事固无从着手。不知我国土地寥廓，山川异形，则言语自然异音，将来轮轨四达，交通频繁，因势利导，自能趋于统一。今虽矫以法令，而数年之间尚难奏功。且论者或谓农工生活，异于负贩，乡村百里，从俗为便。普通教育，蕲适切各方面之生活。若于乡曲学校教授读本，废绝乡音，强从中声，读音语音转成歧异，国音虽通，无当应用，与实用主义无乃睽离。又近今音韵专家，恒谓我国方言，各有语根，通于古训，明于双声叠韵及声音转变之理者，不难触类旁通，寻其系统。是则方音虽殊，同出一原，非异族殊音之比。即不言形式之统一，要无碍于统一之精神，倘能因其自然，略加整理，矫其讹音，正其土语，则辞气之间自能远于鄙俗。且读本据字发音，异乎对语。鄙俗之病，口语为多，若论读音，即北燕南粤亦易证其同原。故事有异而不害其为同者，此类是也。然则谓发音教授之整理，必待诸全国语音统一之后者，由前之说，是为不可能，由后之说，又为不必要。兹谨就部编国文读本中生字列成一表，名曰《字音表》。所注字母悉准国音纽韵，类别旁通旧谱，其有旧谱与今音不合之处甚少，可见隋唐以来，年代虽久，声音之转变无多，或各方之音，其纽韵与国音甚不同者亦有限，且易寻其转变之迹，可见我国土地虽广，声音统一原自不难，悉说明之。约繁入

① 第二种主张与第三种主张似乎不是激进程度的差异，而是适用领域的区别：前者属于是文学的、一般应用的领域，后者则属于语言学的、教育的领域。

简，理其乱纷，凡以便教授者之参稽而已。至于发音教授目的所在，不外使儿童发音有系，读字无讹，且便教授注音。识其音切，按切识字，事半功倍。循是以往，声音就理，渐趋一轨，又顺而易。若夫自学辅导教授新潮练习事项，必及音声，据斯表以设例题，或证同音或析其异，方式至伙，在教授者善为举隅而已。爰将例要，条列左方，教授方法并附其后。

（例言删去）

（附）教授法

单字之读法。

每授一单字，先审发音部位，次辨呼法，次定韵部，终别四声。如“天”字：发音部位为舌头，属于“透”母，将舌头重抵上颚，用气冲破以出声（如西文字母之“t”然，即注音字母之“云”［“ㄊ”］也；若误为舌上则成“ch”音，即注音之“ㄓ”，读“天”若“牵”矣；误为齿头则成“ts”音，即注音之“ㄘ”，读“天”为“千”矣；若用气太轻则成“d”音，即注音之“ㄉ”，读“天”为“颠”矣）。呼法属齐齿，将上下齿两相比对，作欲嚼状，然后出声。不可张口而呼（故注音时必用介音“一”字，否则误作开口呼读“天”为“滩”矣）。韵部属十二摄之“干”，摄口渐舒张，声从鼻出，舌抵上颚以收之（即“寒、删、先”等韵，如“an”然，即注音之“ㄢ”；若不审辨，则或读“天”为“厅”，或为“梯阳，ㄊ一ㄤ”，或为“梯哀，ㄊ一ㄞ”矣）。必依此，分三段授以口态之动作，于是“天”字读法无讹，再授以平声清音（即阴平若误为阳平，则读如北音之“田”矣）。而后此字之发音教授完全矣。

音分单复。

如右所举“天”字，系一字三拼者，即用注音字母明之声母“ㄊ”、介母“一”、韵母“ㄢ”，必具此三母，然后“天”字之发音、呼法、韵部，咸得表出。次之若双拼者，则音较单。如“羊”字（发音、呼法可同注以“一”母，韵部则注“ㄤ”母）、“土”字（发音为“ㄊ”，呼法与韵部同为“ㄨ”）是也。不须拼切出口成声者则为最单，如“一”字（即介母“一”）、“二”字（即韵母“儿”）是也。故普通字音之单复可依此判为三种，检表中各字之注音，即一览而知，归纳教授。初授发音，但使儿童依法练习，切不可提出声母、韵母等名词。俟同一声母或韵母之字，授至三四字以上，即从练习段中令其比较而类化之。迨第二、三学年间，类化之字既多，即可逐渐提出声母或韵母使概括之。音母、韵母即用注音字母，故此方法一面使发音正确，一面即用归纳法教授注音字母于第二、三学年间也。务令四学年终凡，读本所授之字，悉可摄之于二十四声母及三介母十五韵母。生字之数纵及三千，而其音则可约为三百六十。更能熟练呼法，结合闰音，则一切未读之字，无不按切而识，即无字之音俱能依母而拼切之矣。

教授实例。

如右之比较练习法，非但类化同音之字，同音而微有区别及音异而最易相混者，可同时令其辨别之。兹举种类及实例如左（就喉音表各字为例）。

一、音韵平仄全同者。如第一年开始授“一”字至下学期授“亦”字（第二册第十四课）时，于练习问题中，可问与“亦”同音之字为何，务使忆出“一”字作答，“椅”“矣”“以”“已”四字亦然，后俱仿此。二、音韵全同而平仄异者。如既授“一”字，旋授“衣”字（第一周），“衣”与“一”音韵全同，可令准照“一”字发音，然“一”为入声，“衣”为平声，声音舒促之间，复令其细加审辨。三、平声复分清浊。如“衣”与“移”是，可于授“移”字（第二册第十七课）时，令审辨之。四、同音韵各字之统括。如右所举“一”“亦”“衣”“移”“椅”“矣”“以”“已”八字，虽有平仄清浊之辨，要同属于一音，即注音字母之“一”也，八字中最后所授为“移”字，即于授“移”字时使概括之（此际已届第一学年下学期，可否即随机教授注音字母，尚俟商决）。五、同音异韵之字。与“一”“衣”等字同音者，如喉音表中自“腰”“要”至“也”“叶”等二十一字，均是盖皆出以喉音作齐齿呼也。唯韵分为七，更别四声，则十有五音矣，均可准前四项方法，使分合练习之，最后则使为同音母（即“一”母）字之大统括。六、异音同韵之字。如喉音表中之“淹”“盐”、齿舌表中之“然”、舌头表中之“天”等，同属“先、盐”等韵，即十二摄中之“干”摄，注音字母之韵母字“ㄢ”也。一面既将各生字为同声母之统括以摄双声，一面又随机为同韵母之统括以摄叠韵，教法相同，其先后则适宜定之可也（总合同韵之字，见后附之生字分韵表)。七、同音韵而异呼法之字。如喉音表中各字概属喉音，是为同音，其中“因”“云”“恩”“温”四字俱属“根”摄即“真、文、元”等韵可相通，即注音韵母之“○”[“ㄣ”] 也，是为同韵。唯四字音韵虽同，而呼法则异，“因”为齐齿用介音“一”，“云”为撮口用介音“ㄩ”，“恩”为开口即元音不别用音母亦不用介音，“温”为合口用介音“ㄨ”，务令辨别，又如舌头表之“道”与“鸟”亦属此类。要皆示以口态之动作，使之练习久之，自能知类而贯通也。

教授书。

发音教授即包含于读法教授之中，如右所举之各方法，可依生字之次序，按本表之系统适宜配列于读本。教授书中，本表即附教授书后，以备教员检核之用，即视为教授书中之参考事项可也。此表例系民国六年所拟，因注音字母虽制定，但在国民学校课程中应如何加入之处，尚属未能次定之问题。此种教授法是当未决定此问题之时，先实行发音教授之一种办法，亦即目前适用注音字母于小学教授上权宜之法。在过渡之际，但求切实可行，所以附印于此。

(附) 国语选字表旨例黎锦熙拟 (民国七年)

一、本表为预备编辑《国语辞典》(简章丙项) 及国民学校各科国语教科书 (简章丁项) 之用。二、本表暂依《字典》部首选定之。三、备采之字分为五等如左：第一等常用字，日常生活所必要者，即未受教育之人语言中恒用之字；第二等特用字，如地名、姓氏、干支等；第三等间用字，谈说普通事理及社会习用之成语中恒用之字 (以上为备采之字)；第四等罕用字，专门学术所用或高等文学中之僻字或方言之不普通者；第五等不用字，已废之古体字，择其有关字源者，存以备查 (以上为备查之字)。四、五等之外列省笔字一种，或为古体，或系俗写，均为注明，惟择其较为通行，可以之代本字之用者。五、说文部首别为记号，以备检查字源之用。

注音字母第一表（三十四聲母）

發音機關	字母	注音字母	聲母所假借之原文及其音義	今讀若	羅馬字母
牙音（一稱後喉音又稱顎音）	見 （一）開合呼	ㄍ	ㄍ 古澮字 古外切	格	k 此法文音英音如g
	見 （二）齊撮呼	ㄐ	ㄐ 今作糾 居尤切	基	ch 讀如chi
	溪 （一）開合呼	ㄎ	ㄎ 氣欲舒出有所礙也 苦浩切	克	k' 此英文音
	溪 （二）齊撮呼	ㄑ	ㄑ 古畎字 苦泫切	欺	ch' 讀如chi
	羣 [illegible]	羣			羣
	疑 （一）開合呼 （二）齊撮呼	ㄫ ㄬ	ㄫ 兀高而上平也 五忽切；ㄬ 广 因厂為屋也 魚儉切	[illegible]	ng gn
舌頭音	端	ㄉ	ㄉ 即刀字 都勞切	德	t 此法文音英音如d
	透	ㄊ	ㄊ 同突字 他骨切	特	t' 此英文音
	定 南音為端之濁音 北音為透之陽平	定			d
	泥	ㄋ	ㄋ 即乃字 奴亥切	訥	n
舌上音	知 徹 澄 [illegible]	[illegible]			
重脣音	幫	ㄅ	ㄅ [illegible]	[illegible]	p [illegible] b
	滂	ㄆ	ㄆ [illegible]	[illegible]	p'
	並 [illegible]	並			並
	明	ㄇ	ㄇ [illegible]	墨	m
輕脣音	非 敷	ㄈ	ㄈ [illegible]	弗	f
	奉 [illegible]	奉			
	微	ㄪ	[illegible]	物	v
齒頭音	精	ㄗ	ㄗ [illegible]	資	ts 英音如dz
	清	ㄘ	ㄘ [illegible]	疵	ts'
	從 心 [illegible]	ㄙ	ㄙ [illegible]	私	s
正齒音	照	ㄓ	ㄓ [illegible]	之	ch 讀如chih
	穿	ㄔ	ㄔ [illegible]	蚩	ch' 讀如chih
	牀 審 禪	ㄕ	ㄕ [illegible]	尸	sh
喉音	曉 [illegible]	ㄏ ㄒ	ㄏ [illegible]；ㄒ [illegible]	黑 希	h hs
	匣 影 喻 [illegible]				
半舌音 半齒音	來	ㄌ	ㄌ [illegible]	勒	l
	日	ㄖ	ㄖ 即日字 [illegible]	入	j 讀如jih

注音字母第二表（十五韻母）

陰聲之部

麻	歌	尤	蕭	肴	豪	魚	虞	支	微	齊	灰	佳
ㄚ	ㄝ	ㄛ	ㄡ	ㄠ		ㄩ	ㄨ	ㄦ ㄩ	ㄧ	ㄟ		ㄞ
果		流	效			遇			止		蟹	
阿	婀	歐	鉤	高			祗			倪		該
ㄚ	ㄝ	ㄛ	ㄡ	ㄠ		ㄩ	ㄨ	ㄦ	ㄧ	ㄟ		ㄞ
阿	訶	歐	熬		迂	烏	兒	衣		危		哀
ä	eh	ô	ôu	âu	ü	u	êr	i	êi			ai

陽聲之部

陽 江	咸 鹽 覃 先 删 寒 元	侵 文 真	冬 東 蒸 青 庚
ㄤ	ㄢ	ㄣ	ㄥ
宕 江	咸 山	深 臻	通 曾 梗
岡	干	根	庚
ㄤ	ㄢ	ㄣ	ㄥ
昂	安	恩	哼
ang	an	ên	êng

入聲之部

韻目	ㄨ	ㄩ	ㄧ	(ㄩ)	ㄛ	ㄚ	ㄝ	ㄟ	ㄠ	ㄞ
屋 沃 物 質 錫 職 陌 緝 覺 曷 藥 月 屑 合 黠 洽 葉										

（注意）入声各韵，等韵中系将他和阳声各韵相配。现在国音阳声各韵母概无入声，就是阴声各韵母也不尽有入声，所以本表入声之部特加详细，观此便知国音入声各韵母是有一定的（“ㄟ、ㄠ、ㄞ”三母的入声最少）。

以上两表[①]，系锦熙最近在山西所改正，与前部讲演录所说明者颇有未合之处。其未合者应以本表为准，不以讲演录为准也。民国八年二月锦熙附识。

（《教育公报》1919年第6卷第1期）

论注音字母书

（吴敬恒）

教育部既公布注音字母后，沪上全国青年会[②]西人召集江浙一带传教士开会，筹用此字母拼成方言，以代原有之罗马字拼音。毅[③]以吴先生[④]命代表预会，因有感触者数端。（一）读音统一会所定声母韵母止三十有九，改拼土白，须添母韵甚多。各地土音不同，听其任意添制，势必互相歧出。既与统一原案不符，或且因原定字母不适用而推翻之。（二）青年会开会主旨欲特制一种拼法，统一江浙方言，于是有甬沪之争执。我国本因发表方言不统一，反切不适用，始有此统一读音之举。今大统一之中又有此小统一，各省事同一律，自当仿行，岂非与读音统一问题愈去愈远？（三）教育部不采用简字而采用注音字母，此字母本不能离汉文以独立。今青年会因便于为不识字人传道，所刊文籍止用拼音，不列汉字。将来各地土音拼法成立，社会习用既便，势将喧宾夺主，置汉文及国音于不问，则读音统一之结果或适得文字歧出之弊。此皆毅之过虑，故以质之先生。盖毅之思想简单，求统一则止知以统一为标准。既定国

---

① 指“注音字母第一表”和“注音字母第二表”。

② 全国青年会，中国基督教青年会，创建于1895年并于次年形成青年会全国组织。

③ 方毅。

④ 吴稚晖。

音，不论良否，全国皆应遵用。因我国方言之复杂，古［均］书之繁重，决无迁就善法，使人人满意，不如斩断葛藤，以定一是。先生之意则欲借此先筹备通俗教育之推行，使下等社会先由土音以识汉字，再由汉字以知国音读，间接收统一之效，目的同而方法不同。兹承先生委曲指示，故节录登载，以祈与世之热心兹事者共览焉。方毅附识。

（前略）来函怀抱恐慌之点。注意于废汉文及简字之关系，国音与土音之关系，又欲求预防之法。此等恐慌似乎为普通之恐慌，凡普通之恐慌，皆含有至理在内，而又含有绝谬之点在内。不惟文字一端如此，凡百庶政亦无不如此。此其所以改革之际，或因普通之恐慌，阻止猛力之暴进（此善也），亦然有普通之恐慌，阻止合理之精进（此非也）。回首二十年之维新[①]，阻止暴进者固有之，而阻止精进者亦不少。惟此事问题太复杂，原因太多端。非此范围内之事，姑不羼论。至于注音字母不能成文字，随地拼音为必不可少之便法，余一人亦曾自问自驳，致谨者数十遍，近年来则得今日之观念。此观念有谬与否，何敢妄断？姑陈余之理由，则于普通恐慌之点，亦略有解答，且不敢以强辩造诬妄也。

（甲）注音字母不能成为文字

先生[②]固非极端的保守汉文派，亦可假定为不欲废汉字者。余[③]则无可无不可，只需废得上算，尽可废去，如此，余亦可假定为赞同废汉文者。所以余与先生二人之信仰，或可假定为各在一端。以各在一端之信仰，而欲以余之保守汉文论“敷衍”先生，先生或必认为“敷衍”，故我等不言汉文之关系如何，但言注音字母无论注在字旁与离字独立，皆不成文字。注音字母而能成文字，则世界上之文字还要无价值。试观日本有假名已一千五百年，假名不成文字，其余如蒙古、满洲、朝鲜喭文之

① 当指自 1898 年百日维新至今。

② 方毅。

③ 1907 年至 1908 年，旅法中国留学生李石曾、吴稚晖等于巴黎《新世纪》周刊以社会进化论为基调、以语言工具论为依据，宣传语言文字进化和革命，认为汉文是相较西文、万国新语落后的文字，理应被废除，中国文字应改用西文（或万国新语）。此论一出，即引起国内知识界关注和批驳，以章炳麟为代表的国粹派在《民报》《国粹》学报上发表《驳中国用万国新语说》等数篇驳文，反对废除汉文，反对中国使用万国新语。

新创者益无价值，枯萎游离皆不成文字之故也。所有欲使注音字母成为文字，必探讨于汉文、汉语者甚精，使所谓单音者皆成复音，而又语根、语尾添得完备周密，庶几可成。如蒙古文者，于是学习之规则亦就很不省事。且汉文废矣，所保者止汉语，一切学术上之名词等必与人公共矣，所保者普通词语，而与世界立异。所以余反对用汉语作拼音文字，从十五年前在巴黎《新世纪》上反对起直至于今，且极剧烈。请赐观《新青年》第五卷第五号一文，省得现在复说。所以他人恐慌注音字母将废汉文，余则鄙夷注音字母绝无力量代用汉文 。余又反对改良注音字母，使之代用汉文。余所以热心于注音字母者有三故：（一）不能采英、法、德中一文为第二国文，又不能用世界语，此时决无用汉语造拼音文字之必要，则汉文乃为当前救急品。彼之缺点，本身无声音可以自鸣，加注音字母助之鸣焉，彼之声音被各地读成别异，使注音字母助之同焉。（二）借注音字母可助三十年内之苦力教育。（三）有三十九通国赞成一律之音，而后凡有声音上之争点，可借此三十九音以相打，否则勉强牵用“见、溪、群、疑”“A、B、C、D”，往往可成误会，故即讲古音者亦有取焉。如三十九外，因土音之故，再加闰音一倍，亦通行于全国，庶论述古今音皆可畅争无碍。然何以亦主张与汉文不脱离，其用意决非“预防”废止汉文，其意乃欲使汉文帮助注音字母，使注音字母帮助汉文。①

曷言乎使汉文帮助注音字母？方今初期传达之际，必有一种状况，凡学注音字母者必皆为粗俗不识字之人，凡稍通文义者必皆不屑过问焉。如其通俗书报将注音字母离汉文而独立（凡离汉文而独立者，或止有通俗书报，其余学堂之课本、高文典册，与注音字母无关，自在意中，或则并不需注音字母，或则仅需注音，自然无独立之理，故可不言），则此等书报止便不识字人。刻一书报而效用不使较大，止狭义而便少数之人，智者不取。且万一不识字人于一切名物，通其音，有时误会其物，或竟不知其物，此时但有音焉，即无从广询；如复有汉字，则可问于不识注音字母却识汉文者。且既有汉文在旁，增添稍通文义者之兴味，可因文字而无意中注意于注音字母。诸如此类，所谓将使汉文帮助注音字母者也。

曷言乎使注音字母帮助汉文？帮助有音自鸣，帮助统一声音，此自

① 吴稚晖认为注音字母可以用于汉字注音、平民教育和古今（方）音研究。

为注音字母之主旨，可不必计入此条。此条所谓帮助汉文者，汉文既为此时惟一之救急品，则可见使人多识一汉字，即多与国人一便利。即使注音字母可以独立成字，或汉语拼音文字家竟将汉语拼音文字想出极精当的条例，则如今日世界语之与英、法、德文。世界语一则尚无力遍译英、法、德文学问之书，二则尚无法使世界现今书报皆用世界语写述，所以世界语尚在助使成立时代，不能作为通用时代，故今日教人习英、法、德文尚为必要。如此，假定如余之谬见，中国先在英、法、德文内采取一文为国文，而又准备与各国同用世界语，然亦尚在鼓吹时代，而非成立时代。如五百年后世界大同，此五百年内，各国自理其国政，尚不可少。因尚有五百年也，此即余对于我国短时以后，知注音字母独立之书报决不能多且不许多，即用注音字母旁注之书报亦必不能甚多于古书更可无论。然则仅通注音字母之人可以接触于全般书报之机会未免太少，如此必望人人能略知汉文，则看书阅报之道路愈广。汉文何以教授？除学龄之人在学校内，可以理会外（今则学校且不能多），大多学校外之人物，将以何法施教？则所谓通俗书报是已。通俗书报纯用汉文，则教使能看通俗书报又用何法？惟有用注音字母旁注法，可教之以极短时间而使强读汉文通俗书报。即使随习通俗书报之汉字，因而希望接触汉字之时候甚多，其中必有少数有志及聪颖之人得此自修之慈航，将自己渡登彼岸，因而得读无注音之书报。此注音字母与汉文不离，能使无意中得有认识汉字之效果者也。

更有特别理会者，则编特别独修汉文教科书，以注音字母讲解（此章连土白条更见下文），用此以助今日之无力兴学，亦唯一之利器也。

凡此皆将使注音字母与汉文常不相离帮助汉文者也。

此皆余热诚而望注音字母与汉文不相离之点也。余以为以识字人编书而给不识字人观书，当然注音字母与汉文并写毫无困难，多费一番手脚增出无穷好处，何乐而不为？致于刊刻所费工资亦有限。

至于偶有一种人，于不得已之时纯用注音字母刊刻书报，此亦大可容许。凡此等书报必用一种土音，方能畅行无阻，若用国音，则二十年内国音尚未通行，必至各处人皆不明白。余闻教会刊刻之书，亦注音字母与汉文并立，未闻彼之独立。倘果以国音独立，将见彼等之数万元不免虚掷（如何土音而可独立，将见下文）。

倘容许独立者太多，将成朝鲜喭文乎？又注音字母加于汉字之旁，将如习西文注音而读，为教西文者所禁乎？又日本现象，灶婢厮养之读报，实止读假名，中国以后结果亦将同否？以上各条，余曾略略研究，皆有甚充足之理由证知有利无弊，但讨论太长，故俟后日再论。

（乙）随地拼音为必不可少之便法

注音字母有两大作用：（一）统一语音；（二）便利三十年内之通俗教育。所谓便利通俗教育，本注音字母自身应有之功用也。然当其竭力从事统一语音之工作时，有不暇兼顾之势，故当注目“三十年内”四字。三十年内，非统一国音之三十九注音字母所能兼完通俗教育之责任；三十年后，则或两责任皆可集于一身。三十年后依然有通俗教育之当讲，固不待言，然此三十年内尤应注重通俗教育，乃人人所容许，中国之存亡，即在此三十年内之通俗教育果教得成否之问题。以今日大多数之国民，俱在学龄之外，以此等大多数之失教国民，成一立国之要素，所以官僚暴徒互相讥诟，互相归罪，此实尚惑于贤人造国，不信国民成国之至理，故斩泥中之兽。其实官僚之小康不能得，暴徒之太平不能成，非尽厨子不善，恐蒸沙作饭，究竟是原料不善。故三十年内之通俗教育，实为一生死存亡之要紧问题。解决此问题，学校乃对学龄之人言，与此十五年中充当壮盛不识一丁之国民，又十五年中充当老猾不知世界之国民者，毫无相干。与此辈可发生关系者，惟有演讲而已。演讲太费力，惟有通俗书报而已。无从教使能读通俗书报，惟有注音字母。变言之，所谓简字者是已。①

随地拼音之法创自劳玉初先生者也。劳先生乃一最重汉文之老顽固，非同余之躁妄也。劳先生又一热望统一语音之人，过于我辈今日者

① 清末切音字产生并传习于各方言区，以通俗教育为目的；民初注音字母由读音统一会在清末切音字的基础上制定，以统一国音为宗旨；注音字母制定并推行之后，切音字逐渐退出历史舞台。切音字乃至注音字母，在其产生发展的不同阶段，为不同的社会阶层所使用，分别呈现出“通俗教育”和“统一语音”两大功能，自清末至民初，语文家、教育家从各自学术立场和社会领域出发对这两大功能各有所持，各有侧重。关于这一争论已久的问题，吴稚晖在此文中提出一个“三十年内”的概念：在当前（“三十年内”）通俗教育“尤应注重”，将来（“三十年后”）统一语音与通俗教育或许“可以兼完”。

也。顾何以创此随地拼音之法？劳先生固深悟统一语音与便利通俗教育为两大事，可以双方推行，互相补助，决无相妨，此其一也；劳先生又知简字之决不成字，万无可代汉文之事，此其二也；劳先生又知随地拼音无丝毫之弊，而有助于拼音之智识者颇大，此其三也。[①] 当劳先生得端方氏[②]之扶助在南京鼓吹时，余方滞巴黎，于随地拼音之法素无研究者也。初亦以为骇，当时因上海报纸如《中外日报》等群焉反对，遂对此问题积思累日，始悟劳先生之当，而悯当时报界头脑太简单，在皮肤上之猛力攻打，皆错误甚多者也，如所云从此将变成数百国等云云，极其可笑。彼等终误以造字为至易，造拼音字尤易，仓颉可以满街走，佉卢可以人人做者，故郑重于可怜之简字及今日可笑之注音字母，即作为文字观，所以有此头脑简单之攻击也。

现在闲话不多述，且言此随地拼音之善及其无弊。

劳先生之意，有如余上所述之三端，然未尝竭力与人辩难。且当时草创，手续亦多未完备，即如统一语音，未尝先立标准音，则彼意将采京音之故。今则教育部特开读音统一会议定，尤将不成文的变而为成文的，向此标准而进行，尤有祈向。但须知此等统一之音，其七成止能在小学校想法，其三成复在种种方面想法，今试将全般国民解剖如左：（甲）二百五十兆已过学龄之农工商及妇女，此止有万分之一，可望在通俗书报等略知国音意味，然终其身断无望尚能以国音会话。（乙）三十兆读书人如高官、老官、老生、学士、通品、商人等，止有千分之一，肯纡其尊虑，留意注音字母，及略略究心国音，付诸一笑，此即我辈皆在

---

① 劳乃宣增益官话字母以就各地方音的合声简字，虽然符合言文一致的语文教学，却似乎违背了同文之治的语文传统，当时的《中外日报》对简字提出了质疑，“中国方言不能画一。识者久以为忧。今改用拼音简字。乃随地添撰字母。是深虑语文之不分裂而极力制造之。俾愈远同文之治也”，并提出推广官话字母“惟有强南以就北，正毋庸纷纷更变”的主张（《〈中外日报〉评劳乃宣合声字谱》，《清末文字改革文集》，文字改革出版社，1958 年）。而劳乃宣则认为以方言土音为基础语音的合声简字是南方各省推广官话字母以期达到全国统一官音的必经阶段，“夫文字简易与语言统一。皆为今日中国当务之急。然欲文字简易。不能遽求语言之统一。欲语言统一。则必先求文字之简易”，所以在推广官话字母的过程中不能“强南以就北”而应“引南以归北”（《致〈中外日报〉馆书》，《清末文字改革文集》）。

② 端方（1861—1911），字午桥，号陶斋，清满洲正白旗人。清末官至两江总督、直隶总督、北洋大臣。劳乃宣推广合声简字时端方任两江总督。

内，真能以国音会话者又百分之一（居然有三万读书人留意注音字母，据既广行后之奢望言）。（丙）四十兆学龄少年（即中学大学）以后及现今真能在校者，多说一点算做四兆，其三十六兆转瞬归入甲类，此四兆之少年亦至多百分之一，与注音字母有接触，其通国音者又至多二十分之一。（丁）八十兆小学儿童（连方生而提抱者）亦止有十分之一真入校（据后学堂办得得法而言），其七十二兆又转瞬入于甲类，此八兆儿童希望有四兆人，皆真读国音，此即教育部之责任，可用力者。故通共四百兆人，国音七成之力量对四兆儿童而施，三十年后由四兆而四十，或多至八十。

国音三成之力量，对（甲）二百五十兆（丙）三十六兆（丁）七十二兆，三项万分之一，共约四十万人，加（乙）（丙）七万人，不及半兆。如此充极十分之力量，在三十年内注音字母之国音，止能对四兆半人说话；其余三百九十五兆，半姑将三百兆一笔勾销，而九十五兆半人皆应用土白简字，予以垂死之国民智识。若无随地拼音之法，则此九十五兆半人与所谓垂死的国民智识，可毫不发生关系。

随地拼音之关系如此其大，故我等接席时，已一再言之而有味，先生[①]皆笑颔之。不料今日又发此疑问，然此岂特先生如是，即余初语于炜士先生[②]及钱先生玄同、陈先生颂平，皆有踌躇。余反复急称劳先生用意之善，与统一国音之毫无冲突，又救急之唯一要图，陈先生等方悠然而悟，乃热心于闰母之制造，故设立机关以为整理之计焉。

随地拼音极言其作用，不过如国音未统一以前，今日为通俗之演讲者必北京人用北京话，天津人用天津话，上海人用上海话，成都人用成都话，广州人用广州话，福州人用福州话，以取便利。文字尚不过为演讲之代用物，何况绝无价值之拼音。中国因印刷不发达，故尚视印物为重要，且积从前数百年之习惯，觉一种著作一经刊版便可千秋。纵今日已有朝生暮死之报章据印物之大部分，一般普通人尚视印物为重要，惟

---

① 方毅。

② 陆尔奎（1862—1935），字蒲先，号炜士，陕西高陵县人。光绪十七年（1891）入京，曾在天津北洋学堂、上海南洋公学任教，后被广州知府龚心湛聘为广州府中学堂监督（校长）。1906 年，进商务印书馆编辑政法书籍，1908 年，着手编纂《辞源》并于 1915 年成书。

有一种之油印，已能稍稍看作一时口讲之替代具，而铅印石印尚不然。而不知其他印刷发达之国，往往一场演讲，其预定之论旨，有刻成绝好本子，广发于入门时者，有为拍卖物件印成极厚本子，装潢美丽，发于市场前者。即随地拼音，各处刊刻印物如所谓通俗书报者，亦不过代用演讲耳。上海人演讲不禁用上海话，而上海人代用演讲之书报，曷为而欲禁拼上海白[①]耶？

我辈脑中彻底的澄清，尚知其印物而至于要求注音，必为朝生暮死极陋之书报，断未有六经三史、唐宋八家、王壬秋[②]章太炎之文集，应加以国音注音字母者。国音注音字母且然矣，是可见更不至加湘潭土音于王壬秋诗稿，加余杭俗音于章太炎文集，亦且断不至于加通行全国之报纸，如加上海白字母或北京白字母于《北京日报》《顺天时报》《申报》《时报》等也，加焉亦必国音。是可见极而至于土音，其印物无非不出数百里，不传数年，特为一时代用演讲之物耳，如何而有扰乱统一之结果乎？

故字母而不统一，随地各以字母拼切其土音，或者发生无系统之困难，然尚且各处多知字母拼音之理，则推行注音字母较易。故以注音字母语人，如其人而已知“见、溪、群、疑”之法，或通“A、B、C、D”之术，或知“ア、イ、ウ、エ”之理，皆容易与之讲说，较之绝无所知者，难易不可以道里计。故国音拼切在北人或尚稍有兴味，以之行于中部及南部，将简直视同外国文一般。但有死记死学之义务，毫无可拼可用之权利，如何激起兴会？倘以土音之拼切诱导之，半月学而能之，半月后即可与其亲戚朋友通函（指两个不识字人而又各曾习过者，否则或一个已习字母之不识字人对于识字而提倡字母者），并有痛快之书报可读，乃始兴会淋漓。今又加以字母统一，例有北京、广州、无锡三人同知日本假名，于是同读“亚细亚”之“亚”字，北京人注以“ヤ”，广州人注以“ア”，无锡人注以“ヨ”。虽若杂乱矣，然互相解喻，且能互

---

① 上海白话。

② 王闿运（1833—1916），字壬秋，又字壬父，号湘绮，世称湘绮先生。咸丰二年（1852）举人，曾任肃顺家庭教师，后入曾国藩幕府。1880 年入川，主持成都尊经书院。后主讲于长沙思贤讲舍、衡州船山书院、南昌高等学堂。授翰林院检讨，加侍读衔。辛亥革命后任清史馆馆长。著有《湘绮楼诗集、文集、日记》等。

照日本假名之音，互通三处方音，其结果知西文“亚细亚”之“亚”字，其原音当如广州读“ア”。既通知各地之音，使辨别原来正当之音，格外分明。又如“亚”之国音，当读如北京为“ヤ”，则广州人亦可悟译“A”为“亚”，实止可通行于广州而不能通行于北京及无锡，如照国音当以“阿易亚”也。凡此，皆将以一种统一之字母普注各地方音，得比较而了解一种共守之国音，尤为有力者也。如此，则随地拼音决无丝毫妨碍国音，止有助国音。余亲自试验多人，其人绝不识字，仅知无锡旧有之一种拼音字，名曰“简马”者，于“无锡”二字，彼用惯“Vu Sih”。于是告之曰官音当作“Wu See”，向用“V”者必改用“W”，向用“ih”者必改用“ee”，彼即清晰了解（简马非用英文字母者，今权以英文字母代之，恐写简马，先生未习之耳）。然则何嫌何疑而不随地拼音？于此而得三益：（一）教授国音得其正确，因有土音比较故；（二）审知各处之音可以随宜伸缩，于字母之信心愈多，否则但苦为国音之束缚物也；（三）得各地代用演讲之宏益。

而于□票印物为通俗教育而设者，有无印刷上之困难，则曰断断无有。若随地拼音必发达愈甚，可分数端论之。（一）教育家对于小学教育，尚有乡土地理、乡土历史等之计划，如此，而通俗教育之书必十有七八，决不能编起一种可通行于全国。虽其间亦必有特别数种，可通行全国并可注以国音者，然大多数之小本子，宜各就乡土之情形而编。与其希望注以国音通行全国，以读不能爽畅致销数无多，不若对于每地重加一番修改各注以方音。则通行全国之书总销万册者，各注方音之书每地各销二千册，以三十地而论，已销六万册。从前曾闻炜士先生与高梦旦①先生剧谈时，言小学读本各处各用适宜之字数，如每处有二千册，即可特为各处各自印刷。且起初所谓每地各拼方音者，不必竟就各城而言，

① 高梦旦（1870—1936），名凤谦，字梦旦，长乐龙门乡人。自日本回国后，任商务印书馆编译所国文部部长、编译所所长，分科编辑中、小学和师范学校的教科书。曾就其形体繁简异同进行比较，试行取舍，进而与劳乃宣、王照二人研究汉字改革方案；又就旧字典所列 214 个部首，把形体相近的合并为 80 个部首，确定了它们上下左右的部属，成为后来“四角号码”的雏形。

如以苏州白[①]编了一种通俗书，必可销行十余县，北京白[②]则销行更多，广州白[③]亦可通行若干县。诸如此类，每为十许城邑出一种，销数达二千，决不难也。因通俗书或要求过于小学书亦未可定（不能册册皆然或处处皆然）。唯白话报及单张及一铜圆一册之小本，仅可每城任各处力量而印。假如以无锡而论，必能出一无锡土话报，又印数十无锡通俗小本山歌等，如上海，如苏州、杭州，更不待言。（二）书之不销，即因识字人不多之故。今骤添九兆之识字人，则如商务印书馆者就分馆数十处，每处特销土白之通俗书五千册，可特别增多三十万册之生意。（三）小学之书尚需学生自购，通俗之书必有各处官长绅士热心家等□刻一二千，送人或为演讲之资料。所以随地拼音于统一国音则生助力，于刻印书籍则增销数，绝无丝毫之弊。

更有一反证，即或拼音之势力甚大，各地止行土白拼音。如此，土白拼音文字几不能行于邻邑，何能以为交通之具？则交通之具必愈以汉文为贵。故滑稽言之，欲拼音文字不至代用汉字，亦必随地拼音，始能挽止横流。

更有一至大之事，则非随地拼音不能奏功，即既行国音，久而久之，必且消灭各地之方音。考求古音尚有《广韵》等之存在，若十八省之方音中含无数重要考古之料者，竟听消灭，岂不可惜？即发音学家将考求全中国发音之种数，如日本音学家能将各地方音引成曲线得其变迁之迹，皆有重要价值。倘及此时，各处存有方音书报若干种，则省却以后设局调查，为甚困难甚繁重之征集。

即目前言之，倘十八省有三百处各有方音书报，聚而研究，必立刻赠与古音韵学家、发音学家等极有味之宠物，必有甚多之发明及甚多之解决。

---

① 苏州白，简称苏白，清代四大白话之一，以清代苏州话为标准，苏白的音系为读书音系，相对韵白的韵书音系而言保留了浊音。苏白主要流行于当时的江浙，而苏白衍生出来的读书音在全国都有影响。江浙地区不同县域交流是采用苏白的，昆曲中普通百姓对话采用苏白。

② 北京白，简称京白，清代四大白话之一，以清代北京话为标准，相对韵白的韵书音系而言为新音系。满清入关后，京白取代了明代官话（韵白）作为全国的官话。京剧中普通百姓对话使用京白。

③ 广州白，简称广白，清代四大白话之一，以清代广州话为标准。相对韵白的韵书音系而言为旧音系，更接近宋代《广韵》。广白长期相当独立地流行于岭南地区。

至于“便于用俗话”一层更有利而无弊。

如其不识字人与不识字人往来，本纯然写字母（不识字人写与识字人同），此不过代嘴以笔，并无统一文字及不统一文字之间问题在内。

若识字人作书报给人看，既大都连有汉文，虽十分偏于土白，尚恐咬文嚼字，必高于真正土白。况可鼓吹一种风气，使特别留意令稍近官话，即为官话之准备（官话即所谓国语）。如请医生，竟说“请医生”，不说“请郎中”；什么东西，竟说“什么东西”不说“爹东西”。既将此等书报常常看读，可将言语提高，亦可契合官话，使各处接近。既有此书报机关，并可时时批评。何等土白为不出百里之乡谈，使人好笑，或人所不懂？则改良之机会较多。此如日本文句，“闯入”“现在”“特别”“改良”“手续”“卫生”等，几乎东洋车夫而知之，安有文绉绉之白话通俗书报反无影响，此正统一之好机。

盖所谓土音者，如“天下”二字，在无锡土音不作国音“ㄊㄧㄢㄒㄚ”，惟作土音“ㄊㄧㄢㄏㄨ”；又并非“看”必言“瞟”，我们必作“ㄋㄢㄏ”也。至于例外方言，有特别之情趣者，如“像煞有介事”“东瞟瞟你勿见，西瞟瞟你勿见”“斜气来”之类，倘经特别鼓吹，人人对之而有特别感情者，则亦何妨介入官话中，以博异趣 。

余之所言，自有信口开河强词夺理之处，一则藉由以慰解先生之恐慌，二则实有见于三十年内通俗教育非此莫救，故望先生帮助闰母之选定，分头着手常州、常熟等之方音。话太多了，终说不完，当再续续渎陈。

（《教育杂志》1919 年第 11 卷第 3 期）

1920 年文献

教育部咨文

九年一月十二日

（咨各省区国民学校一二年级

自本年秋季起先改国文为语体文以为国语教育之预备文）

为咨行事

案据全国教育会联合会呈送该会议决“推行国语以期言文一致案请予采择施行”，又据国语统一筹备会函“请将小学国文科教授国语迅予议行”各等因，到部。查吾国以文言分歧影响所及，学校教授固感受进步迟滞之痛苦，即人事社会亦欠具统一精神之利器，若不急使言文一致，欲图文化之发展，其道无由。本部年来对于筹备统一国语一事，既积极进行，现在全国教育界舆论趋向，又咸以国民学校国文科宜改授国语为言。体察情形，提倡国语教育，实难再缓。兹定自本年秋季起，凡国民学校一、二年级先改国文为语体文，以期收言文一致之效。相应咨请贵署查照，转令所属各校遵照办理可也。此咨。

教育次长代理部务傅岳棻①

部印

中华民国九年一月十二日

（《政府公报》1920 年第 1409 号）

---

① 傅岳棻（1878—1951），字治乡，号娟净，湖北省武昌市（江夏县）人。1912 年后，历任民国政府国务院铨叙局佥事、参事，教育部次长代理部务。

教育部批文

第三十二号九年一月十五日

（批陈刚所请设注音字母传习所应勿庸义文）

前据呈请在豫设立注音字母传习所一案，即经交付国语统一筹备会审议。兹据议复："以第五次全国教育会联合会于推行国语以期言文一终案内，其第一第二第三各条本有教授注音字母明文，其第五条各省区教育厅应设国语研究会，该具呈人所请各节似可无庸置义"等情，查该议决案尚待本部审酌施行，该具呈人所请设立注音字母传习所一节应该暂勿庸议，以免分歧。此批。

（《教育公报》1920 年第 7 卷第 3 期）

教育部训令

第二五号九年一月十七日

（令为国语统一筹备会函送《注音字母图说》由）

令各省教育厅、京师学务局、国立各高师校

据"国语统一筹备会函送《注音字母发音图说》一书，请予转行分给各校作为国语科考用书"等情前来，查是书前经本部审定在案，尚属适用，合亟检同原书。本书行该厅、局、校查照酌量分配转发所属各校，俾资参考。此令。

附书　本（另寄）

部印

中华民国九年一月十七日

教育次长代理部务傅岳棻

（《政府公报》1920 年第 1414 号）

教育部训令

第二六号九年一月十七日

（令为据国语统一筹备会条陈学

校练习语言办法请予采择施行等情前来由）

令各省教育厅、京师学务局、直辖各高等师范学校

据“国语统一筹备会条陈学校练习语言办法，请予采择施行”等情前来，查教授国文，语言当与文字并重，本部于中小各学校施行细则及师范学校规程内均经明白规定。该会所陈办法三端，颇合语法教授之用。合亟摘抄原件，令仰该厅、局、校查照转行所属中等以下各学校注意采用，俾收言文并进之效。此令。

附摘抄原件（原件见本日本报公文门）

部印

中华民国九年一月十七日

教育次长代理部务傅岳棻

（《政府公报》1920 年第 1414 号）

教育部咨文

九年一月十七日

（咨各省区公署摘抄国语统一

筹备会条陈学校练习语言办法转行所属中等以下各校注意采用文）

为咨行事

据“国语统一筹备会条陈学校练习语言办法请予采择施行”等情前来，查教授国文，语言当与文字并重，本部于中小各学校施行细则及师范学校规程内均经明白规定。该会所陈办法三端，颇合语法教授之用。

合亟摘抄原件，咨请贵署查照转行所属中等以下各学校注意采用，俾收言文并进之效。此令。

附摘抄原件

教育次长代理部务傅岳棻

部印

中华民国九年一月十七日

练习语言办法

一、修炼语法[①]宜利用相当之机会也。学校之中按照学科分时授业，语法既非专列为一科，故修炼之方当利用相当之机会。窃思学校中关于授受两方可得修炼语法之机会者，其要项凡三：（甲）于作文时，练习文言体文字之外，兼行练习口语体文字。（乙）教员、学生共同组织辩论会、演说会、谈话会。（丙）学校中多备语体文之书报。

二、修炼语法应采用适宜之形式也。学者程度不齐，在甲程度所宜者，未必即宜于乙程度，故于表示语法之形式，亦应斟酌学者程度为适宜之措置。窃思如问答法，如范话法，较宜施行于低程度，如讨论法、独演法，较宜施行于高程度，他若对话法、听写法，无论何种程度皆可施行，第应伸缩其范围耳。兹更分别说明之如左：（甲）问答法：或由教员问学生，或由学生问教员答，参互行之。（乙）范话法：凡较难组织之语言，教员注意于选词及词位；口述范话，令学生复述以简确明了为主。（丙）讨论法：任举一事项，令学生各抒意见，自由讨论，教员亦可以平等地位参加其间。（丁）独演法：令学者举平时所闻见、所经历或思想所存，各自单独演述之。（戊）对话法：二人以上或讨论学业，或寻常酬对皆无不可。（己）听写法：一人（教员或学生）口述语言，他人以笔记录，不仅修炼语法，亦为沟通言文之助。

三、修炼语法应有适宜之指导也。此可分指导之要点及订正之方法二者述之。（甲）指导之要点：对于实质方面，首宜整理其思想，使之明了而确实；对于形式方面，当注意其发音及语法之组织，如有方言若讹

---

① 本条中“语法”当为“语言办法”之简称。

言，必随时矫正。至其发言时之态度，亦不可不注意及之。（乙）订正之方法：在教师方面者，可兼用一般订正；在学生方面者，可令自己订正或相互订正。

（《政府公报》1920年第1414号）

教育部训令

第三一七号九年一月十七日

（令为各教育厅据国语统一筹备会函称国语统一事大任重责效非易由）

令各教育厅

据国语统一筹备会函称："国语统一，事大任重，责效非易。现在本会筹备之事，如调查各地润音方言之手续、研究施行国语教育之方法与夫对于国语教育之怀疑误解加以辨正等等，各地之情形既不相同，则应付之方针尤须随地而定。如由各省区特设机关，以与本会联络一致，则合力而效多，分功而事速，国语教育乃有普及之望。应请大部分行各省区，各设一国语统一筹备会，将以上各事悉心筹画，共谋进行，数年之后必有成效可观，即希察核施行"等因前来，查该会所请在各省区分设国语统一筹备会一节，足资普及国语教育之助。合行令仰该厅，参照部定国语统一筹备会规程订定会章，切实进行，以期收国语统一之效，并将办理情形呈报备核。此令。

部印

教育次长代理部务傅岳棻

中华民国九年一月十七日

（《政府公报》1920年第1580号）

教育部部令

第七号九年一月二十四日

（修正国民学校令）

兹修正国民学校令第十三条、第十五条公布之。此令。（修正条文见本期法规门）

第十三条、第十五条“国文”均改为“国语”。

（《教育公报》1920 年第 7 卷第 2 期）

教育部部令

第八号九年一月二十四日

（修正国民学校令细则）

兹修正国民学校令施行细则第四条、第十二条并第一号表、第三号表公布之。此令。（修正条文见本期法规门）

第四条 国语要旨在使儿童学习普通语言文字，养成发表思想之能力，兼以启发其德智。首宜教授注音字母，正其发音。次授以简单语词、语句之读法、书法、作法，渐授以篇章之构成，并采用表演、问答、谈话、辩论诸法使练习语言。读本宜取普通语体文，避用土语，并注重语法之程序，其材料择其适应儿童心理并生活上所必需者用之。国语作法宜就读本及他科目已授事项，或儿童日常闻见与处世所必需者令记述之，以明敏正确为主，书法所用字体为楷书及行书。凡语言文字在教授他科目时亦宜注意练习。遇书写文字务使端正敏捷，不宜潦草。

第十二条第三项“国文”改“国语”。

第一号表第二栏

国语	一〇	（发音）简单语词语句及短篇语体文之读法、书法、作法	一二	语词、语句、及短篇语体文之读法、书法、作法	一四	语词语句及短篇语体文之读法、书法、作法	一四	语词、语句、及短篇语体文之读法、书法、作法

第三号表学业成绩栏："国文"改"国语"。①

（《教育公报》1920 年第 7 卷第 2 期）

教育部训令

第七十七号九年二月十八日

（令为先行设立国语讲习所第一班由）

令各省教育厅

查国民学校国文科改授语体文，自本年秋季起先，从一、二年级实行，业经本部通行各省区遵办在案。惟事属创始，关于实际教授，如统一读音、确定语体各端，亟宜先事准备，以利推行。兹就京师先行设立国语讲习所第一班，定于本年四月一日开课，由各省区选派中学师范毕业生或现任小学教员入所讲习，俾各学员学成回籍后转相传习，以期收国语统一之效。合亟钞录"国语讲习所办法"令行该厅，就该省合格人员中选派三人，于开课前来京报到以便开课，并先期将所派名额呈复。所有各学员来往川资及在京旅费，应由各省区于公款项下，酌定数目支给。如该省体察地方需要情形，并可酌量加派数人，以广造就而裕师资。此令。

① 1916 年 1 月教育部颁布"国民学校令施行细则"。同年 9 月第一次修正，删去"读经"等内容。1920 年 1 月再次修正，将"国文要旨"改为"国语要旨"，并首次在"国民学校令施行细则"中提出"国语""注音字母""普通语体文"等现代语文教育中基本概念。

附国语讲习所办法

一、资格　由各省区选派中学师范毕业或现任小学教员三人（务择国文通顺且口耳灵敏，容易领会普通话者）；

二、期间　二月；

三、授课时间　每周二十时；

四、课程　（一）国音：（1）注音字母，（2）发音学通论（Phonetics），（3）中国音韵沿革；（二）国语文法；（三）国语教授之研究：（1）教科内容，（2）教授方法，（3）实习；（四）国语练习：（1）读文，（2）讲演（分组），（3）作文（课余作）；（五）言语学大意（临时讲演）。

（附注）本案已同时咨行教育厅未经成立之各省区。

（《教育公报》1920 年第 7 卷第 3 期）

教育部咨文

第三百七十六号九年三月十五日

（咨各省区为教育会联合会

议决蒙藏教育宜注重国语案应咨行查照文）

为咨行事

据“全国教育会联合会呈送蒙藏教育应注重国语”一案内称：“我国由汉满蒙回藏五族共和而成，乃外蒙、西藏时发独立之警报，最为可虑。窃考满、回两族与汉族之风俗，今虽微有不同，而其语言则全同，所以汉、满、回三族之结合甚固。若因此而教育进步，则三族之结合益加亲密，自不待言。至若蒙、藏两族与汉族关系密切不减于满、回，特以蒙族游牧大漠南北，藏族远在横断山脉以西，不惟风俗未能与汉族混同，而语言显然大异，所以结合不密。且种种官吏与商人，用其欺压愚弄手段以图厚利，蒙、藏人积怨已久，即无外人煽惑，识者已预知外蒙、西藏将有图谋分离之患。民国注意汉蒙杂处之热河、察哈尔、绥远，汉藏杂处之川边，各划割以适当之地，定为特别区域，设官分治，急图补救，用意甚善。但此等地方，汉、蒙、藏之人民共同生活，蒙、藏人之生业决不敌汉人之农工商，因此蒙、藏人日贫而不思变计，不知改业，徒以失利之故忿恨汉人。即所管官吏，所属王公，谋办实业、兴学校，有以富之教之。彼等既不通汉语，不肯来学，汉人之热心实业教育者，不通彼等之语，亦不能往教，所以彼等近今仍乏进步。前次京中曾开有殖边学堂、蒙藏文学堂，均为造就开发蒙、藏之人材而设。今酌用此意，推广范围，而期实用。拟自明年起，特别区所属道县之师范学校实业学校，教授各种学科及国语、外国语之外，加授蒙语或藏语，以储通译国语之人材，即为推行国语之预备。其为蒙、藏人特办之初等中等各校，均应注重国语。注重国语之法，即使上项毕业生，先以蒙、藏语教蒙、藏人，使之习国语，俟彼等所习之国语稍有进步，直以国语教授种种科学，开办种种实业。彼等自然心感汉人之厚爱，乐享共和之幸福也。特别区域之外，若甘肃之酒泉，陕西之榆林以及奉天、吉林、黑龙江与蒙古接壤地方，所有师范学校、实业学校，应照上拟特别区域之办法办理。此外新疆之缠头回族[①]，青海之番族[②]，风俗语言各有差异，且皆与汉族不同，故被他族之歧视，遭官吏之欺虐，为日已久，不无怨怼。则新疆及甘肃西宁之师范学校、实业学校亦应参照上项办法，酌加番语、缠头语，为教授国语促进学识之媒介。务使西北各种族去其疑贰，速进文明，其收效当更易于蒙古、西藏也。吾国五族之民，果用一致之语言，自无不通之意志，同心协力，息内争而防外患，除偏见而护共和，五族之幸！民国之幸！"等语，甚属切要，相应节录原案，咨行贵公署查照办理。此咨。

（附注）本案已同时训令业经成立之各省教育厅、京师学务局。

（《教育公报》1920年第7卷第4期）

① 清代官书文籍中常将我国以白布缠头的穆斯林称为缠头 、缠头回或缠回。

② 道光十八年（1838），清廷为移住青海湖周围"番族"制定八款律令。

教育部批文

第一百五十三号九年三月二十四日

（批国语讲习所送国语讲习所章程并成立日期公布文）

呈及附件均悉。

所拟章程大致妥协，应准公布施行。此批。

（附注）原章程见本期法规门。

国语讲习所章程

第一条 本所隶属教育部，以养成国语教员为宗旨。

第二条 本所设所长一人，副所长一人，执行本所事务。

第三条 本所设事务员三人，书记四人，司庶务、会计、教务、文牍及缮写等事。所长、副所长及事务员均由教育总长指派之。

第四条 本所教员由所长延聘之。

第五条 本所学员应就中学师范毕业生或现任小学教员，由各省区派选三人，但视地方需要情形得加派数人。

第六条 本所教科目如左：（一）国音：（1）注音字母，（2）发音学通论，（3）中国音韵沿革；（二）国语文法；（三）国语教授法之研究：（1）教科内容，（2）教授方法；（四）国语练习：（1）读文，（2）会话（分组），（3）作文（课余作）；（五）言语学大意（临时讲演）。

第七条 本所讲习期限定为两个月。

第八条 本所不收学费、讲义费，惟学院膳宿等费由原派省区酌给之。

第九条 合于第五条所定资格有志研究国语者，经本省区行政长官之保送或所长之许可，得自备旅费入所讲习。

第十条 学员应先期赴所报到，领取听讲券。

第十一条 学员须按时到所听讲，并须携带听讲券，凭券发给讲义。

第十二条 学员学业成绩经教员核定后，由所长呈明教育总长发给证书。

第十三条 凡关于教授事项，如须开会讨论者，得由所长召集各教员开教务会议。

第十四条 所长、副所长概不支薪，惟事务长及书记得由部酌给津贴。

第十五条 本章程自核准公布之日施行。

（《教育公报》1920 年第 7 卷第 4 期）

教育部咨文

第六百零五号九年五月十二日

（咨各省、区在秋季始业前应就地筹办国语讲习所文）

为咨行事

国民学校国文科，本年秋季已规定改授语体文。关于实际教授，如读音、语法各端，亟须先事讲习，藉资准备，应由各省区在秋季始业前就地筹办国语讲习所，俾各小学教员陆续入所讲习，以广造就而利推行，并将办理情形具报备查，相应咨请贵署查照办理。此咨。

（附注）本案已同时训令业经成立之各教育厅、京师学务局、国立各高师。

（《教育公报》1920 年第 7 卷第 7 期）

教育部咨文

第八百八十三号九年七月九日

（咨各省长、三都统、京兆尹各师范学校应办国语讲习科以裕师资文）

为咨行事

本部附设国语讲习所续招第二班时，特分行各省区选派现任国文教员来所肄业。盖以师范学校于地方教育关系綦重，欲谋国语统一必须由师范学校着手较易收效。现该第二班学员将届毕业，应请转饬各师范学校利用此项毕业学员于暑假期内开办国语讲习科，招集师范区域内小学教员前来讲习，以广造就而裕师资，并将该讲习科办理情形报部备核，相应咨请贵署查照办理可也。此咨。

（附注）本案已同时训令各省教育厅及京师学务局。

（《教育公报》1920 年第 7 卷第 8 期）

教育部指令

第一千二百七十四号九年七月十四日

（令为呈一件送国语讲习科简章由）

令南京高等师范学校

呈一件送国语讲习科简章由

呈及附件均悉。

查该校所拟国语讲习科简章均尚妥适，应准备案和亟令行知照。此令。

附简章

一、定名　国立南京高等师范学校国语讲习科。

二、宗旨　本科专教关于国语方面各学程，以养成国语教员为宗旨。

三、学员资格　学校教职员、地方办学人员、中等学校毕业生及具同等资格者，勿论男女，均得入学。

四、修业时间　自七月十二日至八月二十一日止。

五、学程　注音字母，声音学，语音学，读本，会话，白话文法，国语教授法之研究。

六、费用　每人应纳学费十元，膳宿及杂费九元。

七、证书　凡平日积分及试验分数及格，再缺席时数未满授课时数三分之一者，由本校给予证书。

（《教育公报》1920 年第 7 卷第 9 期）

教育部咨文

第一千二百二十八号九年九月二十一日

（咨浙江省语体文范与推行国语教育宗旨不合文）

为咨行事

准第一六八八号咨送语体文范请察核等因到部，当将原书交国语统一筹备会审查去后。兹据函称："原书内容与推行国语教育宗旨不合，未便认作正式语体文范"等语，相应咨复贵省长，转令知照可也。此咨。

（《教育公报》1920 年第 7 卷第 11 期）

教育部指令

第一千七百十号九年九月二十二日

（令为呈一件报各小学会议国语教授议案及议决办法由）

令直隶教育厅厅长马邻翼

呈一件报各小学会议国语教授议案及议决办法由

呈暨国语教授原案、审查案、议决办法抄单，均悉。

当交国语统一筹备会查核去后，兹据该会函复就原案疑问之点分别辨正前来。查国民学校改授语体文，本部前已通行各省区自本年秋季起一律实行，该省自难独异，合即抄录国语统一筹备会原函，令行该厅查照办理可也。此令。

附原呈

敬启者

接大部普通司交付本会查核之直隶教育厅报告小学会议国语教授议案及议决办法呈文一件、暨原议案审查案三纸、议决办法抄单一纸，当交本会各干事公同审核。现据各干事声称："该呈及原议案所说各节，颇有可商之处，已经一一给他辨正列举左方，即请察核。"

原呈云：此项字母教授儿童是否应在入学之始或若干时日以后？又

拼音点声各项在实际教授上有若何困难?

查国民学校一年级先授注音字母，吉林教育厅已令吉林各小学试办，成绩很好，部视学李步青[①]已给他证明，而京师私立孔德学校[②]办理亦有成效，这是部立国语讲习所各学员都看见过的。至于点声和区别五声一层，已经本会议决不必拘泥，教员只要给学生范读，教学生仿效他的声音就是了，不必把什么叫五声，怎么样点声和学生去讲解。国文改用国语，山西省业已实行，江苏各小学已有好几处试办，江苏省教育会所出版的《新教育》杂志已载明他的成绩。现在直隶还要试办，虽为慎重起见，但直隶系文言较易合一的省份，似乎不可落在他省之后，还是于本年秋季遵照部令办理的好。至于未习注音字母的教员应该快令赶紧补习(教员学习注音字母效验很快，除闽、广、苏、浙等省人外，至速者一二小时至迟者一二星期便可了解，随时练习便能应用)。

天津劝学所原案第二项云：吾国各省方言，省异而县不同，若各依方言而施教授，则言语分歧，达意通情，转多隔阂。现闻《国语辞典》教育部正拟从事编辑，在未颁行以前国语教授以何为标准?

查国语中通用的词类，在这国语未统一的时代当然不能一律，然而这层困难在国文中也是如此，实系文言所共，并非国语所独有。如火柴、汽船、电话之类，若是沿用俗名或译名，洋烛头、取灯儿、火轮船、德律风之类，都可以采用了。但是，以前流行的国文教科书，为什么洋烛头等等许多名称没有编进课文去呢?那就可见普通习用的词类，何者可以通行，何者不能通行，各人心理中自有一种相同的取舍，这是从前国文上用词的选择，至于语体文所用词类与文言文亦大体相同。前经大部发交本会审查各种之国语教科书，其中词类大概是普通语所习用的，所以本会已经呈请大部给他审定。各学校改授国语自然应该采用部中审定的教科书，若是教科书里所没有采用的还可以参用最新出版的各种国语

---

① 李廉方(1878—1959)，原名步青，字福廷，号莲舫，湖北京山人。1916年起，先后任教育部视学主任，河南省教育厅厅长，武昌高等师范学校事务处主任、教授，河南大学文学院院长。

② 1917年，蔡元培、李石曾、沈尹默、马幼渔和马叔平等人，在北京东城方巾巷的华法教育会的会址，创办孔德学校。学制是初小四年，高小二年，中学四年，共10年。1924年增设大学预科两年，共学制12年，同时成立了幼稚园。

书籍报章，必不致有漫无标准之虑。该劝学所因此之故，踌躇于国语之改授似可不必，因为对于国文也很可发生这种疑义，不过事经习惯就不加推究罢了。

又天津劝学所原议案云：现在官署各行业之公文信札尚重文言，国民学校毕业生无力入高等者，将来置身社会，普通信札读解维艰。虽曰转移风气学校有责，然学校教育尚未普及，决无此伟大之转移力，似应将公文信札等一律适用语体，否则国民学校毕业生不适于现今社会之生活，而学校将失儿童父兄信仰。

按官署公文及普通信札适用语体自然是一件要事，但此案所说的事实尚属未确。因为现在国民学校的毕业生能读解普通信札的十分中得不到一二，所以教育会联合会才通过改用国语文的议案，部中也因为这个缘故才采用这议案，盼望从此以后国民学校学生毕业之后能够把所学的国语实地应用，否则何苦多此纷更呢？至于官署公文，凡是发布的，已有改用语体的倾向，中央及各省区警署用语体的很多；凡是收受的，司法官厅中用语体的很多，而且还有许多土语。本来在公文书程序中无禁用语体的规定，只要学校实用语体文以后，社会上知道语体文可以应用的人自然能够渐多。况且教育本来是该当指导社会的，改用语体文其势又是甚顺，那么学校陷于危险一层似乎可以无虑。又按，不适于现今社会生活而学校教育将失儿童父兄信仰云云，原文所谓社会好像其义甚狭，这种社会乃是和官绅方面很接近，并且还是不明白教育的人。若讲普通社会该当包括农工商各种职业，属于国民的大部分而言，这种社会里头凡是作父兄的，他的自身对于文言的公文信札大半未能了解，或是能解而不能透彻，他们连语体文也没有学过，所以自己动出笔来非文非语不能达意，并且他们还决不肯把语言直写出来，以为写在纸上决不能这样的。现在他们看见他们子弟在国民学校毕业以后就能够作语体文的信札，阅语体的书报，他们自然也能明白文字的作用不过是达意，所作的文和所讲的话差不多可以一致，那么他们方且要喜欢、要称赞学校所教的能切于实用，岂有对于学校反失信仰之理？况且现在学校教育所以不能普及的原因虽然很多，亦实是因为大多数社会对于现今的学校信仰甚薄的缘故。现今国民学校所以不能教人信仰的原因虽然也很多，而对于现在所教国文不切于实用亦是一端。因为大多数社会的心理以为入学校就是为读书作文，而读书作文的效果就是作官，我们对于子弟的希望，但求略识几个字记记帐，再懂得点道理就是了，不想作官也不敢望作官。这种学校何必进去呢？这是今日大多数社会心理不能信仰学校的一大原因，其情形与以前科举时代相同，所以劝学所这一段议论不能算正确。[①]

总之国民学校的国文，于本年秋季起改授语体文，部中早经决定通行各省区一律照办。直隶为畿辅名省，平时言论与普通语最为相近，无论注音字母本系偏重北音，学习很容易，即使小学教员素未学习，而他们的发音亦不致像南方各省的困难。况且此次改授语体文是要减轻儿童的担负，免去教授国文上种种的困难，把儿童容易明白的普通语作为教科，比较上，教员学生都要容易得多。山西、吉林两省业已提前办理，江苏各校试办以后亦是有了成效，直隶语言与山西、吉林同属一系，像语系不同的江苏尚且毫无窒碍，那么在直隶推行国语想来更无窒碍了。至于国音的绝对统一，收效当在数十年后，自不能有速成之理。以上各节仅就原呈原案疑问之点和他们商榷，至于他们议决案的办法应当如何修改，仍请大部裁夺。

（《教育公报》1920 年第 7 卷第 11 期）

教育部指令

第一千七百二十八号九年九月二十三日

（令为呈一件送组织筹备国语统一会简章由）

令奉天教育厅厅长谢荫昌

呈一件送组织筹备国语统一会简章由

据呈送“组织奉天筹备国语统一会简章请予鉴核备案”等情前来，查所订会章尚属妥协，应准备案，合亟令仰该厅知照。此令。

---

① 民国时期公文文体改革进程远在小学国文科改国语科之后，民国建立初期政府颁令改革公文文体，但效用不显，至 20 世纪三四十年代政府公文仍间或使用文言或文白相间的文体。

附简章

第一条 奉天筹备国语统一会遵照部定国语统一筹备会规划办理，以筹备国语统一事项及推行方法为宗旨。

第二条 本会地点附设于教育厅。

第三条 筹备事项分左之四类。（一）音韵；（二）辞典；（三）语法；（四）各种语体书报。

第四条 关于音韵类之事项如左。（一）《国音字典》之校核订正；（二）各种注音书报之审核；（三）方音之调查。

第五条 关于辞典类之事项如下。（一）《国语辞典》材料之搜辑调查；（二）《国语辞典》之编辑及审核。

第六条 关于语法类之事项。（一）语法材料之搜辑调查；（二）语法之编辑及审核。

第七条 关于语体书报之事项。（一）各种语体书报之调查及审核；（二）各种语体书报之编辑。

第八条 本会会员以左列会员组织之。（一）教育厅职员由厅长指定之；（二）教育厅直辖学校职教员每校二人，由该校推选。（三）其他于第三条所列事项确有专长者，由该会延聘。

第九条 本会设会长一人、副会长二人，会长由教育厅长充任，副会长由教育厅第一、二科长充任之。

第十条 本会设常驻会员若干人，承会长之指挥，分任调查编辑审核事宜。

第十一条 本会得酌用书记掌理缮写、收发、保管文件及其他庶务。

第十二条 本会遇有应行会议事项由会长定期招集之。

第十三条 本会员为名誉职，除书记外概不支薪。

（《教育公报》1920 年第 7 卷第 11 期）

教育部指令

第一千七百四十二号九年九月二十八日

（令为呈一件复筹备国语讲习所情形由）

令浙江教育厅厅长夏敬观

呈一件复筹备国语讲习所情形由

呈悉

查国语教育关系綦重，设所讲习，期在必行，该厅仍应积极筹画，从速举办，俾利推行。又据称该省小学教育已经讲习国语者不乏其人，究竟各县能否普遍，并应由该厅补报备查。此令。

（《教育公报》1920年第7卷第11期）

教育部训令

第四百十六号九年九月十三日

（令为据国语讲习所转呈毕业学员赖季允请由）

令南洋英荷属总领事、领事

据国语讲习所转呈“毕业学员赖季允请在南洋办国语讲习所组织国语统一会一案”前来

查南洋华侨散处各岛，方言各异，统一国语最为要务。该员赖季允所陈拟“在英荷暹法各属地总埠，开办国语讲习所，组织国语统一会，并由各领事会同所属学务总会、教育会筹款办理”等语，尚觉切实可行，合亟令行该总领事、领事体察当地情形，设法倡办，以期侨民言语渐趋一致，有厚望焉。此令。

（《教育公报》1920年第7卷第11期）

教育部批文

九年十月十三日

（审定《中华国音留声机片》文）

呈悉。

查该局所制《国音留声机片》共分六片，每片两课，计十二课。第一课注音字母读法，发音尚属明确，以三介母及儿母分隶声韵两类，颇和旧时切音及各国字母分合元音辅音之通则；后半课拼音举例，特取结合韵母中略有变音者凡十个，悉行列入，尤为苦心经营之点。第二、三两课为声母、韵母相拼之音，第四、五两课为声母与结合韵母相拼之音，发音均尚清晰；惟其中间有国音所无之音，据编者声称“系于发音系统中备此一格，其在音理上不能拼合之音则均未列入”云云，事尚可行，特课本及说明书中应分别详细声明，以免与国音相混。第六课练习五声，均取各声兼备之字，依拼法次序排列，颇为有条不紊；惟五声悉照北京音读，而入声略欠明了，应俟将来国音规定五声发音标准之后再行按照修订。① 第七课词类及短语之读法，第八课单句之读法，第九、十两课复句之读法，编次均依语法之程序，所读之音尚无方音羼杂，于语调之轻重高低，声情之抑扬抗坠，颇能和节，足为练习语法之准绳。第十一、十二两课会话之练习，取日常酬应问答之语，为教材尚切实用。

合查所制各片发音清正，编次整齐，于国语、国音之传习殊有裨益，应准审定公布为各学校学习国语之教科用品。至附属该片之课本、说明书等，应由该局速编定送部审核备案，其各片中有将来应行修订增减之处，即由该局随时改制呈部核定，可也。此批。

（《中华留声机片说明书》，陆衣言编辑，黎锦熙审定，中华书局，1920 年）

---

① 1921 年，《中华国音留声机片》和《国语留声机片》先后发行。《中华国音留声机片》由王璞在上海发音，中华书局发行，阴阳上去依北京音，入声仿北京读书音。《国语留声机片》由赵元任在美国发音，上海商务印书馆发行，阴阳上去依北京音，入声则为南京音。

教育部指令

第一千八百六十四号九年十月二十一日

（令为呈一件为小学国文改授国语赶办不及

拟请仍照小学会议议决办法办理由）

令直隶教育厅厅长马邻翼

呈一件为小学国文改授国语赶办不及，拟请仍照小学会议议决办法办理由

呈悉

该省既以旱灾偏重，赶办不及，所请暂缓实行国语教授一节，姑予照准。惟仍应由该厅积极筹画督促进行，以免分歧。此令。

（《教育公报》1920 年第 7 卷第 12 期）

教育部训令

第四八三号九年十一月四日

（令为国语讲习所毕业学员陆衣言呈送《注音字母教授法》由）

令各省教育厅、京师学务局、国立各高师校

据“国语讲习所毕业学员陆衣言呈送《注音字母教授法》请通饬采用”等情到部，查是书前经本部审查尚属适用，准作师范学校国民学校参考用书并给奖金在案，合亟检同原书一本，令行该厅、局、校转知所属各校、小学，俾资采用。此令。

部印

中华民国九年十一月四日

署教育总长范源廉

（《政府公报》1920 年第 1698 期）

教育部训令

第五七八号九年十二月二十四日

（令为前读音统一会审定之字音业经编印《国音字典》一书由）

令京师学务局、各省教育厅、国立各高师校

据国语统一筹备会函称："前读音统一会审定之字音，业经编印《国音字典》一书。查本会规程第四条第一项为《国音字典》之校核订正，是本会对于《国音字典》实负有修订之责任，因即根据此旨将此书交由本会审音委员会详加复核，悉心修订，兹已修订完竣。凡关于此次修正字母、校改字音之理由及将来重印《国音字典》时体例之改定，均一一加以说明，印有《国音字典附录》一小册，正拟函请大部公布，适见第六届全国教育会联合会'请定北京音为国音并颁《国音字典》议决案'一件。查读音统一会审定字音，本以普通音为根据，普通音即旧日所谓官音。此种官音即数百年来全国共同遵用之读书正音，亦即官话所用之音，实具有该案所称通行全国之资格，取作标准允为合宜。北京音中所含官音比较最多，故北京音在国音中适占极重要之地位。[1]《国音字典》中所注之音什九以上与北京音不期而暗合者，即以此故。惟北京亦有若干土音不特与普通音不合，且与北京人读书之正音不合，此类土音当然舍弃自不待言。本会此次修订《国音字典》，凡遇原来注音有生僻不习者，已各照普通音改注，北京音之合于普通音者，当然在采取之列，至北京一隅之土音，无论行于何地均为不便者，则断难曲从。该会所欲定为国音之北京音，当即指 北京之官音而言，决非强全国人人共奉北京之土音为国音也。《国音字典》中对于北京官音既已尽量采用，是该会所请求者实际上业已办到，似可无庸赘议。至于声调问题，公布注音字母之部令中仅列阴平阳平上去入五声，并未指定应以何地之五声为标准。诚

① 自唐代官府开始编纂韵书，历代都有官韵，官韵所确立的音系一般称为"官音"，官韵的一个主要功能是用于科举考试，历代的读书人都使用当时的官韵读书应试，因此官韵确立的音系又叫"读书正音"。自元代开始，北京逐渐成为中国的政治、经济和文化中心，"北京音"作为一地自然语音逐渐成为北方官话的语音基础。虽然"北京音"中所含"官音"（"读书正音"）较多，但是"官音"（"读书正音"）作为一种混合语音同时也杂糅了历史语音和其他地域语音。

以五声读法，因各地风土之异与语词语气之别而千差万殊，绝难强令一致。入声为全国多数区域所具有，未便因北京等处偶然缺乏遂尔取消，正犹阳平亦为全国多数区域所具有，未便因浙江等处偶然缺乏，遂尔取消也。①

盖语音统一，要在使人人咸能发此公共之国音，但求其能通词达意彼此共喻而已，至于绝对无殊，则非惟在事势上有所不能，抑亦在实用上为非必要也。现在国民学校业已施行国语教育，因之外间对于标准字音需求孔亟，此《国音字典》本为标准字音而作，现经本会修订完竣，合将《国音字典》及《附录》呈上，应请大部迅即公布颁发，并令行各省教育厅及直辖学校。自经此次公布之后，国语读音悉当依此修正之《国音字典》为准绳，以昭划一。至语音本随交通而递有变迁，法令当顺时宜而渐图改进，此后本会当广征各方面之意见，与发音学、声韵学、言语学等专家之所讨究，俟事势上有修订之必要时，再行开会议决。此次编订字典，厘正读音，系统一语言之初步，规模粗具，功效易期，仍冀各方面分途研讨共事推行，庶能精益求精，完成国语统一之业”等因前来，相应检同原书份，令行该局、厅、校转知所属各校、小学，嗣后教授字音悉以该书为准绳，藉收读音统一之效。此令。

部印

中华民国九年十二月二十四日

署教育总长范源廉

（《政府公报》1920 年第 1748 期）

① 第六届全国教育会联合会“请定北京音为国音并颁《国音字典》议决案”（京音派）与部颁《国音字典》（国音派）的争议有三：（1）是否纯用北京音；（2）是否明确五声读法；（3）是否取消入声。京音派从语文教育的角度主张以一地自然语音用于语文教学，国音派则以通词达意的立场强调以一种混合语音用于交流沟通。

教育部通告

（国民学校文体教科书分期作废）

国民学校国文科改为国语科，业经本部将“国民学校令”及“国民学校令施行细则”修正，以部令第七号、第八号公布在案并通行各省区，定自本年秋季起，凡国民学校一、二年级先改国文为语体文，以期收言文一致之效。查本部审查教科图书规程第二条：“审定图书，系认为合于部令学科程度及教则之旨趣，堪供教科之用者”，现在坊间出版国民学校所用各种教科书曾经本部审定者，自经此次部令公布以后，其教材程度即不免多所不符。兹特依据部令酌定办法如下：凡照旧制编辑之国民学校国文教科书，其供第一第二两学年用者，一律作废。第三学年用书，秋季始业者，准用至民国十年夏季为止；春季始业者，准用至民国十年冬季为止。第四学年用书，秋季始业者，准用至民国十一年夏季为止；春季始业者，准用至民国十一年冬季为止。至于修身、算术、唱歌等科，所有学生用书，其文体自应与国语科之程度相应。凡照旧制编辑之修身教科书，其第一学年全用图书者，暂准通用。第二学年所用文体，与国语科程度不合者，应即作废。第三、第四两学年用书，均照国文科教科书例，分期作废。算术教科书，在未改编以前，准就现行之本，于教授时将例题、说明等修改为语体文，一律用至民国十一年冬季为止。唱歌教本均应一律参改语体文。恐未周知，特别通告。

（《政府公报》1920 年第 1465 号）

国语统一筹备会修正《国音字典》之说明

民国二年，读音统一会既为国音制注音字母三十九，即就清李光地之《音韵阐微》中选取较普通之字六千五百有余，益以语言中常用之字及科学上新制之字六千有余，又《阐微》以别故缺载之字约六百有余，审定标准国音之读法，注以注音字母。闭会后，由该会会员将审定之字依《康熙字典》之部居排列，编为《国音字典》。因《音韵阐微》中未经选审之字，若音颇多切于日用而有不可阙者，故亦一律收入《字典》，比照已审定之音，注明“准某字”或“准某母某韵”，以便应用。

查“读音统一会章程”第一条云：“教育部据官制第八条第七项，筹议国语统一之进行方法，特开读音统一会”；本会规程第一条云：“国语统一筹备会以筹备国语统一事项及推行方法为宗旨”，第三条分本会应筹备之事项为四类，第一类即为“音韵”，第四条所定关于音韵类之事项，第一项为“《国音字典》之校核订正”。是则读音统一，为国语统一中之一事，读音统一会未竟之任务。自本会成立，即当赓续进行，而本会对于该会所编之《国音字典》，实负有校核订正之责任。本会根据此旨，当将《国音字典》交由本会之审音委员会悉心审查。审查之结果，对于《字典》中一部分之注音认为有修正之必要。兹将修正各点分为八项，列举于左：

（1）韵母之“ㄛ”，本相当于旧“歌、哿、个”韵（旧韵韵目据《音韵阐微》，后同），其音为“o”（此万国发音学字母，后同）。入声诸韵中，惟觉“药、曷、合”亦读“ㄛ”韵，至“质、月、陌、职、缉”诸韵中，开口呼之字则皆读“ə”韵。“o”为舌后部半升之元音，“ə”为舌央部半降之元音，发音地位本不相同，即普通音读“勒、厄、陌、黑”等字，亦未尝与“落、恶、莫、壑”等字相混。是则“质、月、陌、职、缉”诸韵中，开口呼之字不当用“ㄛ”母注音甚明，徒以该会漏制标“ə”音之韵母，对于“勒、厄、陌、黑”等字，不得已亦强用“ㄛ”母注音，于是“ㄛ”母遂兼“o”“ə”两读矣。本会以为一字母而读二音，形式上又丝毫无别，必致令人茫然，此断不可不修正者。惟此项涉及字母缺乏问题，关系最为重大，因于九年五月二十日，特开临时大会解决之。讨论之结果，佥谓三十九字母业已颁定，不便再有增加；若于字母上加以符号，则一母可当数音之用，各国字母皆有此种办法，遂议决：“ㄛ”母专用以注“歌、哿、个、觉、曷、药、合”诸韵中字，其音为“o”，若注“质、月、陌、职、缉”诸韵中开口呼之字，则于“ㄛ”母上方中间加小圆点“·”作“ㄜ”，其音为“ə”，今即遵依此法改正。

（2）“歌、哿、个、药”韵中开口呼之字，今普通音仍读开口呼，北京音亦读开口呼，而《字典》中有若干字均误注合口之“ㄨㄛ”，于是“婆、罗”等字遂与“梭、骡”等字注同一之音矣，今将“婆、罗”等字改注开口之“ㄛ”。（或疑北京音读“婆、罗”等字与“阿、何”等字之韵母不同，似一为合口，一为开口。按北京音读“婆、罗”等字与“阿、何”等字之元音，同为舌后部半升之音，惟“婆、罗”等字读圆唇之“o”，“阿、何”等字读不圆唇之“ᴀ”，非一为合口，一为开口也。）

（3）“觉、药”韵中齐齿呼之字，普通音均读“一ㄛ”韵。而《字典》中于“觉”韵字误注“ㄩㄛ”，“药”韵字则“一ㄛ”“ㄩㄛ”各半。今将“角、学、脚、略”等字，均改注“一ㄛ”韵。（或谓此类字北京音皆读入“ㄩㄛ”韵。按北京土音对于此类字，或读“一ㄠ”韵，或读“ㄩㄝ”韵，无读“ㄩㄛ”韵者，至于北京官音，即与普通音相同读“一ㄛ”韵。）

（4）“庚、蒸”韵（兼上、去言）之开口呼国音读“an”，“东、冬”韵（亦兼上、去言）之合口呼国音读“Uy”，二音本不相同。因“庚、蒸”韵之合口呼变其原来之“Uan”音为“Un”，致与“东、冬”合并，定结合韵母之时，遂以“庚、蒸”之“ey”与“东、冬”之“Uy”配成一开一合而作“ㄥ”“ㄨㄥ”两形式。但“庚、蒸”之合口呼虽并入“东、冬”，而“东、冬”却未并入“庚、蒸”，今《国音字典》对于“东、冬”韵之唇音字，不用其本韵之“ㄨㄥ”注音，而用“庚、蒸”之“ㄥ”注音，实与普通音不合。今将“蒙、封”诸唇音字均改注“ㄨㄥ”韵。（或疑国音对于唇音之字除“ㄨ”韵以外，不与其他合口呼之韵母拼合，则“东、冬”韵中“蒙、封”诸字，不音“ㄇㄨㄥ”“ㄈㄨㄥ”等，而音“ㄇㄥ”“ㄈㄥ”等，于例似无不合。按“ㄨㄥ”韵之音，是“Un”非“Uan”，实际上并非“ey”之合口呼，故“ㄇㄨㄥ”“ㄈㄨㄥ”与“ㄇㄥ”“ㄈㄥ”不能以“ㄇㄨㄛ”“ㄈㄨㄚ”与“ㄇㄛ”“ㄈㄚ”相比。“ㄇㄨㄛ”“ㄈㄨㄚ”之音为“muo”“fua”，改为“ㄇㄛ”“ㄈㄚ”，则为“mo”“fa”，此但改合口为开口而已。若“ㄇㄨㄥ”“ㄈㄨㄥ”改为“ㄇㄥ”“ㄈㄥ”则是改“muy”“fuy”之音为“man”“fan”，非改合口为开口，直是改其元音矣。若谓今之北京音读“蒙、风”诸字有作“ㄇㄥ”“ㄈㄥ”者，似去“ㄨ”亦不为无据。然此等读法，止是北京土音，未可用为标准，至北京官音，固读“蒙、风”诸字为“ㄇㄨㄥ”“ㄈㄨㄥ”诸音也。）

（5）“佳、蟹、卦”韵中之“街、解、戒”及“谐、蟹、械”诸字，《字典》注音为“ㄐㄧㄝ”及“ㄒㄧㄝ”。按“佳、蟹、卦”韵之元音为“ㄞ”——除一小部分字读“ㄚ”——，“ㄞ”为舌前部，下降之“a”与上升之“i”结合而成之元音，虽其齐齿呼因受“ㄧ”之影响，读“a”时舌稍上升。然国音字母只能作“ㄧㄞ”，若用“ㄧㄝ”韵，则不但混于“屑、叶”诸韵，且舌升过高，与普通读“街、谐”诸字之元音亦不吻合，今改注为“ㄐㄧㄞ”及“ㄒㄧㄞ”。

（6）国音为现代国语而设，其所取材既不宜拘滞古音，亦不可偏今全国最普通之读音为标准，必如是方能通行于全国，而无少窒碍。读音统一会当日之审定读音，本取斯旨。（该会章程附则中有“所注之音，应审量可为全国读音者，非各举其乡音也”之语。）惟以数十日之短时间，审定六千余字之读音，自不免有千虑一失之处。本会调查当日会场审定字音之草案，知初次审定之音，在开会期内，已叠经几度之修正：如“垠”原音“ㄫㄣ”，后改“ㄧㄣ”；“大”原音“ㄊㄚ”，后改“ㄉㄚ”；“略”原音“ㄌㄧㄠ”，后改“ㄌㄩㄛ”；“嚼”原音“ㄐㄧㄠ”，后改“ㄗㄩㄛ”之类是也。后来编纂《国音字典》，对于会场审定之音之太不合用者，又有修正：如“行”原音“ㄏㄥ”后，后改“ㄒㄧㄥ”；“罢”原音“ㄆㄞ”，后改“ㄅㄚ”；“他”原音“ㄊㄨㄛ”，后改“ㄊㄚ”；“玻”原音“ㄆㄨㄛ”，后改“ㄅㄛ”之类是也。又如唇音各声母与韵母拼合，原案根据韵书，有用开口呼之韵母者，有用合口呼之韵母者如“剥、驳”音“ㄅㄛ”，“拨、钵”音“ㄅㄨㄛ”，“烦、繁”音“ㄈㄨㄢ”，“凡、帆”音“ㄈㄢ”之类。编《字典》时，因唇音声母本已合口，故遇原案中唇音与合口呼韵母拼合之字，除“ㄨ”韵以外，一律改用开口呼韵母。又原案于“ㄐ、ㄑ、ㄬ、ㄒ”四声母与“ㄚ、ㄛ、ㄝ、ㄠ、ㄡ、ㄢ、ㄣ、ㄤ、ㄥ”诸韵母拼合者，韵母均用开口呼，《字典》则概改用齐齿呼。据此以观，知该会审定之音业已屡经修正矣。以修正之音与原定之音相较，则原定之音非拘滞古音（如“行”音“ㄏㄣ”等），即偏徇方音（如“嚼”音“ㄐㄠ”等），而修正之音大率皆合于普通之读法。本会此次审查，又发见若干不合普通读法之注音：如“倍”音“ㄅㄞ”，“彪”音“ㄅㄧㄡ”，“憬”音“ㄐㄩㄥ”，“栅”

音“ㄘㄛ”，“禾”音“ㄏㄨㄛ”，“歳”音“ㄨㄚ”之类，实难通行。今皆根据普通读音，分别改注，以期适用。

（7）凡一字有二音、三音者，若意义有别，或在事实上数音并用者，《字典》皆一一分别注音，此法颇为允当。然尚有漏略者：如“虹”之“ㄐㄧㄤ”音，“褶”之“ㄓㄝ”音，“趟”之“ㄊㄤ”音，“氓”之“ㄇㄤ”音，“酖”之“ㄓㄣ”音，“缪”之“ㄇㄧㄠ”音之类，皆为不可缺少之音。今皆加入，以便应用。

（8）此外尚有排印错误之音，亦一一校正之。

以上八项，皆为修正《字典》中注音之说明。其逐字修正之音，别详《字音校勘记》中。

此外应说明者尚有三事：

（1）国音既用阴平、阳平、上、去、入五种声调，并规定四角点声之法，则某字应读某声，《字典》中当按字加点，方能使人明了。今仅于例言（十一）中列一《南、北、中三部对于旧音四声之读法表》，而云“据右表而分析之，南、北、中三部人皆能就清浊而辨阴阳，彼此可无丝毫扞格”，因此之故，《字典》之注音上即不复点声。今按旧母浊音平仄之转变，其中甚为纷杂，非人人皆能按字下所注《音韵阐微》之四声，便能得国音之五声也。兹将旧音之清浊各四声与国音之五声，其分配之异同，说明如左：“见、溪、端、透、知、彻、邦、滂、非、敷、精、清、心、照、穿、审、影、喻”十八清音之字，国音当按旧音韵（指《音韵阐微》，下同）之四声点之，惟平声为阴平。“疑、泥、娘、明、微、喻、匣、来、日”九浊音之字，国音亦接旧韵之四声点之，惟平声为阳平（匣母之上声字有一部分应点去声）。“群、定、澄、并、奉、从、邪、床、禅”九浊音之字，旧韵云平声者当点阳平，云上声者当点去声，云去声入声者即点去声入声。此为国音五声分配旧音清浊各四声之通则，虽亦偶有例外，然不过百分之一而已。

（2）读音统一会据《音韵阐微》之字审定读音，此不过利用其字而已，虽其音亦在参考之列，然绝不拘泥其音也。《字典》中于每字下载明《音韵阐微》读此字之母等声韵者，仅为特别参考之用，例言（十二）已明白言之。其言曰：“每一字下备载母等声韵者，非谓本字尚当依此为读，应读之音固当确依所注之注音字母。至于今音、旧音之异同，及清浊、阴阳之分别，则非此不足以详也”，观此数语，可知上方之注音为标准之国音，下方之列母等声韵为附记旧音之读法，二者绝不相涉。惟“准音”各字中，有云“准某母、某等、某声、某韵”者，似谓“准此母、此等、此声、此韵”之音，其实不然。盖记“准”字者，但与会场审定之音区别而已，非云“准某字”者即须与某字同注一音，云“准某音”者，即须依此旧音之读法注音也。故本会专事修改字音，至于其下所注之旧音，无论是“准”非“准”，及与上文注音之或合或否，一切不问。因外间颇有对于所注之音与其下之母等声韵不相符合为疑者，故特重申例言（十二）之说以明之。

（3）自今秋小学校实施国语教育以来，外间对《国音字典》之公布盼望綦切，故本会此次修改只及普通常用之字，至罕用之字，其注音应修改者尚多，于重印本中订正。

本会此次修订，改注之音既多，而对于此书之体例亦认为未能完善。本拟全体订正，即行重印，俟重印本出版，始请教育部公布。兹因外间需求甚亟，故将普通应用之字须改注者先行改正，列为《校勘记》，略加说明，作为《附录》，以便提早公布。本会一面即预备重印《国音字典》之手续。兹将重印本改定之体例预告如左：①加国音字母发音表及图。ㄅ，国音声母发音表；ㄆ，国音韵母发音表；ㄇ，国音结合韵母发音表；ㄈ，国音声韵发音总图。②注音皆点声。③每字注音之下，兼用万国发音学字母拼合。④注音下面所附旧音之母等声韵，其上概加“旧”字，准音诸字之“准”字，一律删去，以免误会。⑤“ㄅㄛ”“ㄐㄧ”“ㄐㄧㄚ”等之“ㄛ”“ㄧ”均改用大书不复旁注。“ㄛㄧ”旁注之法，极易启人误会亦应改正。于此尚有宜说明者，即注音字母拼音之规则，与各国字母相同。“ㄅ”“ㄐ”等既为声母，则其本音决不能含有“ㄜ”“ㄧ”等韵母。今读“ㄅ”“ㄐ”等声母为“ㄅㄜ”“ㄐㄧ”等音者，因单读声母本音不能成音，故加“ㄜ”“ㄧ”等韵母，使之便读。此为“声母之名称”，非“声母之本音”也。故注“伯”“基”诸字时，万万不能单注“ㄅ”“ㄐ”等，必须注为“ㄅㄜ”“ㄐㄧ”，方合音理。（“ㄓ、ㄔ、ㄕ、ㄖ”及“ㄗ、ㄘ、ㄙ”七声母可单用以注“之、蚩、施、日”及“资、雌、私”诸字者，因“之”及“资”等之元音在国音中皆不单用，又不与“ㄓ、ㄔ、ㄕ、ㄖ”及“ㄗ、ㄘ、ㄙ”以外之声母相拼，国音遂不制字母而单用“ㄓ”及“ㄗ”等七母注音，此为例外。）⑥增改例言，因重印本之体例与旧例言所云颇有出入也。⑦增加文字。普通应用之字，《字典》中尚多缺漏，又有虽不常用而有时或须审查之字，亦应增入。⑧订正本书中罕用字之注音。

中华民国九年十二月

国语统一筹备会

（《江苏教育公报》1920 年第 3 卷第 11 期）

第六届全国教育会联合会议决案“请定北京音为国音并颁《国音字典》案”

呈教育部

吾国为统一读音计，颁布注音字母，诚属要图。惟仅有注音字母，而不继以正确之《国音字典》，则发音统一仍属无望。年来国人对于国音标准，议论纷纭，莫衷一是，乃有主张合并中部语音造出一种折衷读音之说，要亦未为允当。盖语言之起，或本天然，或由仿效。现在制定国语，欲齐天然之不齐，则非择定一种已有通行全国资格之方言作为标准，以资仿效不可。若另造折衷读音，在理论上似合于多数之应用，实则支离破碎，无论何地均为不便，现在《国音字典》草案正坐此弊。至于各地方音究以何种为宜，就理论及实际观察，均应首推北京音为有通行全国资格。以政治之中心言，以交通之便利言，以社会之习惯言，以音调之高超广阔优美言，京音均有相当之资格。若四声问题，北京虽缺入声，实用上并无不便。应请大部广征各方面意见，明定北京音为国音，并依此旨修改《国音字典》，颁发遵用，敬希裁定施行。

（《教育杂志》1920 年第 12 卷第 12 期）

注音字母答案

（王蕴山）

自民国四年鄙人在北京创立注音字母传习所，于今已经四年多了。老师宿儒对于注音字母不免有怀疑之点，有当面来问的，也有通函赐教的，鄙人无不恭恭敬敬，一一答复。如今纂集起来，实在不少了，一条一条的写在下面。

问：注音字母是一种什么东西？

答：注音字母是注音用的东西。

问：注音字母是从什么时代有的？

答：注音字母是从民国二年有的。

问：是谁造的？

答：是民国二年教育部召集一个读音统一会，每省派二位代表与会，还有几十位延聘来的韵学家、方言家，大家造出来的。

问：这注音字母和官话字母、劳氏简字不一样么？

答：不一样的地方有两处：一是这个字母是全国代表公制的，不似官话字母和劳氏简字是个人私造的；二是这个字母是取有音有义独体汉字，不似官话字母和劳氏简字是取汉字的偏旁。

问：提倡注音字母，我国汉字不将废掉了么？废掉了汉字就是把中国的国粹废掉了，那还了得！那还了得！

答：请先生勿躁，听鄙人慢慢地说。鄙人自从推广注音字母以来，疑问之焦点差不多都在此处。鄙人有两层意思答复：一是汉字废与不废，不是你我现在的事，是我们若子若孙的事情；二是鄙人可以决定汉字是不能废掉的。第一层的意思是说，把废汉字杞忧的人曾考查过汉字的由来么？自从仓颉造字以后，由籀而篆，由篆而隶而草而楷，一变再变，变成现在的样子，以后还是要变，那实在不可知。或者如同埃及、巴比伦文字起初亦主象形，自希腊、拉丁一变而亦用音母相切之法，就如我们现在所有读的英文，不过从十五世纪才有。我中国汉字或者也出一辙，国粹单有一般人保存去研究去，其余一般人民另有一种极容易极便当文字出来，也未可知。可是决不是你我现在的事，是你我子的子孙的孙的事情，请先生现在不必担这一种杞忧了。第二层的意思是说，就凭这几个简陋不堪的注音字母决不能代替我中国的汉文。请看流行的苏州码[①]，不知始自何年，亦不知何人所造，差不多的人都用这种字码。可是汉文数目字依然还在，决不能因有了苏州码就可以将汉文数目废弃了。东邻日本也是我们一个考证，日本本无国字，是将我国的汉字拿回去当他的国字，后来有了假名，不曾废掉了汉字。何况汉字是我们固有的字，焉能因有了注音字母就可以把汉字废掉了呢？再说日本现在一般志士何尝不提倡废汉字、顺世界潮流用罗马字？就是办不到，然而我国就居然能办到了么？如此说来，请先生更不必妄抱这一种废汉字杞忧了。（未完）

（《兴华》[②] 1920 年第 17 卷第 7 期）

注音字母发音图说

序

西人教语言的方法，多是用口授的。有时口授不便，用函授，用“独修”与“无师自通”等书。他的讲文法是很清楚了，独有发音不能说的很确切，所以他们又作了一种发音图，把发音时唇、舌、喉、齿的状况都描写出来，给独修的人可以照式摹拟。就是口授时有了这个图作帮助，也方便得多了。

我们国里，虽然早有“谐声”“反语”等法，后来又有“字母”“等韵”，但并没有品音的字。近几十年来，才有人创造简字，用来品音。民国元年，教育部开读音统一会，召集全国研究国语的学者，选定三十九

① 苏州码，一般叫作苏州码子，也叫草码、花码、番仔码、商码，产生于中国的苏州。苏州码脱胎于中国文化历史上的算筹，也是唯一还在被使用的算筹系统，现在在港澳地区的街市、旧式茶餐厅及中药房偶而仍然可见。

② 《兴华》，或称《兴华报》《兴华周刊》，起始不详，至 1937 年停刊，华美书局在上海创刊发行的基督教刊物。潘慎文为主撰，栏目有论说、教乘、经筵、小说、传记、杂俎、谭丛、文苑、时局等，介绍教会学校情况，报道教会消息，也刊有国内外大事记、新书介绍、文学作品等。

个注音字母。七年，颁行全国作注音的用。从此为识字起见，固然可以注音，就是不识字的人也可以暂时品音作字了。但是选定注音字母的目的，是要用他划一的［读］音，来整理全国不同的字音，倘说字母的音读得不同，那就与统一国音的目的相背了。

王蕴山先生是最热心传布注音字母的。读音统一会开会后不多时，他就开了注音字母传习所。这几年来，习了注音字母去辗转传给别人的已经不少了，别的地方与蕴山先生同样热心，把注音字母传人的也有几个。但是我们国里四万万同胞，决不是少数的人用口授的方法能一时传遍的，蕴山先生所以又著了一部《注音字母发音图说》。有了这部书，有口授机会的可以得点助力，没有口授机会的就可以独修，从此注音字母的传布可以很迅速很普遍了。

我很欢迎这部书，我想见到这部书的人定没有一个人不欢迎的。

民国八年十月二十三日 蔡元培

弁言

声音学这一道，研究起来是很不容易的，总得明白物理学和生理学，还得实地去考验，然后才能得其梗概。予于此道已三十年，不敢谓有所得，不过将历来经验著之于图，加以解说，以供研究声音学的参考就是了。

人为何能有声？是气的作用。气由何处出来？是由肺部通入声管经过声带，声带颤动成为声气。声气或由口腔发出，或由鼻孔发出。发出的时候唇有作用即成唇音，舌有作用即成舌音，牙齿喉有作用即成牙齿喉音（黎劭西先生著《国语学讲义》[①] 解释甚详，可与本著参看）。

图中……处是气道

发音图说

音类次序：声母二十四 ㄅㄆㄇㄈㄪ ㄉㄊㄋㄌ ㄍㄎㄫㄏ ㄐㄑㄬㄒ ㄓㄔㄕㄖ ㄗㄘㄙ；介母三一ㄨㄩ；韵母十二 ㄚㄛㄝ ㄞㄟㄠㄡ ㄢㄣㄤㄥ ㄦ

---

① 黎锦熙：《国语学讲义》，商务印书馆 1919 年版。

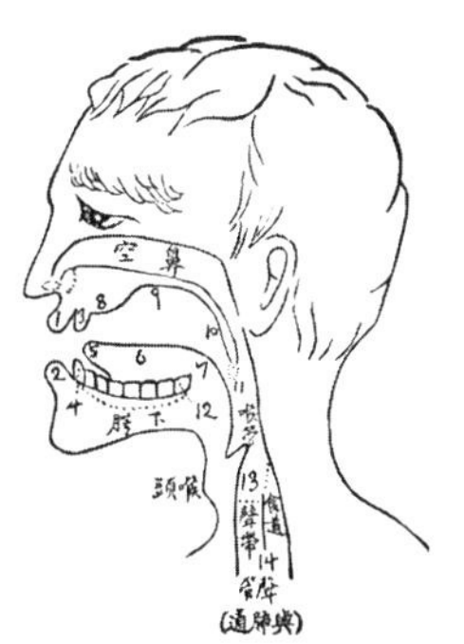

（发音机关部位图）

（1）上唇　（2）下唇　（3）上齿　（4）下齿　（5）舌尖（又称舌头）（6）舌叶（又称舌上）（7）舌根（又称舌背）（8）龈（又称牙床）（9）上颚（又称硬颚）（10）软颚（又称浅喉）（11）小舌（12）牙　（13）前喉　（14）后喉（又称深喉）

（一）ㄅ、ㄆ、ㄇ

此三声母为重唇音，声气由口腔出至于唇，作势唇合齿开。

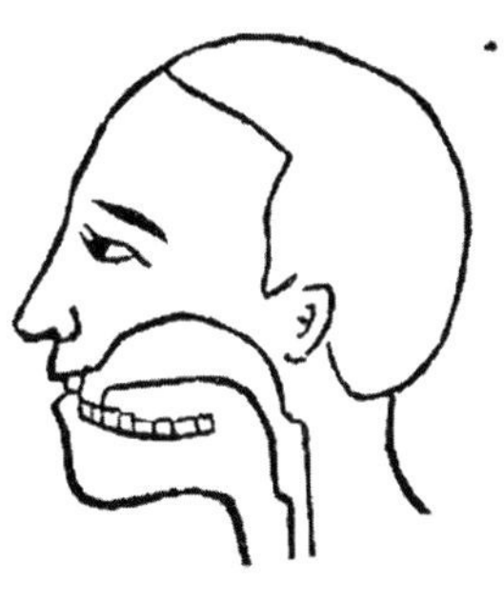

（唇音作势图）

两唇作势，声气已至于唇。若呼“ㄅ”母，两唇张开，声气有不去之势；若呼“ㄆ”母，声气有疾出之势；若呼“ㄇ”母，声气有回环之势。

图如下：

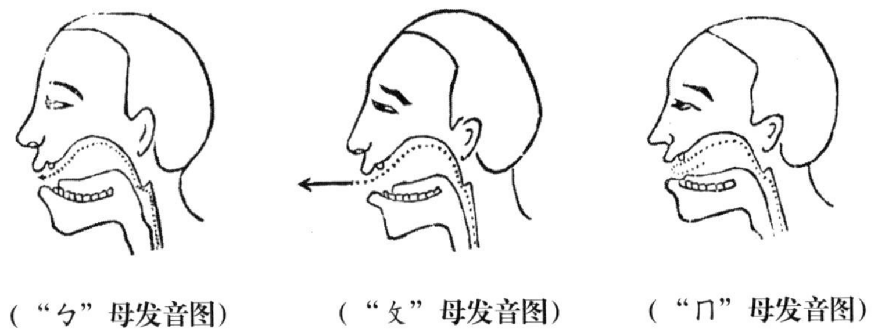

（“ㄅ”母发音图）（“ㄆ”母发音图）（“ㄇ”母发音图）

（二）ㄈ、万

此二声母是轻唇音，愚以为作势时，若不加以上齿发音，不得真切，作势上齿合下唇。

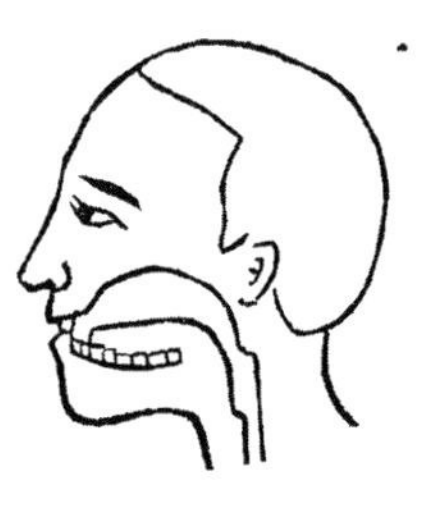

（轻唇音作势图）

上齿与下唇作势，声气已至齿唇之间。若呼“ㄈ”母，声气有泄出之势；若呼“万”母，声气有不去之势。图如下：

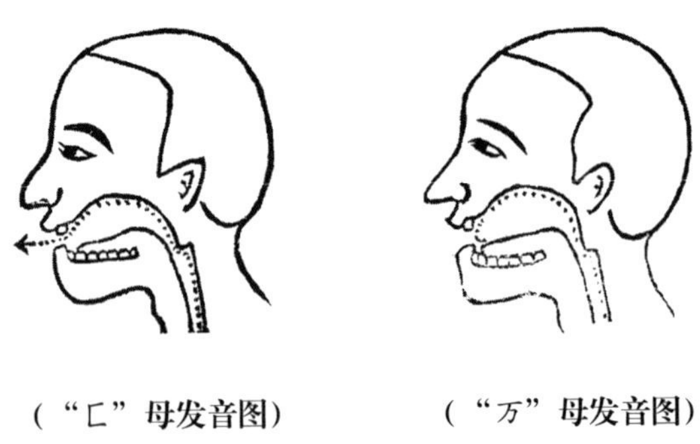

（“ㄈ”母发音图）（“万”母发音图）

（三）ㄉ、ㄊ、ㄋ、ㄌ

此四声母是舌音，作势舌尖抵上颚。

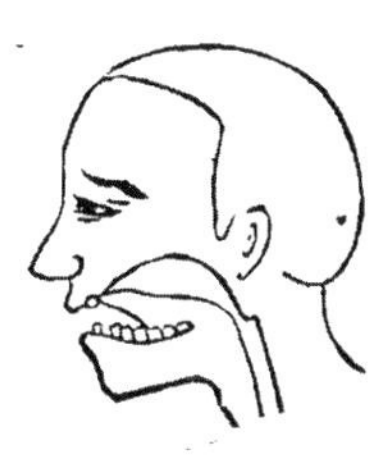

（舌音作势图）

舌与上颚作势，声气已至舌颚之间。若呼“ㄉ”母，声气有不去之势；若呼“ㄊ”母，声气有疾出之势；若呼“ㄋ”母，声气有回环鼻空间之势；若呼“ㄌ”母，舌尖上下鼓荡，声气有不去之势。图如下：

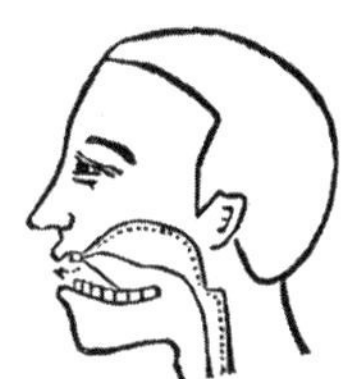

（“ㄉ”母发音图）

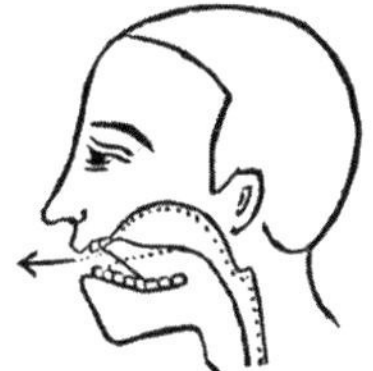

（“ㄊ”母发音图）

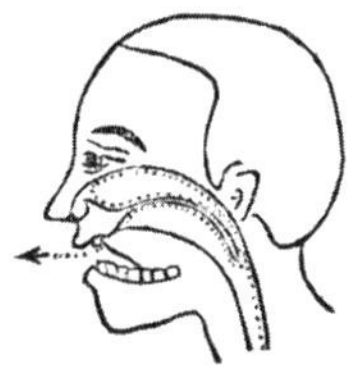

（“ㄋ”母发音图）

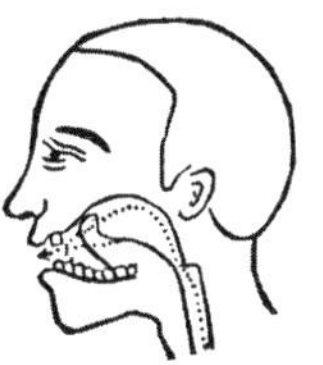

（“ㄌ”母发音图）

（四）ㄍ、ㄎ、ㄫ、ㄏ

此四声母，旧本以前三母是牙音后一母是喉音，今以前三母为舌根音，后一母为浅喉音。作势口开舌缩，舌尖若抵下颚。

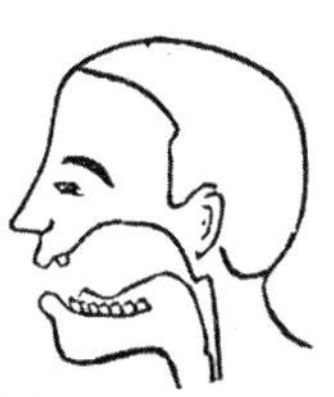

（作势图）

舌根与喉作势，声气已至舌喉之间。若呼“ㄍ”母，舌根微动，声气有不出之势；若呼“ㄎ”母，声气有疾出之势；若呼“ㄫ”母，声气有回环鼻空之势；若呼“ㄏ”母，声气有直撞小舌之势。图如下：

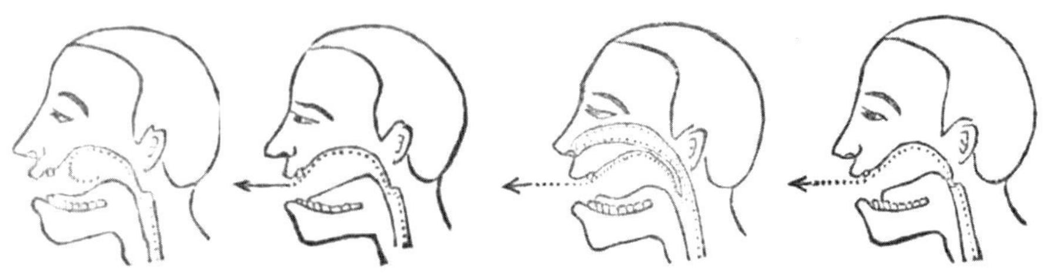

（“ㄍ”母发音图）（“ㄎ”母发音图）（“ㄫ”母发音图）（“ㄏ”母发音图）

（五）ㄐ、ㄑ、ㄬ、ㄒ

此四声母，旧本谓“ㄐ、ㄑ、ㄒ”为牙齿合音，“ㄬ”为牙舌合音，今统谓之舌前音，其区别在声气作用。作势唇开齿合抵下齿。

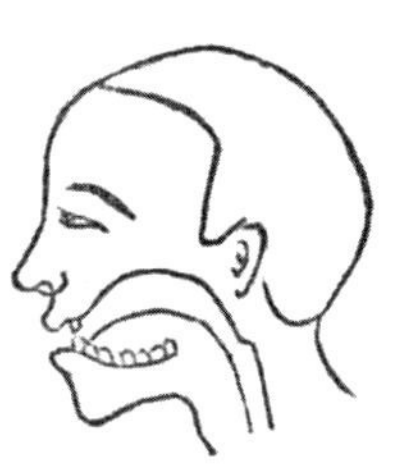

（舌齿音作势图）

舌与齿作势，声气已至舌齿之间。若呼“ㄐ”母，舌前叶贴上颚，声气由中间至于上下齿缝有不出之势；若呼“ㄑ”母，舌前叶贴上颚，声气由中间至于上下齿缝有疾出之势；若呼“ㄬ”母，舌前叶微动，齿微动，声气有回环鼻空之势；若呼“ㄒ”母，声气有从上下齿缝徐出之势。

图如下：

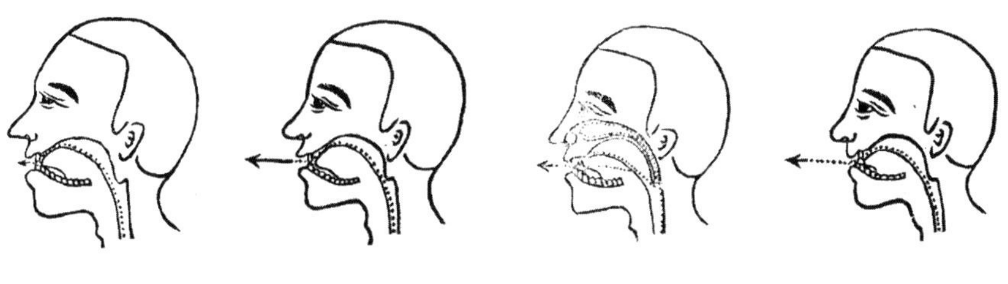

（“ㄐ”母发音图） （“ㄑ”母发音图） （“ㄬ”母发音图） （“ㄒ”母发音图）

（六）ㄓ、ㄔ、ㄕ、ㄖ

此四声母，旧本谓为齿舌合音，今以“ㄓ、ㄔ、ㄕ”为舌叶音，“ㄖ”为舌叶边音。作势唇开齿合舌前半贴上腭。

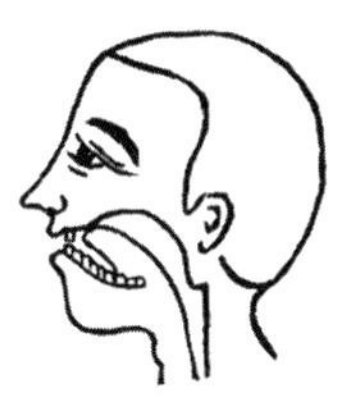

（作势图）

舌齿作势，声气已至舌齿之间。若呼“ㄓ”母，舌叶与上颚用力抵触，声气由齿缝中间有徐出之势；若呼“ㄔ”母，舌叶与上颚用力抵触，声气由齿缝中间有疾出之势；若呼“ㄕ”母，声气作用与呼“ㄓ”母同，其相异之点，呼“ㄓ”母时，舌用力抵触上颚，呼“ㄕ”母时，舌不用力抵触上颚也；若呼“ㄖ”母，声气在小舌之间，即有作用，然后舌叶中部，作凹形，声气由齿缝中间发出。图如下：

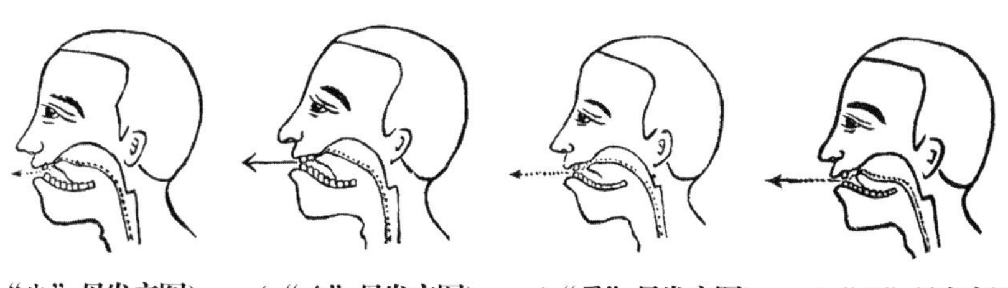

（“ㄓ”母发音图） （“ㄔ”母发音图） （“ㄕ”母发音图） （“ㄖ”母发音图）

“ㄓ、ㄔ、ㄕ、ㄖ”四声母，在普通官话中最占势力，而有一部分人口中无此音。因其声气在舌叶上，无有作用故也。若遇不能呼此四音的，当先教呼“ㄖ”母，若“ㄖ”能呼出来，其三母也就会了。如再不能，璞有一法，如下图。

（衔指作势图）

此四声母所以不能呼的缘故，是声气在舌丝毫作用没有，全归到齿上去了。今把大指尖衔在齿缝中间，令舌作响，呼“ㄖ”母，果能有声，然后将大指撤去，即能呼此四声母矣。

（七）ㄗ、ㄘ、ㄙ

此三声母是齿头音。作势唇开齿合舌尖抵下齿。

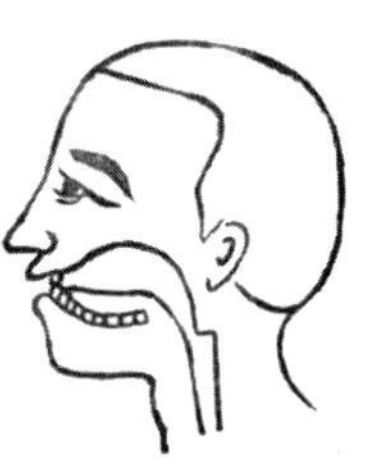

（齿头音作势图）

上下齿作势，声气已至齿缝中间。若呼“ㄗ”母，舌尖若触上齿龈，声气由上下齿缝有不去之势；若呼“ㄘ”母，舌尖若触上齿龈，声气由上下齿缝有疾出之势；若呼“ㄙ”母，声气由上下齿缝有徐出之势。图如下：

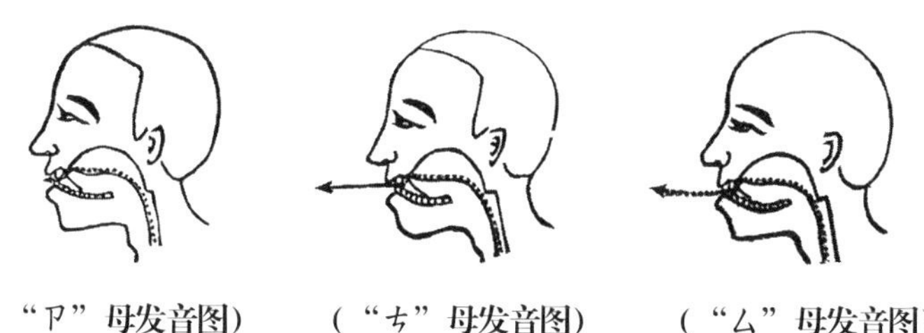

（“ㄗ”母发音图）　（“ㄘ”母发音图）　（“ㄙ”母发音图）

（八）一、ㄨ、ㄩ

此三介母是介在声母韵母中间的字音，所以能分出四等呼来就是此三母的作用。“一”母作势唇开齿合，凡字有“一”母音的叫作齐齿呼；“ㄨ”母作势齿开唇合，凡字有“ㄨ”母音的叫作合口呼；“ㄩ”母作势两唇凸撮，凡字有“ㄩ”母音的叫作撮口呼。

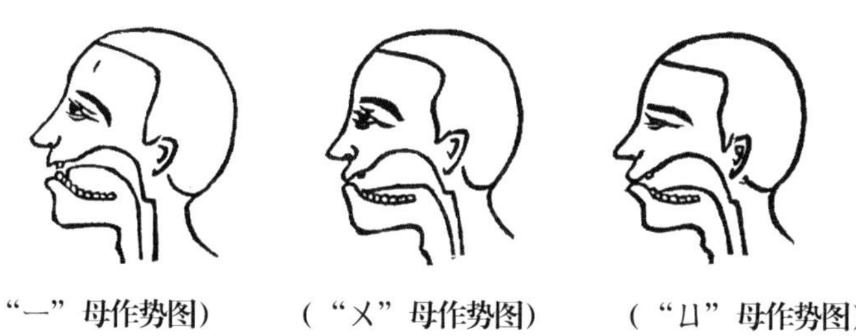

（“一”母作势图）　（“ㄨ”母作势图）　（“ㄩ”母作势图）

三母作势，声气已至作势之间。若呼“一”，上下齿虽合，不须用力，声气由前喉经齿缝出；若呼“ㄨ”母，两唇不用力，声气由前喉经合唇出；若呼“ㄩ”母，两唇亦不用力。声气由前喉经撮唇出。图如下：

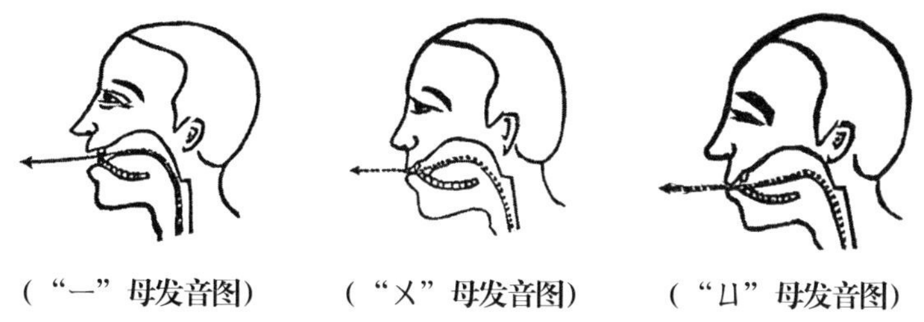

（“一”母发音图）　（“ㄨ”母发音图）　（“ㄩ”母发音图）

（九）ㄚ、ㄛ、ㄝ

ㄞ、ㄟ、ㄠ、ㄡ

ㄢ、ㄣ、ㄤ、ㄥ、ㄦ

十二字虽然都是韵母，而“ㄚ、ㄛ、ㄝ”三韵母音最纯，所以叫作独母。其余除“ㄦ”母外叫作复母，都是由“ㄚ、ㄛ”二韵出来的，所以先要研究“ㄚ、ㄛ”二音。作势口开。

（作势图）

“ㄚ、ㄛ”二母作势虽同，而声气作用则不同。呼“ㄚ”母时，仰首，声气由前喉出来；呼“ㄛ”母时，俯首，声气由后喉出来。如此解释未有不能者，图如下：

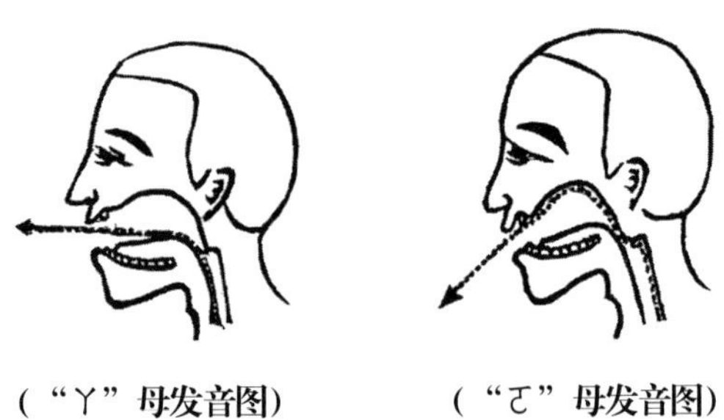

（“ㄚ”母发音图）　（“ㄛ”母发音图）

“ㄝ”母是由“ㄚ”变来，作势与“ㄚ”母同，不过声气出来时，小舌与舌根用力就是了。有谓呼“ㄚ”母时喉若开，呼“ㄝ”母时喉若闭，亦近似。

（“ㄝ”母发音图）

“ㄞ、ㄟ、ㄠ、ㄡ”四韵母作势与“ㄚ、ㄛ”母同。呼“ㄞ”母时，仰首，先呼“ㄚ”母，声气由前喉出来，仿佛齿欲合，加“一”字即成“ㄞ”母的音了；呼“ㄟ”母时，俯首，先呼“ㄛ”母，声气由后喉出来，仿佛齿欲合，加“一”字即成“ㄟ”母的音了；呼“ㄠ”母时，仰首，先呼“ㄚ”母，声气由前喉出来，仿佛唇欲合，加“ㄨ”字即成“ㄠ”母的音了；呼“ㄡ”母时，俯首，先呼“ㄛ”母，声气由后喉出来，仿佛唇欲合，加“ㄨ”字即成“ㄡ”母的音了。图如下：

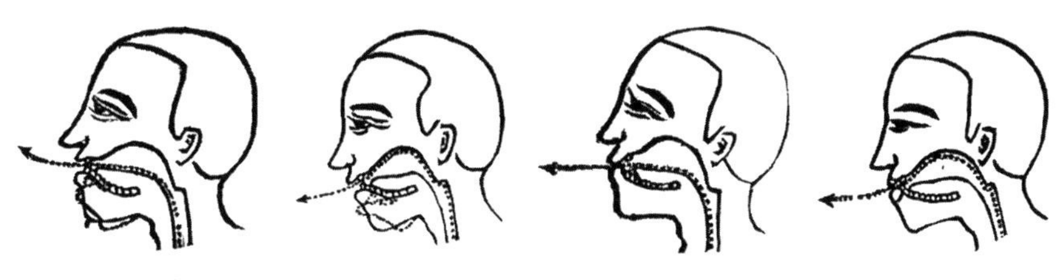

（“ㄞ”母发音图）（“ㄟ”母发音图）（“ㄠ”母发音图）（“ㄡ”母发音图）

“ㄢ、ㄣ、ㄤ、ㄥ”四韵母作势与“ㄚ、ㄛ”同。呼“ㄢ”母，须仰首，先呼“ㄚ”母，声气由前喉经鼻空间欲出时，舌用力抵上腭，即成“ㄢ”音了；呼“ㄣ”母，须俯首，先呼“ㄛ”母，声气由后喉经鼻空间欲出时，舌用力抵上颚，即成“ㄣ”音了；呼“ㄤ”母，须仰首，先呼“ㄚ”母，开口，声气由前喉经鼻空间出，即成“ㄤ”音了。声气发出后，小舌与喉间即闭合；呼“ㄥ”母，须俯首，先呼“ㄛ”母，开口，声气由后喉经鼻空间出，即成“ㄥ”音了，声气发出后，小舌与喉间即闭合。图如下：

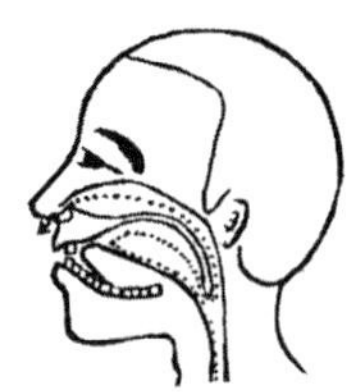
（“ㄢ”母发音图）

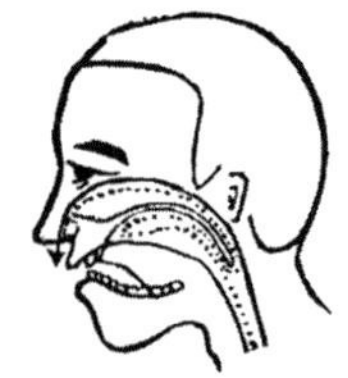
（“ㄣ”母发音图）

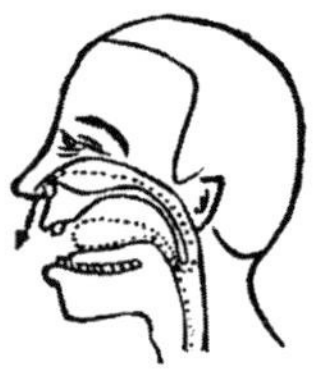
（“ㄤ”母发音图）

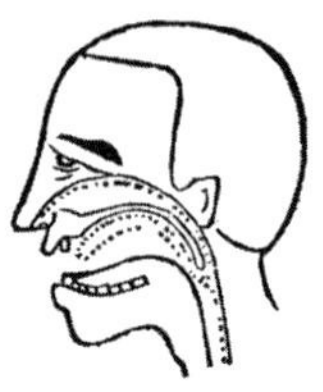
（“ㄥ”母发音图）

“ㄦ”母是东方特有的韵母，在普通官话中用处很大，作势与“ㄚㄛ”母同。其呼法是齐齿缩舌，声气回环，舌与喉管之间有不出之势。图如下：

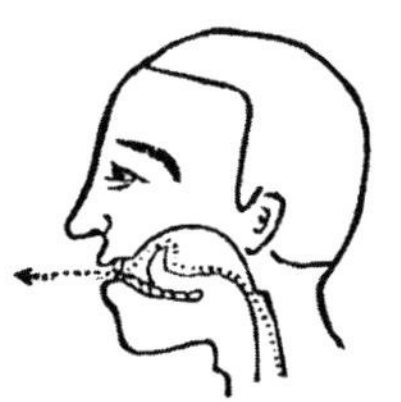
（“ㄦ”母作势图）

（《教育公报》1920年第7卷第3—6期）

注音字母传习总所六周年纪念报告

今天是注音字母传习总所开办第六周年，谨将本年推行的事项报告在后。

九年一月，开第十九次师范、特别、普通三班，二月毕业。三月，开第一期特别师范班，四月毕业。五月，开第二期特别示范班。六月，派王君理臣至青年会第一国语讲习所教授国语，又派至广西南宁教授国语。七月，派许君少泉至京兆公署教授国语。八月，开第二十次师范特别普通三班。教育部派本所所长王君至上海装制留声机片①。所长王蕴山

① 《中华国音留声机片》，王璞发音，黎锦熙审定，陆衣言编辑，中华书局制，1921年。

君，编纂《注音字母新反切举隅》一书。九月，开第一期国语班，教育部送来有南洋蔡喆、徐式文、邓觉先等，各省送来有陕西教育厅孟学海等。十一月，开第二期国语班。十二月，所长王君编纂《最新注音字母通俗大字汇》付印。

以上系本年进行事项，谨此报告。

（《官话注音字母报》1920 年第 102 期）

《注音字母报》五周年纪念

自从民国成立，一般教育大家都以我国各省语言不一和不识字的人太多为一件恨事，故于民国二年，召集读音统一会，研究出一种注音字母，以这种字母要统一语言、普及教育。这个念头固然是很好，怎奈那时候各界人士全都观望，惟有前教育总长张仲仁先生[①]捐资提倡，设立一处注音字母传习所，开班教授。不识字人虽学会字母，苦于无书可读，因此传习所又附设注音字母书报社，所出书报都是普通白话。自出书报后，各处人士才知道有这种字母。如今《注音字母报》已出版五年，今日就是本报的五周年的纪念日，以今日比前五年，真是天地悬隔。现在差不多已布满全国，可是现时字母算是国语的一部分，注音字母的价值，因国语的携带也升高了万丈。记得传习所开办后，毕业的有十分之四是不识汉字的人；如今来学的，没有一个不识汉字的人。我想几年的功夫教育就能普及，中国就没有不识字的人了？也未免太快了！原来是因为现在国语一科变成一种高尚的学术，行于中上的学校作为一种研究品，因此不识字的人就不敢学了。我们小报初出版宗旨，就是为补助教育所不及，专对于普通人作的，故此用普通话，说普通事（如造粉笔法、誊写版法，已经有人照法制造）。自今以后，我们还照原宗旨去作（本报虽冠有“国语”二字，宗旨可不是研究国语的理，是用国语来说普通事），

---

① 张一麐。

以继我们的初志。[①] 今天我拉杂说这一篇就作为是本报五周年的纪念词。

（《国语注音字母报》[②] 1921 年第 111 期）

我的统一国语观

（退之）

统一国语一事，现在报章上提倡的已经是非常盛了。但是国人对他，也分两种态度：一种是欢迎派，一种是反对派。他们所持的理由很多，既然都登在各杂志上，想必国人也都见了，所以我也不必一条一条的举出来。但是我觉得这两种人的理由，都有点不对。因为我们中国的字，既然从古文变到大篆，从大篆变到小篆，又从小篆变到隶书。后来又有草书、八分楷书种种字体，文字的形体已经是代有变迁了。就是音韵学，也是历代不同。《诗经》上所用的韵，照近人章太炎所分的是二十三部。汉朝的音，又与周朝的不同，所以郑康成[③]注《诗经》说："古音'寘''尘'声相近"，刘熙[④]《释名》说："古者'车'声如'居'"，这都是不同的确证。到了六朝的时候，音韵学更其发达，先有李登做的《声类》，吕静做的《韵集》[⑤]，后来沈约、周颙那班人，做文都用声韵。所以《南史陆厥传》上说："永明末，盛为文章，吴兴、沈约、陈郡、谢朓、琅邪王融以气类相推，汝南周颙善声韵，为文皆用宫商，以平上去入为四声"，又说："时有王斌者，着四声论行于世"，可见那时音韵学是非常发达的。后来隋朝的陆法言做《切韵》，共分韵为二百十六部，唐朝的《唐韵》、宋朝的《广韵》也是这样。到了宋末有个王郁，才将他并成

① 自清末王照至民初王璞，自官话字母传习所、《官话字母报》至注音字母传习所、《注音字母报》《国语字母报》，虽然由官话字母转而成为注音字母，但于前后两位王氏而言，用于通俗教育而非学术研究的办学、办报宗旨并未改变。

② 1921 年，《官话注音字母报》改名为《国语注音字母报》。

③ 郑玄，北海高密人，字康成。著有《毛诗笺》，注释《三礼》《周易》《尚书》《论语》等。

④ 刘熙，字成国，东汉北海人。

⑤ 《韵集》，晋吕静编著，晚于《声类》。原书亡佚，若干佚文散见于古文献中，其内容和编写体例见于唐写本《王仁昫刊谬补缺切韵》韵目小注。

一百零七韵，元朝的阴时夫又将他并成一百零六韵，可见音韵学也是代有变迁的。现在为什么就不许想出法子来统一国语呢？所以我说他们这是很不对。至于欢迎派的人，虽然知道国语应该统一，但是统一的方法，他们并未尝切实研究。他们又常说："我国古来是文言合一的"，古来文言合一的话，固然是不错，但是国语不能统一，就是周朝也有这样弊病。像《穀梁传》上说："吴谓善伊，谓稻缓"，《左传》上说："楚人谓虎于菟"，这都是那时方言不同的确证。又像《尔雅》书中有《释言》一篇，也是拿官话来解说方言，那更是明明白白的凭据。就是音韵呢，也是各处不同。像"迎"从卬声，古音本在阳部，但是《离骚》上说："百神翳其备降兮，九疑纷其并迎，皇剡剡其扬灵兮，告予以吉故"，"迎"字和"故"字叶韵，是又读如"迓"了。"调"字从周声，古音本在幽部，但是《诗经 车攻篇》说："弓矢既调，射夫既同"，"调"字和"同"字叶韵，是又读入东部了。"巩"字从巩声，古音本在东部，但是《诗经 瞻卬篇》说："不自我先，不自我后，瞻卬昊天，无不克巩"，"巩"字和"后"字叶韵，是又读入候部了。可见古来的音，也是各处不同。现在主张统一国语的人，未尝研究到这，那不是一桩错误么？所以我说他有点不对。

至于统一国语的方法，现在大概可以分五种：（一）用白话，（二）注音字母，（三）用罗马拼音，（四）用世界语，（五）用法兰西语。第一、第二两项，我很赞成，第三、第四、第五三项，我是绝端反对的。因为我国地方太大，各地之方音又是不同，如果再用什么罗马字来拼汉音，既然不能收统一国语的功效，反来教这处人所写的字，别处的人就认不得了，还不如现在文是文、言是言咧！至于法兰西语，虽是外交上常用，但是普通的人并不行。世界语制造简单，也未能通行全球。现在教我国的人废弃本来的字来学他，就像一个齐国的人教楚国人学他的国语，许多楚国人在那里喧哗，还有成功的理么？所以我也是反对。在我的意思，要想统一国语，必定要想出一个简当容易行的方法。最简要容易行的，就是白话文和注音字母。因为用白话文，自然文言能合一。用注音字母，就可以国语统一。况且注音字母，也是从旧韵学变化来的。

元朝的刘鉴分字音为十六摄，清朝的樊腾风[①]又减成十二摄。现在注音字母的韵母，就是旧韵书所讲的摄，所用的声母，就是旧韵书的字母。这都是从前所有的法字，最简要容易行，所以我很赞成，不过注音字母，并不是全没弊病。因为注音字母多用北方的音，南方人未必就能行。教育部也知道这种道理，又特为颁布一种浊音符号，留做南方的人活用。既然照这样，国语又怎么能统一呢？又像国音统一会所编的《国音字典》“肩”字“ㄐㄧㄢ”，是齐齿呼，范祥善的《国音浅说》[②] 乃音是“ㄐㄢ”，是开口呼。一个字差误到这样，国语还能够统一么？《国音字典 条例》上又说：“凡用介母一字的，都是齐齿呼。不用介母的，都是开口呼。”但是人部“备”字注云：“ㄔㄥ，穿齐”，“假”字注云：“ㄐㄧㄚ，见开”，这又是什么道理呢？所以我说注音字母，是不能没有弊的。不过注音字母虽是有弊，将来统一国语也非他不可，只要将他改良改良就是了！我对于改良的方法约分两种：

第一是改良字母。从前的等韵是三十六个字母，虽然各处未必都能具这音，但是清浊音都有，也可以算得中正不偏的。现在注音字母的声母，只有二十七个。因为“群、定、知、彻、澄、并、非、奉、从、邪、床、禅、影、喻、匣”那些字，北音没有音，所以没造。但是南方人确有那音，一定叫南方的人弃除自己的话，来学北方的话，那不是削足适履么？所以我说应该改良。改良的方法，最好是照着旧字母，编为注音字母，那自然可以不偏于南北的弊病了！

第二是编定国语，先从调查入手。古代的言语既然是各处不同，现在的那就不用说了！但是方言虽然是不同，也并不是没有来历的。所以要编定国语，不可不先从调查入手。调查以后，拣他最普通又合六书的，编成个国语，那自然可以通行全国，毫没有弊病。我是安徽的人，就拿安徽可以编成国语的话来证明他！

“我们”这两个字，是极普通的话，但是江苏人不说“我们”，只说

---

① 樊腾凤所著《五方元音》成书于1654—1664年，为民间韵书，属北方官话。该书脱胎于《元韵谱》，从《韵略易通》中选取韵字。分上下两卷，全书共收8400余字，卷首有凡例、韵图等。分12个韵部，声调分阴平、阳平、上声、去声、入声5种。

② 范祥善：《国音浅说》，商务印书馆1919年版。

"我俚"。钱穆[1]所做的《研究白话文之两方面》说:"'俚'是'里'之转音",又说:"家非一人,里非一家,故有众多之义",又说"'们'既'懑'之俗字,'我们'字无典"。这些话有些不对,既然说"里非一家",所以有众多的义,就不可以说"门非一人",也有众多的义么?况且孔子的弟子,俗称孔门;释家的弟子,俗称佛门;有势有权的,俗称权门,可见"门"字有徒党的意思。"俚"字既然是"里"字,"们"字自然也就是"门"字了!钱氏又发为问辞说:"自南北通言之,当从俚乎?抑从们乎?"照我的意思,当从"们"去"俚"。因为"我们"是普通的话,"我俚"不过一处之土言,所以"我们"二字是可用的。不过"我俚"二字虽然不用,也当像《尔雅释言》的方法——或像《方言》亦可——编定一部书,留做后来的人研究。别的方言,像叫花子的"花"字,就是"覶"字转音。智慧名"刁",就是"憭"字转音。弃物名"版",就是"拌"字转音。田界名"埂",就是"畺"字转音。守门名"把",就是"御"字转音。这样例子很多,都是很合六书,能编成国语的。不过要说起来,非连篇累牍不可,我也没暇说了!现在我著一部书,叫做《新方言》。专讲方言的根本,或是章太炎先生的《新方言》[2]有错处,亦加上辩论。这本书还没有编齐,将来如果能发行,也可以算研究国语的一种材料。

我的话,现在已经说完了!我对于统一国语的意见,也就照上面所说的。不过我的话是研究的性质,不能算一定。倘有人赞成我的话,我固然是喜欢。要有人反对,我更其欢迎。因为只要有人能想出更简便的法子,来统一国语,不是更好么?只要大家平心平气的去研究,我的愿望也就足了!

(《教育杂志》1920 年第 12 卷第 10 期)

---

① 钱穆(1895—1990),字宾四,笔名公沙、梁隐、与忘、孤云,晚号素书老人、七房桥人,斋号素书堂、素书楼,江苏无锡人。中央研究院院士,故宫博物院特聘研究员,与吕思勉、陈垣、陈寅恪并称为"史学四大家"。

② 章炳麟 1907—1908 年写于日本,搜集方俗异语八百余条,根据声韵转变的规律,以古语证今语,以今语通古语。分《释词》《释言》《释亲属》《释形体》等 11 篇,附《岭外三州语》一篇,考释惠州、梅州、潮州客话中一部分词语的来源。

1921 年文献

教育部指令

第三百八十二号十年二月十八日

（呈一件复收到《国音字典》及

《附录》请再发六十册并示价值及寄售处由）

令福建教育厅厅长王述曾

呈一件复收到《国音字典》及《附录》，请再发六十册并示价值及寄售处由

呈悉。查此项《字典》及《附录》，本部现存无几，已由商务印书馆承印，不久便可出版，该厅所属各校应自行购备，仰即转行知照可也。此令。

（《教育公报》1921 年第 8 卷第 4 期）

教育部训令

第六十五号十年二月二十一日

（令为本部编审员黎锦熙聘员汪怡现经安徽教育厅聘任讲演国语由）

令直隶、湖北、山东教育厅

据国语统一筹备会函称："本部编审员黎锦熙、聘员汪怡现经安徽教育厅聘任讲演国语，拟取道京汉铁路前往，由津浦铁路回京。其所经历如保定、武昌、济南等处，似可乘便考察国语教育，请指令委派”等因，除批示照准外，合行令仰该厅转行保定各学校知照可也。此令。

（《教育公报》1921年第8卷第4期）

教育部通告

十年二月二十三日

（前据国语统一筹备会函请颁发《国音字典》及《附录》等因）

前据国语统一筹备会函请颁发《国音字典》及《附录》等因，当经本部将此项《字典》及《附录》通行颁发，并将该会所述校改《国音字典》理由详细叙明在案。兹复据该会函称：“查《字典》印本流行已广，至其《附录》虽与原本不可分离，惟系后来追加之件，故未及印入原书。现经本会与原承印者商务印书馆商定：先将《附录》单独印行，以备目前各方面之应用；一方面将《字典》原版按照《附录》校改重排重印，定名为《国音字典校改》，俾各方面皆得所准绳。此事于国音统一关系至巨，但恐各界未及周知，设仅沿用商务印书馆前出之《国音字典》而不据《附录》校改，或将来校改本出版，各方面不知校改本与现行稿本之所以异同，则以讹传讹，既滋分歧之弊害，即妨统一之前途。应请大部查核，将上述《国音字典校改》及印行办法，用布告通知各省区各学校、各书店，俾各有所准绳。至现经审定载有注音字母之图书，概系根据《国音字典》稿本转载，此项《字典》既经修正，所有前项图书亦应令一体照改，并通知各界以免讹误”等语，特此通告。

中华民国十年二月二十三日

（《政府公报》1921年第1800号）

教育部训令

第七九号十年三月一日

（令凡师范学校暨高等师范学校均应酌减国文钟点由）

令各省教育厅、京师学务局、直辖各高等师范学校

查国民学校一、二年级自民国九年秋季起先改国文为语体文以期言文一致之效，业于九年一月通行在案。师范学校与高等师范学校为造就师资之地，关于国语教育之必修科目，如语体文、注音字母、发音学、国音沿革、国语文法、国语教授法等，自应分年学习以便将来传授之用。兹定自本年下学期起，凡师范学校暨高等师范学校均应酌减国文钟点，加授国语，以为国语教育之准备，合亟令行该厅、局、校，转令所属各校遵照办理可也。此令。

部印

中华民国十年三月一日

署教育厅总长范源廉

（《政府公报》1921 年第 1814 号）

教育部训令

第九七号十年三月十一日

（令为筹备国语统一会限期设立并筹定经常临时各费由）

令各教育厅

据国语统一筹备会函称："上年六月，敝会函请大部分行各省区分设筹备国语统一会，业蒙采纳照行在案。近据调查实际状况，各省区遵照办理者尚属寥寥，且有开办不久因经费被裁致难支持情事，此与大部积极推行国语教育之意相去太远。敝会公同商议，以为此事应仍请大部分行未设筹备国语统一会各省区，俾限期成立并筹出经常临时各费，不得

挪作别用。庶各省区之筹备国语统一会可以迅速成立，国语教育乃易进行”等语前来，合亟令仰该厅迅将筹备国语统一会限期设立并筹定经常临时各费，以资进行，仍将办理情形呈报备核。此令。

部印

中华民国十年三月十一日

署教育总长范源廉

（《政府公报》1921 年第 1816 号）

教育部训令

第二七二号十年九月二十四号

（令为据国语统一筹备会陈请续办国语讲习所以推行国语教育由）

令各省教育厅

据国语统一筹备会陈请“续办国语讲习所以推行国语教育”等情并附办法一件前来。

查本部前因国民学校国文科改授语体文亟须先事准备，曾于上年就京师开办国语讲习所第一、第二两班，各学员节经毕业在案。现在体察各地方情形，国语教员尚形缺乏，自应续办国语讲习所第三班，以期收国语普及之效，合亟钞录“国语讲习所办法”，令仰该厅遵照。即照原定学员资格如额考送，以能取得口耳灵敏兼通音韵者为尤佳，并饬各学员于十月三十一日以前来京报到，以便开课可也。此令。

附国语讲习所办法

部印

中华民国十年九月二十四日

教育次长代理部务马邻翼

第三届国语讲习所办法

一、学员　男女生兼收，其资格如左：（一）大学文科或高师毕业者；（二）师范本科或中学毕业，而于国语略有研究者；（三）现任或曾任教员，具有第一项或第二项同等之学力者，第二项第二句之解释如下（曾识注音字母并能作国语文）。

二、学员人数　共额一百二十人，每省区考送三人约可得六七十人，余额在北京考取。

三、修业期　三个月。

四、课程（以十三周计）。

发音学、注音字母　　每周六时　　共计七十八时

注音字母另组课外练习，由注音字母教员主任指导。

国音沿革　　每周二时　　共计二十六时

会话　　每周二时　　共计二十六时

会话另组课外练习，由会话教员主任指导。

国语文法　　每周四时　　共计五十二时

国语文学　　每周二时　　共计二十六时

国语教授法　　每周一时　　共计十三时

言语学概论　　每周一时　　共计十三时

五、开课日期　十一月一日。

六、收费　学员每人按月收讲义费二元、杂费一元，于入所时并缴。

（《政府公报》1921 年第 2009 号）

教育部训令

第二百八十六号十年十月五日

（令为本会干事汪怡因前往大连演讲国音由）

令奉天教育厅厅长谢荫昌

据国语统一筹备会函称："本会干事汪怡因前往大连演讲国音，承大部派往奉天考察国语教育状况。现据该干事报告，该省对于国语教育颇有误会之处，应请大部行文奉省教育厅，令一面解释各方面对于注音字母之误会，一面研究注音字母之传习方法。俟研究稍有头绪，仍应将各

属传习所克期再办。至该厅第二三九号训令用意，据该厅长谓语体文仍可照常教授，并非仅限本年适用。现既引起各学校误会，更应由厅行文各属，申明该训令并非禁止国语教育，说明国语教育之重要，以免国语前途阻碍”等因前来，查国民学校改授语体文及修正国民学校令施行细则第四条，均经本部通行各省区遵办在案，该厅职责所关，何得因各属所办注音字母讲习所未能尽善，遽将国语教育一律停止进行？该会所陈各项办法确有见地，合亟钞同原报告，令仰该厅查照办理，以祛误会而免分歧，并将办理情形报部查核。此令。

附原报告

敬陈者

前怡赴大连讲演国音，承本会及教育部普通司嘱令，顺道考察奉天国语教育状况。当抵营口以后，即行沿途调查。据各国民学校教员面称：“奉省国语教育自去岁派员赴京，在部立国语讲习所毕业回奉后，设所传习颇形发达。加以奉省语言向属官话区域，国民学校改授语体文及注音字母尤为便利，一年以来，遵照部令改用国语教科书及先授注音字母以便正音者，已居多数。不料本年七月，迭奉教育厅训令，停止传习注音字母，国语教科书亦仅准本年适用，致碍进行”等情，怡闻之深为不解，及至大连，日人方面每每以此见问，尤觉难以应付。当时尚恐传闻不实，或系另有特别原因，未能深信。后抵奉天，检阅公报前后所登该厅第二二二号及二三九号训令，知注音字母确已完全禁止，国语教科书除首册外，第一册以下所谓“本年内仍准适用”一语，虽与教员所称“仅准本年适用”稍有差异，但既有“本年适用”之明文，即无异加以限止。当赴该厅面见谢厅长，询以此事原委。该厅长面称：“注音字母，以本省绅士中有谓形似高丽字母或恐一授此等音字于文化有碍，且各属所办之讲习所亦实未能尽善，故暂行停止以待研究，并非永远禁止。至语体文，仍可照常继续教授，并非仅限本年适用，此层恐各教员稍有误会”等因，怡遂遍访省教育会及省中办学各士绅，询以对于国语教育之意见，似于注音字母亦无何等之疑虑，至语体文则一致认为适用。后再调查国语教科书之销路，据各书局所称：“今年春季改用语体者已达十分之六，用文体者不过十分之四，且此项皆系第三、第四各年级之用，是不啻遵用语体者已居什九。秋季现虽刚始开课，但来购者多改文体，用语体者寥寥无几，亦以本年以后仍须改用文体，不如早改为佳”，是该厅第二次训令影响尤为重大。查奉省接近强邻，文化进行似更重要。改用国语于国民教育有莫大之便利，已为各教育家所公认，且屡经教育部明令公布，各直省一律遵行。该省似未便因少数人之误会，致碍部令而妨教育。除将该厅训令二件抄呈外，谨将调查所得情形据直陈报，至应如何救济之处，尚祈会长酌核办理。此上。

（《教育公报》1921 年第 8 卷第 11 期）

教育部复函

十年十月十五日

（教育部复函国语统一筹备会请订定褒奖国语成绩规程行知各省区照办由）

迳复者

案准函称：“录呈褒奖国语成绩一案，恳请订定褒奖规程，并行知各省区照办”等因，查褒奖一事，洵属切要。凡各省区筹备国语人员成绩卓著，及各学校教员于教授国语确有研究成绩卓著者，自可由该省区最高级行政长官，按照本部奖章条例之规定，查明咨部，核给奖章，无须另订规程。除咨行各省区查照外，相应函覆。请即查照，此致《．ㄊ．ㄔ．会

国语统一筹备会致教育部函（请订定褒奖国语成绩规程行知各省区照办由）

敬启者

查从国语教育实行以来，各省区办理学务的人员，各学校躬亲教学的教员，固然有那因循敷衍或怀疑观望的，却是热心推行的和那日益精进的，也不在少数。假使那努力者不加赏，怠惰者不加罚，怎样能教国语教育一天胜似一天呢？但是目前的情形，还在诱掖指导的时候，那奖励的作用比惩戒的作用更加重要。本省对于省县视学的视察指导，各省

区筹备会的进行会务，已于本月十二日根据大会所议决陈述意见在案。现在再将大会交来酌办的褒奖国语成绩一案，经干事会修正如下：请大部分知各省区，凡筹办国语教育人员成绩卓者，均得由部省长官量与褒奖，录呈钧鉴。这事拟恳大部订定褒奖教授国语成绩规程，行知各省区照办，是否还请裁察定夺，此致教育部。

（《国语月刊》1922 年第 1 卷第 3 期）

教育部训令

第三一二号十年十月二十五日

（令为据国语统一筹备会函称大会会员提出各学校一律组织国语研究会由）

令各教育厅、京师学务局、直辖各高师校

据国语统一筹备会函称："本年八月常年大会，会员张国仁提出各学校宜一律用国语教授一案，其办法要在各学校设国语研究会作实行用国语教授之预备。当时经大会议决成立，兹又经干事会覆议，均以为此事极为切要。现将原案钞录全份送请大部，行文京师学务局、各省区教育厅，令知所属各学校一律组织国语研究会，以便将来各教员皆得研究国音、练习国语，预备各科均用国语教授"等语，合亟钞同原案，令仰该厅、局、校转令所属各国民学校遵办可也。此令。

附钞原案一件（见本报本日公文门）

部印

中华民国十年十月二十五日

教育次长代理部务马邻翼

张国仁原案

现在统一国语的声浪一天高过一天，真是一种好现象。可是还有更进一步的希望，就是各学校能用国语教授才好，现在各学校找一个国语教员，每星期有一两点钟国语，也就是算是很热心提倡国语了。不过一学校里面教员多的有数十人，少的有十余人，倘若除国语教员之外其余的仍用方言，这不是实做成“一齐人传之，众楚人咻之”那句老话了么？并且学生看见先生如此，他们也是如此，那末还是方言力量来得强，国语势力来得弱，如何能收国语统一的功效呢？

大凡一件事体不能推行总有原因，像教员不能用国语教授，并非有意为难，实系无此种研究，一旦要他改变腔调未免苦人所难。现在要解决这种困难，必定要从教员本身研究起。所以此刻谈国语统一，农人不能说是不要紧的，商人不能说是不要紧的，倘若教育界的人也不能说，还有什么统一的希望呢？

各学校应设“国语研究会”，由全体教职员组织之，每星期总有一个机会大家聚谈聚谈。虽说不能立刻怎样好，但是拿土语汰去一点儿，说几句蓝青官话，也要比纯粹的土音土语好得多。何况职员都是受过教育的人，国语这件事也不是极困难的。苟能大家好好研究国语方面，总可以得到一点进步的。像这种事体，各学校并不要花多少金钱，确实可以得到利益，为什么还不从速进行呢？

（《政府公报》1921 年第 2039 号）

教育部训令

第三二五号十年十一月九号

（令为省县各视学于视察之际应各注重国语教育由）

令京师学务局、各省教育厅

案查国民学校应改国文为语体文、师范学校与高等师范学校应酌减国文钟点加授国语，均由本部先后通行在案。现时各校对于国语一门曾否切实进行，教授情形是否合法，关系教育前途至为重要，亟应视察指导，藉促进行。仰即转令所属省县各视学，于视察之际应各注重国语教育，且遇必要时，得派专员或委托具有国语专长人员周历指导，以图进益。合亟令行该厅、局遵照办理可也。此令。

部印

中华民国十年十一月九日

教育次长代理部务马邻翼

（《政府公报》1921 年第 2074 号）

教育部训令

第三二六号十年十一月九日

（令为据安徽筹备国语统一会会长廖宇春寄来推广国语办法草案由）

令各省教育厅（除安徽）

据国语统一筹备会函称："本届常年大会开会之前，据安徽筹备国语统一会会长廖宇春寄来'推广国语办法草案'，系该会副会长薛竞所提议经该会通过者。现查该案分作：A　关于行政方面者，B　关于学校方面者，两项办法均切实可行。虽该案似向该省教育厅之建议，却可供各省参考。现特录呈钧鉴，拟请钞发各省区，藉备参考之用"等语前来，合亟钞录原送草案，令行该厅查照用资参考。此令。

部印

中华民国十年十一月九日

教育次长代理部务马邻翼

安徽省筹备国语统一会推广国语办法草案

A　关于行政方面者

（ㄅ）教育厅内所设国语统一会应速筹备推行方法，提出议决，请求厅长设法组织或通令施行。（ㄆ）组织国语传习所利用星期日或寒暑假招下列之人研究之：甲、小学教员；乙、熟师；丙、志愿研究国语者。（ㄇ）各县劝学所由教育厅通令应请注意下列之事：（1）每县应组织一国语讲习所，以解决关于国语教授一切问题；（2）每县（或村镇）由私人或公家提倡多办半日学校、妇女学校或补习学校，以传授国语为主课，亦得随地方情形加习他课。（ㄈ）各官署所出之告示应设法一律改用白话，最好字迹之旁添注注音字母。

B 关于学校方面者

（ㄅ）除小学校外，各师范中学由教育厅通令应注意下列二事：(1) 就每级国文钟点改授注音字母及会话一小时，以一学年为限。(2) 二年级以上加授国语文法二小时，以一学期为限。（ㄆ）各小学教员即非教授国语者，亦以能用普通话[①]为宜。（ㄇ）每小学校内应组织儿童演说会，借以练习语言，发表思想，收言文一致之效。（ㄈ）高等小学每周应出学校新闻一张，其文字应用语体文，并载关于国语消息及短篇会话，借资观摩。（ㄉ）手工图画及写字教员应多方联络制成注音字母，或悬于教室或置成绩室之内，俾无形之中使儿童收认识字母之效。（ㄊ）儿童图书馆应多添置白话书籍，俾儿童参考。

（《政府公报》1921 年第 2076 号）

教育部训令

第三二九号十年十一月十一号

（令为凡师范学校暨高等师范学校均应酌减国文终点加授国语由）

令各省教育厅、京师学务局、各高等师范学校

案查师范学校与高等师范学校为造就师资之地，关于国语教育之必修科目，如语体文、注音字母、发音学、国音沿革、国语文法、国语教授法等，自应分年学习，以便将来传授之用。兹定自本年下学期起，凡师范学校暨高等师范学校均应酌减国文钟点加授国语，以为国语教育之准备，业于今春通行在案。近察各该师校固有酌量加授国语者，而完全未行者亦复不少，兹特重申前案应即从速实行以重师资，凡已加授国语者须将所授科目每周时数所用教科书或讲义等分别报部备核，并供将来编订国语教授细目之参考。合亟令行该厅局校遵照办理可也。此令。

---

① “普通官话”之意。

部印

中华民国十年十一月十一日

教育次长代理部务马邻翼

（《政府公报》1921 年第 2076 号）

注音字母的讨论

一

稚晖先生：

学生对于注音字母的当中有多少怀疑的地方：（一）是介母和韵母复合时的韵调。（二）是五声，应该以何地为标准？（三）是五声交互连用时之音变，不应该研究吗？以上三种问题，现在把他分层写在下面：望先生一一加以教训，并赐答复，那是十分感激的！

（一）介母和韵母复合的韵调

介母的产生，实在是原因于“ㄚ”“ㄛ”“ㄝ”等韵母不够，利用他齐齿、合口等呼法，和“ㄚ”“ㄛ”等韵母复合，另外造成一种新韵母，来补足韵母的意思。那么新韵母（介母和韵母复合的韵母）的读法，不但是呼法改变，简直连韵调也应该改变了。

先生昨天对学生说：“介母‘ㄨ’和韵母‘ㄚ’复合时，为嘴形好看与自然的缘故，应该读成官话之‘蛙’音，不当读为广州之‘窝’音。因为读‘窝’音时之嘴形，很不好看和不自然”。但依学生肤见，以为官话之“蛙”音，实非正式的合口音，并且和“ㄚ”韵的韵调也没有什么分别；那么，“ㄚ”和“ㄨㄚ”的韵调相同，就失却利用介母的呼法创造新韵调之韵母的原意。在事实上“ㄌㄨㄚ”简直也可以改为“ㄌㄚ”了。照此看来，这个“ㄨ”母，除了充当“声母”和“韵母”时，简直是用不着的东西。——这岂不是失掉介母的功用吗？所以学生主张“ㄨㄚ”的读法，当读成广州之“窝”音，其韵调要与“ㄚ”韵完全不同，那么才合利用介母造成新韵调之韵母的意思，其余“一”“ㄩ”等两介母和他韵母复合时，也应该别成一种新韵调。至于先生说："好看……不好看……自然……不自然 ……"，大概由于心理上的、习惯上的作用 ——先生以为不好看和不自然，想是平时少见这样嘴形，当作很奇怪，平时少用这样嘴形，觉得很生硬——简直是和我们初学京音时样，不然何以我们广东人读这"窝"音时不觉得"不好看"和"不自然"呢？所以"不好看"和"不自然"两件事，待见惯用惯，就没有问题了。

（二）五声应该以何地为标准？

教育部公布注音字母之部令中，对于声调问题，仅列阴平、阳平、上、去、入五声，并没有指定应该以何地之五声为标准，对于语音统一上，难保不发窒碍。何故呢？因为五声没有标准，那就各地自成声调，平仄完全不同，因此会话上容易发生误会，这不是统一语音的最大窒碍吗？所以会说北音的，未必会说南音，也未必会听南音。其中的原因，虽由于声韵微有不同，然而声调差异，平仄不能完全一样，也算是其中大大的缘故 。据他的意见，以为五声读法，因为各地风土语气之区别，而千差万殊，实难强令一致（见九年十二月二十四日教育部训令），我以为他未免过虑太甚了。注音字母以京音中之官音占最大部分，其中也许有几个字母为各地所难发的，他对于难发的母字［字母］，尚且认为有普及的必要，难道注音字母的字音都能够拼出，而声调的高低（平仄的差异）还弄个不清楚吗？所以我主张对于五声的问题，应该择定最适宜的地方所用者为标准。

（三）五声交互连用时之音变不应该研究吗？

这个问题，王璞先生所编撰的《实用国语会话》"弁言"中，也曾说及。他说："一句话里边，有两上声在一处，如'我想'二字，必须将'我'字扬起，然后说下去，始有雅听……。"这话却是不错，但是他只对于两声上连用时的说法。至于其余四声，同声连用和异声互用时也没有一一加以研究，所以研究注音字母者，有识得标准音，而对于白话文中的句语，往往读不出来。他虽有时勉强读去，但总觉得很生硬和不自然，至于应用于交际上的会话，更不消说了。那么音调改变的问题一天没有研究清楚，虽然认识这几十个注音字母，到底于实际上也没有什么用处。

上面所讲三种问题，对于推行注音字母的当中，学生认为有研究之必要，但是学生所见不过是如此，识见还是十分浅陋，不知道对不对？仍要静候先生矫正的，请了，祝先生康健！

十年五月二十三日罗国杰

二

罗先生：

注音字母能引起的问题，直接的（先生的第一问题）、间接的（先生的第二、三问题）多到不可胜言。况且各人对于他的目的不同，故对于甲目的人说的话，又可引起乙目的人的怀疑。例如兄弟常不满意于四声的分别，因为他阻碍低级教育不小，而且他止是六朝以来一种美术，古学家亦不大以为然。故对于注重通俗教育的先生们，便用偏面的主张，劝他们不必对于一般普通人，增起这个麻烦。单教注音字母，止需几天工夫，若兼教那实际不大紧要的四声，便加增半年工夫，也还叫人败兴。若止要教几天工夫，可以实行的机会，增多了不可思议的数量。要教半年，便阻难重重，简直可以终是教不成，亦未可定。然我这种说话，止是对于甲目的论调。兄弟并没有意思劝学校内怀着乙目的的学者，自身亦不必研究。（但兄弟有一个偏见，以为注意字母的拼音断断不可认做文字。高等学者讲四声的美术，应该对了汉字自己讲，不应该有了注意字母才对他的助手讲。）所以两人谈话，若更把各人的目的，针对着讨论，尤容易得到一个接近。否则误会了，又转出一个误会，必两人本同意的也可生起疑问。

如先生的第一问，说“ㄨㄚ”何以读“蛙”不读“窝”。兄弟说，因为“ㄨㄚ”是“蛙”，“ㄨㄛ”才是“窝”。这两个音，粤音与国音相同，那是人人可以了解的。先生说“ㄚ”母加［“ㄋ”］介母“ㄨ”，应该韵调不同。兄弟说，这自然不同。“ㄚ”国音读“阿”粤音读“鸦”，“ㄨㄚ”国音、粤音皆读“蛙”。“鸦”与“蛙”他的不同，是没有一个人不能分别的。然则“ㄌㄨㄚ”为“勒蛙”二字之合音，“ㄌㄚ”为“勒鸦”二字之合音，其不同亦人人觉知，何以会在事实上“ㄌㄨㄚ”简直可改为“ㄌㄚ”呢？

至于兄弟所谓口腔好看不好看，那是别一问题。譬如中国与法国都有“ㄩ”音，日本与英国便没有，“ㄩ”在形式上较为不好看。故如“ㄅ

一”“ㄅㄨ”，各国大都有着那个音，惟到了“ㄅㄩ”，便世界人人都不喜欢他。所以“ㄨㄚ”这合母，有“ㄍㄨㄚ”是个“瓜”，有“ㄎㄨㄚ”是个“夸”，有“ㄓㄨㄚ”是个“挝”，有“ㄕㄨㄚ”是个“耍”，有“ㄏㄨㄚ”是个“花”。其余“ㄉㄨㄚ”“ㄆㄨㄚ”等都没有，就是“ㄌㄨㄚ”亦没有，或者就是嫌他不好听，说的时候口腔亦不好看。先生问“ㄨㄚ”何以不读纯粹合口，兄弟说，我想他因为太合了，亦嫌不好看，所以把“ㄨ”字将他一合，马上再将“ㄚ”字把他一开，变成不开不合，那造音的朋友，只造“ㄨㄚ”的音，他才痛快。这虽也有一部分的理趣，然毕竟是我们路上同行时讲的滑稽闲话。因为我在惠州会馆曾对各位说：“那世人选择语音，固然都含一好看不好看的意思，然而好看亦没有一定的标准，你以为不好看的，他却以为好看，都是一个习惯。倘使有一种古怪人，他偏拿嘴巴歪了起来说话，他偏以为最好看，那就我们不歪的都变成不好看。譬如英语的‘Th’，说的时候要把舌尖先向齿外一送，马上拖了回来才发此音。这是我们家乡娇养的小孩，惯做这种状态，若被老顽固的道学父亲见了，必遭斥责。哪知英人亦不是生而能言，必要到了四五岁，才把这个说法教他女子［子女］，看做一件重要事项。相反如此，可笑不可笑呢?”有过这番说话，那就先生所谓“所以不好看和不自然两件事，待见惯用惯就没有问题了”，我两人正是同意。故我在路上还作那滑稽闲话，不怕先生误会，哪里料到先生还是误会。构成这误会，恐怕还是说话多了，止割取部分来讨论的缘故 。

然而先生所谓“韵调”，毕竟我是不懂。先生说“ㄨㄚ”不读“蛙”，当读广州的“窝”。但又一个广州人对我说，“ㄨㄚ”读“蛙”，“窝”应读“ㄨㄎ”。我不敢代广州人判断，请先生自与广州人讨论为好。先生对于四声，要择定适宜的地方所用者为标准，这是国音中应有的一件事，但于注音字母为间接的问题。因为“东、董、冻”，他只能总拼起一个“ㄉㄨㄥ”来，他的职务在使“东、董、冻”叫他不至于读成了“中、肿、仲”，“中、肿、仲”他能拼起一个“ㄓㄨㄥ”来对付。要他分别“东、董、冻”是平上去，就要另请一位点子先生出来，替他在左角右角。然而把那位点子先生，不点在“ㄓㄨㄥ”上，直点到“东、董、冻”自己身上去，仍用蒙馆先生请朱笔着个红圈，也是一样。所以兄弟说四声问题，是为注音字母间接的问题。照先生的意思，有了四声点子，或者有了红圈，广州人读广州的平、上、去，上海人读上海的平、上、去，还是不满意，必要拣定一个平、上、去才好。这件事，虽于兄弟个人的理想，看得那个“声”的不同与“音”的不同比较起来，一个是重大，一个是微末。“声”差了一点，于国语统一没有多少窒碍。先生的“最大窒碍”四字，恐是用的太重了一点，但是能够读一个统一，终是研究国音应有的事。那么，这件事于注音字母更是间接的间接了，非但注音字母没有那种能力，便是点子先生与红圈儿也没有只个能力。因为点子只能点出四声，不能告诉我们那声应当怎样出口。对于那怎样出口的问题，也不是难事，只要说出五声（若北音只有阴平、阳平、上、去，没有入声。入声是教育部恐怕去了这名目，老顽固要造反，存这个名目骗人的。若要请教育部的人读个北方入声出来听听，便要了他的命，也不能照办），谁是最高，谁是次高，谁是又次，谁是最低；或谁是最长，谁是次长，谁是又次，谁是最短。这个问题，马上解决了。无非“东、冬”可以完全一样，“东、董、冻”必使高低长短，终分个不同，于是同音之字，可减少误会而已。岂知语言必连上下文，不连上下文的，终不成为语言。如兄弟突然写起注音字母，无头无尾，只有“ㄊㄨㄥ”“ㄗ”二字。即使“ㄊㄨㄥ”在左下角点了，说明阳平，并说明最短最低；“ㄗ”在左上角点了，说明上声，并说明次长次高。然而先生能晓得我说的什么吗？甲或猜为“童子”，乙或猜为个仙的“铜子”，丙或猜为拱把之“铜梓”，但说的人，却指着“夕照与豆花‘同紫’，夜凉随山月更清”。你想下连着上下文，不写汉字，要请教注音字母，同着四声点子，就唱起完全了解的曲子来，我们细想能不能呢？所以四声问题，是汉文或国语应讲的问题，不是注音字母包办的问题。有了注音字母，“东、董、冻”便可不至于读成“中、肿、仲”，已有一个好处。“东、董、冻”“中、肿、仲”，在不识字人，不至于对了他瞠目茫然，竟居然三个读了“ㄉㄨㄥ”音出来，三个读了“ㄓㄨㄥ”音出来，已有第二个好处。广州读“天、地、玄、黄”，读的是“ㄊㄧㄥ、ㄉㄟ、ㄩㄣ、ㄨㄛㄥ”。现在有了他，竟可以读“ㄊㄧㄢ、ㄉㄧ、ㄩㄢ、ㄏㄨㄤ”，读了先生所谓标准音出来，这是第三个好处。他已经有这三个好处，于声音也已经尽了一个大部分的职务。他不过四十个字，化了各位的脑力，要不了四两，出了如此的便宜代价，得了这许多利益。为什么我们因为官话还是蓝青，说不到漂亮，去做个内城老斗，于是还把他奚落，说是“认识的几个注音字母，到处于实际上没有什么用处”呢？注音字母也要笑我们贪得无厌了。注音字母是双草鞋，他只能帮我【们】的忙，使我们于实际上跑路不割碎脚底；他还要供我们去拜客会亲，叫门公见了我们的脚，拿上客之礼相待，那注音字母也要笑我们痴愚了。兄弟因先生失望于注音字母太利害，故说这个笑话，一面慰藉先生，一面也叫第三个人不至于扫兴。

至于先生第三个五声连用交互问题，这更关涉了美词学的问题，于注音字母，更间接了十八层了，并且于五声问题亦就根本推翻。两个上声同用，一个可以扬起，扬起云者，实际上已换了一声，特讳言之，故叫他做扬起。并且王先生①的所谓扬起“我”字，只是对了甲的目的而言，若说终归只是上一字扬起，没有如此简单吧。譬如说：“我想如此，你想如何”，那一定是“我”字扬起；若说：“我想的是如此，我做的未必如此”，只一定是“我”字沉下，“想”字扬起了。这种美词法，那粗浅的一部分，便是初读外国文的，他们也要讲，只是又一问题，注音字母做梦也不想去干涉这种的一切。但兄弟是浅陋的很，说的浅末。恐先生的意思别有深切的注定，我或所答非所问。请恕我吧。

三

稚晖先生：

先生对于学生“注音字母”的疑点解释得十分详细，真是令学生获益不少了。可是广东人对于“注音字母”很多不甚注重，漫讲各府、州、县没有注重，就算是广州城内小学校里头的教育，也有许多没有推行呢。方才学生所举“注音字母”的疑点，不过是对于“注音字母”推行上的偏见，并不是对于“注音字母”有所失望，所以我很希望先生快把这“注音字母”，设法推行于广州和各地。这真是对于广东教育前途造福不浅了！但学生方才所请教的“注音字母”，其中不免有多少误会了点，万望先生原谅。感激！感激！

学生现在对于“注音字母”直接的问题，还有多少意思未曾完了，

---

① 王璞。

想先生“教人不倦”，必不以为琐屑。如今且把他掇拾写出来，还请先生指教，指教！

现在先把学生所谓的“韵调”的意思补述一番，因为这“韵的［调］”的意思，学生当时说得未免范统，不但先生当时看了会发生误会，就是学生现在看来，也觉得不甚了然，所以特地把他再来补述，总或有多言之诮，亦所不计。

当时学生所讲的“韵调”不同，不是指那“蛙”和“鸦”的嘴形读法有些少差异，而他所拼出的“勒蛙”和“勒鸦”的字音有些少不同，才算是韵调不同——学生所要讲的韵调不同，就是指那个母和韵母复合时一读，没有带某韵中的余韵，才算是韵调不同。如那“斜”“窝”等，假使不把那读“斜”和“窝”时的嘴形完全张开，断不会带有“ㄚ”韵中的余韵，非如那“蛙”音一读时，不待嘴形完全张开，一听就知道他带有一种“ㄚ”的余韵。所以学生的偏见，认那“蛙”和“鸦”的韵调是相同的。因此，国语统一筹备会的审音委员会，他不说“ㄈㄨㄥ”可以改为“ㄈㄨㄥ”，偏要说那“ㄈㄨㄚ”可以改为“ㄈㄚ”（前误写为“ㄌㄨㄚ”改为“ㄌㄚ”），大概也是因为“ㄈㄨㄚ”和“ㄈㄚ”的读音，虽然微有差异，然而韵相同，就算把他改变，也是不大要紧的。但是学生所说“ㄚ”和“ㄨㄚ”皆韵调不同，又不是说那“ㄚ”和“ㄨㄚ”的元音不同，和“ㄥ”与“ㄨㄥ”一样——简直连元音都要改变，因为改变元音，是说不去的。因为他读新元音时的嘴形完全张开到怎样，总不会带有“ㄚ”韵中的余韵，那么，学生所说那韵调不同，仍要读某音时把这嘴形完全张开，要带有某韵中的余韵，所以说到韵摄上也是没有变更的。现在这要把学生所要请教于先生的事情快些说出来，免得越说越远。

照这“蛙”和“鸦”看来，他的读法已经有点不同，而他所拼成的“勒蛙”和“勒鸦”，也是有些差异，似可无容再把“蛙”的读法，改变为“窝”。学生偏要主张把造音先生们所定“蛙”的读法，改变为“窝”——这岂不是庸人自扰吗？但是学生所主张的，是要他完全适合全合口的呼法。因为正式的合口呼和未合口时的韵调，是不同的，不能因他读法有点不同，就不至于改变。所以先生说“蛙”的读法不开不合，学生也就是不满意他的不开不合。换言之，“蛙”的读法既不全开又不是全合，是一个半合口音，因此和“鸦”的韵调也没有什么分别。所以学生主张要把“蛙”的读法改为“窝”，因为这个“窝”音适于“ㄚ”的合口呼，并且和“ㄚ”的韵调不同的缘故。“蛙”和“鸦”的韵调相同，上面已经说过，但何以见得“窝”是“ㄚ”的合口呼呢？因为我们读“蛙”音时，渐渐把这嘴合拢起来，至如读“ㄨ”时的嘴形十分相近为止，那时这个“蛙”的声气，再被那嘴形一合，就生出异样的声音而变为“窝”，因此知道“窝”才是“ㄚ”的正式合口呼，所以主张要把他读成“窝”音。

倘造音先生们以“窝”的读法，不比得“蛙”时那么经济，因为“窝”的读法，他嘴形所用的力量要多一点，并且比“蛙”再合未免延长时间，为经济的起见不能不把他读成“蛙”，所以“蛙”音实含有语音进【化】中的痕迹。

既是这样说，学生以为必要把那“注音字母”里头，特别注明“ㄨ”和各韵母复合时的呼法，为半合口呼，免得学习“注音字母”的人发生误会，就算后来“注音字母”发达的时代，也不至有人对于现在造音的先生们发表不满意的论调，不知先生以为然否？

十年六月二日罗国杰谨上

四　注音字母的五声问题（施见三）

前几天我看见《群报》登出罗先生给吴稚晖先生一封信，讨论注意字母问题。他那五声标准的问题，是我向来怀疑不能解决的，因此我很注意吴先生的复信，希望得一个解决。哪知昨天《群报》登出吴先生的复信，我看完了一发怀疑，不揣愚陋，就将我的疑点写出，请大家讨论。

吴先生说：“四声的分别，是六朝以来一种美术于实际上没大要紧”。我想四声是不是美术的作品，且不必论，但说实际上没要紧，我就怀疑得很。注音字母的用法，不外下列两项：（一）为统一国语，令那识字的人，看着字母可以得到正确的国音：（二）教育普及，令那不识字的人，看着字母可以懂得文学上的说话。就第一项说若没有五声标准，就姓“吴”的可以读作姓“武”，姓“施”的可以读作姓“石”，姓“李”的可以读作姓“黎”。如果一句话里头，五声完全弄错，这话就难听得很了。那么，怎能通习正确的言语呢？就第二项说，那注音字母，自然是要普及到低级智识的人了。但是不分清五声，那同声同韵的字很多，就容易多出误会，假如有人写着一张字条，给那不识字的人看，那字条里头一句，注着“ㄏㄧㄇㄣ ㄍㄞ ㄈㄨ ㄅㄠ ㄍㄨㄛ”几个字母，他可猜是“你们该负保国的义务”，也可以猜是“你们该负【包】裹的衣物”，这可不是笑话么？照这样说来，那字母上没有五声的分别，就不行了。吴先生又说：“单教字母，只需几天工夫，若兼教五声，便加多半年，也是不行。”我不见得教字母这般容易，教五声便这样麻烦。如果四声是全没有用的东西，就可以不理他；若实际上还有用着他的地方，就是麻烦一点，也是要讲呢。

五

《群报》记者执事：

贵报前登罗先生赐复，复论及“ㄨㄚ”之合口问题，恒因繁忙，未曾早复为歉。罗先生要求一纯粹合口，故于“ㄨㄚ”尚有商量。其实开齐合撮，皆古人粗大假之归类，非音理当限于四。发音家重于圆唇非圆唇，口状则有开、合、半合等等。而我古法，开合亦各有四等，今法并八为四，于事实则便，于分类更疏矣。故依鄙见，“ㄨㄚ”本非纯粹合口，照音读之自合。

因罗先生讨论四声问题，引起施先生之高论，近来热心此事者颇多，甚可喜也。施先生标题为《注音字母的五声问题》，我所谓没大紧要者，即是这问题。若四声自身问题，固是一种美术，然长短分别究属沿自汉魏以来，多一分别，终算进化。然这是汉字自身问题，无关于注音字母。最明白易辨者，即是注音字母自身并无分别四声之能力，故另作一点，点于四角，今可名之曰“四声点”（五声、七声、八声、九声皆纵分横分，各异其名，十六两还是一斤）。如此，汉字自汉字，注音字母自注音字母，四声点自四声点，今从性质之便利，分别之如左：汉字，记义者也；注音字母，记音者也；四声点，记声者也。

四声点要记于注音字母之四角，亦可配于汉字之四角。从前旧法，点本为圈，圈四声于汉文字角，由来已久。今之四声改点，惟形变耳，实未变也，故于注音字母毫无连带关系。注音字母或于特别必要时，请他帮忙，亦无不可。恒[①]复罗先生，以为无大紧要者，正谓其帮忙之处极不多耳。

（1）即施先生“为统一国语”问题。彼夫“看着字母，可以得到正确国音”，此注音字母之所以作也。例如“荒”，广州读为“ㄈㄛㄥ”，国音则公定为“ㄏㄨㄤ”，如仍读“ㄈㄛㄥ”，则认为不正确。倘读为“ㄏㄨㄤ”即认为正确，其事毕矣。至于“荒”之为清平，从周隅、沈约以来，已认了一千五百年（实则高诱[②]何休[③]等已早认），国音未尝改也，今通国学校，亦已教之二十年。见“荒”而告学生以清平，乃教师之本职，何待注音字母出世方议及也？至于点不点，我国习惯于“民之所好好之，民之所恶恶之”，旧法仅于好好恶恶作朱圈四个，未尝偏将“民之所”等字一例涂红，涂红之法且绝迹于教科书，何以注音字母出世反欲复古？即欲复古，何不仍点于汉文，必欲点之于注意字母，致发生一个问题，叫做“注意字母五声问题”，此岂非新鲜之问题耶？

故“注意字母五声问题”，于统一国语，恒承认完全为不紧要也（至于汉字自身的五声问题，或视为紧要，或视为不紧要，已有两千年，今本无人议及更张，故可不论）。

至于常有人抽象的发论，以为倘然但见有注音字母“ㄏㄨㄤ”，则为“荒”为“皇”为“慌”皆不可辨矣。然即点为清平，为“荒”为“盲”能辨乎？即点为浊平，为“皇”为“黄”能辨乎？凡办到一物而求其正确，必先立有明确之前提。既有“荒、皇、慌”三汉文之前提，而后发问此三字正确之声为何声，则“荒”为清平，“皇”为浊平，“慌”为上声（在广东或称清上），做教师者所应知。问注音字母，注音字母可敬谢曰：“请你去问老韵书足矣”，问明了，请“四声点”去点了。点在我身上固好，即用你的老本事，点到汉文老大哥身上也好。倘有“荒、黄”两个广州汉文，欲发问而求两字国音之正确，则老字典、老韵

① 吴稚晖。

② 高诱，东汉涿郡涿县（今河北涿州市）人，少受学于同县卢植。著有《孟子章句》（今佚）、《孝经注》（今佚）、《战国策注》（今残）及《淮南子注》（今与许慎注相杂）、《吕氏春秋注》等。

③ 何休，即何子，字邵公，东汉任城樊（今山东兖州西南）人。著有《春秋公羊传解诂》12 卷、《春秋汉议》13 卷，又注《孝经》《论语》等。

书皆不能作答，必亦敬谢曰：“你去查《国音字典》，他当请注音字母来告诉你。”若《国音字典》没有注音字母，便告诉你不来，此注音字母惟一之所由作也。

即使让一步来说，有人曰：“四声虽老韵书所有，然国音亦当理会”，则对曰：“只何消说得呢。”《国音字典》明载四声，而且于注音字母外（外字宜特别的注意）又颁行五声点，满足人正确之要求，已可云无憾。惟四声问题，自是别一个问题。既然定国音之人，于四声未尝改变旧法，则道一风同已二千年，于今之统一问题上纤毫不生关系，于注音字母更完全不生关系，若闹起个“注音字母五声问题”，直可认为滑稽之问题。

又有人云，常闻四声南北不同，这更何消说得，然这不是个个字的问题，乃概括的问题。即欲研究数言可毕，曰广州某声最高最长，某声次之，某声又次之。北京某声当广州某声，某又当某。作四个比较便了，作五个比较更道地了，作九个比较最道地了。在恒个人判断，广州与北京之高下长短，实可算大同。惟南北皆与中部则大异，然这事完全与注音字母丝毫无关系。

以上答明五声问题，在注音字母，毫无关系（以彼此为两事也），在统一国语，绝不紧要（以四声本有旧法，未变动也）。

（2）即施先生的“教育普及”问题，借注音字母，便利不识字人是也。恒上文坚决的断定注音字母与四声问题无关，非敢武断，特欲说得过火一点，使人深刻注意。

共知注音字母之作四声本无恙，四声还照旧法，于统一国音，但理会注音字母足矣，四声不成问题也。至于便利不识字人，四声点（注意，四声点自四声点，四声自四声，不可并为一谈）原亦可介绍而为帮忙之物，即上文恒称“注意字母，或于特别必要时，请他帮忙，亦无不可”是也。在统一国语条内，认为完全不生“注意字母五声问题”，且戏疵之曰“滑稽问题”者，所以严其界说，因恒目击南北皆因此问题，在官话教师之留难，在学生之疑虑。教授濡滞不必说，从而畏废者纷纷，乃一统一国语上之大魔障，故欲严格的辨别，撤除此魔障。施先生倘不以恒之前说为非者，当表有同情。至于问“注意字母五声问题”的名词，到底可有与否，则在本条固定可承认。孔子曰：“言非一端而已，夫固各有所当也”，但亦不算紧要，正是个帮忙问题。

恒当至诚的奉告朋友，欲注音字母代用汉文，完全不可能也。施先生奢望，而欲进不识字人以“文学上的说话”“恐定得大失所望之结果”。例如，“吴”先生之“吴”，即点了浊平声，倘有人寄书于施先生曰：“注音字母五声问题，此‘ㄨ’先生之所视为紧要也”，倘先生误“ㄨ”必为“吴”，摇头曰“吴先生说不以为紧要”，而不知彼实言此吾先生之所视为紧要也。

至此，施先生必生两否定。一曰：“此不能误会。因连上下文，则可不误。”我则曰：“正是这个意思。有上下文，自然难误”，我正“唯一”欲取此意，以慰施先生者也。安有有了上下文，“你们该负保国的义务”，能误为“你们该负包裹的衣物”者乎？即使作为格言，如烟草公司之法标之于电杆，然在电杆上者，知为格言，即是暗示之上下文，断无特别要标于柱上，而作“你们该负包裹的衣物”之词也。况格言特标电杆，何不汉字及注音并列，而独标注音字母乎？

二曰：“写信决无通文，而至于用‘吾先生’也。”此虽我亦承认其无有，然充“文学上”三字之意味，亦何不可之有？还向施先生□“你们该负保国的义务”一语，能用之于不识汉文，仅识注音字母之人乎？因亦已含有“文学上”之意味也，若告不识字人，应作“你们应该有担当保护国家的义务”，愈浅显，又连上下文，愈不容易误会四声点之纷纷胡为哉（有相当时亦要用）？

恒前天在教育会作一个试验，虽不曾完全通过，也不曾完全失败。所有不大赞同之人，彼惟觉其艰涩难知，未尝言其全难达意也。我今再写在贵报上，再与施先生及施先生所称第三人者，为第二次之试验。倘真无一人了解者，我方服我之完全失败。今我先将上下文始于各位。我在第五次教育大会演说注音字母，言及通俗办法不得已省去四声，即或四声完全弄错，亦未尝不可达意。如其不信，我有一张写错四声的话，揭呈诸位先生之前，作一个最后的结束。这一张所写如左（悉用广州音）：“帝吾此，交郁带回，注为线省蛮税。众话敏蛮税。”（原本话作化，系我误读广州音所致，然错了字母，还有人懂，亦可证上下文之为力大也。）这种四声完全弄错，且有汉文本字，炫乱人目，尚且可以远意，何况注意字母本空洞无物，而且不致于音音读错，岂反不可达意乎？

然我正证明“注音字母四声问题”之不大紧要，我未尝欲人决不用四声点也。既四声点为现成之物，而施先生意中又觉写者读者四声熟习无比，则写到注音字母书件时，随便点上就是了，有什么讨论呢？至于施先生要进不识字人而知文学上的说话，正即恒欲借注音字母粗浅的使他写信，进步的助他识字，我们二人同意。至于字矣，则必有义告之曰："东ㄉㄨㄥ，东方也；董ㄉㄨㄥ，董事也；冻ㄉㄨㄥ，冷冻寒也。"

义显而平、上、去立显，因施先生深信广东不识字人无一不知四声也。故从前无注音字母时，作浅俗白话书，传布不识字人，亦从未见字字圈出四声。施先生若曰："他口中四声自不误，谁要他知道某字即系某声，或不尽知"，则敬对曰："到了问题了，四声者，四而已，五而已，多则九而已，十而已（最近陈振先先生以浊上读易清去，多一声曰十声。其实以理想分别之，一百声可也），字则无穷者也。"彼所难者，某字不知确为某声。某字某声，支节教之，日月移于上，精神敝于中，时日既多，厌倦尤易，此恒之所以称为难也。何如仅教以注音字母，使连了上下文以达意，到了果能进而识字踏到文学上，应教四声，为致四声乎？施先生乃曰："使这样麻烦也要教"，恒以为对汉字发此决心可矣，对注音字母，不必受此麻烦也。恒当至诚的奉告朋友，欲注音字母代用汉文，完全不可能也。故四声者，识字人之所应知，而且已知，不当牵涉注音字母也。注音字母推其完全形状四声等一扫而空，而于下级的传布愈易，而且愈有用。此意话头甚长，紧忙不及写。只有一文，将于七月或八月之《广东教育会杂志》续登之，请贵报及诸先生在彼斥正之可也。

吴敬恒白

（《新青年》1921 年第 9 卷第 2 期）

答ㄍ君"广韵注音字母的格［疑］问"

记者足下：

承示ㄍㄨㄛ ㄗㄣ君"广韵[①]注音字母的疑问"一篇，循读一过，知

① 广州韵母。

《君所言，乃系一种普通之误会。今虽当代达人，皆能闻其说而立知其误，然此种热心统一，适以助阻遏进行之误言，二十年前曾造一最大之错误。恒不嫌矜张言之，中国通俗教育，受过去二十年之挫折，中国现在时局之晦闷，几可坐罪于前日之曾为此等言论者。盖二十年前劳乃宣氏曾用王照氏之官话字母易名简字，试行于南京。然所教必为官音，江浙扞格不入，不能推行于妇孺。虽经端方之札文通饬各属，惟一二学堂虚应故事。以习非所用，并数十字母之画划皆懒于记认，字母笔画之未辨，官音土音一概无从说起。劳先生研究此事，至精且忠，知非随地拼切土音，无可动妇孺之一顾。若取利其日用有益之法，使因拼切土音而认识字母，时进以官音，亦如数家珍，可以迎刃而解。如此，因字母可拼土音，使对于不识字人，不旬日可施通俗教育；并在不旬日间可使其家之父子，皆不识字者，而有互相通问之乐，则助长国民教育之目的以达。因字母既识，而又有拼切土音之素习，则拼切官音，饶有兴味。又因土音、官音皆得明确之比较，而疑怪不生，于是助进国音统一之目的亦达。彼经数十年之研究，始有此至合教理之之计划。① 不图其随地拼音之说一传，而动笔即来之反驳声，轰然四起。上海之《中外书报》《神州日报》等皆为当时有力之报纸，若驾机关枪向此老轰击，可怜当日能辨黑白者至为少数，劳先生无助力，简字遂萎废。

虽孟子云，道在迩，而求诸远，事在易，而求诸难。村前跌倒土地庙，修复止二百青铜钱之事，然必械斗者三年，伏尸数十人，靡财数巨万，而后一甲长仍雇泥匠一工修复之。虽不值旁观目击者一轩渠，然天下事大抵如此。故普通误会，言之者固亦出于忠贤，但是非利害，关系太大，不可不深思熟虑，审慎出之，亦吾人发言应有之责也。惟《君所言，可以代表者至多。恒虽饱经多数人之反复推审，以为似此之误会，辨正可以稍缓，今乃知不深知者尚多。故幸《君热心怀疑，可以得一机会，将其中曲折说明，故望贵报即以君之言，与恒谨加注语，并以告第

---

① “夫文字简易与语言统一，皆为今日中国当务之急。然欲文字简易。不能遽求语言之统一。欲语言统一，则必先求文字之简易”，劳乃宣认为南方各省在“文字简易”“语言统一”问题上，不能“强南以就北”而应“引南以归北”。（劳乃宣：《〈致中外日报〉馆书》，《清末文字改革文集》，文字改革出版社 1959 年版）

三者，不胜祷幸之至。

广韵注音字母的疑问（ㄍㄨㄛ ㄗㄣ）[①]

兄弟昨天看报纸，见现在有人编定一种广韵的注音字母，呈请政府通令各县推行。阅后却得十分稀奇，为什么缘故呢？因为我们中国，人人都知道，因为言语复杂的缘故，以致一省与一省分界限，一县与一县分界限，甚至一乡与一乡、一村与一村都分界限。中央教育部经过好几十年的筹画，才开办一个国音统一会，编定国音注音字母四十个，通令全国推行。一方面挽救向不识字的人，令他可以写信阅书；一方面统一全国的语言，化除各省的界限。自国音字母颁行之后，中国北省所收的效果真是一日千里；即是粤人之中，不过费一二月的时候，学会国音注音字母，就能够讲国语的也不知有多少人，彼此极力提倡国音，推行国语，信得过不须十年一定可以化粤语为国语，变土话为官话。从此省界消除，言文一致，中国不强，有是理吗？

恒[②]按，君既熟知注音字母之起源，何以忘却读音统一会进行程序有增制闰母[③]之规定？教育部颁布注音字母令文中亦有浊声之符号？四声既颁定为五，浊平既称阳平，无浊声符号之必要。所以并颁浊声符号者，即为各省土音，或有浊音如江浙等，或有浊上、浊去、浊入如闽广等，皆为拼切土音之预备。并即明定声母不必添制，止加浊号已足，而事实固亦如是。所须添制者，厥为韵母。读音统一会之后身，为国语统一筹备会[④]，协议润母增注之法已有数次。上海、杭州等添制国母者，亦非一处。ㄍ君不曾细考，故陡觉稀奇，并以为自作聪明人节外生枝耳，其实乃按部就班之事。所增广州韵母，不但请政府通令推行，且须并告国语统一筹备会记录。遇各省闰母，有与广州闰母相同者，亦令画一。此皆该会预定之计划，经多数人反复讨论而决定之者也。

ㄍ君热心国音之统一，至可钦佩。惟统一关键，在《国音字典》，并

---

① 本文小字部分为ㄍ君《广韵注音字母的疑问》的原文。

② 吴稚晖。

③ 方音韵母。

④ 民国政府主要语言机构：读音统一会、国语统一筹备会、国语统一筹备委员会、国语推行委员会。

不在注音字母。注音字母乃记音之器具而已：如“广”字，为国音则“ㄍㄨㄤ”，为广州音则“ㄍㄨㄛㄎㄑ”，并不必添增闰母，皆可拼切；“莺”字，为国音则“ㄧㄥ”，为广音则“ㄫㄛㄥ”，亦不必添增闰母，皆可拼切。故虽用纯粹之注音字母，如“广”读为“ㄍㄨ【ㄤ】ㄎㄑ”，“莺”读为“ㄫㄛㄥ”，在注音字母中，有何国音可求？故无论何人皆知欲知国音，虽终日与注音字母相对，亦复无益，必一检《国音字典》，始见“广”字之下，“ㄍㄨㄤ”三个注音字母，确然注定。注音字母刻在《国音字典》每字之下，始显出国音身份。此时所争者何事乎？皆知惟问这若“ㄍ”若“ㄨ”若“ㄤ”究如何发音耳。若依ㄍ君，非官话不教，此在学校或可强迫（学校为义务的强迫，本无需教土母[①]），而对于一般社会之妇孺，则必敬谢曰：我于官话无急需，过几时再学罢。ㄍ君所望学会注音字母，期诸一二月时候，欲与苦力等为一二月之接触，已难如登天。（但ㄍ君为人恐骇过耳，不然识四十注音字母，何至需一二月乎？教之得法，记之热心，上资三日，下愚亦一月足矣。以今日之悠悠者习之，不惟一二月不得会，即一两年亦不会。彼一面抱不屑记忆之态度，一面疑有深奇奥妙，且懒不肯记也。）请问ㄍ君欲将《国音字典》中常字的国音，记之皆悉，究又需几时？在学生恐止少一二年。在妇孺可知使彼读国音书而能解，写国音信而能下笔，究需若干时，有不中途辍业者乎？大多且望洋兴叹也。假如此等妇孺，教以拼切土音，ㄍ君下文亦说：“当然比较学国音容易，因为不须另学说话。”（ㄍ君研究固亦颇深，不然此等至理名言，有心捣乱之人，且藏匿此意，不肯说出。ㄍ最授劫持，不能自决者，即彼所谓“难肯再去学习国音”一言误之，此实紧要关头，再俟以后详辩。）其实岂但学之甚易，而且学之极乐。故至多一月工夫，最下愚者，亦且学成。学成了，“不须另学说话”，马上写信看书（特为各地编土音通俗之书）。他习惯了“广”为“ㄍㄨ【ㄤ】ㄎㄑ”，“莺”为“ㄫㄛㄥ”，深知若“ㄍ”若“ㄨ”若“【ㄛ】ㄎ”若“ㄑ”若“ㄫ”若“ㄛ”之发音，又深知拼法，于是揭开《国音字典》，见“广”字下所注之“ㄍㄨㄤ”，即怡然涣而读出，并且深叹国音之极易。知国音之“广”字，不过将土音“广”字下半之“【ㄛ】ㄎㄑ”，换一“ㄤ”字。

---

① 同闰母。

比较明哲，疑怪不生，是各比较教授。近代万般学术，皆列比较一门。独教授音声，可全用强迫注入，不须一用比较法也。于是一面多录国、土[1]对照之书如左：

国音常注右方，土音常注左方，亦国语统一筹备会所提议规定。此

ㄊㄧㄣ 天 ㄊㄧㄢ
ㄉㄧ 地 ㄉㄧ
ㄩㄣ 原 ㄩㄢ
ㄨㄛㄥ 黄 ㄏㄨㄤ

等书本流行于社会，读土音而意义毕宣，可辅助识字，顺便读对照之国音，统一有望。《君乎，果满意否乎？至于有需乎闰母者，广州仅仅两枚。譬如在注音字母之外，此种妇孺如有机会，再令多识声母二十六，不以为泰乎？如其然也，彼脑子中可再纳入二十六，则亦何妨多纳二枚乎？

且懂了注音字母，使先拼土音，与“文化”洋服店，于未读英文之先，先替他拼土店号，叫作“Men pha”。彼谈英文之时，此数字母不已一见如旧识，且能微会拼切之理乎？如此，广州市上满市之土音店号，用欧文字母拼切者，皆伤害读英文，当在禁止之列乎？抑实辅助识字母，而在可取之数乎？得此一正合之比例，《君之疑，必又可得一排除法矣。

可惜现在有些自作聪明的人节外生枝，以为粤人不通官语，学国音较为困难，如是将原有的字母或加多或减少，定名为广韵注音字母，兄弟对于这种字母，有二大疑问：一能否通行广东全省。广东省的语言，非常的复杂。潮州地方的人，“人”字读为“ㄌㄤ”音；北江地方的人，“我”字读为“ㄫㄌ”音；此外四邑、钦廉、高雷等处的说话，都是广州市的白话，大不相同。譬如用广韵的注音字母，写信去给潮州的人，或北江的人，或四邑、钦廉、高雷等处的人，是否能够传达意思？既然不能够传达意思，这种字母又有何用处呢？难道勉强各属的人，丢弃国音不学，来学这种不通行的字母吗？

《君以为广州所添两字母将通行全省，此实大误。无论东莞、香山，即属在邻邑，苟其尚有异同，即需增添闰母，何况潮州？潮州当然在必须再添之列。正欲以广州试行，逐渐增添。或各处有热心此事，深悯不识字人之苦，或欲猛促国音之统一者，皆赶速次第议增。然所增之数，即通全国而预测，增至韵母十枚，必全国土音俱足。本可按学理而蔓添（劳氏即有此议案），因欲得调查精细，尤昭审慎。此闰母之添增，不惟

---

[1] 国音、土音。

为普渡不识字之宝筏及促进国音统一之快马，且留为异日调查方言、考订古音之用。为用之大，不可胜数。日本方音调查局至刊绘数千张之表，一音之流行，用地图绘曲线而表示，是一文明人境，乃如此其不惮烦。我等乘此一击，而数善皆立之基础，岂可反用误会自对乎？今后对于附音之印刷物：稍有价值者必国音、土音对列（学校教科书，当然止列国音），朝生暮死者但列土音字于左方。每县姑以城市音列之，如佛山市等，其印物但示佛山人者，拼列佛山音亦可。ㄍ君乎，宜知朝生暮死之印物，仅为不识字人谋一达意，用以代口耳。譬如口讲，对佛山人，说佛山话当乎？说官话当乎？果其专为官话之运动者，自亦拼官话亦好。彼既识注音字母，既有官话素养，亦自了解。

家人父子、亲戚朋友之通问，无论两者俱为一地人也，即籍隔广潮，平日见面用何种言语以为彼此谈话者，写信即可仍用何种言语。三潮七广可也，半广半潮亦可。ㄍ君乎，曾有欲用注音字母之人互相通问，平日曾无一面者乎？闻声相慕，而可通赏，必为学者，或为高等商业之调查，此皆能用汉文者，何用注音字母乎？

二是否阻碍国语统一。粤人既然编出这种字母，当然比较学国音容易，因为不须另学说话。如是属讲白话[①]一部分的人，谁肯再去学习国音？因为喜易怕难乃是人的常性。或有人说，举广韵字母，并非反对国音字母，不过先学广音[②]，然后再学国音，广音实用于本省，国音实用于全国。那就更无理由，国音既能实用于全国，难道就不能实用于广东吗？而且粤人既可以编出广韵注音字母，闽人也可以编出闽韵注音字母。举凡二十二行省，不难会编出二十二行省的注音字母，将国音无形推翻。中国的语言还有统一的希望吗？中国的文字还有改良的日子吗？

ㄍ君这一样，用了《神洲日报》等当日的机关枪了。凡为理论之人，不可逞了笔锋，令人忍俊不禁。ㄍ君如不嫌唐突，那种高兴的推论，太高兴了一点，就把自己气坏，还是对朋友不住。

国音之统一不统一，全任《国音字典》。注音字母乃是一种拼音

---

① 广白，广州方言。

② 广州音。

之器具，说穿了，一个简单的反切。他并不是什么文字，不过帮了汉文，做些拼音工夫。彼一班力争加上四声点，种种痴想，要他比美欧美的朋友，酸痴可笑。现在对于注音字母，新的旧的，皆有许多不切当的缺望，不切当的恐怖，不切当的嫌恶，无非由误会注音字母为文字而起。什么十八国文字，二十二国文字，统一无望了，皆痴得可笑。(望巜君恕我，恒止欲极表无病而呻之状态，乃对于其事而慨叹。非敢对巜君个人，施其不敬也。) 国音统一者，其主要全恃学校。学校中之学子，本有强迫而习国音之义务。其与人通问及阅看书报等，本可但用汉文，原于土音之拼切毫无关涉。或偶愿热心而施平民教育，［我］以救助臧获，即理会土音，一举手之劳，亦有何难？此主要人物本于土音不成问题也。

土音者，专为最下级之苦人，一助其不识字之苦。助其不识字之苦，反加苦之以国音，有此不通之情理乎？自愿教以土音，使之易读易解。然此等本为与国音最远之人，今乃有机会，一则已使识了字母，二则并使懂了拼音，于是将国音徐徐灌输。能灌输，乃意外得一统一国音之人；不能灌输，则此辈本统一外之人物。日本力量，如是之大，巜君不曾阅过周作人君之《九州新村阅查》乎？九州不解东京语者，所在皆是也。统一国音，岂十分简单之事乎？巜君所最不能自解者，何以一种茫无智识之妇孺，一经拼切土音，熟习了注音字母，熟知了拼音，反灌输以国音，即深闭固拒。而一个原人，教以国音，反欣然承教。将用何种理由而动彼。感彼以爱国思想，而统一为国民义务乎？则原人尚知义务，岂有稍读土音书报者，反不知义务？动彼以便利交通乎？彼已知音声有益，知己所习者，止为土音，进习国音，比一无所知时为易，乃反甘失利便交通乎？动以国音之书报伙多乎？彼已尝土音书报风味，岂有羡慕国音书报之兴会转至此而灭？此皆巜君思之，当自辗然者也。

然恒亦必有所蔽，偏于一隅之见也。恒大意，知凡如巜君者，皆至热诚于国音统一之人。诸凡唐突之处，皆热烈图慰巜君，故形成无理反驳。切望恕之恕之！

有最后之一言。国音统一，关键全在《国音字典》。注音字母者，本可不作，即公议采用何种字母，皆足记音，皆不过为记音之器，与国音止有间接关系也，无所谓不可增损。让一步说，损之固不能，增之决无妨也，仅需合手续而已。

（《新青年》1921 年第 9 卷第 3 号）

国语统一问题

（张士一[①]）

国语统一问题[②]，现在已经惹起了许多人的注意。实行统一国语的试验，也可以说在那里进行了。不过已经做的究竟做得对不对，将要做的究竟应该怎样做，我们还没有拿学理去彻底的研究。现在请大家先撇开成见，然后用科学的眼光一层一层的看去。

一　语言统一和言文一致，有什么分别，有什么关系[③]

先说分别。那么语言统一问题，发生在全国各处的人不能完全互相懂得口说耳听的语言；言文一致问题，发生在手写眼看的文字，因为不

---

① 张士一（1886—1969），原名谔，字士一，后以字行，江苏吴江县人。早年毕业于上海南洋公学铁路工程专科，1907 年起先后任教、任职于成都高等师范学堂、上海南洋公学、上海中华书局。1917 年赴美国留学，获哥伦比亚大学师范学院硕士学位。后历任南京高等师范学校、东南大学、第四中山大学、中央大学，教授、系主任和教务长。1944 年，任中央大学师范学院院长。中华人民共和国成立后，历任南京大学师范学院教授，南京师范学院教育系、外语系教授兼系主任。曾任南京市政协常委、副主任，南京市监察委员会副主任，江苏省政协委员、常委等职。

② 1920 年，国语统一筹备会会员南京高等师范学校教师张士一在该文中主张连注音字母带国音根本改造，提出以“至少受过中等教育的北京本地人的话为国语的标准”。同年，第六届全国教育会联合会于上海召开，响应了张士一的主张，议决“请教育部广征各方面意见，定北京音为国音标准，照此旨修正国音字典，即行颁布”，江苏全省师范附属小学联合会于常州通过议案，不承认国音，主张以京音为标准音，并且主张“不先教授注音字母”。11 月，国语统一筹备会核心人物吴稚晖、黎锦熙、陆衣言和范祥善等所谓“国音派”与“京音派”代表张士一、顾实、周铭三和陆殿扬等在南京讨论“京国问题”，但是该次被黎锦熙称为“鹅湖大会”的讨论并没有取得实质性结果。

③ “京音派”代表之一的张士一在该文中区别了口语（“语言统一”）与书面语（“言文一致”），强调口语在现代语文中的基础作用，主张标准语音（京音）在语文教育和改革中的核心地位。

是直接记出口说耳听的语言，所以十分的难学。语言统一是求有一种全国人都能说都能听的国语，言文一致是求有一种可以直接记出国语的语体国文。两个问题所从而发生的困难不同，不能混起来的。

再说关系。那么第一，言文一致是要靠语言统一的。因为语体国文既经是照口说耳听的国语写的，那么自然先要有统一的国语，才可以有统一的语体国文。第二，语言统一有可以利用言文一致的地方。因为语体国文可以用做一种工具，帮我们去推行国语的。两个问题的关系是天然不能截断的。语言统一和言文一致，是国语问题里头的两大部分。我们既经晓得他们的分别和关系，那么就可以分开来去研究语言统一了。

二 为什么要国语统一①

我们时常听见人家说，要教育普及非国语统一不可。但是从教育史上看，世界各国却有语言不统一而教育很普及的，例如瑞士，可见语言不统一教育还是能普及的。不过语言是一种交进〔通〕的器具，如同铁路轮船一样，语言不统一，交通上就有一种不便利，交通不便利，教育普及自然是也要难些。但是我们要国语统一直接的缘故，究竟是为要交通便利。不过统一语言的手续，是个教育的手续罢了。

三 统一国语要办到怎样地步

这个问题有两个答法。一个是要把各处的方言都改变一些，使他们趋于折衷，成为统一。又一个是不求改变方言，只求个人除了方言之外，还能说第二种同一的语言。

这两种办法第一种是不能成功的。因为语言是人生的一部分，有社会性质的，方言跟社会生活一同继传下去是很容易的，这两样东西是分不开的。所以我们在家庭之间，同乡之中，总觉得说方言是自然些。总之，从语言学上看来，方言的寿命很长，难死得很，要强制去消灭他，

① 自清末至民国，民间社会的“言文一致”运动以普及教育、启发民智为目标，政府机构的“国语统一”运动以便利交通（交流）、融洽民情为宗旨，这两种思潮是推动现代中国语文改革的基本社会动因。张士一是“国语统一”派，其主张自然与“普及教育”之间无直接因果。

或是改变他，是做不到的。只有第二种的办法还可以成为事实，因为学习第二种语言，的确是可以做得到的，我们可以学习外国语就是一个明证。但是统一这两字要办到算理上的完全同一是不能够的，因为从语言学上看来，无论如何语言里头是总有参差的。我们所求的统一，不过是求这公共的第二种语言，全国的人说出来虽是未必完全同一，却是彼此可以完全听得懂。这个完全听得懂，是除去了纯乎因为意义上的困难而听不懂的地方说的，因为这种的听不懂，就是在说同一方言的人里头也是有的，不是从语言上来的。

四　怎样去统一国语

这件事已经教育部筹办了多时了。我们应该先去研究他所用的方法是否适当。他所用的方法，第一步是开读音统一会，就是把读音统一认为国语统一入手的办法。读音统一会所做的事，一是造字母，结果就是现在的注音字母。二是定标准音，结果就是现在的《国音字典》。第二步是传习注音字母。第三步是定标准语，就是想编《国语词典》去定所用的词，又编《国语文法》去定所用的语法。希望有了音典、词典、文典这三种书，就可以定国语的标准，大家就可以照他去学了。第四步令国民学校里头一律改教语体国文，这个方法究竟对不对，我们须得一层一层的去研究。

第一，认读音统一为国语统一入手的办法，不免是个隔靴搔痒。因为现在的大困难是在口头的语言用词、发音、造句都有不同，不是在纸上的文字读音不同，口语统一的需要很多，读音统一的需要很少。从日常生活上讲，读音统一就是办到，也不过在读祭文颂词等类的时候用得到，但是这种东西老实说听不懂是尽不要紧的。若是真要去研究他，那么还是总要用眼睛去看的。并且口语统一，读音自然可以统一；读音统一，口语未必就能统一，因为文字的读音是跟口语而划一的。所以凡是说同一方言的人，文字的读音也是同一的，向来不用语体文尚且如此，但是口语的统一决不是可靠文字的读音统一的。文字就是用语体，也不过能利用他去帮助记忆所学的口语，决不能就把语体文去统一口语，以后讲到教授法的时候还要详说。总之把读音统一认为语言统一入手的办法，不但是文不对题，并且是本末倒置。[①]

第二，先造字母，后定标准音，也是先后颠倒。因为字母是用来拼标准音的，应当依标准音的需要而造，不能凭空造的。譬如没有数目，自然不能有号码。但是现在恰是先有号码，后有数目了。

第三，先定标准音，后定标准语，又是先后颠倒。因为标准音就是标准语里头所用的音，是应该从标准语来的。譬如羊毛是从羊身上来的，但是现在恰是羊毛不从羊身上来的了。

第四，标准语还没有确定，就去传习注音字母，也是个糊涂做法。因为注音字母既是用来注标准语里头的音的，那么在标准语没有定的时候，叫他去注什么呢？譬如一篇音乐里头所用音的调还没有确定，就要叫人家去用五线音谱记出来，请问糊涂不糊涂？

第五，做几本音典、辞典和语法书，以为标准语就可以定了，这又是一个妄想。因为从语言学上看来，语言是一种活的东西，变化很多，包括很广。语言大全这样的书，是做不成的，说话的人才是真的语言大全。要定标准语，须要抛开死书，指定一种说话的人才能真的确定。

第六，标准语还没有确定，就令全国国民学校去教授语体文，也是欲速不达。因为语体国文须要根据口说国语的，要先有确定的口说国语，把他先教起来，然后一步一步的把儿童已经能够说的写下来，教他们认字，这才是小学生应该学的语体文。现在这样的教语体文，完全是个抛空的做法，没有根据的。若是说口语可以从语体文里去教出来，那是没有懂得口语的教法。口语是要从耳口入手的，不可从眼睛入手的。即使口语可以从语体文里去教出来，这个语体文也必定先要根据于标准口语才可。现在标准口语还没有定，这语体文总是落空的。

上面所说的六个错误，是根本上的错误。大概有三个原因：（一）没有处处按着发生国语统一问题的根本困难做去。（二）没有明了语言的性

---

① 读音统一会虽然在会员构成上包括教育部延聘学者和各省、蒙藏以及华侨代表，精通音韵学、小学或熟悉外文、方言皆可，尽量兼顾地域、古今差异。但是在会议职责上，仍以《音韵阐微》为底本，审定字音、核定音素和采定字母，即便称之为“国音”，但确实难脱历代“官韵”窠臼。自清末切音字运动以来，前清学部一直力图恪守唐宋以来官韵正统，对于十数年间流传于南北行省间的方音口语思潮持基本否定态度，民国初期，教育部读音统一会在很大程度上继承了前清学部的语文改革方向，因此仍以“字音”（书面语）为审定国音的对象也就不难理解了。

质。（三）没有懂得语言的教授法。总而言之，没有应用学理去做。既经没有应用学理去做，无论做的人怎样热心，到底总要失败。现在从表面上看，似乎各方面对于这个事情很抱乐观，但是真的乐观是理性作用，不是感情作用。试问现在对于这个语言统一的问题，有多少人是曾经细细用研究的态度去彻底想过一番的？有多少人不过是随声附和毫无研究的？说一句老实话，现在在那里大声疾呼提倡注音字母的人，大半自己连注音字母都没有识得的。还有在那里兴高彩烈提倡国语国音的人，大半是不过空慕国语国音这个名词的好听。若是问他国语在哪里，国音在哪里，就瞠目不能对的。或是回答说道，国语是在国语教科书里头，国音是在《国音字典》里头，不晓得国语教科书和《国音字典》是要根据于有标准的国语国音的。现在的国语教科书不过是书商投机的东西，那《国音字典》不过是一部再版的满清皇帝钦定的《音韵阐微》。这种的国语国音，是冒牌的国语国音。国是应该爱的，但是冒这个国字名的东西，不可就胡乱去爱的。否则麻雀牌可以叫他国牌，鸦片烟可以叫他国烟，缠足可以叫他国装，一律就可以去崇拜了？

但是这个国语统一的乱子，在现在这个学问缺乏的时代，是免不了要闹的。只要自今以后，力改前非，听学理的解决，用正当的方法去做，那么往者不可谏，来者尤可追。正当的办法是怎样呢？第一步，定标准语；第二步，定标准音；第三步，制字母；第四步，师范传习；第五步，在学校里和社会上推行。照这个程序去做的时候，一步一步都要应用近世科学的知识和科学的方法。凡教育学、语言学、语音学、心理学、普通教授法、外国语教授法、速记术，种种原理和方法，都要尽量去应用。那么所得的结果方才可以相信得过。现在我们可以把这个程序里的五步分开来去研究了。①

五　怎样去定标准语

定标准语的方法有两种：（一）用一种混合语，这混合语或是现成

---

① 20 世纪 20 年代，民国时期教育界、学术界关于“国音”“京音”的论争开启了现代汉语语音标准由书面语语音至口语语音的重要转向，这一转向对于现代汉语乃至现代中国社会的深远影响，并不亚于同一时期现代汉语文体标准由文言文至白话文的转向，但关于该问题的研究似乎并未引起学界的足够重视。

的，或是特地去造成的；（二）用一种方言，这方言是现成的。这两个方法，一般人都以为用第一个好。因为混合语好像是大家有分，至公无私，不偏不倚。但有以下种种原因，不如用方言好的。

（1）用一种方言来做标准，实在也是大家有分。因为无论哪一种方言，同别种方言公共的地方是很多的。

（2）凡是标准愈客观的愈好，混合语不容易定客观的标准。为什么呢？请先说现成的混合语。现成的混合语在我国莫非就是普通官话，普通官话究竟是什么东西呢？有人说，就是各省人到北京，因为言语不通，就自然用一部分的北京语，一部分的本乡语，彼此谈话生出来的。就又叫做北京官话，或是普通官话。还有人说，官话是各省都有的，发生在大都会，例如江苏各处的人到了南京，福建各处的人到了福州，就一部分用省会的话，一部分用本乡的话，凑合成了江苏官话、福建官话。普通官话就是说这种各省官话的人会集在全国最大的都会所发生的，就是一部分是北京本地语，一部分是各省官话。这两个普通官话的定义原是大同小异，无论照哪一个定义，这普通官话总是随说的人的方言而不同的，实在他里头所用的音、词、语法种种是很不一律的[①]。我们究竟去教怎样的呢？若是说可以去定出一种一律的来，那么就是和特地去造成的混合语归入一类，下面再要详说他的不能做标准。总之这个普通官话的名词所指的东西，是很含混的，实际上是很不一致的，在应酬闲谈的时候，似乎彼此尚可懂得，到了谈紧要事情的时候那就往往有不懂的困难了。所以拿普通官话做标准，第一因为他不能有确定的客观标准，仍旧是没有标准，第二并不能达到语言完全彼此相通的目的。

再说特地去造成的混合语，也有不能定标准的地方。第一，怎样去把方言来混合，是很不容易决定的，只要看从前的读音统一会就可以晓

---

① 张士一的“普通官话”是一个自下而上的层级概念，是在交流过程中产生的动态概念。首先，说话人离开本地来到省会（大城市），这些人所说的乡镇（小城市）话与省会（大城市）当地话融合，形成该省的省会官话；说话人由省会来到北京，这些人所说的省会官话与北京当地话融合，形成普通官话（北京官话）。其次，无论是哪个层级的官话，皆因说话人所处地域不同而不同，有多少个乡镇的说话人便有多少种省会官话，有多少个省会的说话人便有多少种普通官话。因此，这种官话的标准是不固定的、动态的，即为照张士一所说“含混的、不统一的”，这也是张士一主张“京音”反对“国音”的根本原因。

得这个弊病。他们那个时候就是要想造成一种混合的国音标准，因此古音、今音、南音、北音闹个不休，总没有一个满意的混合。后闹得时候太久了，就勉强求一个结束，把一部旧韵书来做根据，用多数表决法，审定了几千个字音。当初教育部的当局晓得他们没有真正研究到的，所以注音字母和审定的字音都不发表。哪知道，后来隔了数年，当局换了人，这个没有研究到的字母，竟公然发表出来了，弄成今日这个注音字母的大迷信，因此可以见得用特地造成的混合语做标准不妥的地方。还有第二个不妥的地方，就是即使混合的方法能够妥定，这个特地造成的混合语，是全国找不出一个人完全能照他说得纯熟的。那么只好靠几本死书去记出这个标准来了，但是死书是不能定活语的标准的，上面已经说过。这样看来，即使有了特地造成的混合语，仍旧不能实用他的标准，那么这个标准，就等于没有。

（3）用混合语不能得适当的师资，无从去教授。因为若是用现成的普通官话，那么普通官话是随各人的方言而异的。这个人说我说的是普通官话，那个人也说我说的是普通官话，凡是把本乡话改变了一部分的人，就都可以说他说的是普通官话。但是究竟说到怎样的，才可以算他确是说普通官话，可以去做教员呢？这是极不容易定出来的。若是要把书本去定出来，那么上面已经屡次说过不能行的。再进一层，即使语言大全可以编得出来，令教员去从这部书里头学国语，那么还有不合于口语教授法的地方，口语的教授不能从书本入手，上面也已经说过。所以要靠几本死书去学到口语纯熟可以教人，是办不到的事。若是用特地造出来的混合语，那么适当的师资更不必说了，全国既找不到一个人说得纯熟的，哪里可以去传习呢？

（4）方言是已经在一个地方通行的，就是在生活上已经实在试用过而没有困难的。但是普通官话是还有不能完全互相懂得的困难，特地造成的混合语，更不能断定他将来必能合用。

从这几个理由看来，用一种方言去做标准语是最直接爽快的办法，可以免了种种行不通的地方。既是用一种方言去做标准语，那么就要进一层问应该用哪一种方言。这个资格分析起来有以下这几层：1）要这种方言最近于文字，有这个资格的是北京语。2）要向来用这种方言的书籍报纸等类最多，有这个资格的也是北京语。3）要向来研究这种方言的人最多，研究所得的结果最多，有这个资格的也是北京语。大概外人来华研究北京语的最多，著的京语书籍也最多，即如字典一类，很有好的可以利用；本国人所著京语的研究书籍，也是比其他的方言多。4）要最容易靠自然的交通，平均传播到各地方去，有这个资格的也是北京语。因为各地方的人，到京都[①]去和从京都出来是最平均。5）要教授方面的经验最丰富，有这个资格的也是北京语。6）要向来为各地方的人所最信仰的，有这个资格的也是北京语。7）要用在最讲究说话的地方的，有这个资格的也是北京语。因为北京是政治外交的中心点，也是教育的中心点，说话自然最为讲究。8）要是最优美的，这个资格不比上几的〔个〕容易审查。但是可举一二端来表明北京语的优美：先说他本身上的优美，例如拿南京语来比，南京语有入声，音调急促难听，北京语无入声，音调舒展好听，南京语的音调抑扬少，北京语的音调抑扬多，南京语不及北京语的优美这是一端；再说附带的优美，例如北京人说话声音圆活，发音经济，南京人说话声音刚厉，发音太响，附带的优美，学口语的时候，就一同学得的。北京语有这两种的优美，是很确实的，凡外国人熟悉我国各种方言的都是这样说，本国人细细一辨亦自明了。照以上八层看来，北京语最合于做标准语的资格。此外还有几层也要讨论的。9）要全国听得懂的人最多。这一个资格是很难审查的，因为从没有人用过试验法、统计法，去这样比较各种方言。即使要去比较，也是因为里头包含的东西太多，所用的手续太繁，极难办到的。10）要说别种方言的人最容易学，这个资格同上一个资格一样的难审查。但是有一种普通的误会是可以解释的，往往有人以为混合语最容易学，其实不然。譬如北京语和苏州语本来也有一部分相同，若是改去苏州语一部分使他成了混合语，这个混合语和本来的苏州语也不过是一部分相同，苏州人去学他未见得就比学北京语容易。并且容易学不容易学的问题，还有教授上便利不便利的关系，一种现成的方言有确定的标准，有适当的师资，可用适当的教授法，那就比混合语容易学了。11）要最近于将来，因交通十分便利而自然成功的统一语言。这个资格最难审查，因为将来自然的统一语在什么时候才可以成功，并且究竟是怎样的，现在先不能断定，又怎样好去

---

① 首都。

拿他来比现在各种方言，看哪一个最近呢？

照这样看来，用北京语做标准语最为适当。世界各国里头凡是有标准语问题的，大概所用解决的方法也有一种公共的倾向，就是用京都的语言做标准语，这个缘故就是上面第3）、4）、6）、7）等项。我国若是也拿京都的语言做标准语，可以说是最安稳的办法，因为利用先进各国的经验去办是冒险最少的。但是有人说，北京语里头有许多很粗俗不堪的分子，不能入标准语的，这个话是很有道理的。我们拿北京语来做标准语，自然不应该用他里头很粗俗不堪的分子。但是怎样可以分别这些分子出来呢？我们不能逐字逐句去列出表来的，若是要去列出表来，那是又是一个编语言大全的办法了。最适当的办法，是一种具体的办法，具体的办法是怎样的？请先把标准语的定义说出来，就可以明白了。

标准语定义——中华民国的标准语就是有教育的北京本地人所说的话。① 说明——本地人是指实在生长北京的人，不指单是籍贯北京人，因为单是籍贯相同的人，说话未必相同；有教育的是指至少受过中等教育的，因为受过中等教育的人是社会的中坚人物，拿他们的话来做标准是最适当的。这个定义，若是说得再要周密，那么可以加两个小注：一个就是这样的人，要并无口吃或其他相类的语言毛病的；二就是用这样的人在常态里头说的话，不是在变态里头说的话，就是不是在病态、狂态等类里头所说的话。但是这两层本是不言而喻的。

照这个定义，用北京有过中等教育的本地人的话做标准语，那很粗俗不堪的分子自然没有的了。并且用这个定义于实行教授上是很有把握的，因为照这个定义，凡能说标准语的人，是的确能分别出来的，是的确能找得到的，请他们去做传习国语起点的教员，是最为适当，也是很容易办到的。但是这个话，并不是说凡是国语教员就都应该让北京这样的人去做，不过是说凡不是北京这样的人而要教国语的，他们究竟能教不能教，就容易辨得清楚了。

① 张士一在分析了民间“普通官话音”和读音统一会“国音”不宜用作为“国音”的种种理由之后，提出了自己的“京音”主张：（1）口语的，“所说的话”；（2）有明确地域的，“北京本地人”；（3）有明确阶层的，“有教育的”。张士一的“新国音”概念力图肃清“官话音”和“老国音”对于现代汉语标准语音影响，明确“京音”的标准定义，对现代汉语标准音影响深远。

还有人说，就是用北京语做标准，也不见得就能全国一致。因为照这个定义的北京语，也不是完全一致的。这句话也是很有道理的，因为无论用哪一种话去做标准，决不能办到一百分的全国一致的，上面已经约略说过。就是各国里头语言，算是全国一致的，也没有完全一致的。从语言学上看来，世界上实在没有两个人讲的话是完全一致的，就是同一个人的话，也不能无论何时都完全一致的。即使我们能够造出一种完全划一的混合语来，用同一的教师去教全国的人，所得的结果也不能完全一致的。总之，完全一致是办不到的，但是太不一致是要生困难的。标准语须要最近于完全一致，而又可以行得通的。有教育的北京本地人所说的话，虽不是完全一致，但是最近于一致，没有彼此听不懂的困难，又的确可以用经济的方法去教授。我们又何必定要去求他完全一致呢？

还有人说北京语没有入声，只有四声，是五声不完全的，不能做标准，这个话是毫无理由的。语言的五声不完全，不是像人的五官不完全，就成为废人的。福建、广东等处的话，有用八九声的，比五声还要多，那么怎么用五声，就可以算完全呢？从语音学上看来，这个声的变化是乐调高低的变化，要说多，那么简直可以有无限数的声。所以五声完全不完全的说法，是不科学的，泥古不化的。实在北京语只有四声，而能够用到如今，不因声少而感困难，那就是他的四声已经够用的确证。他在用声这一点上，却是很经济的。

还有人说，即使用有教育北京人的语做标准，这个语里头的词，也要加以选择的。例如洋火一物北京语里头有几个不同的说法，就是“洋火、自来火、火柴、取灯儿”四个名称，这里头“取灯儿”一个名称是决不可用的，“火柴”是最好，应该定他做标准语里头的词。这种议论，也是似是而非的。这几个词细细从字面上讨论去，那是各有妥处，各有不妥处，“火柴”不见得就比“取灯儿”好，“取灯儿”不见得就比“火柴”不好。若是一定要去说“取灯儿”最好，也是说得圆的，因为这“取灯儿”三个字细细辨来，是指可取以燃灯的意思，倒很有文学上的趣味，极其委婉有致的。还有一个例，人家也是常常引用的，就是鼠的叫法。北京语里头，可叫“老鼠”，可叫“耗子”，人家往往说“耗子”是标准语里头一定不可以用的，不晓得“老鼠”两字未见得比“耗子”确当。“老”字若是作年老的“老”字解，那么鼠何尝多是老的，若是作老弟的“老”字解，那么何必这样去恭敬他。论到耗子里头的“耗”字，那倒是说鼠的性质很对的，何尝一定不好？但是这种咬文嚼字的办法是无济于事的，从语言学上看来，无论哪一种语言里头的词，决不都是完全合理的。若是讲到标准语里头的词，处处要从字面上去推敲，那是寸步难行的了，是跑到牛角尖里去了。这样去定标准语的词，是白费功夫，恐怕一百年都定不起来的。最有实效的办法，只要这个词的确是在照定义所说标准语里头通用的，那么就可以用的。若是同一的东西有几个叫法随时换用的，那么标准语里头，也可以随时换用这几个叫法。这样办法，可以靠口语纯熟的教师，用他自然的说话去教授，是最为直截了当的办法。

但是这个话，并不是说凡是有几个词指一个东西，就无论什么时候都没有选择的问题了。选择的问题是有的，不过是在于个人用词的时候随形酌定，不可勉强把词典去划一的。例如年常说话里头的用处和诗歌里头的用处，自然有时很不相同的。不过这是修辞学里头的问题，属于个人自己的取舍，讲究修词的人选择自必精细，必不可用强制的手段，照一二人的意思，去武断下来，叫全国人遵行的。将来国里头出了大演说家、大文学家，那么有些的词是要受他们影响的。但是现在在统一国语的问题上，只要这个词是照定义认为标准的语言里头的确通用的，那么就是标准语里头可以取用的。断不可因为我自己向来少见这个“取灯儿”“耗子”的叫法，就说他不好。人的心理，凡是不习见的东西，初见往往以为不好，这是不可靠的心理，切不可自己上自己的当。

六　怎样去定标准音

要说定标准音正当的办法，不得不再细细一看读音统一会审定字音的办法，究竟有什么不妥的地方。读音统一会用多数表决法定字音，是拿学问的问题用政治的方法来解决，这是第一个不妥。[①] 表决之后，因为

① “字音”是学术问题，“法定字音”则既是学术问题又是政治问题。学术问题用政治方法来解决固然不妥，但如果问题本身即有政治因素，读音统一会“用多数表决法定字音”则不失为一种“不坏”的行政行为。张士一在此处有些苛责了，黎锦熙用“权宜之计”一词评价此事似乎稍为公允。

当场记录的人没有科学的听音记音的训练，把音听错了记错了一部分，这是第二个不妥。字音已经记下之后，编辑字典的会长，又用一个人的意见，改了他一部分，成为这个假冒的《国音字典》。这是第三个不妥。现在教育部筹办国语统一的人，因为这部字典里头有许多古音不适于用，还有因为当初列入的字，是根据《音韵阐微》这一本旧韵书的，有许多现在很不常用的字，而常用的字反有遗漏，所以要去修改这本字典。但是这一修改岂不是教人家更无所适从吗？没有客观的国语标准而去修改字音，那么将来更不知道还有几次要修改这种音典，反而使人家是无从下手去学。这是第四个不妥。还有第五个不妥，就是上面已经说过的标准音定在标准语以前。要除去这种种的弊病，第一应该拿有教育的北京本地人的语，定为标准语；第二应该从这个标准语里头，去研究所用的音。分析到最简单的分子，先用科学的方法记下来，然后依了他去制字母、编音典。

这才是用客观的方法去定标准音，不是由个人凭空构造的。至于论到科学的析音、记音方法，那自然不能在这里详细说明的。不过有一句话是不可不说的，就是须谓真正有科学的语音学训练的人，去做这个事才对。

七　怎样去制字母有两方面

一是他所表的音，一是他所取的形，现在就从这两方面去讨论。

（一）音的方面

北京音一字（就是一个音节）至多有五个简单音，究竟最好是用一个字母单注，还是用双拼、三拼、四拼、五拼的方法？这是第一应该研究的。现在的注音字母是用三拼法，就是一个字，至多用三个字母来拼，共用四十个字母（旧三十九个，新添一个）。四十个是否拼起来不多不少，另外再论。若音用五拼法，那么字母最少，约三十个已够，因为实用上必须要分别的真正简单音约三十个。若是用单注法，那么字母最多，大约要有四百十一个（照一种最可靠的研究计算，向来各家研究所得的数目略有出入）。每一个再用符号去分四声，若是不用四声符号而每声另制一个字母，那么字母的数目更大，要有四百十一个的四倍，就是一千六百四十四个。把两个极端来看，一端是三十个字，二端是一千六百四十四个字母，相差很远，介乎其间的，还有双拼、三拼、四拼的办法。人家往往以为字母愈少愈好，但是根据心理学来讲，字母最少，不见得拼出来的字就最容易学，用的时候就最容易用；字母最多，不见得就最不容易学不容易用，字母多些或者反容易学容易用些。因为字母多，那么拼出来的字相像的地方，可以减少，就容易分清楚些。容易分清楚，就容易学些。我们不妨看一看。若是竟用极端多的一千六百四十四个字母，共要多少时候才可学完。假如平均每天学七个，每星期学六天，每学年学四十星期，那么一学年可以学完而有余（$7\times6\times40=1680$）。假如国民学校一年级就学这套字母，那么将来若是国民教育有一年的普及，这套字母全国国民就都识的了。若是用四百十一个字母再去分四声，那么从表面上计算，十星期可以学完而有余，$\left(\frac{411}{7\times6}=97\cdots\cdots\right)$有两个月半的普及教育就行了。但是这个十星期的计算是不可靠的，因为名称上的字母虽是只有四百十一个，实际上的字母却是仍有一千六百四十四个。为什么呢？因为四百十一个用的时候，各要加上四声符号，每一个仍旧成为四个必须分别的形体。从心理学上看来，那学的时候就同有四个字母一样。（今年五月，我曾经用试验心理学的方法，试验过近百个的国民学校一年级儿童，结果也是这样，这一番试验的详细报告将来另登。）从此看来，要解决这个单注和几拼的问题，不可单从字母数目多少上去着想。这是关于制字母的第一要点。

第二要点，凡是一个字母，无论拼在哪一个字里头，只应当有一个读法。但是现在注音字母里头，就有违背这个原理的。例如“门”字拼“ㄇㄣ”，“音”字拼“ㄧㄣ”。这两个字里头的“ㄣ”就是作两个读法。又如“政”字拼“ㄓㄥ”，“樱”字拼“ㄧㄥ”。这两个字里头的“ㄥ”也是作两个读法。若是拿万国语音学会的符号[①]来表明他，就是“门”字中的“ㄣ”读作“ən”，“音”字中的“ㄣ”仅读作“n”，“政”字中的读作“əŋ”，“樱”字中的“ㄥ”仅读“ŋ”。

还有第三要点，就是凡是标准音里头所分别清楚的音，在字母里头也要分别清楚的。但是现在的注音字母却有浑起来的地方。例如“江、

① 国际音标。

汤、汪”三个字末尾所收的韵，实际上是有分别的，但是注音字母里头只有的一个字母可用，所以就拼成“ㄐㄧㄤ、ㄊㄤ、ㄨㄤ”。若是用万国语音学会的符号表明他，“江”是“ti：æŋ”，汤是“taŋ”，汪是“uoŋ”，里头的“æŋ”“aŋ”“ɔŋ”是不同的。不能就用“ㄤ”的一个字母去拼的，这个也就是犯一个字母有几个读法的毛病。

（二）形的方面

就形的方面讲，第一，字母要彼此容易分别，否则易混，不易学也不易用。现在注音字母，犯这个弊病的地方很多，列表如下：（甲）ㄅㄉㄌ，（乙）ㄦㄫㄤ，（丙）ㄡㄆ，（丁）ㄋㄎㄞ，（戊）ㄇㄣ，（己）ㄥㄙ，（庚）ㄏㄏ广，（辛）ㄥㄍ，（壬）ㄈㄛㄜ。

第二，字母若是不但用在印刷品里头而也要手写的，那么应该也要容易写。按速记术的方法，容易写的字里头所用的曲线，须要容易联接，少换方向，少大角度的屈曲。这样看来，宜乎用草书的圆笔画，但是现在的注音字母是用楷书的方笔画，很不便写。有的人说，我们可以添做一种注音字母的草体，专为手写的时候用。不知道字的有正草两体，实在是不经济的。从他的历史上看，不便写的正体变成草体，是由需要而来的，现在新制字母，只要一种草体就行了。草体便于书写，也可以印刷，何必定要用正草两种，叫人家徒费脑力去学两套的符号呢？

第三，现在四声的记法，非常不便。部定的四声符号，是用同一的点，加在字母的各角上，例如“ㄚ ㄚ”“ㄚ ㄚ”。实在还有别的方法可以去分别四声，我们不可以不仔细研究一下。（1）用几个不同的笔画去连在韵母上，例如“ㄚㄚㄚㄚ”。但是用这个法子，有一个困难，就是不容易把个个韵母做得能很自然的连这个几个笔画上去。（2）用几个不同的笔画列在字母的同一处所，就是或是都在上面，或是都在下面，或是都在左边，或是都在右边。例如“ㄚ ㄚ ㄚ ㄚ”是都在右边的。（3）简直用四个不同形的字母，例如“ㄚ乙ㄉß”。这第三个的办法，一般人必定以为大〔太〕难学，以为如此不是学一个字母，是学四个字母了。不知道就是用一个字母，加上符号去表出四声来，实际上连符号总看起来还是四个字母。上面讨论字母数目的时候已经说过，这种用四声符号的四个字母，形体天然相似。相似就不容易分别，反不如四个不同形的字母容易学。就拿现在的注音字母来讲，若是介母、韵母各加三个，那字母的总数虽是要从四十加到八十八，但是学起来只有容易，没有困难。

近来教育部也见到这原定点四声的方法不好，就有人提出不记四声的办法。说是若是把几个字合成的词连写起来，那么就不记四声，四声也可以从上下文的意义猜得出来。这个办法究竟好不好，须得细细去讨论。

（1）若是北京的本地人，说标准语已经是完全纯熟的，那么还可以希望他猜的时候没有大困难，加了几个字合成的词连写的办法，自然意义是更容易明瞭些。但是他处的人说标准语还没有完全纯熟的，必无可猜的希望。因为从心理学上说来，我们虽是很不晓得的东西，却是不能拿不晓得的东西来猜他。譬如有一个人闭了拳，叫我猜手里握的什么东西。我可以猜他是银钱，是核桃，是别的东西。但是猜来猜去，总是我素来晓得的东西。若是那个人的拳里是一个我从来没有晓得过的东西，那是我断断乎没有猜得着的机会的。现在标准口语还没有完全说得来的人，要叫他去猜字母的四声，那凡是他还没有说得来的话，是断断乎猜不到的。若是说我们可以先教口语到完全纯熟的地步，才教看拼出来的字，那是不明白语言的教授法了。口语的教授虽是须从耳口入手，但是并不是等到口语完全纯熟然后去看写的符号，学到口语有了根基，就应该用写的符号去帮助了。这是最为经济的教法。

（2）即使凡是学看拼法的人，能一律先教他们口语，使达到完全纯熟的地步，可以猜得出四声，这个猜的办法，在心理学上看来，还是很不经济的。因为从上下文意义去猜测的时候，每一个字的拼法先同时引起四个不同的动应，以后才禁止了其中的三个，发表了一个。这个一番手续周折得很，多耗脑力，也多费时间。阅看文字的速率必低而疲倦必多，是很不经济的。

（3）拿算理来推测，也有办不通的证据。每一个字照他的拼法既有四个可读的声，那么每逢一个字的一句话就有四个读法，两个字的一句话就有十六（$4\times4=16$）个读法，三个字的一句话就有六十四（$4\times4\times4=64$）个读法。列成公式，就是每逢 n 数字的一句话，就可有 4^n 个读法。照这个公式，若是有五个字的一句话，就有一千零二十四个读法，六个字的一句话，就有四千零九十六个读法。读法可以有这样的多，要去猜出一个不错的来，那是非人力所能办得到的。

但是有人说，中国古时本来没有四声，不过有长短之分。现在简直也不要教人去分别四声，无论遇到一个字，就随他去读一个声就行了。这个办法，看似容易，但是结果也就是一句话不知要有多少读法，和上面所说的困难一样。我们要晓得从语音学上看来，四声的关系就是乐调的关系，乐调的关系是语音里头四大要素之一，凡是语音都逃不了他的关系。就是不分别四声的语言如英语，也是个个字说的时候要照他的用处用适当的乐调才行，否则也不容易听得懂。凡人说外国话而外国人听不懂，一部分的原因往往就是这个乐调的不对。从此看来，我国古音的不分四声，恐怕也不过像英语的不是字字把乐调来单独分别意义，但是用的时候也是处处有适当的乐调，不能错的。现在不分四声，就无适当的乐调可凭，是把一切乐调的关系都脱离了，但是语音断断不能脱离乐调的关系的。况且我国古时的话比现在的话，决不是就在有无四声这一点上分别，必定还有许多别的地方的不同。那个时候的话行得通，因为是他自然演到那个地步的，不是强制把他造成的。我们怎么以拘泥古时一方面的情形，就来类推现在的一切。加以我国语言里头，同音的字已经很多，还要去使本来只有一个读法的字，生出许多不定的读法来，这个语言恐怕就不成其为语言了。总之，这个记四声的问题，不可就用不了了之法去解决的。譬如衣服总是要穿的，不可因为织布难、裁缝难就说不要穿衣服了，应该去求织布容易、裁缝容易的方法。现在的问题，是在用哪一种分别四声的方法最为适当，不是在应否分别四声。若是问究竟用哪一种方法最好，那么从我上面所说的试验里头看来，是用四个不同的字母，最为妥当。

第四，字母的取形。虽是也要顾到印刷上的便利，但是现在做铅字模的机器十分灵便，什么草体的字都容易做，只要排字不太费时就行了。我们要晓得印刷所以求看书的人的便利，与其多牺牲看书人的便利，不如略为牺牲印刷上的便利。

总而言之，既要做字母，那么形、声两方面都要做得好些。因为现在虽说是单为注音之用，将来恐怕就是要为一切拼音之用的，若是一时不能做得好，就是多费些时间也不妨。没有字母我们还可以去教标准口语的，但是没有标准口语，就是有了字母也没用。我们一方面改造字母，一方面就是暂用几个汉字来注音也是可以的，或者简直用万国语音学会的符号来注音，也是很便当而正确的。像现在这样的迷信这个形、声两方面都有许多毛病的注音字母，去拼没有标准的冒牌国音，奉为至宝，视若神明，惟恐有人去破坏他侵犯他的样子，那真是太无辨别之力了。现在不是大家到处都说“改造、改造”这两个字吗？难道社会都可以改造，思想都可以改造，这几个注音字母就不可以改造吗？注音字母不过是一种工具，好像木工所用的斧一样，木工见他的斧不适用，尽可以换一把。我们又何必死守这个不适用的注音字母呢？

八　怎样去办师范传习

要办师范传习，须要特别注意以下几个要点。

（一）时间要多。现在各处所办的国语传习所、讲习所等类，期间大约从一星期以至三个月，实在太短。在这个短的时间里头，不过学了几个字母和拼法，但是我们要传习的主体是个标准口语。要在这短期内把标准口语，学到可以教授的地步，除了方言本来极近标准语的少数人以外，是断断乎办不到的。从心理学上看来，凡学一种语言，脑筋里头须要做成很多很多强固的结合，断没有两三个月可以做得到的。所以凡是学一种外国语，非用功多年，不能纯熟。国语名称上虽是本国语，但是实际上学起来，却是跟外国语同一个性质，就是用很好的方法去教，平均至少也要有一二年的工夫，有一二千个小时，才能够把极常用的东西学得纯熟，否则不过是自欺欺人罢了。

（二）方言不同的人应该分别教授。各处方言和标准语的相差各有多少，相差的性质也有不同，教授的方法就应该不同，期限的长短也就应该不同，所以现在普通所用的混合教授办法是很不适宜。

（三）须要多注重常用的口语。耳听标准语，口说标准语，能应用于日常的事物上，那么才能去教国语。若是单去死记几个注音字母，那么就是能够学到这四十个字母倒背得出，那四百多个拼音倒拼得出，仍旧不能去教国语。但是现在各处都是不过传习注音字母，不是真的传习国语。

（四）不必多费工夫在音韵的历史上。现在各处传习国语，往往教授我国音韵的历史，费去的时间未免太多。这种音韵的历史，在学问上原来是有价值的，不过现在所急于需要的是能听今音、发今音和教今音，我们须应用真正科学的语音学去教这三种本领。音韵从前的怎样变迁，却没有应用的价值，况且那些半科学的旧音韵学，即使要教也要好好的去修改一番才可以教的。现在竟拿来当他国语传习里头的一种正课，未免抢去了学习口语宝贵的光阴了。

（五）教字母不可靠旧式汉字来注音。现在往往有人把汉字来注注音字母的音，但是汉字的音随方言而异，因此各地的人读注音字母的音，很有不同的地方。凡是发音必须要口授的，就是留声机器也不能代替口授的。这是在语言教授法上已经是毫无疑义的了，怎么就可以去用汉字来注注音字母呢?

（六）教授国语须应用现在最有价值的外国语教授法。这种外国语教授法，自然不能在这里详细说出来的。不过可以选择几个要点，略为一提。(1）要用最近于生活上真实的说话情景去教授。(2）要教有连贯意义的句子，不要教不连贯的单字。(3）入手求听得懂，以后逐渐求说得出。(4）文字的符号在耳口已有训练之后才学，不可死靠书本。(5）起初要多用实物实事教授和联想示意的方法去教新材料。(6）旧材料要有延长甚久的温习。(7）语法要从活的语中指出来，不可另外死教规则。(8）要学生自己造句，先要看句子的样式和里头所用的字面是否已经学过，否则反是去练习说错误的话。(9）教的时候，要尽量多用所教的一种语言，少用别种语言来翻译。(10）教授发音须应用语音学的方法。

（七）教授国语自然也应当用普通教授法的原理。

（八）须要在北京办长期传习所。在北京传习和在别处传习，在北京有一种特别的好处，就是北京的环境是一个说标准语的环境，这个环境在学习标准语上，是很有帮助的。

（九）各地方须有长期的传习。教育部和各高等师范学校，虽都办过国语传习，但是小学教员里头，能真的补习到可以教授的是很少。国民学校教授语体文的通令下来以后，各地方因急于预备，就请教育部和各高师传习回来的人，在本地传习。但是这些传习回来的人，自己学的时间太短，加以没有一定的标准语，不能用纯熟的口语去教人的。要补救这个弊病，须在各地方办长期的传习。现在请把这个办法略为一说。

各县应该筹款去办小学教员长期的国语补习，应请照标准语定义合格的北京人，或能说标准语正确而纯熟的他处人担任教员。若是请初级师范和高等师范毕业生最为适宜，因为他们有过教育上普通的研究，教授易于合法。大概高师毕业生月薪在四十元之数，初级师范毕业生在二十五元之数，常年每县用一人。看地方情形，定传习方法：若是交通便利的县分，那么可以找一适中的地点，令各乡小学教员每星期六或星期日集合补习；若是交通不便的县分，那么行循环教授，由教员轮流到各乡教授，以一周为一次，或数日为一次。各小学教员必须学到真的纯熟，经考验认为合格，方可不学。否则尽须学下去，不定年限。这样办法，一个教员的薪水，每年约在三百元至五百元之间。若是再加循环教授的旅费和杂费一百元，合计全年一县平均费去四百五十元，就可以真的办出一点儿效果来。照现在这样的以讹传讹，钱也费得不少，但是结果是不过骗人罢了。做小学教员的，自己肚子里很明白，晓得要去教统一的口语是没有把握的。但是迫于部令，只好拿几本教科书，去教些三不像的语体文，敷衍敷衍，保全了自己的生计，这样的恐怕是占大多数。可怜的小学教员，他们是已经抱尽佛脚的了。不是他们自己的不好，是提倡统一国语的人，没有把办法提倡得好。各地方热心教育的人，应该从积极的方面快去做起来。

九　怎样去在学校里和社会上推行

讲到这个推行的问题，我们先要晓得无论标准语、标准音怎样定得好，字母怎样做得好，师范传习怎样办得好，若是国民教育全国不普及，那么国语也断断不会真的统一的。因为统一语言，究竟要靠国民学校的力量的。试问现在全国的学龄儿童，有百分之几是有机会受国民教育的？但是这个话，并不是说在没有办到全国强迫教育之前，就不必去做国语统一的事，现在急于要去试办的了。现在有了经验，那么到了教育普及的时候，就可以照法做去，不生困难。这个一点说明了，我们可以先从学校里推行的一方面去研究。

（1）须要引起学生学国语的动机。大概中等以上学校的学生尚容易明白国语的紧要，并且若是把国语列为必修科，那更是不能不学的。但是小学校的小学生，是不晓得什么国语统一不统一的，这个“必修”两个字，也是勉强他们不过来的。在家庭里、学校里，他们自己的方言，既经用得通，自然是不觉得国语的需要的。所以教授小学的国语，第一要引起儿童学国语的动机，应该利用儿童经验里所能懂的有趣味的事物，用国语去说。凡是讲故事、表演、唱歌种种都可以用国语去做，因为儿童喜欢所讲的东西、所做的事情，那就有听国语、说国语的动机了。（2）不可专靠书本。须从耳听口说入手，到了耳听口说有了根底，那么才教笔写的符号。若是先教注音字母，或先教注音字母和并列的汉字，那不是教口语的方法。符号学得太早，反而失去符号正当的功用。因为符号所代表的东西，必须先有了把握，那么才可以去利用符号。况且拼法是一个论理的方法，不合儿童的心理。所以就是像英文这一类的拼音文字，在西国最新的教法，也是不先教用字母拼字，而先教已经拼成的字，竟是把拼成的字一个一个囫囵的，和我们的汉字一样教法。这是根据于心理学而试验得来的改良教法，我们不可不晓得。论到中学里头初学国语的学生，那么因为他们早已识了许多汉字，并且他们的心理较近于论理，就可早些去用符号和拼法。但是每课仍旧宜乎先行口授然后看字，凡是主要的练习，还是要从耳口两方面去做，否则必不能达到口语纯熟的地步。（3）不要以为小学生一定容易识注音字母所拼的字，而不容易识汉字。因为注音字母所拼的字，相像的地方很多，不容易分别，拼法又是论理的方法，不合于儿童心理，上面都已说过。所以凡是用注音字母和汉字并列而教的，不要就以为儿童因为看了注音字母而读得出汉字的音，恐怕分开来读，还是汉字读得出的多，注音字母拼出来的字读得出的少。总而言之，不把这个注音字母看做一个教授发音万能的神物，那么倒可以免去了许多无谓的周折。况且现在的注音字母拼音也拼不正确，教授国语简直没有教这个注音字母的必要。（4）应当应用普通教授法和外国语教授法种种的原理。

讲到社会方面的推行，那自然不能像在学校里的做得周到，但是也不可以教几个注音字母就算了事。这种办法，不但仍旧没有教人家国语，并且给人家一个不正确的国语观念，以为注音字母就是国语了。不晓得国语是全国的人都说得出、听得懂的一种口语，用他去除吾们口语不相通的困难的。注音字母决不能去代替他的，若是单教注音字母而能统一国语，那是统一国语的事太容易了。社会上对于国语的观念正确不正确，于将来推行国语的有效无效实在很有关系，我们不能不特别注意。还有一点，关于社会方面的推行，应该研究的，就是现在各地方的教会，把注音字母加了几个闽音字母去拼方言，教授一般年长不识字的人，希望灌输一点儿童极普通的智识，并且帮助他们去读教会中的经典。这个办法，有些人以为不但于语言统一毫无益处，并且有使将来文字也不统一的危险。但是我们要晓得他们的做法，不过是一时的关系，这些年长不识字的人，没有多大力量去把这个拼方言的文字去传子孙。最大的力量究竟是在国民学校，只要国民学校里头好好的教一种有标准的国语，那么教会所做拼方言的影响，比较起来是很小的。并且他们的做法，的确于目前社会教育上有一种好处，我们尽可以使他们做的。

十　怎样去实行改革

现在已经在那里用的方法，种种缺点和应该怎样改革，已经指出来了。现在就是应当及早去实行改革，以免贻误下去。但是人家对于实行改革也有几种怀疑是应当解释的。

（一）有人说国语已经推行到现在，注音字母学的人也已经不少了，要改是很不便利的。不晓得推行国语，就是好像造铁路一样，因为从前造得不好，看来有危险，那么应该赶快去改造，怎么好将错就错因循下去呢？若是今日怕事，那么当初也何必自讨烦恼？惟其不怕烦恼，要求进步，所以想去统一语言。现在见有进步的方法而不肯去进步，那是说到天边去，都没有充分理由的。况且国语虽是说已经在那里推行，但是这“国语”两字，不过是一个空名词。请教国语客观的实际在哪里？有没有标准？读熟一本《国音字典》，就可以达到口语统一吗？已经学注音字母的人，在全国人民里头，究竟有百分之几？并且注音字母，就是已经学的人，学得清清楚楚的有百分之几？这个字母，是将来要给全国的人学的，怎么好就此敷衍下去呢？总之，办教育的人办得不好，所造的孽，不比做工程师的人做得不好的，容易看得出来。桥梁一天断了，大家都知道工程师的不好，无可强辩的。但是推行国语，做得没有真实的效果，是不容易看得出来的，所以推行的人，还尽可以说已经推行得很好的了。面子果然是拉得好了，但是教育是没有效果的了。我们千万不可以受这种人的愚。

（二）又有人说，要等到照那个改良的好方法去做，是等不及的。这句话的回答简单的有两层：（1）病人急需服药，但是延医需时，说是等不及就给他随便乱吃些药，可以不可以。（2）照改良的方法去做，费时也不多。国语的标准，是一句话可以定出来的。标准语里头的标准音，由适当的人专门去研究，是一年半载可以分析得清楚的，况且现在已经有人分析过的了。拼标准音的字母也由适当的人去做，一年半载里头也可以制得好的。一共合起来，至多一两年的工夫，样样都可以做得好好的了。论到传习，那么国语标准一定之后，就可以有适当的教员去教了，不必等到字母做好才去教。这样说来，还有怕什么来不及呢？

（三）又有人说，关于现在的办法，已经有许多人投了资本了，或是靠他谋生的了。例如发行国语书籍的书店，和各处担任国语教授的教员，如其一旦改变方法，不是他们很吃亏的吗？这个话，实是说得有情有致。但是书店虽是已经出版了许多的书，实在早已出本了，改革之后，他们再去出版一种新书，又可以生了一个大销路。做生意的道理，原来是要花样翻新，才能多得利息，卖书也是这样的。讲到教授的人，若是他们的京语不好，那么定京语做标准后，只要再去学习，还可以担任下去，本来教员，并不是限于北京人的。倘是有滥竽充数的教员，本来因为大家没有客观的国语标准，所以说我教的是国语，人家也莫名其妙，因此能够欺人骗饭，到了改革之后，又不肯去补习京语。这样的人，若是再要去保全他们的饭碗，那么恐怕就是大慈大悲的菩萨，也要跳起来，说道这个饭碗应该打破，应该打破。

（四）又有人说，现在的注音字母，是已经教育部公布的，我们应当尊重法令，照他去教。这句话是打官话，试问法律是谁的法律？共和国家的法律，不是人民所造的么？人民若是觉得不好，需要改良，那么就要改良的。只怕人民不去要求改良，那么就是政府无论怎样的好，也总有不能见到的地方。我想现在的教育部，对于人民方面根据学理的要求，断不至于就用专制的手段，一笔打销，或是置之不理。部里头究竟恐怕还有几个明理虚怀的人，一经学者研究指挥出真理，或能从善如流，亦未可知。只要我们去要求改革就是了。

最后请极简括的一说实行改革的办法。（1）由教育部公布合于学理的标准语定义，就是定至少受过中等教育的北京本地人的话为国语的标准。(2) 由教育部主持，请有真正科学的语音学训练的人，去研究标准语里头所用的音，分析后先用科学的方法记下。(3) 由教育部主持，请语音学家、语言学家、心理学家、教育学家制配字母。(4) 由教育部筹划办理适当的师范传习和学校社会方面的推行。(5) 在教育部没有办到之前，社会上的学问家、教育家先去提倡起来，实行起来。

这样做去，同时再竭力去办普及教育，那么国语统一的目的，还可以有真正达到的希望。这个责任，我们不可以去卸在教育部一方面，要我们教育家大家去担负。果能大家抛去了私见，一同出来担负，那么这个责任，虽是重大，效果也很容易看见的。

(《新教育》[①] 1921 年第 3 卷第 4 期)

国语的意义和他的势力

(周铭三)

(一) 中国领土内的言语

中国全领土内的言语多极了。除汉族的言语、西藏的言语、蒙古的言语、回族的言语以外，还有少数满族的言语，苗族、瑶族的言语，再有上海话、广东话也很有势力的。[②] 吾国各处，个人交际，因为方言不能相通，常有拿他国语言发表意见的，好像在沪宁铁道一带，常有用英语谈话的；云南铁道一带，常有用法语谈话的；南满铁道跟山东铁道一带，常有用日语谈话的；北满洲跟新疆一部分，常有用俄罗斯语谈话的。又有一种很奇怪的话，叫“泾浜话” (Pigeon English)，是英语和国语混合的。吾国领土内的言语既是这么多，有时还要借重外国言语做谈话的工

① 《新教育》，月刊，1919 年新教育共进社在上海创刊，1925 年停刊。蒋梦麟为主编、徐甘棠为编译，新教育共进社出版。主要栏目有评论、专论、演讲缘、世界教育、亚东问题、世界知识、人物志、社务报告、调查统计、要闻、国外教育消息则要等。该刊以“养成健全个人，创造进化的社会”为办刊宗旨，载文内容以中外教育论文为主。

② 此处将汉语、少数民族语言和汉语方言均称为“中国全领土内的言语”。

具，实在是一种很不好的、很羞耻的现象，所以应当提倡国语来统一各种言语的。

（二）汉语在中国言语界所占的势力

我国言语种类既然这么多，那么哪一种话可以算国语呢？试看中华领土内的势力最大、应用最广是什么话呢？可不是汉语么？本部十八省跟东三省一带，几乎全是汉语的势力范围；内蒙古的一部分，新疆省跟青海的一部分，也用汉语的。中华全领土的总面积是一五三二，四二〇方哩[①]，除去西藏及青海四六三二〇〇方哩，内外蒙古约一三六七六〇〇方哩，新疆约五五〇三四〇方哩外，可说是全用汉语的。倘若拿人口来算，大约总人口是四亿三千万，内中除去一千万人外，可说是全用汉语的。照这样看起来，汉语是全中华的代表语，是最有确实之统计的。

（三）国语的标准语

这么广大的面积，这么多数的人民，汉语这一个名词就能代表一切语言么？欧美人除说广东或是上海话，都用 Chinese 一个字，代表中国语的。在三十年前，南洋巴达维亚地方出一种中国文法书跟中国会话，书里头多是些广东话，怎么可以拿中国语三个字做他的书名呢？倘若是可以的，那么在香港的英国人可以拿广东话做国语了，澳门的葡萄牙人可以拿澳门土话作国语了。在日本地方，有称中国话叫汉语的，有叫广语的。实在所谓汉语，所谓唐语，是中华中南部的地方语，是不能代表国语的。能代表国语的是什么呢？能做国语的标准语的是什么呢？就是北京话，又可单说是国语。这好像英国拿伦敦话做英语，日本拿东京话做日语是一样的。但是中国几千年来，家族制度很发达的，地方的团结非常巩固，各地方的土语很多，他的大分别是［就］有好几种。但是北京话势力最大，因为明朝跟清朝共有五百多年，建都在北京，不知不觉的就成了一种有势力的话了。现在全国多数人公认可以做国语的，就是有教育的北京本地人所说的话呀。[②]

① 此处数字有误，当时中华民国领土面积（包括蒙古地方）约为 1142 万平方公里。

② 相对于民族语和外国语，周铭三认为“汉语”是“全中华的代表语”；相对于汉语方言，周铭三认为“有教育的北京本地人所说的话”是全国多数人公认的“国语”。

（四）国语的世界地位

世界上最有势力的英语，用的人不过一亿三四千万人，其次法语，有九千万人，再其次德语，有七千五六百万人。但是中华国语用的人，有四亿二千余万人，这不是一个可惊的数目么？英、法、德语以外，虽有使用稍占多数的俄罗斯语、印度语，但是要跟我们的使用标准语北京话的人数相比较，那还差远哪。现在世界上，要找一种语言用的人数跟用国语的人数一样，实在是没有的。所以就拿用的人数而论，国语已可认为极有势力的一种语言。况且我国已变为世界各国所注意，在政治上、经济上已经占了一个重要的位置了。

其次，中国的学术方面跟世界的文明很有关系的。好像古代的历史、哲学、文学都是世界学者所不可不研究的，要研究这一类学问，不先学我们国语还行么？

再其次，以言语学的眼光来批评，那么国语跟安南语[①]、缅甸语、暹罗语[②]，都是一种单音语言。但是国语有很古历史上的关系，是一种极有权威的言语，近邻日本、高丽，他们的言语、文字都受国语的影响。虽然四千年来，汉民族常为人所征服，而国语未受丝毫的影响，非特被征服没受征服的影响，并且征服的民族反受汉族的同化，不久就换用我们的言语了。试举例来说明他。蒙古人跟满洲人，都曾用武力征汉族的，做政治上的支配人。他们一到中国，就先学汉语，自己本来的言语，反不很注意。满洲人到中国，没有三百年，满洲话全行忘去，现在学习满洲话，还要请教汉人教授哪。或有人说："以前国语比较来征服的言语，有文明的基础，所以有如此的现象，恐怕以后不能如此了"，这句话也不能说是的。因为英语在中国用处虽广，但是这一种变则的英语（是英语跟国语混合的，音调跟语序都从国语习惯），在商业上的势力也很大的。

（五）国人的国语研究

中国有学问的人，从前因时局环境的关系，对于言语一科向不注意。

① 安南语，越南语在旧时的称呼，沿用至法国殖民地时代。

② 暹罗语，泰语的旧称，泰国的官方语言，属汉藏语系壮侗语族壮傣语支，曼谷话是标准语。

就是郑樵、顾炎武、刘献廷[1]这些人的《七音略》《音学五书》《新韵谱》的著作，他们的内容不出乎音韵的学问，都在文章范围以内的。等到甲午跟日本打仗以后，大家注意普及教育，所以作字母的、编国语的人很多。在前清庚子年，王照氏在天津做一种官话字母，当时很有学问的吴汝纶[2]，竭力使政府采用这种字母。又因为严范孙[3]的称道，特为叫门生五人学习这种字母，预备回到安徽，在江淮一带普及这种字母，又在管学大臣张百熙[4]前，建议推行这种字母。吴汝纶一生，对于王照氏的官话字母，可谓极尽力的一个人了。

王照氏的字母，虽不能推行普及，一到民国，北京教育部为国语统一的前提，设读音统一会，专研究标准语的音韵，创定一种注音字母。现在国人对于国语的研究，专注重实际的一方面，希望国语的普及和统一。至于纯粹学术的研究，恐怕还要竭力研究提倡哪。

（六）欧美人和国语的关系

欧美人的学国语，大半为宗教跟商务关系的。

基督教初到中国，是什么时代的事，虽不能明确知道，但是纪元五百五十一年，景教派的教士已经来到中国。可以知道基督教是早通行中国的了。明朝天启五年，陕西省西安府，现大秦景教流行中国的碑，可

---

① 刘献廷，字继庄，一字君贤，别号广阳子。清江苏吴县人，父官太医，遂家居顺天府大兴（今北京市）。后久居吴中，不仕。喜研究佛经，读《华严经》，参入梵语、拉丁语、蒙古语而体会到四声之变，尝作《新韵谱》，称声母为“韵母”，称韵母为“韵父”。著作传世惟《广阳杂记》。1932 年，《国语周刊》载心恬（罗常培）撰《刘继庄的音韵学：统一国语，调查方音》，《国语周刊》第 3 卷。第 53—78 期载钱玄同撰《以公历一六四八年岁在戊子为国语纪元议（与黎锦熙罗常培书）》。1959 年，文字改革出版社出版拼音文字史料丛书单行本《刘献廷》。

② 吴汝纶，字挚甫，一字挚父，清安徽省桐城人。同治四年（1865）进士，授内阁中书。曾先后任曾国藩、李鸿章幕僚及深州、冀州知州，长期主讲莲池书院，晚年被任命为京师大学堂总教习，并创办桐城学堂。与马其昶同为桐城派后期主要代表作家。著作有《吴挚甫文集》四卷、《诗集》一卷、《吴挚甫尺牍》七卷、《深州风土记》二十二卷、《东游丛录》四卷等。

③ 严范孙（1860—1929），名修，字范孙，号梦扶，别号偍阚生，原籍浙江慈溪，生于天津。严范孙早年入翰林，后出任贵州学政、学部左侍郎等职，戊戌变法后，辞职返乡。后与张伯苓创办了南开系列学校，1919 年创办了南开大学。

④ 张百熙（1847—1907），字野秋，一作冶秋，号潜斋，清湖南长沙沙坪人。同治十三年（1874）进士，改翰林院庶吉士，光绪二年（1876）散馆，授编修。后任广东学政、内阁学士兼礼部侍郎、礼部右侍郎、都察院左都御史、工部尚书、吏部尚书、京师大学堂管学大臣、户部尚书、邮传部尚书等要职。

知唐太宗贞观九年，景教已到中国。贞观十二年有诏，许景教传布天下，所以景教徒来到中国的很多。到了十三世纪以后，天主教大行，以后耶稣教又到中国。但是这两派的传教人很有忍耐力，很用心学国语，成绩很好。所有欧美人的国语著作，大半是传教人的手笔。次于传教的人，能热心国语研究的欧美人，就是普通有教育的人了。最有名的是 Wade 氏的《语言自迩集》[①]，Standard 氏的《汉英合璧字典》，都是他们的成绩，拿国语传布到世界上去，是很有功绩的。

除宗教关系贸易关系以外，对于国语纯粹作学术研究的欧美人，也很有的，但是要数俄罗斯人为最热心。最初千七百十四年，有七名希腊教士来中国学国语，五年回国，不久就有二十四大本汉俄大辞典出世，就是受这七个人提倡影响的。今日在海参威[②]的东方语学校所有我国的国语科，是世界著名语言科的一种。

（七）日本和国语的关系

在日本的国语，虽有一千余年的历史，但是他的大部分是作为佛教研究用的，或是两国交涉用的。除这两种外，一直到最近一千年，在享保年间，有冈岛冠山氏热心研究国语文的小说，可惜没有学术上的功绩呀。

明治初年到日俄战争，在日本的国语稍微发达一点儿了。实在考查看，还是偏于军事、政治两方面，虽然有因为经济上、宗教上、学术上来研究国语的，总是很少数的。现在这几年，日本人学习国语的加多了，在各种外国语学科中，很占重要的位置。但是学国语不能明白中国人的心理，所以两国的误会，还不能扫去一切。东京、西京两大学已经设立很好的国语科，但是成为一种国语学的研究，还要费几年工夫哪。

（八）国语的将来

国语的将来，当分作两部分讲。一部分是应用的国语，一部分是国

---

① 《语言自迩集》，19 世纪末英国驻清公使威妥玛（Thomas Francis Wade）所著北京话课本，记录 19 世纪中期的北京官话音系。作为课本，语音、汉字、语汇、阅读并重，并有 1500 多条注释。后 Giles 将威妥玛所制定的拼音系统稍作改良编入《华英辞典》，此后这个拼音符号被政府、外交、海关、电信等各机构用来翻译中国人名及地名等，称为“威翟式”（Wade-Giles）拼音法，在国际上影响甚大。

② 即海参崴。

语学。应用的国语是什么呢？恐怕知道的人很多了，不用多说了。什么是国语学呢？现在还在研究提倡时代，不能作一定的解说。照需要上看起来，国语学可分四部分研究：一言语学部，一语音部，一语词部，一语法部，这样研究下来，吾国国语在世界各国语言中占的什么位置，可以知道了。

（《新教育》1921 年第 3 卷第 5 期）

1922 年文献

国语统一筹备会致教育部函

十一年二月二十七日

（增加各省区筹备国语统一会会员函）

敬启者

上年常年大会，曾经各会员议决“增修本会规程第八条”一案，用意在使各省筹备国语统一会都能够推出人来做本会的会员。沟通意见，推行会务，都觉要便利一点。现在照规程第十四条，将该议决案抄录全份，送请核定施行。此致教育部。

国语统一筹备会会长张一麐谨启

中华民国十一年二月二十七日

增修本会规程第八条案

提议者 常驻干事会

规程原文如下：第八条　国语统一筹备会以左列会员组织之：一、教育部职员若干人，由教育总长指定；二、教育部直辖学校教员若干人，由各该校推选；三、其他于第三条所列事项确有专长者若干人，由该会延聘。

现拟于第二项下增加第三项如左：三、各省区筹备国语统一会会员若干人，由各该会推选。原文第三项改为第四项。

（注意）上项条文公决后，应照规程第十四条，呈请教育厅长核定施行。

理由：各省区筹备国语统一会，与本会有指臂互助的益处。在教育部订定本会规程的时候，并没有计较到各省区要设筹备会。后来教育部采纳本会的建议，才行知各省区，着手组织。要教各省区筹备会和本会十分联络，各该会当然要有人做本会的会员，平时既可以通信商榷，大会时遇有重要的议题，又可以代表出席。这纯是从事实上起见。为此请求公决。

教育部复国语统一筹备会函

敬启者

国语统一筹备会规程第八条第二款下，增加各省区筹备国语统一会会员规定一节，事属可行，除另行增修该会规程外，相应函复。此致国语统一筹备会会长。

教育部启

十一年三月八日

（《国语月刊》[①] 1922 年第 1 卷第 3 期）

教育部部令

第二四号十一年三月八日

（修正国语统一筹备会规程第八条）

兹修正国语统一筹备会规程第八条公布之。此令。

---

① 《国语月刊》，月刊，1922 年 2 月创刊于上海，1924 年 8 月迁往北京，1925 年 5 月停刊。中华民国国语研究会编辑，上海中华书局发行。共出版 2 卷 15 期，1922 年 8 月出版特刊“汉字改革号”。内容包括：（1）研究国语，包括“研讨”“批评”“辩论”“评述”“解释”“答问”“文艺”等栏目；（2）教授学习国语，包括教授法、讲义、课本、学习笔记等；（3）宣传提倡国语，包括“建议”“记载”“国语界消息”“调查报告”等栏目；（4）儿童文学；（5）通俗文学。

修正国语统一筹备会规程

第八条第一项第二款下增加一款如左：三　各省区筹备国语统一会会员若干人，由各该会推选。

原第三款改为第四款。

部印

中华民国十一年三月八日　教育总长齐耀珊

（《政府公报》1922 年第 2163 号）

教育部咨文

第二百三十号十一年三月八日

（咨山西省长筹备国语统一会拟将名词译音改为注音字母尚须斟酌办理希令知该会遵照文）

为咨复事

准咨开："山西筹备国语统一会呈称：'翻译外洋各国书籍，凡系人名、地名向无一定译音，如用注音字母译音，既能符合，又易一律。惟此事须请中央政府确定译音，着为功令'等情。据此，除指令外相应咨请查核办理"等因。查外国名词之译述，固宜以符合一律为善，以注音字母译音自比汉字译音为美备。惟译音有沿革之关系，人人用惯之字虽不恰当，已成习惯，苟译以正确之译音，多数人反将不解。例如奥之首都向从英语译为"维也纳"，一切公私文字书报之上无不用此三字，然奥国原字"Winn"当译作"维音"，如以此二字译奥都，人反不知何所指矣。易以注音字母"万一ㄣ"，读者更难领会。故以主观的推行注音字母上著想，固宜速定标准以昭一律，如念及客观的方面，亦不能不为一般已识汉字未识注音字母之人设想。如该会所称："不准再写汉文，如有阳奉阴违者，即以违背功令论，停止其出版权"等语，办法似略嫌武断。凡标准译名须由多数学者如学会等团体公拟，而后世人共用之较为妥善，若由行政机关厘定而强迫世人用之，非但势所不能，亦事实上所不易。前清学部曾设名词专馆，虚縻巨款而成效莫睹。良以一政府所聘少数学者之主张，迫令全国学者使自泯其意见，何如使全国学者自动的设法划一之乎？至以注音字母译音，谓能推广注意〔音〕字母，亦有因果倒置之嫌。如注音字母传习既广，非但中小学生人人能应用，及之即一般识汉字之学者亦人人认识，斯时多数人自觉以汉字译音之不便而采用字母。如此采用之译音，必能推行无阻，如真正民选议员之国会议决案，必能使全国遵守，否则阳奉阴违，终无补于事实。该会如欲定推行国语之方针，似当多设传习所，如欲译名之符合而又一律，须俟全国多数学者之自觉。本部但居于提倡指导者之地位，所有该会呈请施行之处尚须斟酌办理，相应咨请贵省长指令该会可也。此咨。

（《教育公报》1922 年第 9 卷第 3 期）

教育部函文

第一百五十六号十一年四月三日

（函上海青年会注音字母促进会秘书嘎林德）

迳复者

准函开："推行注音字母之计划并嘱援助"等因，贵会对于推行注音字母不遗余力，热忱殊甚佩慰。惟本部年来对于注音字母业已通行全国注意办理，贵会关于注音字母事项，请随时与中央国语统一筹备会或各地方教育机关接洽，以便进行专复。顺颂日祺。

（《教育公报》1922 年第 9 卷第 4 期）

教育部布告

第四号十一年四月二十九日

（采定注音字母书法体式三种公布遵照）

案准国语统一筹备会会长张一麐函开：“本会于民国八年开第一次大会时，会员陈恩荣等提出‘加添注音字母草书请部公布议案’，议决先由各会员草定体式，暂行自由试用。至民国十年开第三次常年大会，陈会员复提议将会员所编制试用之草书数种从速审定，请部颁行，又会员钱玄同等提出‘规定国音字母体势议案’，江西筹备国语统一会亦来函提议‘请创造注音字母草书’。当经大会议决，照章特别组织审定注音字母正草书法体式委员会，详加研讨。该委员会开会多次，逐字推勘，已采定印刷体一种、书写体楷书草书各一种，依式写定，附以说明。查自民国七年注音字母正式公布以来，印刷书报常有此种字母杂出于字里行间，徒以体式未定，笔画多歧，宋体既易混于汉字，楷笔更难冀其美观。至于单行书写，尤无程式，结构任意则混乱而难于识别，点画不苟又笨拙而不适于疾书。以故学童习字，多未能利用字母以为初阶，即寻常记事通函，既苦速写之不便，又嫌观览之易淆。凡此种种，实足为注音字母推行上之障碍。盖或以有伤美育为虑，或以无当实用相讥，皆由书法体式未经悉心考究与以审定之故。本会现以会员数年之试验，又经委员会多次之商讨，采定此三种书法体式，合行依据叠次议决案，将‘注音字母书法体式’五百份呈上，应请大部公布颁发。俾此后印刷界铸造字母铜模及教育界教学字母书法均得有所准绳，以利推行而昭划一”等因到部。查该会组织以来，经数年之试验，详密之探讨，依据叠次议决，所有采定之三种书法体式，均属简易适用，合亟公布以资遵守。除通咨各省省公署暨令行教育厅，并将注音字母书法体式五百份分别寄发俾各分印以广推行外，特将该注音字母书法体式列示于后，凡教习字母书法者，仰各知悉，俾示划一而谋普及。特此布告。

（附注）书法体式见本期记载门

注音字母书法体式

教育部国语统一筹备会印行 中华民国十一年四月

注音字母书法体式

（一）印刷体

ㄅㄆㄇㄈㄪㄉㄊㄋㄌ
ㄍㄎㄫㄏㄐㄑㄬㄒㄓ
ㄔㄕㄖㄗㄘㄙㄧ（横行改作丨）
ㄨㄩㄚㄛㄜㄝㄞㄟㄠ
ㄡㄢㄣㄤㄥㄦ

（说明）

1. 此体专作印刷或雕饰图案之用；一方面也可作楷书、草书各体的基本样式。2. “ㄧ”字母横行改作“丨”，是根据《校改国音字典 例言》第十八条：“‘ㄧ’母在横行中极易与破折号相混，应变其体作‘丨’”。3. 各字母的间架，都布置在一个平方形的九宫格内；除“ㄧ”字母外，都是满格——当字母离汉字而单行的时候，这“ㄧ”母无论直行横行，都要缩小地位，作狭长形，相当于其他字母的二分之一；以免拼字时空白处太大，散漫而不美观，此点在印刷上更须注意。（“ㄐ”“ㄑ”两字母的左右两旁，稍有空白，但每旁只可以空“一格的十二分之一”，所以仍算满格。）4. 各字母的笔画，粗细匀整，四到均齐，各笔画的转折处角度都有一定的标准，就是以 90°（如“ㄇ”的第二画）、60°（如“ㄗ”的第一画）、45°（如“ㄡ”的第一画）三种角度为基本；再随正方体势而伸缩，有 60° + 45°的（如“ㄏ”的两笔之间），也有 90° + 45°的（如“ㄅ”“ㄦ”等各钩的内角）——因此，可用四种形体不同的若干小木板或厚纸片制成儿童玩具，完全依样排定这四十个字母，以练习：（1）字母的结构，（2）数学上形体的基本观念，（3）手工。5. 这种印刷体，因为要使字母单行时，横行直行都合宜，所以定为正方形。但在实际上，直行时不妨照缩为扁方形；横行时不妨照缩为长方形（横行中，如“ㄐ”“ㄑ”等字母还可以缩小地位，相当于他字母的三分之二或四分之三，凡字母所占地位之宽窄，不必字字一律，都可随本身的形体而酌定，如英文字母印刷体之例），则拼字成文更觉紧凑而适于观览。并且横行时，有许多字母，还可参照下面草书的笔画，或上或下，冒出格外，则形式因有变换而更易别识；不过字母笔画的基本结构，总以此体为准，是不得随意更改的。6. 在打字机上，各字母所占地位须一律，那“ㄧ”字母无论横行直行，都不能照第三条所说缩小地位的法子办理。若是要求美观，便不妨照普通写数目字的习惯，借用“乙”字来代“ㄧ”。

（二）书写体

1. 楷书

ㄅㄆㄇㄈㄪㄉㄊㄋㄌ
ㄍㄎㄫㄏㄐㄑㄬㄒㄓ
ㄔㄕㄖㄗㄘㄙㄧ（横行改作丨）
ㄨㄩㄚㄛㄜㄝㄞㄟㄠ
ㄡㄢㄣㄤㄥㄦ

（说明）

（1）这种楷书，将汉字所有的基本笔画包括在内；可以依笔顺和结构的难易排定次序；照此体式写成儿童初习汉字的范本。（2）写字母的楷书时，间架可以不拘，惟笔画不要任意更改或分裂，如“ㄨ”“ㄡ”的第二画系长点，不可改成捺；“ㄆ”的第一画不可分作三笔写。——但用作习字范本的时候，可以将“ㄛ”的末一画改成右斜钩作“ㄜ”，“ㄜ”的末一画改成横的曲钩作“ㄜ”，于是汉字的笔画都完全了。（3）这种楷书，也可用作印刷体，不过间架要更加方整些。

2. 草书

（1）草书以横行为主，因为字母单行时，写直行的很少；直写的草书，只照楷书的体式写成行草的笔画就行了，无须另定体式。（2）这种草书，也可用作印刷体；不过拼成的词，笔画不必相连（书写时，也非要和罗马字草书一样，每一个词的笔画都相连属；因为如此才可使初学的容易学习）；只须有相连的姿势足矣。（3）规定这种草书的字样，有下列的几个理由和要点：

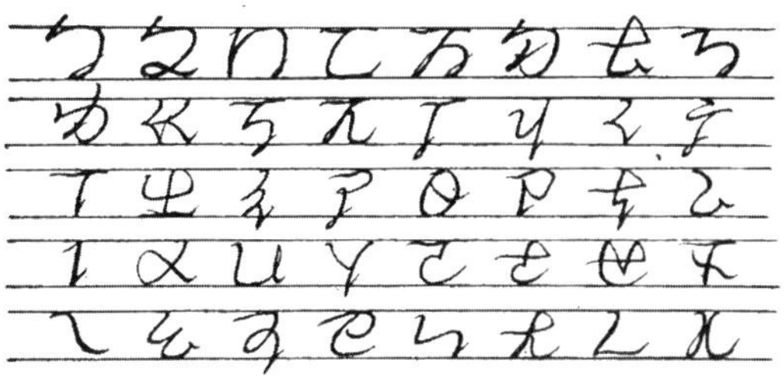

（说明）

（ㄅ）形体长短不一样，或上方冒出横格之三分之一（如“ㄅ，ㄆ，ㄉ，ㄊ，ㄌ”），或下方冒出半格（如“ㄎ”——免与“ㄎ”混，“ㄏ，ㄐ，ㄑ，ㄓ，ㄔ，ㄕ，ㄗㄡ”——免与“ㄡ”混等），使阅看时清晰易辨。又下方冒出的“ㄍ”和“ㄗ”很有分别，要注意。（ㄆ）笔势大都左斜，取便手势，且使美观。（ㄇ）很飞舞迅速的书写，或印刷上稍有模糊，都不难辨认猜度（如“ㄉ”和“ㄌ”印刷时若“ㄌ”之末笔上端不显明，也不致与“ㄉ”相混；因为“ㄌ”之首笔的横，比“ㄉ”之首笔的横要低些，不在一条横线上。“厂”与“广”，“兀”与“尢”都同此例）。（ㄈ）根据正体和楷体，总不使与原形相差，以节省记忆力。——只有“一”之改“丨”，“ㄞ”之作“ㄞ”，“ㄢ”之作“ㄢ”，和原形差得远一点；但都是根据公布的《校改国音字典例言》第十八条。至于“ㄡ”之作“ㄡ”，也是民国二年读音统一会议决的原案如此，后来因体势不便，所以无形的变更了；现在仍旧采作草书，倒很便利。（ㄪ）不使与罗马字母相混。——虽有略相似的，但都有可以辨别之点。（4）字母单行时，要根据语法，凡属一个词类，不问字的多少，总须连写，如“中华民国”“注音字母”都是一个词类，便须写成“ㄓㄨㄥㄏㄨㄚㄇㄧㄣㄍㄨㄛ”“ㄓㄨㄧㄣㄗㄇㄨ”，写草书时，更要注意此点。（5）若是遇着拼音相同的词，有分别五声之必要时，因为四角的点声法在横行连写时用来很不便利，就可以用下列的符号加在韵母上——结合韵母则加在最后的韵母上。

例如，同音的复音词，“工场”作“ㄍㄨㄥㄔㄤ”，“工厂”作“ㄍㄨㄥㄔㄤ”；同音的单音词，“由”作“ㄧㄡ”，“有”作“ㄧㄡ”，“又”作“ㄧㄡ”。——单音词多，复音词少，复音词中同音的更少见，所以这种分别五声的符号很不常用。

陰平無號(重讀或延長讀時,可用一)

陽平 ˊ

上 ◡

去 ˋ

入 、

（附说明）这种分别五声的符号，是根据本会会员实测北京普通话中“声调律动”的状况表而定，附列该表如下：

北京语无入声；其读书字音中偶有入声，律动如阴平，不过比阴平短。在印刷上，就可用一个很短之横作国音入声的符号，书写时只好作一点了。（“ㄜ”母之圆点，已成中间短直向上冒出之势，也不至与“ㄛ”的入声点相混了。）

又这种草书体式，凡韵母和“ㄓ、ㄔ、ㄕ、ㄖ、ㄗ、ㄘ、ㄙ”七个声母，都不冒出格上，就是预留上面添加辨声符号的地位。

（《教育公报》1922 年第 9 卷第 4 期）

教育部训令

第二一三号十一年九月十九日

（令为以国语师资在在缺乏此项讲习所急应如期开办以宏造就由）

令京师学务局、各省教育厅

据国语统一筹备会函称："本会现开干事会，公同集议，佥以国语师资在在缺乏，此项讲习所急应如期开办，以宏造就。当将学员资格、名额、修业期课程、开课日期、收费等项，参照第三届成案议定办法另开清单，应请迅予行文各省区考送学员。务令各学员于十月十五日以前到京，藉免延误，并请声明'如得口耳灵敏并通音韵者尤佳'"等语，附清单一纸到部，合亟钞录原单，令行该厅遵照历届成案选派合格人员来部传习，是为至要。此令。

部印

中华民国十一年九月十九日 署教育总长王宠惠

（《政府公报》1922年第2359号）

教育部训令

第二四三号十一年十月二十一日

（令为安徽筹备国语统一会出席代表

赵绝士提议拟请通令小学教师一律学习国语由）

令江苏教育厅

据国语统一筹备会函称："本年八月本会常年大会，安徽筹备国语统一会出席代表赵绝士提议'拟请通令小学教师一律学习国语'，经大会讨论修正议决请核定施行"等语，并录该案全文前来。查该案所拟办法两种，足为促进国语之助，尚属可行。合亟钞发原案，令仰该厅查酌办理并随时报部备核，可也。此令。

附原案一件

拟请教育部通令小学教师一律学习国语案

小学校国文改用国语早经部令在案，实际上多未办到，最大原因就是小学教师本身并不认识字母也不懂国语文法，叫他如何去教授国语？现在要催促国语的进行，须叫小学教师一律学习注音字母和国语文法。

从前各省各县虽然多数办过国语讲习会，但是听人自由，听讲不加限制，结果均不甚好。此刻须有二种规定：第一，在行政方面除开讲习会外，须并采用他种方法，总须使小学教师均有学习的机会；第二，由各省教育厅通令所属各小学教员限期学习国语，并明定逾限不学习之惩戒办法。

（《江苏教育公报》1922 年第 5 卷第 10 期）

教育部训令

第二四四号十一年十月二十一日

（令为关于传授国语事项之办法计有三案由）

令江苏教育厅

据国语统一筹备会函称："本年常年大会会员中提出关于传授国语事项之办法计有三案，当时均经大会通过交由干事会并案酌办。现经干事会公同集议，以为自国语教育推行以来，事实上发生种种困难，实在之原因仍是教员之能力不完足。上列各案极可作目前救济良法，当经参集三案意见公拟办法三条，此事在推行国语教育上关系甚大，拟请分别行文各省区一律照办"等语前来，合行抄同原拟办法，令仰该厅参酌办理，并将办理情形随时报部查核可也。此令。

附各省区传习国语办法一件。

各省区传习国语办法

一、传习方法

甲、由各省区筹备会派巡回讲员分赴各县传习国语，再由县派巡回讲员分赴各乡传习国语。乙、各省区筹备国语统一会应设法分期开办国语讲习所，召集各县办理学务重要人员（如县视学劝学所长、学务委员）和由县选送的优秀学员到所听讲，毕业后即由县设所传习。县传习所的学员应由各乡选送，以便毕业后各回乡镇传习。（以上甲、乙两项办法应由各省区斟酌地方情形，自行采择。）

二、学科

无论采用甲项或乙项办法，并应注重于传授国音（注音字母之读法，务必纯熟正确）。此外国语上应该学习的各科目，如果有相当的教员也应该一体学习。

三、传习期间

一月以上（发给毕业证书应取严格主义）。

（《江苏教育公报》1922年第5卷10期）

教育部函文

第三百九十四号十一年十月二十三日

（函国语统一筹备会普及国语教育办法俟新学制公布后再请该会详商）

迳复者

案准函开："自大部实施国语教育以来，国语的需要日见重要，国语的传布日益普遍。但是大部明令所规定的仅仅'国民学校应改国文为国语''师范学校应该酌减国文钟点改授关于国语的各科目'，如此部分的办法，那效验是很缓的。上年及本年，本会开常年大会，各会员意见都以为国语教育不应该专限于国民学校。现在会集各员意见，将他的理由和办法分别写在下边。一、理由。1. 从国语文流行以后，古文的用处日少，虽然就目前情形说，古文还不曾全变作死文字，可是时势所趋，将来很近的总有一天，使学习古文的目的，除掉看古书以外一无用处。所以古文不当学或不一定当学，却是今文国语文①人人当学。2. 无论各级学校，科目都很多，文字是探求知识、研究科学的工具，古文不容易学，今文国语文容易学。可是他那介绍知识、介绍科学的作用是一样的，而且国语文在比较上还要便利些，要减少各级学校学生文字障碍也应该注重国语文。3. 现在交通日繁，无论就什么职业，万难老守著一处地方。假使其人单单能说一处方言，如何能应付各方面的人物呢？所以单为着

① 此处"今文"一词与"古文"一词对称，"国语文"一词应是"国语"一词的延展。

语言上的应用起见，也应该赶紧普遍国语教育。4. 统一国语一事，固然不能够迅速成功，可是照目前的办法，单在国民学校中施行国语教育，使其他各级学校一概‘向隅’，那么效验就更缓了。所以为著统一国语起见，更应该改进目前国语教育的状况。二、办法。1. 高等小学校、乙种实业学校的国文科，应改为国语科，教授应以国语为主。2. 师范学校、中学校、甲种实业学校的国文科，讲读文言文和语体文①并重，作文以语体文为主。3. 大学校及各高等师范学校应特设国语专科。本会认为办法很切实而且容易施行，所以录请大部鉴核。如蒙采择，那么详细的办法还要请大部主管各机关会同本会拟定，呈请核定施行”等因。查所拟办法第一条“高等小学校、乙种实业学校国文科应改为国语科，教授应以国语为主”自属可行；第二条“师范学校、中学校、甲种实业学校国文科，讲读文言文与语体文并重，作文以语体文为主”应改为“讲读、作文，文言文与语体文并重”；惟第三条“大学校及各高等师范学校，特设国语专科”一节，现无特别规定之必要。至详细办法，应俟新学制公布后改订课程标准时再行酌定，俾臻妥协。此致国语统一筹备会。

教育部启

十一年十月二十三日

（《教育公报》1922 年第 9 卷第 11 期）

教育部训令

第二五九号十一年十月二十七日

（令为凡办理国语教育人员

各学校国语教员成绩卓著的请得由部省长官量予褒奖由）

令江苏教育厅

据国语统一筹备会函称：“十年十月大部采纳本会的建议：‘凡办理国语教育人员、各学校国语教员，成绩卓著的，请得由部省长官量予褒

① 此处“文言文”一词与“语体文”一词对应。

奖，咨请各省区应援照褒奖条例核给奖章’在案，本年常年大会会员方毅等提议‘凡推行国语教育人员有教授成绩之确实证据者，应酌与显明之奖励’，秦凤翔提议‘请定私人推行国语奖励办法’。那时经大会议决交干事会并案酌办，九月十九日将原案提交干事会研究，大家都以为本年所提两案兼顾公私两方面的人员，比上年陈请大部之案要周密一点，当经另行议定‘推行国语教育奖励办法’四条，兹特另件抄出送请采择施行”等语，并附推行国语教育奖励办法清折一扣前来。查筹办国语教育及教授国语成绩卓著人员应援照本部褒奖条例核给奖章，前经令行在案。兹据该会拟定推行国语教育奖励办法四条，尚属周妥，合行抄同原折。令仰该厅遵照施行。此令。

推行国语教育奖励办法四条

一、县知事于所辖境内各国民学校督促一律改授国语，经该管上级长官（道尹或省教育厅）详列事实，详请省长核准后，得援照《知事办学考成条例》第三条，给与奖励。

二、地方办学人员及学校教职员办理国语教育著有成绩者，地方官得根据省县视学之报告，援照《地方兴学人员考成条例》第三、五、六、七条，《小学教员褒奖规程》第二、三、四、五、六条，分别奖励。前项所指成绩标准如左：（一）推行国语教育确著成绩者；（二）创办国语讲习所确著成绩者；（三）教授确有特别成绩经视学认可者。

三、私人或社团捐款创办传习国语之学校或讲习所，得援照《捐资兴学褒奖条例》，由地方官开列事实表册详请褒奖。

四、私人宣传国语，其著作物经本会审查确有价值者，得由本会呈请教育部给与奖金或奖章。

（《江苏教育公报》1922 年第 5 卷第 10 期）

教育部训令

第二六七号十一年十一月二日

（令为检定小学教员
加试注音字母国语文国语文法三项自十三年起实行由）

令江苏教育厅

据国语统一筹备会会长张一麐函称："部颁检定小学教员规程前定试验科目，原以当时所需要者为限。自民国九年秋季起，全国国民学校均遵照部令改国文科为国语科，即高小学校虽无明文规定，然与国民学校衔接亦应并授国语。况大部颁布《国音字典》，全国并应遵用，教员如不识注音字母，则于指授字音之际势必各沿用其方音，分歧之象终无法使之渐趋于划一。刻经本会公同集议，拟恳大部通咨各省区，嗣后检定小学教员应加试注音字母、国语文、国语文法。[①] 如此，似于慎重师资，移易观听，并有裨益"等情。查国民学校国文科既经明令改为国语科，则凡充任小学教员自应对于注音字母、国语文、国语文法三项科目研究有素，指授乃能正确。嗣后各省区检定小学教员即应加试上列三项科目，以为甄别之准。惟吾国地方辽阔，近年国语传习容有未及周遍之处，应宽展期限，定自十三年秋季起一律实行。在此定限以前，务须广设国语传习所或讲习会，招集所有教员及时学习，以为检定之预备。事关普及教育前途甚巨，切望尽地推广，依限进行，是为至要。合行令知该厅遵照转饬各县、校迅速办理。此令。

（《江苏教育公报》1922 年第 5 卷第 11 期）

---

① 在国文科改国语科的系列文令中，民国教育部逐渐将国语科的基本内容明确为"注音字母、国语文、国语文法"。通过语文教育和学术研究，民国时期的"国语"概念由语音扩至文体再扩至语法，被逐步地延展和深化，其概念的形成是一个由点及面、由单层至立体的动态过程。

中华教育改进社第一次年会

（ㄅ）国语字母及汉字形体问题（ㄆ）汉字读音问题（ㄇ）国语词书编纂问题（ㄈ）标准口语教学问题（ㄪ）高小中等各校国语课程分配问题（ㄉ）国语专校及专科添设问题（ㄊ）国语推行社会教育问题

（ㄅ）国语字母及汉字形体问题

（壹）议案主文（修正案，黎锦熙提议）：国民学校初年级教注音字母者，可用注音字母试代汉字。（参观“用科学方法修改注音字母，使成为国语字母案”）

理由：一、汉字形体，复杂混淆，早已不足为普及教育之工具。二、用新教学法教学汉字读法时，虽只要求儿童辨认其体势，不必强记其笔顺，但在阅读方面固尚可能，而在“发表”方面仍为阻碍。三、国语科外一切科目，凡遇需要文字时，无不受其障害。四、若能视注音字母为一种“直标语词”之文字，则教学上之困难悉祛，实用上之效果自见：（一）儿童能将其所学得之语言尽量发表于文字上。（二）方能使之对于儿童文学有真切的欣赏。（三）通行后，社会上始真能食教育普及之赐。（四）儿童学汉字，事半功倍。

（附记）本案原文，“理由”第三条后有“四、注音字母现在小学教育界只认为‘正音’之工具，或在初年级先授，或在高年级渐授。其结果渐授者仅于检查字典时识得新反切，口头上乡音已惯，云何能正？先授者泥于正音、分析、拼切，大违儿童之心理。故两者均归失败。”讨论的结果，删去此条。但此条在提案人个人的意见上，却很视为事实上一个重要的理由，所以附存于此，以供参考。又本案原有“办法”两条：“（一）国民学校于教学汉字前，一律先授‘直标语词’之注音字母。（二）书写注音字母，概用草体横行，词类连书。”讨论的结果：修正主文并将这办法两条删去，但办法第二条应由原提议人另作一议案提出。只因会期很短，议案颇多，实在来不及另提，所以原提议人对于这议决案“理由”第四条中“直标语词”四字，特地附加一段注释，声明这“试代汉字”的注音字母，决不是用旧法拼写的，如此方与提案的原意不相违反。注释如下：“小学儿童”能懂得到、说得出的“语词”，而不能用笔画烦杂的汉字表示出来，教他读、教他写的，可先将注音字母作“直接标示”的工具。这一定要把注音字母的拼写法改良，才可以试代汉字，否则只能仍旧作注汉字、正音读之用。因此，目前拼写上应该急求改良之点有三：（一）不要拘于单节的字音，故必须“词类连书”，（二）连书则直行不便，故须改作“横行”，（三）横行而仍用旧式的笔画体势，笨拙易淆且不美观，故须照教育部新公布的注音字母书法体式。读物改用印刷体，练习书写可改用书写体的“草书”。——这才可以独立使用，作一种应急的直标语词的文字；一面还得用严格的科学方法去试验研究他。

（贰）议案主文（修正案，张士一提议）：用科学方法修改注音字母使成为国语字母案。

理由与办法：我国的文字太难学习，是教育普及的一个大障碍，早已给中外教育家所指出。近来脱离汉字改用字母议论，日盛一日，但当日注音字母的制造原仅为汉字注音之用，将来是否适用为独立的国语字母，须要尽量利用现在的科学方法去试验，研究才能确定。因此，本社应该委托国内的心理学专家和语言学专家，组织一个委员会用科学的试验方法，研究修改注音字母，定期三年至五年，使成为可以独立的国语字母，所有试验的费用也由本社筹措。

（叁）议案主文（国语统一筹备会提议，出席代表汪怡）：拟请于增加关税或退回赔款中，筹拨一次开办费，以便创设中国语音测验所，研究中国语音，并解决中国语言中一切与语音有关系各问题案。

理由：实验语音学，现今欧美各国均视为重要之学科，各大学中每多附设语音学室以供实验之用。吾国现既拟办国语专修学校，此项设置已不容缓。况统一国语现始着手，凡语言中有关语音各问题，非经实验决难望彻底解决，故此项语音学测验所实有创设之必要。

办法：本测验所现拟附于国语专修学校，如北京大学能即日实行此项计划，即可不再复设。此项详细计划，详后刘复①计划书中。经费：

① 即刘半农（1891—1934），原名寿彭，字半农，号曲庵，笔名寒星，江苏省江阴县人。1919 年，刘复为国语统一筹备会会员，参与拟订并提出的《国语统一进行方法》议案并获通过。1920 年，赴英国伦敦大学学习，次年入法国巴黎大学学习语音学。1924 年，出版《四声实验录》（群益书社），用近代实验语音学的仪器和方法研究汉语的四声。1925 年春季，以《汉语字声实验录》《国语运动史》（均为法文本）获得法国国家文学博士学位。1925 年，刘复等若干北京的音韵学者组成“数人会”，参与拟订《国语罗马字拼音法式》。历任北京大学教授、辅仁大学教务长、《世界日报》副刊编辑、历史语言研究所研究员等。

（1）开办费按照刘复原议，如购置仪器、消耗品、书籍等，共计银元三万八千元，外加装运、保险、关税并测验所中种种电气光线等设备及其他经费，约计一万二千元，共银元五万元。（2）常年费拟在国语专修学校中撙节开支，不另计算。

附录北大教授刘复创设中国语音学实验室计划书（已见本刊第四期，不复载）。

（附记）本案未讨论。详后第（9）案附记。

又本案即是“科学方法”之一，其目的即在“国语字母”之完成，故附于此。

（附）（1）

议案主文（初等教育组，吴研因、庄俞提议）：请提倡减少文字障碍，以便初等教育。

理由与办法：（一）继续提倡语体文。（二）不避通用的便写字。（三）提倡行书，并设法编订标准字体。（四）提倡标点符号。为减少文字障碍，以便小学校学生求学起见，所以揭［提］这议案。

提倡语体文和便写字的办法：（一）本社来往的函稿文件，改用语体文，不避通行的便写字，兼用标点符号。（二）本社董事和社员往来的文件和发表意见书，用语体文，兼便写字、标点符号。（三）由本社函请各师范学校教员：编辑讲义，除现成文外改用语体文，兼便写字、标点符号。（四）由本社函请各中等学校校长：在招生时候，万万不要歧视语体文和便写字、标点符号。（五）由本社函请各教育厅、教育会、各公团：把文件用语体文，不避通用的便写字，兼用标点符号。（六）由本社函请教育部：把语体文、便写字、标点符号，做提倡国语的前提。（七）由本社呈请政府：以语体文发布命令、文告，不避通用的便写字，兼用标点符号。（八）由本社函请各地各报馆：提倡语体文和便写字、标点符号。（九）由本社函请编辑图书的：改用语体文，不避通用的便写字，兼用标点符号。发行古书，用语体文注解，并将便写字编入字汇发行。

提倡划一行书字体的办法：（一）由本社委请能够做这件事情的，赶快做起来，由教育机关审定，呈请教育部颁行。（二）由本社函请各书馆：设法编辑行书范本和行书字典，由教育机关审定，呈请教育部颁行。

（附记）本案由初等教育组织议决修正移到本组。本组特提出讨论，其中凡关于“标点符号”的事项，都是本组公决增加的。初等教育组复信，说“同人很为赞同，已经关照议案组照补了”。又此案原不是专说汉字形体问题，但就提倡“便写字”和划一“行书字体”这两个要点的关系，故附录于这一类的后面。

（附）（2）

议案主文（法库县劝学所临时提议）：吾国文字，应于笔画求简，以谋书认俱易。

理由：吾国字类之笔画，繁简不一，应将繁者酌量求简，以求一般人之易认易写，而符现代之平民教育。但更改之法，仍须以六书为准则，以免有失字源，如“国”改为“囻”系会意的，“龜”改为“龟”系象形的，“燈”改为“灯”系谐声的。以上均系已有之例，其他各字均可类推。如或以为骤然更改，易致无所适从，则应逐渐从事，久之自能由繁趋简。古文之改为篆文，篆文之改为隶书，隶书之改为楷书，愈趋愈简，未始非逐渐更改者也。

（附记）此条系临时提议，但交到本项时，已经快闭会了，不曾讨论，所以附录于此。

（ㄆ）汉字读音问题

（肆）议案主文（修正案，方毅提议）：小学校读音应注意划一（参考“修改《国音字典》案”）。

理由与办法：我国向以字书中反切为读音标准；反切以方言不同而异读，实不啻以教师之口语为活字典。教育部为统一读音计，颁行《国音字典》，其注音当然为旧反切之代用品。惟现在各学校，于注音字母先教后教问题，尚多争点，而学生入校，即须认字；若不予以标准之音，必至易一异籍教师，即易一活字典，甚或一校中数种活字典并行，学生既靡所适从，于记忆上亦太不经济。因此，各小学校即一年级不先教注音字母者，其教师所授读音，亦当依据《国音字典》所记之音。

（附记）原案后有“至教师讲解，一时固难限定全用国语。若仅为读音计，止须认识国音字母及拼音法，即敷应用，比旧反切简易得多，似无困难之点，而于统一前途至有关系”。讨论的结果，与节省的文字一并删去；今附存于此，作为“办法”上的参考。

（伍）议案主文（周铭三提议）：修改《国音字典》案。

理由与办法：（修正）现在讲国语教育的人，都很注重口语的教学。但是教育部所颁的《国音字典》，本来不过是定一个读书音的大概，在教学口语的时候，尚未能完全适用；并且文字的读音和说话的语音应归一致，而读音又须根据语音的。因此，民国九年教育部所颁的《国音字典》，应由本社函请国语统一筹备会，照口语上的变化修改印行，并请于修改时邀请国内学者共同组织修改委员会，使教学国语的人，有一种真实合用的语音参考书。按教育部颁布《国音字典》的命令上，亦有希望将来修改的意思，所以特为提出这个议案，请大家公决。

（ㄇ）国语词书编纂问题

（陆）议案主文：（国语统一筹备会提议，出席代表汪怡）拟请于增加关税或退回赔款中，筹拨经费，组设国语图书编纂会，编纂国语词书，及其他有关国语重要图书案。

理由：（1）本会自成立以来，即将国语词书编纂上之预备事项，如搜集古今词类及成语、制定全国方言调查条例及表式、改良字典部首等，逐渐着手，徒以经费太少，凡规模稍大之举，均不能积极进行。嗣于八年、九年、十年三次大会中，会员提案催促编成此项词书者，每次必有数起。盖不但各校教授语体文及会话时，需要此种词书检查国语之标准词类，以免义训不明或方言复杂之弊；即在文字语言及文学之专门研究上，亦极待此项兼包并举，条分缕析之词书，用以探讨古今用语之变迁，与殊方异地转音别字之条贯。查此项词书之编纂，在日本则由文部省之国语调查会主其事，在欧美或出自专家之私著，或成于大学之专科。但在我国，地大物博，且事属草创，私人既限于精力与财力，学府一时恐亦难兼顾；非于中央特设机关，提挈纲领，则其事难举；非宽筹经费，放大规模，则事虽举而功效难期。故酌量筹议，以冀此项国语词书早日告成。（2）此项编纂会虽以国语词书为主体，但有关国音及语法之各种图表书籍，亦有同时编纂之必要。

办法：（一）此项编纂会，关于各地方言之分区调查，得特别委托各地之学术团体及各学校之文科或国语之专科帮同办理，由会酌给津贴。（二）会中分为三大部：（1）搜集部，专就古今各种书报搜集材料，并加整理，再分二组：（甲）单字组，考查单字形体、声类、义训之迁及省笔字、俗体字等。（乙）词类组，搜取联绵两字以上之词类及成语等。（2）调查部，掌管调查各地方言之一切事宜，再分二组：（甲）记录组，按照调查之条例及表式分配于各区，并指导调查及填记之方法，汇齐、整理以供编纂。（乙）测验组，以语音为主，用器械实测方言中之音调，以发音学符号标记之。（3）纂著部，即将搜集调查所得之材料编纂词书及其他有关国语之重要图书，计分四组：（甲）词书组，先从事于完备之《国语大词书》；一面参酌各方面之需要，别为种种之约编，如《普通词书》《学生词书》等。（乙）图表组，专就调查部所得之材料，用种种统计的方法，制成各项图表，如方言分布、方言比较表等；就搜集部所得，亦可随宜制成图表，以明古今词语声韵之变迁沿革。（丙）文法组，搜集调查虽以词类为主，然词类之变迁，实与语句之构造、语气之疑决有密切之关系。如词品分析、句法异同、语文比较等均由此组随时别记，纂辑成书，以供编著国语文法之实地材料。（丁）国音组，测验所获得、图表所统计，除词书应行采用者外，尚可编纂专关于本国语音之书籍。

经费：每年共计支出银元四万八千元，清册另具，接上项支出，暂定三年。此后重要书籍既编就，出版开支可以酌减。国语图书编纂会预算清册：

（一）薪水，三万九千一百二十元：总主任一人，月薪三百元，年共三千六百元；部主任三人，月薪各二百元，年共七千二百元；编辑员共十六人，内兼组主任者八人，月薪各一百四十元，年共一万三千四百四十元；编辑员八人，月薪各一百元，年共九千六百元；校核员四人，月薪平均各五十元，年共二千四百元；缮写员八人，月薪平均各三十元，年共二千八百八十元；合计如上数。（二）工食，五百七十六元。工役六人，每人每月工食八元，年计如上数。（三）文具，二千四百元。一切纸张、笔墨及印刷品等，月计二百元，年计如上数。（四）邮电，二百四十元。电话、电报及邮费等，年计如上数。（五）购置，二千四百元。所有用具及图书等，年计如上数。（六）消耗，一千四百八十元。茶水年计一百二十元，薪炭及冬季煤火年计四百□元，灯三百六十元，试验消耗，年计六百元，合计如上数。（七）房租，一千二百元。每月一百元，年计如上数。（八）修缮，一百元。土木家具各修缮之费。（九）杂支，四百八十四元。所有一切杂支各费，年计如上数。以上各项，每年共计支出洋四万八千元。

（附记）本案亦未讨论。详后第（9）案附计。

（匚）标准口语教学问题

（柒）议案主文（修正案）（张士一提议）：小学校国语科教学话法案

理由：要达到全国的人语言相通，必须先在小学校里头教学一种作为公用的口语。这样做去，到了教育普及，国语也就统一了，这是最有把握的办法。因此，为统一国语计，全国的小学校应该从速实行标准口语教学。

（附记）本案原文还有办法两条如下："实行上所最要注意的有两点：（一）为教学的便利和实效起见，不得不认定一个客观的口语标准。这个标准，须要是现在本国方言里头最有势力的一种。用本国方言的一种，才可以使实施教学的时候，有最确实的依据，并且使教学的结果有最大的一致；用最有势力的一种，才可以有因势利导的好处。因此，教学上应该拿有教育的北京语作为口语标准。依据这种自然的活语[①]去教学，不必拘泥教育部颁布的《国音字典》所定单字的读音。至于教员，那自然不必定要用北京人，不过在造就师资的时候，自然是多用有教育的北京人最好。（二）现在的小学教员能说准口语的，还是很少，不能在一切教学上都用标准口语。因此，不能把标准口语的教学归纳在一切教学里头，只得分出一部分的时间，由专人去担任。只要用合于儿童心理的口语教学法（如说图画、讲故事、表演等类），并且每星期的次数较多（每次的时间不必很长），又在课外生活上鼓励儿童去应用，也可以得到很好的效果。以上是一个具体的统一国语的根本办法，所说的不过是最紧要的大纲。在标准语地点的小学校，自然不必有这种教学。在其他的地方，因为方言和标准口语的距离有远近，这种教学的细节自然也有不同。现在依据了一个大体的办法实行，那么将来再可以逐步的改进……"。讨论时，对于"标准"一点，辩论甚久，不能解决。原提案人认为解决的时

① 活的话语。

机未至，便将这实行上的办法大纲两条和总结一段，自行撤回，希望将来得圆满的解决。

（万）高小中等各校国语课程分配问题

（捌）议案主文（修正案，黎锦熙提议）：高小国文科讲读作文均应以国语文为主。当小学未能完全实行七年国语教育之时，中等各校国文科讲读、作文亦应以国语文为主，要于国语文通畅之后，方可添授文言文。将来小学七年实行国语教育之后，中等各校虽应兼授文言文，但作文仍应以国语文为主。（新学制国文课程依此类推）

理由与办法：（一）高小不改用国语文，国民已改用者，升学后大感困难。此各处常有之现象，递推以至中学亦复如是。因此，主持国民教育者，不能不有所顾虑，而仍不敢完全改用国语文。（二）文言文在应用上，唯阅读方面尚非全无需要；至发表方面，则大可免此无谓之曲折。（三）即阅读方面之需要文言文，亦不在输受新知，却只在“了解国故”。此唯中等以上之学校有此要求，故讲读应兼授文言文。其目的：1. 识本国文学之源流迁变；2. 即养成尽量参考旧籍之能力。（四）至于发表方面，学术界、文艺界既已通行国语文，何妨直裁［截］了当，于此种较易较真之文字上加工练习！河［何］故必欲迂回曲折，强摩古体的文字，伤脑费时，只获得一浮词滥调，似通非通之结果？现在中等各校此病最深，故作文非主用国语不可，愿练习文言文者，虽可听其自由，但只可当作随意科。（五）以上（二）（三）（四）三项，只就应用上说。至于文学上，文言文固亦有大可欣赏者，但须认明：是乃对于本国甚丰富的过去文学之欣赏，故讲读亦应兼顾。而国语文乃用现代语言作抒情、写实等文学的工具，故为练习写作之主要品。只须课程上各得其所，自能两不相妨，且各能发挥其特具之彩色。

（附记）本案主文，原文对于中等学校，只有“中等各校讲读应以文言文为主”一句，现在议决案内“当小学未能……”至“……虽应兼授文言文”都是公决修正的。

（万）国语专校及专科添设问题

（玖）议案主文（国语统一筹备会提议，出席代表汪怡）：拟请于增加关税或退回赔款中筹拨经费，设立国语专修学校，广植国语专门人才，并推行国语教育案。

理由：（已见本月刊第四期，请参看。兹不复登。）

办法：（同前）（1）现拟先在北京设立一校，俟日后经费稍充，再行酌量情形，分区设立。（2）学科暂定九门如左（每门可再分子目，任人选修）：国音发音学（Phonetics）、本国声韵沿革、国语文、国语文法、国语文学史、国语会话、言语学（Philology）、国语教学法、（附）国语练习（如谈话、演讲及作文等）。（3）应地方社会及教育界之需要随时分设各科：（甲）专修科：研究专门学理并实习测验者入之；（乙）师范科：预备任小学国语教员者入之；（丙）普通科：各界人士及一般平民，凡志愿学习国语者，分别入之；（丁）定期讲习科：暑假、寒假或星期日开设之。（4）关于测验语音或调查方言以及统计、编纂、宣传等事，可随时组织种种调查会、编纂会、讲演会等。（5）附设国语陈列所，陈列关于国语之一切印刷物、图表、器械等，任人参考游览，并备各界或他邦考察国语者之询问。（6）附设国语练习会，定期练习。评定甲、乙，酌给奖励，以资提倡而谋普及。[此（5）（6）两项系为节省手续，并使学校与社会联络起见，特列为此项国语专修学校之附属事业。]

经费：一、开办费一万四千元；二、经常费每年四万二千元。经费预算清册附录于后，国语专修学校预算清册：

（一）开办费，一万四千元。拟分四项如左：（1）押租及修缮费四千元按前项（3）至（5）办法，本校既设立专修科、师范科、普通科、定期讲习科及组织种种调查会、编纂会、演讲会等等，并附设国语陈列所，是非有适用的校舍不可。此项建筑需费极巨，一时财力不易办到，现拟租赁局势宽展之房舍，与之订立合同，由校修改，以图应用。故预算押租及修缮费如上数。（2）用具，二千元。一切教室及各会与国语陈列所，所用各器具，均须置备。（3）仪器，四千元。关于语音学实验室重要器具，固非另行准备不可，但本校既为实习测验而设，所有小件仪器尚宜各自置备。（4）图书，四千元。关于研究国语各科用之中外图书，现在京内外图书馆均极缺乏，亟宜搜采置备，以供观览。（二）经常费，每校每年四万二千元。拟分十二项如左：（1）职员薪水，六千七百二十元。内计校长一人，月薪二百元，年薪二千四百元；事务员四人，平均月各四十五元，年共二千一百六十元；书记六人，平均月各三十元，年共二千一百六十元。合计如上数。（2）教员薪水，二万三千零七十二元。专修、师范科各设二班，约计月共授课三百八十四小时，专任及兼任教员薪水平均每小时四元，月计一千五百三十六元，年计一万八千四百三十二元；普通科二班，每月每班授课八十小时，共授课一百六十小时，教员薪水每小时二元，月计三百二十元，年计三千八百四十元；定期讲习科教员薪津，预算每年八百元。（3）调查、统计、编纂、讲演各员薪津，二千四百元。以上各会会员应酌量事务繁简致送薪津，按每月费用二百元，年计如上数。（4）夫役工食，七百六十八元。校役共计八名，每名每月八元，月共六十四元，年计如上数。（5）文具，一千三百四十元。校中应用纸张、笔、墨等等，再加各会应用纸笔及印刷品等，合计如上数。（6）邮电三百元：电话电报及调查会用一切邮费，合计如上数。（7）购置，一千二百元。校中及各会每年必有应行添购之件，预算如上数。（8）消耗费，二千二百四十元。茶水年约二百四十元，薪炭及冬季煤火年约六百元，电灯费年约六百元，医药费及试验消耗品，年约八百元，合计如上数。（9）房租，二千四百元。各班教室及各会办公室等，本需极大房屋，月租二百元。似尚不敷。惟与房主订立合同，先出押租，自行修改，或能办到。（10）修缮，六百元。土木及种种用具修缮之费，月计五十元，年共如上数。（11）旅费，四百八十元。调查员实地调查及校中人员因公出外各旅费。（12）杂支，四百八十元。一切杂支之费，每年约计如上数。

（附记）本案原则上虽曾有所讨论，但议决国语统一筹备会所提出之三案［即第（3）第（6）及本案,］都省略讨论之手续，即由本组提议与本社筹画全国教育经费委员会：“请与教育经费计划中，包括国语教育一项，即将此三案作为参考”——于是此三案作为无讨论的通过，故仍依原次编列。

（拾）议案主文（周铭三提议）大学、高等师范学校添设国语专科案

理由与办法：

民国七年全国高等师范校长会议，议决“高师附设国语讲习科议案”，修业期限定为二个月短期讲习，不过为推广国语教育的初步。民国九年，教育部训令各高等师范与师范学校：减少国文钟点，加授国语钟

点；凡关于国语教育的必修科目，好像语体文、国语文法、国语教学法等等，都应当分年教授。但是高等师范以及师范学校的学生，功课既多，志趣也各不同；所有关于国语教学的各种必修科目，在修业年限以内，极难得完全学习，不能养成实在的国语专门人才。所以高等师范及师范学校，除普通必修之国语外，应当添设国语专科，定为一年至二年的修业期限。至于大学有教育科的也应当添设。

（附记）原案无“大学”，公决增加。

（去）国语推行社会教育问题

（拾壹）议案主文（修正案）（陈懋治提议，黎锦熙附议）：国语教育之推行，除正式小学校外，宜设各种方法，使年长失学者皆有学习之机会，尤宜使妇女能受国语教育。

理由：学校改用国语有二目的，曰统一国语，曰教育普及。然以今日各地教育经费之状况而言，徒限于正式之小学校，恐不易达此目的。且各地年长失学，不能入小学校者甚多；往时无注音字母，则绝无速成之法，今既有此利器，正宜善为利用，以期教育之能普及。

办法：（一）机关：拟劝各地慈善团体及热心传布国语之人，多设平民学校、半日学校、星期学校、露天学校、夜学校等等。（二）学校以外之传习及劝导：拟请各地劝学员、宣讲所及热心国语教育之人，负宣传及传习之责。（三）印刷品：种类须多，页数须少，价格须低。或纯用注音字母，或字母与汉字并用。

附（3）议案主文（职业教育组）（张纯临时提议，蔡元培、陈懋治、黎锦熙附议）：设种种的方法实行“劳动教育”案。

理由：（一）按教育平等的原则，劳动者将有享受教育的权利，本社尤有给予教育的义务。（二）吾人目睹劳动者生活情形之不良，实由于劳动者未受教育、缺少知识之所致，吾人应实行互助之精义，使其知识增进，生活改良，故当先予以受教育之机会。（三）当今日劳动潮流风行的时候，吾人应有正确的指导，予以相当的教育，庶免发生意外之行动，影响于全国之工商业。

办法：（一）利用工作余暇，多设补习学校。（二）用“往教”而非“来学”的方法，于劳动者聚集之场所，随宜巡回讲演。（三）多散布国语的印刷品，或添加注音字母于汉字旁，或单用注音字母拼成国语或方言。

（附记）本案经职业教育组通过，由提议人交到本组。因其与国语的推行教育有关，故特为附录于此。

（《国语月刊》1922 年第 1 卷第 6 期）

国语统一筹备会第四次大会议案

（归并“广，ㄋ，万，ㄨ”四母为二母案等十二案）

一 归并“广、ㄋ、万、ㄨ”四母为二母案

迩来见社会学者，于“广”“ㄋ”二母、“万”“ㄨ”二母之应用多感困难，孩童尤苦。窃维注音字母重在简要适用，故清浊音合并，声组有并入介母者。如其他尚有易于混淆之处，识别既难，便足为推行之障。用特将愚见提出，请付公决，伫俟教言，非敢以鄙人之见为足语于改良、救济也。

（一）“广”母可并入“ㄋ”母——舌头音“泥”纽，舌上音“娘”纽，舌之前部切于齿龈，有弛张之别，而元音本同“N”。陈晋翁三十二字母，吴草庐三十六字母，李如真二十二字母，新安三十二字母，方以智二十字母，皆将“娘”纽并入“泥”纽。注音字母“广”，“疑”纽柔音，与“娘”纽并，按可并入“ㄋ”母，较为简便。（二）“万”母可并入“ㄨ”母——“微”纽发声“W”，与“械”摄三等韵合口音“U”相近。声系合唇音，为唇所障；韵则唇虽合稍有空隙，音不尽受阻障，此其微别也。声母“万”与介母“ㄨ”分列，而旧属“微”纽之字复有混入“ㄨ”母者，似涉混淆。按可援“影、喻”二声纽化为介母之例，汰去“万’，一律并入“ㄨ”母，庶免两歧。

以上所陈，不审当否？敬乞公决！

提议人：徐昂

二　请教育部征集全国中等以下学校语体文成绩开展览会，择优刊行，以为标准，而资提倡案

统一国语问题，不但是口中的语言要紧，纸上的语言也很要紧。并且我很觉得纸上的语言，比那口中的语言格外要紧。口中的语言，必有活口教授才能成功；纸上的语言，只要有个标准，就能照着模仿。我们做这革新的事业，固然不可畏难，但是既有容易收效的途径，又何必不极力提倡？现在出版的语体书籍固然不少，可是比较文言的书籍还差得多，并且所出的书很有些夹杂方言的，和我们统一国语的宗旨，不免有点冲突。我想教育部在九、十两年就先后命令“各省师范学校加授国语”及“国民小学改国文为国语”，直到现在时期也不算很短，各校所做的语体文，必有成绩可观。拟请教育部下令，把全国中等以下学校所做的语体文，通通征集。等到征齐之后，就在北京开一展览会。并请国语专家仔细评判，检那不离方言的佳作，刊成一集，作为语体文的标准，以资提倡。照这样办去，对于统一国语上多少总该有点影响罢。并于征集成绩时，应征人应当载明的事项，另拟一表，附在前面。对于［与］不对，并请各位指教！

<table>
<tr><td rowspan="6">语体
文成
绩征
集表</td><td>应征集人姓名</td><td></td></tr>
<tr><td>籍贯</td><td></td></tr>
<tr><td>年龄</td><td></td></tr>
<tr><td>所居学校</td><td></td></tr>
<tr><td>年级</td><td></td></tr>
<tr><td>练习语体文经过期间和状况</td><td></td></tr>
</table>

提案人：江仁纶

连署人：陆基、沈颐、劳□

提议事项如后：（ㄅ）请部令各中学的国文科：讲读，文言和语体兼重；作文，纯粹的用语体。因为古典文字，除了检查旧账以外，实在没有用处，我们有了国语的文学，何必又多此一举？中学校注重的就是普通科学，如果不去掉这种文字障，那么普通的科学，一定是学不好的。（ㄆ）拟定词类书，分发各省转给各县，由各县筹备国语统一会注音，汇送大会，以为编纂词典之准备。编纂词典，为近今切要之举，然不先事调查，无从着手。拟由大会按照普通语或京音，编订词类大纲，分送各省，转送各县筹备国语统一会，叫他们注音；并加方言（无方言不加）汇送大会，然后取用编纂词典。（ㄇ）拟由各省筹备国语统一会派巡回讲员，分赴各县传习国语。小学国文科改国语科，各县遵办者固多；然以师资无人，没有实行的，也还不少。县立国语讲习所经费或有不及，拟由本会呈请酌发川资，派员分赴各县城镇市乡，传习国语，以谋普及。（ㄈ）限制语体文用《国音字典》以外之字。语体文本为简便通俗起见，所用的字当然以《国音字典》为主。近来流行的语体文中，往往有“牠”“她”“佢”等字，为《国音字典》所无，若不加以限制，不惟贻反对语体文者口实，而反将中国向来统一之文字，从此破坏，实非提倡语体文者之本旨。纵令“牠”“她”等字有所采的价值，《国音字典》当然加入，总以《国音字典》为限才是。（ㄪ）请教育部准大会原议，通令直隶、江苏、湖北、广东等省国语统一筹备会，积极筹备国语专修学校，养成专门国语人才，俾利推行。现在为厉行国语时期，对于国语界的学科，非加以长期研究，终是“生吞活剥”，“一知半解”。国语前途，危险万状。是以非暂就四省国语统一会有经验人员，切实筹备国语专校不可。（ㄉ）请教育部通令各省教育应转令国语统一会，组织检定国语教员委员会，郑重国语教育。国语既属教育急图，对于各县传授师资，尤应郑重。否则“鲁鱼帝虎”，遗害殊深。故不得不由各省国语统一会组织检定国语教员委员会，切实考核不可。（ㄊ）请教育部通令各省国语统一会注重最低级人民的国语教育。现在我国教育状况，大半对于初级、中级、高级人们，都有受教育机会，只可怜一班最低级的小百姓的教育，终是无人负责！真是国家不进化的大原因，所以非教育部通令各省国语统一会注意此等人民的国语教育不可。（ㄋ）请教育部筹备国语统一会积极筹备全国国语统一会联合会。国语事案，虽有各省独立负责，然非“声应气求”，互相讨论比较，终难进化，是以非筹办全国国语界联合会，无从着手，应由大会发起筹办，以昭划一。（ㄌ）请教育部咨农商部通令本国各著名的公司：于广告上及货包上，各汉字旁边都用注音字母注音，以便唤起社会的注意。凡各著名公司营业（如烟草公司，火柴公司，粉面公司，葡萄酒公司……），没有一个不有广告和装潢的纸类，若能于汉字旁边都用注音字母注音，则无形间自然的印入人之脑海中。其对于传播国语，确有绝大的帮助。（ㄍ）请教育部通令商务印书馆、中华书局、中央观象台及其他营业印刷业者，凡属“新出版的书籍”和“月份牌”及刊发的“历书”，书壳上汉字旁边，都用注音字母注音，以促一般的注意。

理由同前

湖北省筹备国语统一会提出的议案

三　推行国语意见书

国音字母发布已数年，除教会及少数之学校外，社会上仍沉寂无甚影响。其故由于推行方法未能周到，而对于推行之人亦无所劝勉，距普及统一前途，杳无所期，兹杂陈推行手续，聊供诸君采择。

（一）识字的人本视注音为赘物，而不识字人又无接触之机会，上海下等人及人力车夫，以寻觅门牌之故，于阿拉伯数字，多能认识，不过随时可以接触而已。拟恳由贵层［会］函请，或劝导各处街道、城关、车站并厂校团体揭名牌及商店招牌，一律加注音，或用注音字独立。俾往来之人，均有接触之机会。（二）劳动之人，终日罕暇，除用金钱诱导外，多难鼓动。拟请各地劝学所或推行国语机关，对于劳动界之能识注音字母者，用考试法酌与奖金以为提倡。（三）拟请各学校与家属通函兼用注音字，俾学生家属亦有接触之机会。（四）拟请由贵会呈请教育部，通饬各省添设国请［语］指导员或视察员，以期易收统一之效。（五）拟请贵会呈请教育部通令各县公署文告，概用国语文，并加注音字母，使人民有所观感。（六）函请各地通俗讲演员，注意解释社会对于国语之怀疑及误解。（七）通俗教育机关演幻灯时，应加演国音字母影片，能同时助以国音留声机片尤好，否则应由演影片人说明字母之读法及用途。（八）通令各地通俗教育机关设国音字母传习所若干处，专讲字母读音及写法，不涉及学理。（九）通令各地方教育机关，购制国语留声机器，以作正音之用。（十）凡推行人员，有教授成绩之确实证据者，贵会酌与显明之奖励。（十一）应请各教育厅于检定小学教员时，加入国语一项。

以上所陈是否有当？伏希公鉴！

会员方毅、刘儒同上

四 废除汉字，采用新拼音文字案

第一层理由：从历史上视察——文字是进化的，是随时代而变更的，看下表，便可证明文字的演进与蜕变：（一）助记期：（1）结绳，（2）标号：画卦、串贝；（二）绘画期——图腾；（三）象形期；（四）拼音期：（1）切音，（2）缀音，（3）字母。

第二层理由：从教育的成绩上视察——（一）大开学校之后，各地认识汉字的人，和前三十年并不见得增加多少。（二）小学校虽然改了国语，文字障仍旧很厚，所以耳朵和口大有进步，眼睛和手依然如故。（三）科学好的学生，国文有十之九不好；国文好的，科学又不好了，也是因为文字太艰深的缘故。

第三层理由：从舆论上视察——（一）近五年来，一般明哲君子，谁不知衍形文字，是一种没进步的符号。他们也曾在各种书报上发表许多的意见。（二）还有两个外国人，（一个孟禄 Paue Mouroe①，一个爱罗先珂，Eroswouko②）都很诚恳的给了我们一个警告。（请参考《国语月刊》第四期第一篇文章《旁观者清》）

第四层理由：从社会的事势上观察——（一）识字不多的人，看写都不够用，学习起来吧，就是一天记一个汉字，也不容易记牢，没有法子，只好将汉字笔画减省些，暂且敷衍。（二）直隶，江苏……一部分的乡村中，还看许多农家男女使用王小航氏的官话字母或劳乃宣氏的简字。（三）各地基督教会，用拼音文字印刷经典，不识汉字的人，多能阅读。

以上四层理由，不过举其大概，就可以证明汉字有废除之必要，新拼音文字有应赶紧成立之必要。

我以为这件极重大的事，应分作两方面进行。

（一）从学校方面进行分成五个步骤：第一步呈请教育部命令各校从十二年起，各地设师范讲习所专门练习拼音文字，师范学校增加新文字一科。第二步从十三年秋季起，小学一、二年级一律用拼音文字的教科书。第三步从十四年起，小学全部都改用拼音文字的教科书。第四步从

---

① Paue Mouroe（1869—1947），美国教育家。

② Vasili Eroshenko（1890—1952），俄国诗人，世界语者，童话作家。

十五年起，初级中学用课本也一律改用拼音文字，高级中学的文科可兼习汉字。第五步从十六年起，大学除文科必需明白汉字以外，其余的讲义也一律改用拼音文字。

（二）从本会方面进行，分三个步骤：第一步尽半年内，开始编行小学一、二年级用的新教科书和拼音文字的小词典。第二步到十三年年底，将小学用全部的新教科书一律编印发行，并多用新文字的补助读本和儿童的课外读物。第三步从今年起，督促各种出版界多编印或翻译新文字的书报。其余各方面，可以联络宣传国语的机关，极力进行，详细计划请交本会各委员会立刻规定，即日施行。

本案确是非常重大，本会既负有改良教育促进文化的责任，万不可畏首畏尾，延搁不解决。

本席因事不能到会，详细说明请黎锦熙先生代达，务希泯除成见，毅然可决此案，中国幸甚！

提案人：黎锦晖

连署人：秦凤翔、马国英、黎锦熙、钱玄同

五 拟请教育部通令小学教师一律学习国语案

小学校国文改用国语，早经部令在案，实际上多未办到。最大原因就是：小学教师本身并不认识字母，也不懂国语文法，叫他如何去教授国语？现在要催促国语的进行，须叫小学教师一律学习注音字母和国语文法。从前各省各县虽然多数办过国语讲习会，但是听人自由听讲，不加限制，结果均不甚好。此刻须有二种规定：第一，在行政方面，除开会外，并得采用他种方法，总须使小学教师均有学习的机会。第二，到十二年八月底，担任国语教授的人，仍有不认得注音字母的，即行撤换。我想能照此种方法办去，国语的进步定有可观。究竟怎样，请公同议决。

安徽国语统一筹备会提出

出席人：赵纶士

六 教育部咨请该省推选驻会会员案

谨查上年本会第三届大会时常驻干事曾提约“增修本会规程第八条”一案，加增第三项说：“各省区筹备国语统一会会员若干人，由各该省会推选”。新疆以道路窎远的缘故，本会向无该省会员，照章该省也当推二人或一人充当本会会员。况现在敝教组设国语推行会后，以为新疆一省就是汉唐西域、回部的区域，其人民大半不能说中国语，就间有会的也无一定口音：近山西人的学山西音，近陕西人的学陕西音，近甘肃人的学甘肃音。当前清左文襄[①]巡抚新疆时，带去流厉的湖南人很多，其人民还有学湖南音的。“甘受和，白受采”[②]，我国新疆人民的音韵现在正在甘白时代，所以国语推行会成立后，才看着新疆一省为推行此项教育的大好区域。然新疆一省，其社会的自动力，都合并在行政方面；社会上所具有的，惟被动力。想施布一政策于其社会，非藉行政方面的提倡不可，所以国语推行会极力和他行政方面联络。现在他省长来信也极赞成国语事业，又很欢迎国语推行会。如果八号一案认为可行，我们国语的事业尚须和衍音系的民族携手。可否就请由会呈请教育部咨请新疆省长派一人或二人常驻本会，如有国语筹备会，就请由会中推选。时常把中央国语教注于彼省社会，国语教育和新疆省的关系比较他省十分重要，重请他派人驻会一节，断不可缓。至于该员常驻费，应由该省自备。是否请付大会公决！

提案人：刘章楹

连署人：张德纯

七 组织国语学会案

理由：浅鄙者，对于国语，非随便附和即任意诋毁；稍通他学者，又多鄙视国语，以为无足学。推行者若是热心，而社会上如彼冷淡，原因即在缺乏科学的基础。鄙意国语，一方面在求普及，固无庸其高深。但在学者一方面，不可不探津求源，为国语立一科学上的基础，如国语进化史、国语系统学、国音变迁史、国语发音学、国语语根学、国语语效学、国语语义学、国语教授法等科学，无论是国语本身方面的与国语文学方面，均应有人专门研究。故国语学会为刻不容缓之组织，可否规

---

① 左宗棠，字季高，一字朴存，号湘上农人。清湖南湘阴人。历任闽浙总督、陕甘总督、两江总督，官至东阁大学士、军机大臣，封二等恪靖侯。追赠太傅，谥号“文襄”。

② “甘受和，白受采，忠信之人，可以学礼。”（《礼记·礼器》）

定办法施行？伏候大会公决！

提议人：秦凤翔

连署人：王璞、刘儒、黎锦晖、申延秋、方毅、马国英、范祥善

八　请定私人推行国语奖励办法案

理由：凡事仅由官厅推行，往往成为具文。有力之私为提倡之事，往往反易见效。故欲求国语之普及，莫如提倡私人推行。可否由会拟定奖励办法，呈请教育部公布施行？伏候大会公决！

提议人：秦凤翔

连署人：王璞、黎锦晖、刘儒、范祥善

九　责令各省教育厅设国语视察专员案

理由：国语教育推行得力与否，关系国家前途甚大。各省若不设专员负对于其所属学校视察指导之责，则热心推行者有善亦无由显，有缺亦无由自知，怠于振作者则阳奉阴违，因循敷衍，甚非国语前途之福。可否由我会呈请教育部：责令各省教育厅一律添设国语视察专员，聘请对于国语具有专长且富经验者充之，任视察指导之责，以利推行，而昭郑重。是否有当？伏候大会公决！

提议人：秦凤翔

连署人：王璞、黎锦晖、范祥善、刘儒

十　呈请教育部公布国音字母独用案

理由：国音字母独用，为普及教育之大助，早经学者所公认。实地试验者，均有良好结果，故社会间私人独用通信记事者甚众。若再以部令公布之，则推行必可更速，而亦必可早日达到普及教育之现实。可否由会呈请教育部公布国音字母独用？伏候大会公决！

提议者：秦凤翔

连署人：王璞、黎锦晖、刘儒、马国英

十一　检定小学教员国语能力案

理由：直接推行国语者为小学教员，对于国语若无研究，必遗害儿

童。故无论其为师范毕业生、已受检定之教员及预检定试验者，均应一律定时严行查察其国语能力，若不及格，不得为正教员。是否可以由会呈请教育部规定办法公布施行？伏候大会公决！

提议人：秦凤翔

连署人：王璞、黎锦晖、范祥善、刘儒

十二　用土音教授国语的，宜严加惩戒案

理由：教授国语当然要用国音，若用土音教授国语，实在违反统一国语的本旨。璞今南行，虽正值暑假没有能亲身调查，而就各方面的报告，得到了一个很大的感触就是：江苏省内稍负时誉的学校，除多数观望敷衍外，最荒谬的是少数自负过大的学校，因自己没有国音的技能，又不甘心学习，便倡造谬说，故意主张用土音教学国语，大背统一国语的本旨。江苏如此，他省可知。我会可否呈请教育部颁布惩戒命令：凡教授国语不用国音的，取缔他的教员资格，奉行不力的学校，撤消他的优良字样。是否有当？伏候大会公决！

提议人：王璞

连署人：黎锦晖、马国英、秦凤翔、申延秋

十三　凡音“ㄋ丨”的字和“您”字都并入“ㄏ”母案

理由：（一）“ㄋ丨”“ㄏ丨”二音发音部位尽管不同，可是现时的人能分别的很少。（二）“呢，旎，泥，伲”等字都是从“尼”得声的，若照《字典》的注音：“尼，呢，旎”读“ㄏ丨”，而“泥，伲”读“ㄋ丨”，于舌音化不合。（三）查《校改国音字典》，“你”音“ㄋ一”，注准“伲”音“ㄋ一”，注准“尼”，但是“尼”音“ㄏ一”，是《字典》自身已经矛盾。（四）旧属“泥”母齐齿呼的字，大多数早已并入“ㄏ”母，如“年，念，鸟，宁”等例很多。凡音“ㄋ丨”的字和“您”字，何不也因读音的便利，一律并入“ㄏ”母呢？是否有当？伏候大会公决！

提议人：王璞

连署人：黎锦晖、秦凤翔、马国英、申延秋

十四　请议各县须推广注音字母传习所案

近来的国语教育，可算一天进步一天了。筹备统一会，各省有，各县也有；国语教科书，小学用，中学也用；这种现象真可为前途的庆幸呀。不过社会方面，还少注意注音字母传习所——专为成年失学的——只京师办了几处，山西省曾设法推行，其余各省各县，简直绝无仅有，似于创造字母之目的——便利通俗一项——丝毫没有做到了。我国成年失学之人，最少说起，当则两万万——男女并计——当此知识饥荒的时代，倘不用极简易的方法，略为灌输，怎能够增进人民的生产力和国际的地位呢？敝意各县于城厢大镇，须酌办注音字母传习所，至于小学校里面，均附设字母传习班，晚间授课，一时或二时，专收不识字之农工，教以字母拼读应用各法，约计三个月毕业一次，年可毕业四班，积各校而计算之，不出十年，全国即可无识字之人民了。办法简便，莫逾于此。可否由统一大会呈请通饬遵行，敬希公决是幸？

提议人：江苏筹备国语统一会会员唐云卿

十五　教育部咨请各省转饬各县回教区域设立国语推行分会，并咨请各省转饬定购《国语周刊》以资社会实行案

“国语事业不可尽靠行政方面，当求社会的自动”，这话说得很是，但可分为两层：进行的方法可完全依任在社会方面进行的，动力不能不有时赖行政的提倡。回教国语推行会成立后，也亟想在国内各省各县回教区域设立分会，扶助推行。乃一则迫于疑项，一则此等提倡的力量似乎当藉赖行政，这就是实行后发生的困难。可否就请由会呈请教育部咨请各省省长：饬令各县转饬各回教区域相度情形设立此项分会，并于成立后报告北京中国回教国语推行会。再回教国语推行会在中国回教方面进行事业，亦即本会事业。前拟组织《国语日报》一份，以注重社会的实行也。因财政问题，暂时中搁。今由职员会议定：全国回教区域非借报纸的力量，不能得社会实行的效力。想先组织《国语周刊》一份，比较《日报》需款尚少，拟制定样本，送交本会，请由本会呈请教育部咨请各省省长：饬令各县转饬各回教区域照预约定购。可否即付公决！

提案人：刘章楹

连署人：张德纯

十六 中等以上各学校亦应教学国语案

理由：国语教学仅仅施于师范及小学，结果仍难普及。因现在中等以上之生学，大半未曾受过国语教育。倘不为之讲习，日后毕业，出而任事，在其自身既成困难，国语方面亦难望其提倡，故非趁此教学国语不可。

办法：中等以上各学校本应一律添授国语。倘一时不能办到，法科、政治科、商科、农科等，务宜于其原定国文钟点，酌匀一半，改授国语，如语体文、国音练习等尤当注重。再此项教学细目，宜由教育部主管各司与本会会商后，通饬各教育厅及各校照办。即令一时不能规定细目，亦应将酌减国文钟点改授国语要意，通饬各应校以利推行。

提议人：汪怡

附议人：杨树达、陆基、江仁纶

十七 注音字母的传布，宜由省而县而乡辗转教学案

理由：国语教育推行时发生种种的困难，无非因各方面对于注音字母不能练习纯熟及正确所致，现在唯一要务，即应由各省教育厅及各省区筹备国语统一会定一有系统的传布方法，使由省而县而乡转辗教学，以便普及。

办法：由教育部及本会分头令行或函知各省教育厅及筹备国语统一会，设法开办注音字母传习所，此项学员宜由县选送，毕业后即由县设所传习。县传习所之学员，宜选诸各乡镇，以便毕业后各回乡镇传习。此项传习所冠以注音字母字样者，意欲于国音特别注重，其他国语上应行学习之各学科，能有相当之教员亦可兼授。但于注音字母方面，务以纯熟正确为归。传习期间，至少在一个月以上。发给业证书，宜取严格主义。

提议人：汪怡

连署人：杨树达、陆基、江仁纶

十八 推行国语的意见书（史习经）

甲、各省师范及各中等学校要“实减国文钟点，认真改授国语，延聘专门人员担任教科”。各省师范学校及各中等学校，久经明令公布“酌减国文钟点，改授国语”。本为一时权宜的计划，暂取渐进主义，近两年来，国语声浪，愈唱愈高，已显明国语为人生活必需之知识，一刻不容缓进。乃观敝省各中等［各］师范学校，一般心理，对于此科，多视随意科而不如。虽明令“酌减国文钟点，改授国语”，亦多置若罔闻。间有为敷衍学校门面计，至多也不过每周一小时，由老国文先生代授罢了。其他并连这一小时而没有者居十之六七，试问各中等学生毕业后，无论升学，或为农为工为商，或就其他职业，都不能限于一隅，国语教育是不是各中等学生的重要问题？至说到师范里面，比中学更紧一倍：师范是小学教师之母，今日的师范生就是他日的教师，担负国语的责任格外重大。此际办师范者，不延聘专长人员，增加钟点，认真讲授，毕业后怎样教人呢？鄙意今后师范及各中等学校，要实减国文钟点，认真改授国语，并将成案酌减国文钟点的“酌”字，请于大会开幕时修改。

乙、请重申前会，各省增设国语专门视察员，分区视察，周历指导，以利推行。各省督促学校进步，稽核办学者的勤惰，普通省有省视学，县有县视学，其他还专科视察员，分科视察。国语教育亦一重大问题，近来各县小学、各师范中等学校改授国语科者，类多有名无实。设非省有专员，随时视察，周历指导，分别奖惩，恐十年、二十年国语空气不得浓密。以鄙人眼光观之，各县小学及各中等学校大概情形，寻常听说省视学要来视察，无不预先振刷精神，以防省视学来吹毛求疵。各省各县学务能有进步者，省视学督促之功，亦不在小处。今国语教育，省城既无专员分区视察，听凭各县各中等学校，自为风气，或重或不重；加以外边反对者又多，这样疲玩，无专员督促，各县国语教育哪一天才有进步？拟请本会呈部，再令各省，限期设立专员，分区视察，确查各县进行的状况。某县切实进行应当褒奖，某县疲玩不进应予惩戒，如是进行者可愈向前进，疲玩者亦知所警惕，不敢常此漠视。有人说：已有明令各省视学顺带视察，不知省视学之中就有许多漠视国语教育者，还望他们在外提倡吗？所以我说欲求国语发展，非省选专门人员，分区视察，不得收效。

丙、各省每届检定小学教员时期，考试科目要将国语列为主要科，并由国语专门人员主试；不及格者，不予许可状。小学教员为推广国语主要的人物，其不受检定者，都系本科师范生，所有国语知识已由母校传授，或自修而有研究毋庸置议外，凡来受试验检定者，全是身无小学教师资格之人。这几年主试检定者，大率均以教育为主要科，理固宜然，惟对于国语多不注意，或试或验，只要教育、体格考验及格，那就能给许可状了。要晓得这班来受试验检定的人们，得了许可状去做教师，首就是推广国语的人们。此际试验，不请专门人员来试试他们有国语知识没有，鄙人觉大非所宜。拟请本会呈部通令各省，以后试验检定要将国语列为主要科，并由教厅延聘国语专门人员主试。

丁、普设永久的国语讲习所。这几年各处国语讲习所，大半短期居多，或寒暑假数星期，或仅办一期而就不再办者，收效均鲜。我想请本会呈部通令各省，先就省垣创永久国语讲习；所再由各该省转令各县，创设讲习所，终年讲习；其学员不限小学教员，就是劝学员、学务委员，以及官厅书吏、工商各界人等，无不可招来听讲。国语教育是要普及社会的，非仅限于一隅，宜使全国人人能操国语，不致一省之中，甲县人常不能与乙县人说话才好。

以上四端，可有讨论的价值，习经不敢自信。其余编辑书报，鼓吹社会，调查方音，酌制闰音，都是本会研究的要案，一时也不敢妄参末议，谨由邮寄议案四则，尚系一隅之见，仍乞各专家教正为幸！

十九　山西筹备国语统一会，兹将会员刘清漳关于国语统一进行议案分递于下，即请大会议决施行

（一）对于各省音区实施改正土音。上年开会时张国仁先生曾提议：划分全国音区，以便统一国语，易于着手，此举甚善。不知已从事划分否？以鄙人管见，应先从各省划分，每一省内，就自然相似之音团划分若干区，又将每区各县，按天文、地理、时令、法政、人事、音乐、宗教、器具、建筑、服饰、饮食、动物、植物、矿物、珍宝等类之词语类列成比较表，则其同异，以为本区改正土音之根据。（二）编列各省音区土音与国音对照表。此表仍按前项各省区比较表所分天文、地理、时令、法政、人事、音乐、宗教、器具、建筑、服饰、饮食、动物、植物、矿物、珍宝各类，每类下列土音、国音两行之词语类，比较同异。就其异点加以记号，以便改正土音，易于着手。（三）注重注音通俗书报。编纂注音通俗书报之材料，应就一般失学之人及无力求学之青年着想，即采取士、农、工、商、军、警各为一册。报则集各类为一册，分期出版。对于注音，则根据现已校改之《国音字典》，使读者能按注音识字，又能统一读音。并能知个人本业及他业之事实原委，亦可借此以为普及教育之臂助。（四）令各县县视学认真传习国音，以为传授国民学校教员国音之师资。自国音音素成立以来，其字母书法、读音已屡经增改变换，可称完善矣。从此可令各县县视学，到本省区筹备国语统一会限期认真传习。然后由各县设立国音传习所，令国民学校教员一律学习，以便教授时能以真确之国音改正土音。（五）传习国音应注重读音，不可拘泥北京声调。如各县县视学传授国音，应注重以国音改正土音。至读音时之声调，即各按各地方而读，不常拘泥北京声调。因为所希望者语言统一，字音既统一，集字而成语，语亦可以统一也。若拘泥北京读音之声调，无论学习时难易有分，需时长短不同，然亦属格外弄巧，无关重要。况我国各地读音，有四声、五声、八声之别，实声读不同之结果，对于统一读音固无与也。（六）学习注音字母，易收读音真确之速效。注音字母读音难于真确，惟按各地方同一之自然音响，贴合注音字母各字之本音，用图画标明于各字母之下，使读者一目了然，不惟音可真确，且易收效也。如“ㄅ”音与胳膊虫叩头声相同，即画人手按胳膊虫形于“ㄅ”字之下；“ㄆ”音与含水喷布声相同，即画人口含水喷布形于“ㄆ”字之下；“ㄇ”音与牛鸣声相同，即画牛鸣形于“ㄇ”字之下，余可类推。现为读音收真确之速效起见，可由北京国语统一筹备会制出，呈请教育部颁布各地，以为统一读音之助。

以上数条，系鄙人对于国语统一进行之意见，是否有当？即希大会公决！

二十　请教育部社会司利用注音字母推广社会教育案

理由：注音字母之适用于教育普及，国内外教育家皆已证明，西人之来华传教者，近年更利用注音字母，大行其宣传宗教主义。其用注音字母即出之书籍，或字母独用，或兼用汉字，每年常有十数万本之多，我教育官厅对于此项字母虽已极力提倡，第仅用之学校方面，尚未推及于社会。故一般社会，视此利器，犹仍淡漠。为教育普及计，似不可不于社会教育方面多方推行此项字母也。

办法：由社会教育司附设之通俗教育研究会，由专设一推行字母股，与各股互相联络，设法进行。俟京师及近畿已能普及，再推行至于各省区。

提议人：沈颐、陈懋治

连署人：陆基、汪怡、江仁纶

二十一　汉字连结注音字母之铜模，商务印书馆已铸成。请部审定后，优加奖励，并将样张通行各省区，以便订购

理由与办法：此事在去年第三次大会时由会员萧友梅①君提出（第十八案），后经大会交干事会拟办法切实进行。今商务印书馆已将该项字模铸成，应照原案第二项由部将铸造权批准商办，并许以专利若干年。或仅由会请部优给奖励，并为通行各省区以资推行。

提议人：汪怡、杨树达、沈颐、陈懋治

二十二　（附件）我对于通俗教育应加改良的意见

自从民国七年注音字母正式颁布以来，国民教育才算是有了基础。但在国民教育虽然已有可观，在社会通俗教育却依然不见什么萌芽，其实若以眼前的缓急说，通俗教育似乎比国民教育还为紧要。今就我个人意见，对于通俗教育实行方面应该改良救济的，分别写在后边，提请大会公决，或用备参考。

（一）注音的通俗书报应不拘国音及点声

理由：注音的通俗书报，原是为要年长失学的人，借注音字母可以慢慢识汉字、开知识的，但因他记心不佳、生计牵累、工夫短少的原故，学习字母并须认识汉字，已经是很感困难了。如今通行的通俗书报，偏

① 萧友梅（1884—1940），字思鹤，又字雪明，广州府香山县人，上海音乐学院创始人之一。

要教他们从不出门的人，读那素不相习的国音。每一个字，又要分什么四声五声，弄得一般人，读不顺口，听不顺耳，赶［感］到耐烦不过，为难不过，只有半途【而】废罢了。哪晓得通俗教育，本不在国语统一范围以内，失学粗人自无通习国音的必要。声调的高低长短，方言又各自不同，点声更是徒乱人意，毫无益处，这是不能不改革的。

办法：中国地方辽阔，想要一纸书报通行全国，恐怕二三十年内还办不到。现在为眼前救急计，通俗书报似应该各省自为编辑，且须分甲乙两种：甲、为通行一省的书报，如国音的“ㄗㄧ”“ㄘㄧ”“ㄙㄧ”“ㄗㄩ”“ㄘㄩ”“ㄙㄩ”等所注的字，北方普通官话通读作“ㄐㄧ”“ㄑㄧ”“ㄒㄧ”“ㄐㄩ”“ㄑㄩ”“ㄒㄩ”等音。似北方各省通行的书报，便可照普通读音，注在字旁或将国音附注在字下的一边，也可以的；乙、为正行于一县一乡的书报（就是甲种书报）行到各县，由各县自行改编或翻印，便可参用本县本乡的土音，教粗人更容易明白，并不必附注国音，以省麻烦。至于点声，尽可完全废去，是不待再说的了。

（二）传习注音字母应该改良教授方法

理由：注音字母，各省认真传习的，也已不少了。当教员的，辗转传习，都是用“ㄅ”“ㄆ”“ㄇ”“ㄈ”“ㄪ”呆板的教法；练习或试验的时候，又只是写上一段汉文，教人学注国音，学点四声；其实教的人，仍是糊涂不清。赶推行到各县各乡的时候，对于传习一般粗人，却也是依样葫芦，教他们学的人毫没一点兴趣；并且整天的讲什么国音，点什么平上去入，更是闹得一榻糊涂。结果下来，名为毕了业，其实想要说一句家乡话，也写不出来，哪还能写信记事及看书报呢？这都是教授不合法的弊病，是不能不改良的。

办法：年长失学的粗人，本没有读过一天书，口舌拙笨，头脑简单，也和幼稚的儿童差不多。教授字母，自应该就眼前事物来指点，不能沿用传习师范的方法，单教读音拼音，就算了事。眼前事物，遇三拼两拼的合音字，就先教合音，后分教单母，并须注音使学拼土音，与国音相比较。然后学的人，才能知道音字的效用，引起向学的兴味。这种方法，似应该由公家或私人编定一种教授案式，教传习师范的，作为参考及实习的资料。如此辗转传习，才能有进步的盼望呢。

（三）注音字母的传习应该延长毕业期限

理由：世界各国，无论何论何种文字，无论如何容易，绝没有三四星期，可以能学成的。注音字母在通俗书报上，虽然不算是一种独立文字，但在社会应用上，却无不可单行，也隐然有认为一种独立文字的资格。现各省区设立注音字母传习所，大半多是一个月毕业。当教员的，因学的时候，看得太容易，毫不讲求应用的练习，所以一个月的期限，往往还只是嫌长。赶教人的时候，自然也是敷衍了事，没有实用。若失教粗人，学注音字母本来就觉得种种为难，毕了业，既想利用音字受点教育，当然是以能熟练应用为贵。一个月毕业，拼音不清，书写不熟，怎能有应用的乐趣，教他真实信仰呢？山西省城及各县，传习的也不为少，效果却是无多，都是这种弊病，也是不可不改良的。

办法：传习粗人，以每天两点钟计，应定为半年毕业。期限以内，除练习拼音练习书写以外，并须练习谈话，练习写信记事及讲读书报。就是传习师范，虽然比粗人容易，也应该如此练习。并且得研习教授儿童及教授粗人的各种办法，毕业期限也非延长至三个月不可。

建议人：张毅任

（《国语月刊》1922 年第 1 卷第 9 期）

注音字母与现代国音

（钱玄同）

（一）

一八九四年（甲午），中国给日本打了一次败仗，于是国中有识之士，知道非改革政治，普及教育，不足以自存于世界。但是提到普及教育，即有一个问题发生，则汉字形体之难认难写是也。要解决这个问题，就非另制拼音新字不可。当时主张制新字者，有宋衡[1]、谭

① 宋衡，原名存礼，字燕生，号谨斋，后改名恕，字平子，号六斋，后又改名衡。清浙江平阳人。生前著作繁富，后人编有《宋恕集》。

嗣同[①]、梁启超[②]诸人。言论鼓吹，渐成事实，于是有沈学、蔡毅若[③]、卢戆章、邢岛、王照诸人各制音标，以期代用汉字。这些音标的形式有用点画撇捺钩者，有借取音同或音近之汉字而仅写其一两笔者（像日本假名的样子），有采用罗马字母而另定其读音者……。这许多音标之中最占势力的，是王照的“官话字母”。他有五十音母（即声），十二喉音（即韵），他的形式是借汉字而写其一两笔，如他的“巜”声，是借汉字的“戈”而写作“弋”，他的“人”韵，是借汉字的“翁”而写作“亅”是也。王氏字母发表以后，劳乃宣加以修正，照他自己的著作《等韵一得》[④] 中所定音类的次序排列，又添了好些字母，以备拼切各地方音之用，改名为“简字”。王氏的字母，虽名为“官话”，其实是完全以北京的方音为主的。劳氏的简字分为四谱，为拼全国中四种语音之用，即（ㄅ）京音谱，五十声，十二韵（这就是王氏的官话字母）；（ㄆ）宁音谱，五十六声，十五韵；（ㄇ）吴音谱，六十三声，十八韵；（ㄈ）闽广音谱，八十三声，二十韵。

在注音字母未制以前，这种简字实在可以算作一种较为适用的音标。当一九〇八至一九一一（戊申至辛亥）这四年之中，推行简字以谋普及教育的运动，日盛一日，几乎有通行的希望。当时这种运动还有一大特色，就是在运动中的人都主张将简字独立施用，而且主张初等小学学生只学这新的简字，不学那旧的繁字——汉字，这真是大胆的论调。那时候的“专制国的小百姓”尚且敢说这种大胆的话，不料现在的“共和国的大国民”倒反畏首畏尾的说什么“注音字母只能注音，不能作文字用”

---

① 谭嗣同，字复生，号壮飞，清湖南浏阳人。谭嗣同早年曾在家乡湖南倡办时务学堂、南学会等，主办《湘报》，著《仁学》，为“戊戌六君子”之一。

② 梁启超，字卓如，一字任甫，号任公，又号饮冰室主人、饮冰子、哀时客、中国之新民、自由斋主人。清朝光绪年间举人。戊戌变法领袖之一，中国近代维新派、新法家代表人物，近代文学革命运动的理论倡导者。其著作合编为《饮冰室合集》。

③ 蔡毅若，清福建龙溪人。1867 年，广州同文馆毕业，1876 年，驻美使馆翻译，后由张之洞派充广东洋务局总办、湖北铁政局总办。曾取法美国凌士礼（Lindsley）一派速记术，研制中国拼音文字方案，著《传音快字》。

④ 《等韵一得》，三卷，分内、外、补三篇。1898 刊本为二卷分为：《内篇》分列韵谱十个，以字母、韵母、四声为三大纲而立，《外篇》则论述等韵源流及音理等问题。1919 年又作《补篇》以补内外两篇之所未备为第三卷。

咧，什么“衍形文字与衍音文字之优劣未易断言”咧，什么“日本是借用汉字的，尚且至今不能废汉字，可见中国要废汉字，更是绝对的不可能”咧。我听了他们这种在时间的轨道上开倒车的议论，实在替他们惭愧。

民国成立以后，教育部继续清末的简字运动，设读音统一会，打算先定国音，次制字母。这字母既可注于汉字之旁，作统一国音的工具，又可独立施用，作普及教育的利器。一九一三年（民国二年）二月到五月开会。这会的成绩有四件：（ㄅ）定“普通官音”为国音；（ㄆ）制成了三十九个注音字母；（ㄇ）取清李光地的《音韵阐微》，选了六千余字，又搜集白话中常用而为《阐微》所无之字（如“们、哈、搁”等字）及新造之字（如“钾、糎、氩”等字），约六百余字，规定他们的标准读音，注以注音字母；（ㄈ）闭会以后，由会员吴敬恒将会中已定读音之字，照《康熙字典》的部首排列。又因《阐微》中未被选之字，颇多切于日用而有不可缺者，于是将他们比照已定音之字之声韵，亦注以注音字母。合此两种，约得一万五千字左右，总编为《国音字典》。

（二）

这三十九个注音字母制成的时候，正是袁世凯虐杀民党，蓄谋破坏共和的时候。自此以后，解散国会，修改约法，摧残新机，厉行复古，一班遗老遗少们做了他的文学侍从之臣，干那些制礼、作乐、定朝仪、尊孔教的把戏。从小学校起，就恢复“读经”的功课，学校中闹到要读经，则国语教育和平民教育的话，当然是无从说起了。因此，这注音字母也就任其尘封于教育部的档案橱中，让老鼠咬他，蠹鱼蛀他了。①

自从一九一六年（民国五年）袁氏病薨以后，政治和教育的新机又

① 清末民初，拼音文字运动亦由官话字母至简字再至注音字母，这一历史时段恰值袁世凯由清廷重臣至民国共和国大总统再至中华帝国洪宪皇帝。初期，袁世凯对于拼音文字持积极态度，清廷大厦将倾之际，袁世凯曾于所辖军队总推广官话字母，王照亦曾出版《对兵说话》，民国初年，延续清末切音字运动读音统一会召开。至洪宪帝制时期，袁世凯政府与拼音文字运动终于交恶，从而导致注音字母迟迟未能公布。清末民初之际，政治上的摇摆动荡对于当时语言政策的影响甚为直接。

渐渐萌芽了。其时“国语！国语！”之呼声日高，一方面有胡适[①]、陈独秀[②]诸人高揭“文学革命”“国语文学”之旗，一方面有陈懋治、黎锦熙诸人大声疾呼“小学校国文科应该改用国语”。一讲到国语，自然就要联想及于国音，于是此“东山高卧”之注音字母，遂于一九一八年（民国七年）十一月二十三日由教育部的介绍，出而与国人周旋，达他救国利民的目的了。

现在把这三十九个注音字母写在下面：

声母二十四个：ㄅㄆㄇㄈㄪㄉㄊㄋㄌㄍㄎㄫㄏㄐㄑㄬㄒㄓㄔㄕㄖㄗㄘㄙ

韵母十五个：丨ㄨㄩㄚㄛㄝㄞㄟㄠㄡㄢㄣㄤㄥㄦ

“一、ㄨ、ㄩ”三个韵母，可以作声母用，因此又称为“介母”。但“介母”的意义，是说“兼作声韵两用”，并非与“声母”“韵母”对立的名词。所以“丨、ㄨ、ㄩ”在拼音的时候，若作韵用便应称为“韵母”，若作声用便应称为“声母”，不能混称为“介母”。例如[illegible]，应该说“声母ㄉ与韵母一相拼”，[illegible]，应称说“韵母ㄨ与韵母ㄚ相拼”，[illegible]，应该说“声母ㄊ与韵母ㄩ和ㄝ相拼”。又如英国姓的“Sweet”，万国发音学字母拼其音为“Swirt”，用注音字母译之是“ㄙㄨ一ㄊ”，这中间的“ㄨ”，相当于“W”，则是声了，那就应该说“声母ㄙ和ㄨ与韵母一和声母ㄊ相拼”。很有些人称“地”“ㄉ一”为“声母拼介母”，“瓦”“ㄨㄚ”为“介母拼韵母”，“雪”“ㄊㄩㄝ”为“声母介母韵母相拼”，这是极大的笑话。请问“介”的发音是怎样的？

（三）

注音字母虽为国音而作，然三十九母既未曾将国音中所含的“音素”一一制为字母，又未曾将国音所需要的声母和韵母一一制为字母，而且

---

① 胡适（1891—1962），原名嗣穈，学名洪骍，字希疆，笔名胡适，字适之，徽州绩溪人。新文化运动的倡导者之一，所著《建设的文学革命论》《国语的文学，文学的国语》《国语文学史》等文提出国语文学的概念。

② 陈独秀（1879—1942），原名庆同，字仲甫，安徽怀宁（今属安庆市）人。新文化运动的倡导者之一，中国共产党的创始人和早期的主要领导人之一。

其中还有国音中用不着的字母“万”。据我看来，注音字母和国音不要把他们并为一谈。我们大可将注音字母作为中国的发音字母，可以拼国音，可以拼方音，可以拼古音，可以拼外国音。但是无论何种音，这字母都不能和他刚刚恰好，不多不少。拼某种音的时候，那用不着的字母，自然不去用他，若遇某音没有字母可标，便可用二个或二个以上字母结合，或就音近的字母加上种种符号（除已经规定之符号外，最好即用发音学上的符号）以标其音。如此，则字母虽然只有三十九个，而可标之音母可比字母之数加上好几倍。

“注音字母与国音不相吻合”这句话，一定有人疑心我讲得不对的，但是事实确是如此。而且一九一八年教育部公布注音字母的部令中，早已有许多和国音不相干的话，试举之如下：（ㄅ）“一、ㄨ、ㄩ”称为“介母”。国音中的“一、ㄨ、ㄩ”只作韵用，不作声用，那么声的“一、ㄨ、ㄩ”便与国音不相干了；（ㄆ）浊声符号作“，”。国音破裂声之“ㄅ、ㄍ”等和摩擦声之“ㄙ、ㄏ”等，他们的浊声都不用，鼻声之“ㄇ、ㄫ”等和边声之“ㄌ”，他们自身就是浊声，摩擦声中有清浊并用者，如“ㄕ”与“ㄖ”则又各制母字，如此则浊声符号在标国音之字母上全无用处（但标国音音素时，却要用到浊声符号）；（ㄇ）音调符号，即所谓“四声点”。音调在国音中应该如何处置，至今尚是问题。阴、阳、上、去、入五声必须全用吗？入声可以不用吗？一字必须规定读某声吗？……诸如此类，问题甚多，将来如何解决固未能悬断。但在现在尚为未决之问题，则部令中之音调符号，当然不能认为国音必须遵守的戒律。

照此看来，则注音字母公布的时候，早就表示不是专标国音的了。因为如此，所以国音中需要之声母有二十四个，韵母有四十一个，却不必制成六十五音母，但就三十九母或加符号，或用二母结合，便可表示这六十五音。

现在将这六十五音列举如下：

ㄅ ㄆ ㄇ ㄈ ㄉ ㄊ ㄋ ㄌ ㄍ ㄎ ㄫ ㄏ ㄐ ㄑ ㄬ ㄒ ㄓ ㄔ ㄕ ㄖ ㄗ
ㄘ ㄙ ㄦ

声母二十四个

ㄧ ㄨ ㄩ ㄚ ㄛ ㄜ ㄝ ㄞ ㄟ ㄠ ㄡ ㄢ ㄣ ㄤ ㄥ ㄦ ㄭ ㄭ ㄧㄚ ㄧㄛ ㄧㄝ
ㄧㄞ ㄧㄠ ㄧㄡ ㄧㄢ ㄧㄣ ㄧㄤ ㄧㄥ ㄨㄚ ㄨㄛ ㄨㄞ ㄨㄟ ㄨㄢ ㄨㄣ ㄨㄤ ㄨㄥ ㄩㄝ ㄩㄛ ㄩㄢ ㄩㄣ ㄩㄥ

韵母四十一个

（四）

这二十四个声母中，有单声，有复声。四十一个韵母中，有单韵，有声化之韵，有复韵（复韵中又有二韵复合与三韵复合之异），有附声之韵（附声之韵中又有一韵附声与二韵附声之异）。现在分述如下：

单声十八个：ㄅ ㄆ ㄇ ㄈ ㄉ ㄊ ㄋ ㄌ ㄍ ㄎ ㄫ ㄏ ㄬ ㄒ ㄕ ㄖ ㄙ ㄦ

复声六个：ㄐ ㄑ ㄓ ㄔ ㄗ ㄘ

单韵七个：ㄧ ㄨ ㄩ ㄚ ㄛ ㄜ ㄝ

声化之韵三个：ㄦ ㄭ ㄭ

复韵十六个：ㄞ ㄟ ㄠ ㄡ ㄧㄚ ㄧㄛ ㄧㄝ ㄧㄡ ㄨㄚ ㄨㄛ ㄩㄝ ㄩㄛ（以上十二韵，二韵复合），ㄧㄞ ㄧㄠ ㄨㄞ ㄨㄟ（以上四韵，三韵复合）

附声之韵十五个：ㄢ ㄣ ㄤ ㄥ ㄧㄣ ㄧㄥ ㄨㄥ ㄩㄣ（以上八韵，一韵附声），ㄧㄢ ㄧㄤ ㄨㄢ ㄨㄤ ㄨㄣ ㄩㄢ ㄩㄥ（以上七韵，二韵附声）

（五）

单声和单韵都是音素，复声、声化之韵、复韵和附声之韵都不是音素。但单声中的“ㄅ”和“ㄆ”、“ㄉ”和“ㄊ”、“ㄍ”和“ㄎ”都只是一个音素；复声等等，虽非音素，而其中所含之音素，颇有出于十八个单声和七个单韵之外者。所以国音中所含的因素，不能说就是这十八个单声和七个单韵。

国音中所含的因素，计有二十个声和十五个韵，如下：

声二十个：ㄆ ㄇ ㄈ ㄊ ㄋ ㄌ ㄎ ㄫ ㄏ ㄒ| ㄬ ㄒ ㄧ┻ㄕ| ㄕ ㄖ ㄙ| ㄙ ㄙ· ㄦ┻

韵十五个：ㄧ ㄨ ㄩ ㄚ ㄛ ㄜ ㄝ ㄚ┣ ㄧ┳ ㄭ ㄨ┳ ㄭ ㄭ ㄝ┳ ㄛ┳

（三）（四）（五）三节中所用的符号，先在这里说明：“┻”是上升的符号，“┳”是下降的符号，“┣”是外出的符号，“··”是集中的符号，“|”是破裂声的符号，“ɡ”是舌叶声的符号。（以上都是发音学上的符号。）“ノ”是浊声的符号（这是部令公布的符号）。“ㄜ·”此

母就“ㄛ”母加“·”以示与“ㄛ”音有异。这是一九二〇年（民国九年）五月二十日国语统一筹备会中所规定的。

（六）

以上已将注音字母的来历，国音所用的声母、韵母和国音的音素一一述说了。现在要说国音的发音。

说明发音的第一步，就是这别声和韵。

人们的发音机关，从声门到嘴唇，凡彼此邻近的部位很容易相接触。当发音的时候，某某两部位互相接触，使气流受阻所成的音，为声；不受阻而得自由外泄的音，为韵。

（七）

声之类别有三点：（ㄅ）阻之地位，（ㄆ）阻之方法，（ㄇ）清声与浊声。

国音之声素二十个，加上“ㄪ”母，共有二十一个（“ㄪ”母虽为国音所不用，但清音字母为国音所不用者，只此一母，现在也就顺便说及）。

这二十一个声，其阻之地位有七处：1. 两唇阻，这是下唇与上唇相接触所成的声，即“ㄆ”“ㄇ”二音。2. 唇齿阻，这是下唇内缘与上齿相接触所成的声，即“ㄈ”“ㄪ”二音。3. 舌尖阻，这是舌尖抵及上牙床所成的声，即“ㄊ”“ㄋ”“ㄌ”“ㄦ┴”四音。4. 平舌叶阻，这是将舌头伸平，而舌叶与上牙床相接触所成的声，即“ㄙㄧ”“ㄙ”“ㄙ,”三音。5. 翘舌叶阻，这是将舌叶翘起抵及上牙床的后部所成的声，即“ㄕㄧ”“ㄕ”“ㄖ”三音。6. 舌前阻，这是舌前部上升，与硬颚相接触所成的声，即“ㄒㄧ”“ㄬ”“ㄒ”“—┴”四音。7. 舌后阻，这是舌后部上升，与软颚相接触所成的声，即“ㄎ”“ㄫ”“ㄏ”三音。

上述七阻的声，其阻之方法有四种：1. 破裂声，亦名“塞声”，发音时气流在口腔中被阻，始而完全阻塞，继则突然移开，使被阻之气爆发而出者，即“ㄆ”“ㄊ”“ㄙㄧ”“ㄕㄧ”“ㄒㄧ”“ㄎ”六音。2. 鼻声，发音时口腔中被阻的部分也是完全阻塞，但因软颚下降，闭住口腔的通道，以致气流从鼻腔中泄出者，即“ㄇ”“ㄋ”“ㄬ”“ㄫ”四音。3. 边声，亦名“分声”，发音时将舌尖抵住上牙床，使气流分由舌尖的两边漏出者，即“ㄌ”音。4. 摩擦声，亦名“通声”，发音时被阻之某某两部位虽相接触，但气流仍能摩擦而通过者，即“ㄈ”“ㄪ”“儿⊥”“ㄙ”“ㄙ,”“ㄕ”“ㄖ”“ㄒ”“一⊥”“ㄏ”十音。

破裂声和鼻声，口腔中的通道完全阻塞，叫做“全阻”。边声和摩擦声，口腔中通道但逼窄而已，并不完全阻塞，叫做“半阻”。发破裂声与发其他三种声，所费时间的久暂彼此不同。破裂声为“暂声”，单是作势时成阻，到出声时便须除阻。鼻声、边声和摩擦声为“久声”，自始至终，阻塞如一。暂声之成，应分两部分：（1）成阻；（2）气爆发破阻，久声则无此区别。这是暂声和久声的不同之点。

声有清声与浊声之别。发音时不颤动声带的是“清声”，亦名“无音之声”。颤动声带的是“浊声”，亦名“带音之声”。“ㄆ”“ㄈ”“ㄊ”“ㄙㄧ”“ㄙ”“ㄕㄧ”“ㄕ”“ㄒㄧ”“ㄒ”“ㄎ”“ㄏ”十一音为清声，“ㄇ”“ㄪ”“ㄋ”“ㄌ”“儿⊥”“ㄙ,”“ㄖ”“ㄬ”“一⊥”“ㄫ”十音为浊声。

（八）

国音的声素，上文已经讲明。现在要说国音所用的二十四个声母及“ㄪ”母共二十五个声母的发音了。

二十五个声母中“ㄇ”“ㄈ”“ㄪ”“ㄋ”“ㄌ”“ㄫ”“ㄏ”“ㄬ”“ㄒ”“ㄕ”“ㄖ”“ㄙ”“儿⊥”十三母，都是音素，其发音已详上节，不必再论，这里要说明的是“ㄅ”“ㄆ”“ㄉ”“ㄊ”“ㄍ”“ㄎ”六母和“ㄐ”“ㄑ”“ㄓ”“ㄔ”“ㄗ”“ㄘ”六母。

（1）“ㄅ”与“ㄆ”都是“p”（这是万国发音学字母，以后凡不注明的都是他），“ㄉ”与“ㄊ”都是“t”，“ㄍ”与“ㄎ”都是“k”，在声的自身毫无区别。那么，何以与韵拼合，显然分成二音，如“波ㄅㄛ”与“坡ㄆㄛ”、“戴ㄉㄞ”与“太ㄊㄞ”、“岡ㄍㄤ”与“康ㄎㄤ”绝不能相通呢？这不是声的不同吗？不是，不是。这不是声的不同，乃是“流音”的不同。

什么叫做“流音”？

高元的《国音学》[①] 第二节（二十）有详细的说明，现在录在下面："当两个音连续发出，中间气流绝不间断，而语音机关却由一个地位变化到别个地位，那时候必定发生一种中间的音，这中间的音，便叫做'流音'，就是说由一个音流到第二个音的意思。譬如我们说'ㄍㄚ'，我们不独可以得'ㄍ'及'ㄚ'两个音，并且可以得一个音，经过由'ㄍ'的舌根（按，即舌后〉升起地位到'ㄚ'的舌下降地位而发的。这个流音并未有定形，既不是在'ㄍ'的极端，也不是在'ㄚ'的极端，不过由'ㄍ'及'ㄚ'之间的所有中间地位组成的，他经过这些中间地位，全没有一点停留。"他又说："为事实上便利，有时在音之自身中，将他的进行分为两段，这前半也叫做'前流'，后半也叫做'后流'"（按，高氏书中说"前流"和"后流"都有两个意义，这所引的是第二个意义，那第一个意义和这里无关）。这是"流音"的意义。

流音的意义明白了，便可解决"p"分为"ㄅ""ㄆ"、"t"分为"ㄉ""ㄊ"、"k"分为"ㄍ""ㄎ"的问题了。解决这问题，现在也引高元的话，他说："我们现在为解答'ㄅ'与'ㄆ'等区别问题之便利上，单就塞声后流一部详细分析。无论何声都有清浊相配，流音也同声的自身一样，有清浊之分。所以把塞声自身之清浊，与后流之清浊，两两相乘，便得四类：a. 清塞气流，如'佗（ㄊㄛ）'；b. 清塞浊流，如'多（ㄉㄛ）'；c. 浊塞气流，如泰州、如皋、南通之'驼（ㄊㄛ）'；d. 浊塞浊流，如江浙之'驼（ㄉㄛ）'。"

"清塞"，谓塞声中之清声。"浊塞"，谓塞声中之浊声。"气流"，谓读流音时，只送气而不颤动声带，旧称为"送气"。"浊流"，我以为应称为"音流"，谓读流音时即已颤动声带，旧称为"出声"（出声就是出音）。

---

① 高元：《高元国音学》，商务印书馆 1922 年版。该书用西方语音学理论讨论国音，张一麟、钱玄同、黎锦熙和胡适为该书作序。该书"绪论"中曾论及"国语""国音"的概念："国音学 Chinese Phonetics 是一种科学，研究音之原理的，这种音就是我们的'国语'由他来表现出来的"，"国语是全国地方通用的言语，我国的言语原来很复杂，近来想把他统一起来，就由国家制定一种'标准语 Standand Speech'，叫作国语。国语包括三部分：第一是国语组织之成分，叫做'名'（注一）从俗叫他做'词类 Parts of Speech'；第二是国语组织之形式，叫做'辞'（注一），从俗叫他做'文章 Sentences'；第三就是国语表现之工具，叫做'音 Sounds'"。

高氏所列 c、d 两类为国音所不用，现在暂且不去论他。单讲 a、b 两种，“ㄉ”与“ㄊ”同为清塞声，所以说在声的自身毫无区别。而“ㄉ”为音流，“ㄊ”为气流，所以说他们是流音的不同。高元又说：“‘ㄅ’与‘ㄆ’，‘ㄉ’与‘ㄊ’，‘ㄍ’与‘ㄎ’，就‘乐音化’（按，此谓颤动声带）上说，他们的自身，同是清的，可是他们的后流，前者是浊的，后者是清的——这就是他们的区别的处所。”“ㄅ”“ㄆ”“ㄉ”“ㄊ”“ㄍ”“ㄎ”六个字母中都附有“流音”在内，则严格的论，实在不能说他们是音素了。但是国音字母中没有专标“p”“t”“k”三声的字母，则只好在这六个字母中借三个来作为“p”“t”“k”三个因素的记号。“ㄅ”“ㄉ”是音流，读到他们的后流，须要出音，容易误听为浊声之“b”“d”“q”，所以借用气流之“ㄆ”“ㄊ”“ㄎ”。而且读纯粹的清塞声，绝不能使人听见，我们读“p”“t”“k”的时候，总是附有气流读成“ㄆ”“ㄊ”“ㄎ”的，那么，用“ㄆ”“ㄊ”“ㄎ”三母表示“p”“t”“k”三个音素，也不算错。

（2）“ㄐ”“ㄑ”“ㄓ”“ㄔ”“ㄗ”“ㄘ”六母，都是两声复合，所以说他们是复声。他们都是破裂声和摩擦声复合的：

破裂聲		摩擦聲		複聲
ㄒ丨	+	一丄	=	ㄐ
ㄒ丨	+	ㄒ	=	ㄑ
ㄕ丨	+	ㄖ	=	ㄓ
ㄕ丨	+	ㄕ	=	ㄔ
ㄙ丨	+	ㄙ,	=	ㄗ
ㄙ丨	+	ㄙ	=	ㄘ

上节所述音素“ㄙ丨”“ㄙ,”“ㄕ丨”“ㄒ丨”“一丄”五音，国音中并不单用，只存在于这个复声之中。

这六母既是复声，何以听起来和别的复合音不同，好像只有一个音呢？这是因为他们和韵拼合，中间没有流音存在的原故。他们没有流音，是因为流音的地位给他们复合的后音（摩擦声）占据了，那么我们也不妨说他们这后一音是那前一音的流音。有人称这类的复声为“流音声”，很有道理。

我个人的臆想，这六个复声，大概本是单声，本来只有破裂声，也是有“音流”和“气流”的区别，即：

ㄐ. 本　是　ㄒı　+　音　流,

ㄑ. 本　是　ㄒı　+　氣　流,

ㄓ. 本　是　ㄕı　+　音　流,

ㄔ. 本　是　ㄕı　+　氣　流,

ㄗ. 本　是　ㄙı　+　音　流,

ㄘ. 本　是　ㄙı　+　氣　流.

因读“ㄒı”“ㄕı”“ㄙı”三个破裂声不能像读“ㄆ”“ㄊ”“ㄎ”三个破裂声那样清晰，于是他们的势力遂为流音所夺，那不清晰的流音反读成很清晰的摩擦声，而与这破裂声融合为一，成为这样一种“流音声”，所以原来是“音流”的变为“ㄧɹ”“ㄖ”“ㄙʼ”三个浊声，原来是“气流”的，变为“ㄒ”“ㄕ”“ㄙ”三个清声。我这种臆想，不知道对不对。

“ㄐ”“ㄑ”是舌前声，所以前一音用舌前破裂声之“ㄒı”“ㄓ”“ㄔ”是翘舌叶声，所以前一音用翘舌叶破裂声之“ㄕı”，“ㄗ”“ㄘ”是平舌叶声，所以前一音用平舌叶破裂声之“ㄙı”。但这是精密的说法，要是粗略一点，也可以说他们的前一音都是舌尖破裂声之“ㄊ”。舌叶和舌尖，本可算作一部分，则“ㄓ”“ㄔ”“ㄗ”“ㄘ”的前一音说他是“ㄊ”，固也可通。至于“ㄐ”“ㄑ”是舌前声，前一音用舌尖声之“ㄊ”似乎相差太远了，但国音之“ㄐ”“ㄑ”，其音已及舌叶，与“ㄓ”“ㄔ”之音极近，“ㄒ”音已近于“ㄕ”，本可合于“ㄓ”“ㄔ”“ㄕ”，只因尚有鼻声之“ㄬ”不能归于舌叶阻，所以表面上不能不留舌前阻之名。但事实上“ㄐ”“ㄑ”既与“ㄓ”“ㄔ”之读音极近，则前一音用“ㄊ”，也不能说他大谬不然。

（附言）“ㄧ、ㄨ、ㄩ”三母，本是韵母，部令规定兼作声母用。“ㄦ”母亦是韵母，一九二零年五月国语统一筹备会大会中议决兼作声母用。声母之“ㄨ、ㄩ”两声为国音所不用。“ㄧ”声则存在于“ㄐ”母之中，声母之“ㄦ”则国音中必须用及。北语往往于一个词后加“儿”字，如云“花儿”“杏儿”“一会儿”“慢慢儿”之类，此类“儿”字其读音与“儿童”“儿女”“儿戏”“儿子”之“儿”截然不同，后者为韵之“[illegible]”，前者为声之“[illegible]”。此等北语已有一大半为国语所采用，所以说声母之“ㄦ”国音必须用及。这些“儿”音都在词尾，决不至于“儿童”等“儿”音相混，所以在应用上，声之“儿”与韵之“儿”尽可同用“儿”，不加符号，以省麻烦。至于说明声音，则以一个声音用一个形式表示为宜，所以本编于声之“儿”加符号作“儿⊥”以示区别。韵母作声母用，发音学中本无此事，所以无此符号，部首中亦无规定。现在暂借用上升之符号“⊥”，声母之“一、ㄨ、ㄩ”亦加此符号作“一⊥、ㄨ⊥、ㄩ⊥”。因为读声之“j”“w”“ɥ”“ɹ”时比韵之“i”“u”“y”“ə′”舌体升得还要高，到了与上颚摩擦之程度，这是借用上升号的理由。

（九）

韵是能独立成音的，所以韵母的名称就读他们的本音。声则只有浊声因为颤动声带之故，读他们的本音时，还可以听见一点声音。清声就不容易听见了，而清塞声则尤其不能听见。可是读声母的名称时不能没有声音，因此，就在声的本音之后加上一个韵以便读出。二十五个声母，除“儿⊥”母不加韵以外（“儿⊥”是浊声，其本音可以单读；且此母兼作声母又是后来的规定，所以他的名称就不加韵母读了），其他二十四母附加之韵有四种，如左：“ㄅ、ㄆ、ㄇ、ㄈ、ㄪ、ㄉ、ㄊ、ㄋ、ㄌ、ㄍ、ㄎ、ㄫ、ㄏ”十三母加“ㄜ”韵，“ㄐ、ㄑ、ㄬ、ㄒ”四母加“一”，“ㄓ、ㄔ、ㄕ、ㄖ”四母加“ㄭ”韵，“ㄗ、ㄘ、ㄙ”三母加“ㄭ”韵。

名称加韵，专为读时之便利，故应加何韵，并无一定。这所加的韵，都是取那和声母之音最接近的“ㄅ”……“ㄏ”。旧所谓开口呼，接中韵之“ㄜ”最为便利，“ㄐ、ㄑ、ㄬ、ㄒ”，旧所谓齐齿呼，接前韵之“一”最为便利，“ㄓ、ㄔ、ㄕ、ㄖ”接声化韵之“ㄭ”最为便利，“ㄗ、ㄘ、ㄙ”接声化韵之“ㄭ”最为便利，所以也就接了这四个韵。这二十四母之中，“ㄇ、ㄪ、ㄋ、ㄌ、ㄫ、ㄬ、ㄖ”七母是浊声，其名称本可不加韵读，只因夹在许多清音中间，所以也就一律加韵了。

我们要大大的注意！这加韵的声母是声母的名称，只适用于读他们的时候，到了拼音的时候，必须把附加的去掉，单用他们的本音。万万不可误认名称为本音！我曾经对人说，“ㄤ”是“ㄚ”“ㄫ”二音的结合，“ㄣ”是“ㄜ”“ㄋ”的结合。有人驳我道，“ㄚ”怎么是“ㄚ”和“ㄫㄜ”【的】结合，“ㄣ”怎么是“ㄜ”和“ㄋㄜ”的结合呢！发这疑问的人，他就是不明白本音和名称的区别，他不知道“ㄫ”“ㄋ”的本音是

“ŋ”“n”，读为“ŋə”“nə”（＝“ㄫㄜ”“ㄋㄜ”）的只是他们的名称。明白这个道理，便可知道江苏音读旧东韵为“oŋ”，要是拼作“ㄛㄫ”，广东音读侵韵为“im”，要是拼作“一ㄇ”，俄国的“Tolstoj”要是拼作“ㄊㄛㄌㄙㄊㄛ一”，这中间的“ㄫ”“ㄇ”“ㄌ”诸母，丝毫没有错误。

（十）

韵的构成，气流虽不受阻厄而得自由外泄，但是要念到韵的变化，就应该研究左□之三点：（ㄅ）舌面之前后，（ㄆ）舌体之升降，（ㄇ）嘴唇之圆否。

现在把第五节所述国音十五个韵素之发音，依这三点分别说明：（ㄅ）舌面之前后。舌面之部分，在硬颚之下者为舌前部，在软颚之下者为舌后部。舌前部之韵叫做“前韵”，即“一、ㄩ、一ㄒ、ㄝ、ㄝㄒ、ㄚㄏ”六音。舌后部之韵叫做“后韵”，即“ㄨ、ㄨㄒ、ㄛ、ㄛㄒ、ㄚ”五音。此外尚有以舌前舌后混合部分为功用所成之韵，叫做“中韵”，即“ㄭ、ㄭ、ㄜ、ㄜ”四音。（ㄆ）舌体之升降。舌体能够升得很高，使颚与舌面之距离很近；也能够降得很低，使二者之距离很远；又能够在半高半低的程度，使二者之距离在不近不远地位。舌体升得很高的叫做“升韵”，即“一、ㄩ、ㄭ、一ㄒ、ㄨ、ㄨㄒ”六音。舌体升得半高的叫做“半升韵”，即“ㄝ、ㄭ、ㄭ、ㄛ”四音。舌体升得半低的叫做“半降韵”，即“ㄝㄒ、ㄜ、ㄛㄒ”三音。舌体降得极低的叫做“降韵”，即“ㄚㄏ、ㄚ”二音。（ㄇ）嘴唇之圆否。一个韵，因为嘴唇之或圆或否，可以读成两个声音，“一、一ㄒ、ㄝ、ㄝㄒ、ㄚㄏ、ㄭ、ㄭ、ㄜ、ㄚ”九韵是不圆唇韵，“ㄩ、ㄭ、ㄨ、ㄨㄒ、ㄛ、ㄛㄒ”六韵是圆唇韵。其中“一”与“ㄩ”两韵，同是前升韵，发音地位毫无不同，只因“一”为不圆唇，“ㄩ”为圆否，所以分成两韵了。

以上三点，已将韵之发音略略讲过了。还有一层应该注意的，就是舌前部的翘起点从升高到降低与舌后部的翘起点从升高到降低，决非彼此一致，成一平行线的。这个原故，是因为舌体愈升得高，则翘起点在舌前部者愈偏于前，在舌后部者愈偏于后。舌体渐降，则翘起点在舌前部者渐趋于后，在舌后部者渐趋于前。降到极低则翘起点在前在后几乎不能分别。所以舌体的运动，恰成一三角形。试读前升韵“一”与后升韵“ㄩ”，其音绝不相同，而前降之“ㄚ”与后降韵之“ㄚ”，则其音所差甚微，就可以明白这个道理了。

（十一）

现在要说国音四十一个韵母的发音了。

国音四十一个韵母之中，十五个是特制的韵母，三个是在韵母上加符号的，二十三个是两母结合的，称为“结合韵母”。但这不过是字母形式上的不同。讲他们的发音，不应该从这形式的不同上分别，应该从韵的性质上分别。国音之韵有四种：（1）单韵，（2）声化之韵，（3）复韵，（4）附声之韵。第四种附声之韵，就音理上说，实在不能说他是韵。他是韵和声相拼合，与声和韵相拼是同样的性质，不必特制一个字母，但取韵声两母结合了，就可表示其音。例如“ㄤ”为“ㄚ”韵拼“ㄫ”声，即可作“ㄚㄫ”，“ㄣ”为“ㄜ”韵拼“ㄋ”声，即可作“ㄜㄋ”是也。但就事实上说，这种附声之韵，在中国旧韵书上都是和纯粹的韵一样看待，久已成为习惯，所以读音统一会制造注音字母，也把他们特制几个韵母。

这四十一个韵母中，有单韵七个、声化之韵三个、复韵十六个、附声之韵十五个，前于第四节中已经说过，现在把他们分别述说。

（1）“ㄧ、ㄨ、ㄩ、ㄚ、ㄛ、ㄜ、ㄝ”七个单韵，都是音素，其发音已详第十节，不必再论。

（2）国音中的“儿”韵与“之、驰、诗、日”诸字之韵、“子、此、司”诸字之韵，都是声化之韵。声化之韵的意义，高元的《国音学》第三章第三节（四十）说得很明白，如左：“声化的韵，其实可说是一种中性的音。他的口程比一切分声或通声的口程都宽些，可以勉强算是自由的，所以他是韵不是声。但他的舌之某部分［部］与口盖（案，即上颚）某部分相抵触或相密切，所以他的舌之作用实包含了那声的倾向，所以又不能说他是纯粹的韵，却带了几分声之色彩。究竟他所涵韵之性质比较他所涵声之性质多些，因为他究竟有自由的口程，不过大有发生阻碍的倾向罢了。”

凡是舌尖化的韵，读中韵“ㄜ”的时候，将舌尖卷起向颚，即成

“儿”韵。舌尖卷起向颚，乃是读“ㄦ”声的状态，所以“儿”韵是读“ㄜ”韵而兼有“ㄦ”声的倾向的。

“之、驰、诗、日”诸字之韵是舌叶化的韵，读中韵“ㄝ”的时候，将舌叶翘起与上牙床的后部相接触，即成此韵之音。舌叶翘起与上牙床的后部相接触，乃是读“ㄖ”声的状态，所以“之、驰、诗、日”诸字之韵是读“ㄝ”韵而兼有“ㄖ”声的倾向的。这韵未制字母，现在以“ㄝ”表之。

“子、此、司”诸字之韵也是舌叶化的韵。读中韵“ㄧ”的时候，将舌叶放平与上牙床相接触，即成此韵之音。舌叶放平与上牙床相接触，乃是读“ㄙ”声的状态，所以“子、此、司”诸字之韵是读“ㄧ”韵而兼有“ㄙ”声的倾向的。这韵也未制字母，现在以“ㄧ”表之。

这三个声化之韵，“儿”是专用他的自身而他又不与声拼合，所以并特制一个字母不可。“ㄝ”和“ㄧ”两韵，既不单用，且除与“ㄓ、ㄔ、ㄕ、ㄖ”及“ㄗ、ㄘ、ㄙ”拼合以外，绝不与其他声母拼合（本来这两韵的发生，就是因为与“ㄓ、ㄔ、ㄕ、ㄖ”及“ㄗ、ㄘ、ㄙ”拼合的原故，所以这两韵绝不与其他之声拼合），所以就不必特制字母，于注“之、驰、诗、日”及“子、此、司”时，就单用“ㄓ、ㄔ、ㄕ、ㄖ”及“ㄗ、ㄘ、ㄙ”七个声母注音而读他们的名称了。但说明他们的发音，却不可没有音标，所以本编即就“ㄝ、ㄧ”两韵加上集中的符号“··”作“ㄝㄧ”，再就“ㄝ、ㄧ”两韵加上舌叶声的符号“ˎ”作“ㄝㄧ”，以表示其为舌叶化之中韵。

（3）复韵是复合二个或二个以上的单韵而成的韵，他们的发音方法，是舌体以很快的运动，从三角形中的某一部位转到别一部位而成的。韵母中有“ㄞ ㄟ ㄠ ㄡ”四个复韵，结合韵母中有“ㄧㄚ ㄧㄛ ㄧㄝ ㄧㄞ ㄧㄠ ㄧㄡ ㄨㄚ ㄨㄛ ㄨㄞ ㄨㄟ ㄩㄝ ㄩㄝ”十二个复韵，总计国音所用之复韵有十六个。这十六个复韵之中，二韵复合的有十二个，三韵复合的有四个。如左：“ㄞ”，“ㄚ、ㄧ”二韵复合；“ㄟ”，“ㄝ、ㄧ”二韵复合；“ㄠ”，“ㄚ、ㄨ”二韵复合；“ㄡ”，“ㄛ、ㄨ”二韵复合；“ㄧㄚ”，“ㄧ、ㄚ”二韵复合；“ㄧㄛ”，“ㄧ、ㄛ”二韵复合；“ㄧㄝ”，“ㄧ、ㄝ”二韵复合；“ㄧㄡ”，“ㄧ、ㄨ”二韵复合；“ㄨㄚ”，“ㄨ、ㄚ”二韵复合；“ㄨㄛ”，

“ㄨ、ㄛ”二韵复合；“ㄩㄛ”，“ㄩ、ㄛ”二韵复合；“ㄩㄝ”，“ㄩ、ㄝ”二韵复合；“ㄧㄞ”，“ㄧ、ㄚ、ㄧ”三韵复合；“ㄧㄠ”，“ㄧ、ㄚ、ㄨ”三韵复合；“ㄨㄞ”，“ㄨ、ㄚ、ㄧ”三韵复合；“ㄟ”“ㄨ、ㄝ、ㄧ”三韵复合。

其中的“ㄧㄡ”韵，若就表面上看，应该是“ㄧ”“ㄝ”“ㄨ”三韵所复合，但事实上是读为“ㄧㄨ”，不读为“ㄧㄝㄨ”，所以说他是二韵复合。老实说，这是制结合韵母时拘守旧日“等呼说”的错误。说详第十二节。

（4）韵母中有“ㄢㄣㄤㄥ”四个附声之韵，结合韵母有“ㄧㄢ ㄧㄣ ㄧㄤ ㄧㄥ ㄨㄢ ㄨㄣ ㄨㄤ ㄨㄥ ㄩㄢ ㄩㄣ ㄩㄥ”十一个附声之韵，总计国音所用附声之韵有十五个。这十五个附声之韵之中，一韵附声的有八个，二韵附声的有七个。一韵附声的八韵之中，附“ㄋ”声的有四个，附“兀”声的有四个。二韵附声的七韵之中，附“ㄋ”声的有四个，附“兀”声的有三个。如左：“ㄢ”，“ㄚ”韵附“ㄋ”声；“ㄣ”，“ㄜ”韵附“ㄋ”声；“ㄧㄣ”，“ㄧ”韵附“ㄋ”声；“ㄩㄣ”，“ㄩ”韵附“ㄋ”声；“ㄤ”，“ㄚ”韵附“兀”声；“ㄥ”，“ㄜ”韵附“兀”声；“ㄧㄥ”，“ㄧ”韵附“兀”声；“ㄨㄥ”，“ㄨ”韵附“兀”声；“ㄧㄢ”，“ㄧ、ㄝ”二韵附“ㄋ”声；“ㄨㄢ”，“ㄨ、ㄚ”二韵附“ㄋ”声；“ㄩㄢ”，“ㄩ、ㄝ”二韵附“ㄋ”声；“ㄨㄣ”，“ㄨ、ㄜ”二韵附“ㄋ”声；“ㄧㄤ”，“ㄧ、ㄚ”二韵附“兀”声；“ㄨㄤ”，“ㄨ、ㄛ”二韵附“兀”声；“ㄩㄥ”，“ㄧ、ㄨ”二韵附“ㄋ”声。

其中“ㄧㄣ、ㄩㄣ、ㄧㄥ、ㄨㄥ、ㄧㄢ、ㄩㄢ、ㄨㄤ、ㄩㄥ”八韵，所结合之二母与读音不合，这也是拘守旧日“等呼说”的错误，说详第十二节。

（十二）

注音字母对于复韵和附声之韵，有特制韵母的，也有用二个韵母结合的。若从音理上说，只有单韵是音素，应该特制字母。那二韵复合的应该用两个单韵母结合，如“ㄞ”应拼作“ㄚㄧ”，三韵复合的应该用三个单韵母结合，如“ㄧㄠ”应拼作“ㄧㄚㄨ”。一韵附声的应该用一个单韵母和一个声母结合，如“ㄤ”应拼作“ㄚ兀”，二韵附声的应该用二个单韵母和一个声母结合，如“ㄨㄣ”应拼作“ㄨㄜㄋ”。（声化之韵，则须于单韵母之旁加声化符号，如“儿”应作“ㄜ”，“ㄟ”为舌尖化的符号。）但如此结合，虽契合于音理，然不甚适宜于注音。因注音于汉字之旁，若字母过多，则书写和印刷都觉不便，例如“天”字之注音作“ㄊ一ㄝ丂”须用四母，“将”字之注音作“ㄙ'一ㄚㄫ”，须用五母（从音理说，复声也应该用二个单声母结合，故“ㄗ”应作“ㄙㄙ”是也）。所以为注音便利计，不如不管他单韵和声化之韵，复韵和附声之韵，一律都特制韵母（“[illegible]”和“[illegible]”两个声化韵，也可照“儿”母之例，特制二母）。但注音字母也不尽用此法，复韵之中只有“ㄞ、ㄟ、ㄠ、ㄡ”四韵特制韵母，附声之韵中只有“ㄢ、ㄣ、ㄤ、ㄥ”四韵特制韵母，此外则皆用“一、ㄨ、ㄩ”三韵母与别的韵母结合。他所以要如此做的原故，完全因为受了旧日“等呼说”的支配。

等呼之说，大概起于宋代，郑樵的《通志七音略》中将《广韵》二百零六韵合为四十三图，每图各分四等。他那各等的不同，以前的人从没有说得明明白白的，最近高元著《则［国］音学》，其中“辟等呼论”一篇，有一段说明这问题的话，现在引在左面：“宋元派之分等，以‘音节’为标准……大抵一等音节最低，二等稍高，三等更高，四等最高……音节之顺序，大抵合后韵最低，以渐下降而至于开后韵，以次就到中韵，再次就到前韵；而前韵则先由开前韵，渐次到合前韵为最高。宋元四等之说，其次序亦略仿此，大抵一、二两等属于后韵或中韵，三、四两等属前韵，而一、四两等舌之位置，又大抵比较二、三等高。所以这种排列，其舌之升降，适成一‘三角形运动’，其运动之路可分二种：或由较合的后韵，经过较开的后韵及较开的前韵，到较合的前韵；或由中韵经过较开的前韵，到较合的前韵。有时没有单纯的韵时，则用复韵配合，这复韵所含各单韵中，至少有一个单韵依着以前所说的路径运动。由这舌的三角形运动，便造成音节之顺序。这个原则乃是由宋元等韵各书所陈列事实归纳出来。”（按高氏所谓开韵即本编之降韵，合韵即本编之升韵。）

高氏说《七音略》之分等如此，很有道理，但这是宋人对于《广韵》一系韵书之分等。到了元朝，《中原音韵》出世，分韵大变《广韵》一系韵书之书面目，而分等之法亦因之而大变。《中原音韵》中未曾将当时的“新等呼说”说明，但我们看他的分韵法，便知道他确是每韵分等，而分等之法，与后来的韵书直到《德音字母》完全相同，因此，知道这种“新等呼说”是起于《中原音韵》之时。

这类的分等法，是将一个韵部中容纳四种声音。第一种叫做“开口呼”，简称为“开”，就是本韵之音。第二种叫做“齐齿呼”，简称为“齐”，是在本韵之前加“一”韵的。第三种叫做“合口呼”，简称为“合”，是在本韵之前加“ㄨ”韵的。第四种叫做“撮口呼”，简称为“撮”，是在本韵之前加“ㄩ”韵的。潘耒的《类音》中说：“初出于喉，平舌舒唇，谓之开口。举舌对齿，声在舌颚之间，谓之齐齿。敛唇而蓄之，声满颐辅之间，谓之合口。蹙唇而成声，谓之撮口。”

这种分法，在音理上是说不通的，因为开口呼之韵与齐齿、合口、撮口三呼之韵性质是不同的。若开口是单韵，则齐、合、撮是二韵复合之复韵，例如开口为“ㄚ”，则齐合撮为“一ㄚ”“ㄨㄚ”“ㄩㄚ”。若开口是二韵复合之复韵，则齐、合、撮是三韵复合之复韵，例如开口为“ㄞ”，则齐、合、撮为“一ㄞ＝一ㄚ⊢一丅”“ㄨㄞ＝ㄨㄚ丅 一丅”“ㄩㄞ＝ㄩㄚ⊢一丅”。附声之韵，亦可以此类推。照此说来，把这四种声音合成一韵，实在是紊乱单韵和复韵界限，又是紊乱二韵复合和三韵复合的界限，在音理上如何说得通呢？若说齐、合、撮三呼之后一音与开口呼相同，故可合为一韵，这更没有道理，高元说得很痛快，他说：“如拿‘ㄚ’‘一ㄚ’‘ㄨㄚ’‘ㄩㄚ’而比较其唇化，如果可以‘一、ㄨ、ㄩ’比‘ㄚ’而断为异，又何不可以‘ㄚ、ㄚ、ㄚ、ㄚ’为比而断为同？”［按高氏说，开是自然唇，齐是平唇，二者皆为不圆唇。合是内圆唇，撮是外圆唇（二者皆为圆唇），他称这类的分等为“等呼唇化说”。］

但此等定韵之法，若每韵都能一致，则虽不合音理也还不失为一种便于记忆的方法。可是他又不能每韵一致。现在先把国音“ㄚ、ㄛ、ㄝ、ㄞ、ㄟ、ㄠ、ㄡ、ㄢ、ㄣ、ㄤ、ㄥ”十一之四等列在左面，（“一、ㄨ、ㄩ、ㄜ、ㄦ、ㄝ̈、ㄝ̈”七韵都只有一等，故不列入。）

開	齊	合	撮
(1)ㄚ(ㄚ)	一ㄚ(一ㄚ)	ㄨㄚ(ㄨㄚ)	○
(2)ㄛ(ㄛ)	一ㄛ(一ㄛ)	ㄨㄛ(ㄨㄛ)	ㄩㄛ(ㄩㄛ)
(3)ㄝ(ㄝ)	一ㄝ(一ㄝ)	○	ㄩㄝ(ㄩㄝ)
(4)ㄞ(ㄚ⊢一丅)	一ㄞ(一ㄚ⊢一丅)	ㄨㄞ(ㄨㄚ⊢一丅)	○
(5)ㄟ(ㄝ̈一丅)	○	ㄨㄟ(ㄨㄝ̈一丅)	○
(6)ㄠ(ㄚㄨ丅)	一ㄠ(一ㄚㄨ丅)	○	○

(7)ㄡ(ㄜㄨ) ㄧㄡ(ㄧㄨ) ○ ○
(8)ㄢ(ㄚㄋ) ㄧㄢ(ㄧㄝㄋ) ㄨㄢ(ㄨㄚㄋ) ㄩㄢ(ㄩㄝㄋ)
(9)ㄣ(ㄜㄋ) ㄧㄣ(ㄧㄋ) ㄨㄣ(ㄨㄜㄋ) ㄩㄣ(ㄩㄋ)
(10)ㄤ(ㄚㄫ) ㄧㄤ(ㄧㄚㄫ) ㄨㄤ(ㄨㄛㄫ) ○
(11)ㄥ(ㄜㄫ) ㄧㄥ(ㄧㄫ) ㄨㄥ(ㄨㄫ) ㄩㄥ(ㄧㄨㄫ)

这里面只有（1）（2）（3）（4）（5）（6）六韵的分等，没有错误。（7）（8）（9）（10）（11）五韵中，都有不合的分配：“ㄡ”音为“ㄜㄨ”，则“ㄧㄡ”音应为“ㄧㄜㄨ”。今之“ㄧㄡ”读为“ㄧㄨ”，则不是“ㄡ”的齐齿，不应该拼作“ㄧㄡ”。“ㄢ”和“ㄨㄢ”既然是一开一合，则其齐撮二呼之“ㄧㄢ”“ㄩㄢ”音应为“ㄧㄚㄋ”“ㄩㄚㄋ”，今之“ㄧㄢ”“ㄩㄢ”读为“ㄧㄝㄋ”“ㄩㄝㄋ”，则不是“ㄢ”“ㄨㄢ”的齐撮，不应该拼作“ㄧㄢ”“ㄩㄢ”。“ㄣ”和“ㄨㄣ”既然是一开一合，则其齐撮二呼之“ㄧㄣ”“ㄩㄣ”音应为“ㄧㄜㄋ”“ㄩㄜㄋ”。今之“ㄧㄣ”“ㄩㄣ”读为“ㄧㄋ”“ㄩㄋ”，则不是“ㄣ”“ㄨㄣ”的齐撮，不应该拼作“ㄧㄣ”“ㄩㄣ”。“ㄤ”和“ㄧㄤ”既然是一开一齐，则共合口呼之“ㄨㄤ”音应为“ㄨㄚㄫ”。今之“ㄨㄤ”读为“ㄛㄫ”，则不是“ㄤ”“ㄧㄤ”的合口，不几［应］该拼作“ㄨㄤ”。“ㄥ”音为“ㄜㄫ”，则“ㄧㄥ”“ㄨㄥ”“ㄩㄨ”音应为“ㄧㄜㄫ”“ㄨㄜㄫ”“ㄩㄜㄫ”。今之“ㄧㄥ”读为“ㄧㄫ”，“ㄨㄥ”读为“ㄨㄫ”，“ㄩㄥ”读为“ㄧㄨㄫ”，则不是“ㄥ”的齐合撮三呼，不应该拼作“ㄧㄥ”“ㄨㄥ”“ㄩㄥ”。

所以直捷痛快的说，这“ㄧㄡ”“ㄧㄢ”“ㄩㄢ”“ㄧㄣ”“ㄩㄣ”“ㄨㄤ”“ㄧㄥ”“ㄨㄥ”“ㄩㄥ”九个结合韵母都是拼错的。这拼错的来由，还是为这种四方形的分等说所误。这种四方形的分等，牢固于脑中而不可破，于是多方想法，总想多配几个四等，只要看见有“ㄧ、ㄨ、ㄩ”，也不问这“ㄧ、ㄨ、ㄩ”后面的韵如何，也不问这“ㄧ、ㄨ、ㄩ”的后面还有没有韵，只顾乱牵乱扯，把他们和没有“ㄧ、ㄨ、ㄩ”的配成四等，就算完事。这种毛病，《中原音韵》已渐萌芽，到了《字母切韵要法》和《五方元音》牵扯得愈加无理，如《字母切韵要法》竟把“ㄜ、ㄧ、ㄨ、ㄩ”四个全不相干的韵配成一韵，这算是绝大的笑话了。

注音字母承袭了这种谬误，所以（7）（8）（9）（10）（11）五韵中都有拼错的结合韵母。现在这种拼法，已经“约定俗成”自然不便再改，不过讲到发音，却不能不把他们的谬误老实说明。

此外尚有“ㄧㄞ”“ㄧㄤ”“ㄨㄟ”“ㄨㄣ”四音，读时似乎与结合的二母亦微有不合，即“ㄧㄞ”似非“ㄧㄚ⊢ㄧ⊤”而是“ㄧㄚ⊢⊥ㄧ⊤”，“ㄧㄤ”似非“ㄧㄚㄫ”而是“ㄧㄚ⊢ㄫ”，“ㄨㄟ”其前拼声母时，似非“ㄨㄝㄧ⊤”而是“ㄨㄧ⊤”。“ㄨㄣ”其前拼声母时，似非“ㄨㄜㄋ”而是“ㄨㄋ”是也。这与上文所说因拘守分等而致拼错者不同。“ㄧㄞ”中之“ㄚ⊢”变为“ㄚ⊢⊥”者，因其前有“ㄧ”韵，是升韵，于是“ㄚ⊢”受其牵制而略升高变为“ㄚ⊢⊥”了。“ㄧㄤ”中之“ㄚ”变为“ㄚ⊢”因其前有“ㄧ”韵，是前韵，于是“ㄚ”受其牵制而变为前韵之“ㄚ⊢”了。至于“ㄨㄟ”“ㄨㄣ”二音，单用时并无变化，其前拼了声母，偶有省略其中之“ㄝ”“ㄜ”者，然非一定省略，这只可认为偶然的变化。所以这四音虽微有变迁，仍可以不变论。

（《国语月刊》1922年第1卷第1—4期）

1923 年文献

教育部部令

第一号十二年一月五日

（江仁绂调部任用）

江仁绂调部任用，仍在国语统一会办事并兼秘书处办事。此令。

（《教育公报》1923 年第 10 卷第 1 期）

教育部批文

第十九号十二年一月十三日

（批上海商务印书馆《国语留声片》

（八片）课本一册准予审定原片及课本发还文）

呈暨《国语留声片》（八片）课本一册均悉，当将该件交付国语统一筹备会审查。

兹据该会复称："现经本会审查干事共同查得：这片分国音、国语两部共计十六课。第一课，拣着最常用的词语作注音字母读音的例，可以使学习的人容易明了，末了附一个歌咏叹以出之，更足以唤起兴味。第二课，拼法举例，把特别变音的结合韵母十个，另自列为一类，使人注意，很是合法；其没有国音字的拼音特举十个，列为一类，使人知道注音字母活用于方言和外国语的方法。第三、四两课，把两拼、三拼所有的各字列为两个表，使人一目了然。第五、六两课，校正方音，虽调查还未精密完全，但已可使各地方学习国音的，对于自己的方音能够得到一个特别的指示，这可算是苦心经营之点。第七课，辨别字音的声调，排列的方法活泼有趣，便于教学；不过五声之阴平、阳平、上、去都把北京的语音作标准，而入声却标准南京，这一层当现在国音还没有规定声调标准的时候，事势上还算可行，且等将来规定标准之后，再行按照修订。第八课，从语词上说明北京上声字变调的规则，更足以作练习国语和深究语音的帮助。以上国音之部，各课发音清晰正确，编次也详略得宜。第九至第十一课，按着国语文法把词类、语句、标点、成语编列朗读出来。第十二课，用故事和交际上的教材编成会话。第十三课，把用国音和用京音的话设为问答，对照说出，以见相差有限，不成争执的问题。第十四课，选读近来语体文和诗歌可作学校教学国语文读法的榜样。以上国语之部，各课教材大都富于文学的意味，语音字调高下中节，辞气之间抑扬合度。虽其中有入声字的语句，说来有些像江北一带的口音，但从国语的源流和范围上看来，这也不足为病。合查以上各课，发音明确，取材活泼，于国语国音的传习很有益处，究竟应该怎样批示”等因；据此，应准审定作为各学校各讲习所国语教科之用，原片及课本发还。此批。

（《教育公报》1923 年第 10 卷第 1 期）

教育部咨文

第一百五十九号十二年二月二日

（咨各省省长送汉字旁注注音字母铜模样本文）

为咨行事

现准国语统一筹备会函称：“本会于十一年八月开常年大会议决‘请奖商务印书馆铸造汉字旁注注音字母铜模’一案，曾经在十月中陈报所拟奖励办法请采择施行在案。现由商务印书馆寄来铜模样本五十本，除本会留存十本备查外，特将样本四十本送请查阅”等因；到部，本部复核尚堪采用，除分行外，相应检同该样本咨行贵省长查照可也。此咨。

（附注）本案已同时训令各省教育厅。

（《教育公报》1923 年第 10 卷第 2 期）

教育部指令

第二百七十二号十二年二月七日

（令为拟具促进国语教育办法请鉴核由）

令吉林教育厅

呈一件拟具促进国语教育办法请鉴核由

呈暨吉林促进国语教育办法均悉。查所拟办法五项尚属妥洽，应准照办，此后务宜切实进行，以期国语教育推行尽利，是为至要。此令。

附办法

一、师范学校及讲习科应以国语为特重科目，对于现在高年级或低年级学生，须按其届满修业期限之远近，由校迅将该科教学钟点妥切支配，务使毕业时各具有相当之程度。

二、现任小学教员及其他学务职员，应利用下列各种集会补充或增进其国语知识：（甲）各县组设假期国语讲习会。每届寒暑假，由县知事招集所属小学教员及县视学劝学员、学务委员等入会讲习，对于未曾通晓国语、故意规避者，予以减薪或停职之惩戒处分。举行其他各种假期讲习会，会期在一月以上、将国语列为必要科目并多占讲习时数者，得免另立假期国语讲习会。讲习会之国语讲师，应于开会前由县知事缮具详细履历，呈经教育厅审核合格后方得延聘。讲习期满，其成绩在六十分以上者由会发给证明书，一面造册呈报教育厅并函报筹备国语统一会。受有前项证明书之小学教员，经省县视学查察认为无相当程度者，报明县知事或教育厅长将原给证明书撤销之。（乙）各校单独或联合组设国语教学研究会。前项教学研究会，因地方特别情形，得就旧有之小学教员研究会附带研究。每届三个月，应由县知事将各会研究人员及经过情形与其心得等项，填具书表呈报教育厅并函报筹备国语统一会。

三、各小学教员非具有左列资格之一者，关于国语科目应施行试验检定：（一）领有讲习会证明书者；（二）其国语教授经视察人员认为优良报告教育厅有案者，国语试验检定依照部令以十三年秋季起一律实行，不再展限。

四、省县视学视察国语教育，应格外注意县视学并应负巡回指导之责。自十二年春季起，各县视学于视察全县学务竣事具书报告时，另将该县国语教育推行状况详细陈述，并函报筹备国语统一会。因地方特别情形，由一县或二县以上，于县视学外得呈请教育厅特设国语教授巡回指导员，以资辅助。筹备国语统一会得随时派员视察本省国语教育，将视察所得由会呈请教育厅核办，其报告效力与省视学同。

五、省立通俗教育馆各县讲演所，应设法将注音字母传授一般失学之人，俾能渐辨方音并得阅览注音之书报。

（《教育公报》1923 年第 10 卷第 2 期）

“推行”注音字母的五周年纪念

（黎锦熙）

中华民国七年（一九一八）十二月一日，为《北京晨报》创刊之期，同年十一月二十三日，为注音字母公布之日（见《政府公报》）。注音字母本来是民国二年（一九一三）二月至五月，由读音统一会用严格的代议制度议决的，可是议决之后，一直到《北京晨报》出世的前一星期，他［她］才从教育部的档案橱中，脱离蠹鱼和耗子之厄，正式打扮出来和国民结婚。

那么《晨报》出世的五周年纪念，恰巧是注音字母“推行”的五周年纪念，现在不满意注音字母的，以为注音字母的本身倒没有什么罪过，只是不应该把他［她］“推行”得犹如潮涌一般。我却以为注音字母的本身并没有什么特长，就只是在这五年之中，能够把他［她］“推行”得犹如潮涌一般，可算得一种大堪纪念的成绩——所以特地替他［她］在这《晨报》的纪念刊中附带的作一个小小的纪念。

“妾身未分明，何以拜姑嫜”，这就是反对推行注音字母的人所持的理由，因为注音字母并不是用纯粹的科学方法制造出来的。所谓纯粹的科学方法就是：（一）定一种话的方言，如现在的北京语为标准语；（二）用发音学（Phonetics）的科学方法分析这种标准语的音素；（三）再用心理测验的方法规定这些标示音素的形体，即字母。民国二年读音统一会所制定的注音字母，并没有经过这种手续，所以是“妾身未分明”，她只应该一辈子躲在档案橱中，哪里能得大吹大擂的把她抬出来正式“拜姑嫜”呢？[①]

我特替她剖白如下：

（一）截至二十世纪的二十三年为止，实在还没有一个民族一个国家的表示语言的文字是能够用这样的纯粹的科学方法制造出来的。假令这个民族是“空桑之子”[②]，这个国家是“乌托之邦”，本无语言，更无文字，要临时现造一种语言文字出来，自然适用纯粹的科学方法。否则，无论怎么彻底的改革，总不能不带有点儿历史性，总不能不用过渡的船与桥。注音字母原是从衍形文字渡到拼音文字的船，原是让此岸的贵族和彼岸的平民得以互相交通的桥，我们只能尽量的设法，使她逐渐的改良，逐渐的科学化，断不能咎其既往，说她不合科学的手续而一笔勾销。[③]

（二）注音字母当初制定时并不是没有客观的标准，只是不曾确实指定用北京的方言为标准罢了。假若现在我们邀集了好几位语音学、心理学专家，用最科学的方法来测定北京方言的音素，也还有一个最重要的关键，若不识得，则专家所测定的结果和非专家所议定的注音字母，所

---

① 该文可与张士一《国语统一问题》（1921）对照参看，两篇文章在注音字母问题上各有立场（黎氏的社会历史观、张氏的语言教育观），各有所恃，有助于研究者进一步理解在注音字母制订与推行的过程中，民国时期的学术界、教育界和政府管理机构关于此问题遭遇的纠结矛盾以及后来寻求的解决突破。

② 空桑，古代中国传说中地名，出自《山海经》。

③ 黎锦熙在该文中以社会语言学视角，从“历史性”（即时间性）和“此岸的贵族和彼岸的平民”（社会空间）的两个维度讨论注音字母存在的合理性，这一思路对于民国时期语言政策研究极具启发意义，即民国时期的语言政策必须解决的基本语言问题：（1）传统中国的语言文字如何尽快地过渡为现代形式；（2）由社会的上层迅速推广至中下层。

差也不过五十步百步之间，同是一样的败下阵来，又何必以五十步笑百步呢？这最重要的关键是什么？就是问：你们用来作测验的对象的，是不是一个一个“汉字”的字音？注音字母原来就是依傍着汉字而议决的，她并不是某种语音的分析，乃是汉字读音的分析。须知中国自有科举制度以来，由汉而唐，将文字和文法逐渐的统一了；自唐而后，因为考试离不了有严格的韵律的诗赋，也就把文字的读音逼迫着向一条路上走，嘴里各说各的土话，书上却都要讲究用正韵读正音，试请一个北京人来读一个一个汉字的字音，他受了向来读书时传统的暗示，便不能够把他平常说话时真正的语音和盘托出。注音字母就是从汉字的读音上讨论出来，而又回归到范正读音的效用上面去的。[①] 她是上了汉字的当，并不怪没有客观的标准；她因为上了汉字的当，所以事实上也就“不能”而且“无须”确实指定北京的方言为标准。我们现在若不识得这个关键，打破这种桎梏，仍就拿汉字来作科学的测验的对象，这叫做“方法不错而材料全乖”（现在教育界关于文字的心理测验大半犯了这个毛病），名为测验北京的语音，其实满不是这回事。注音字母上了汉字的当，是公开的，她在这过渡时代是不能不上当的，而且情愿上当的。

（三）唯其她情愿上当，肯牺牲自己，她并不想厮守着她的丈夫，她并不以“暮婚晨告别”为“太匆忙”，她不想博姑嫜们的欢心，所以在这五年之内便得到了如许的成绩。我们若要列举注音的好处，就是“左右、上下、古今、中外无不攸宜”[②]。这话怎么讲呢？待我分项说明：

（a）左右　在文字改革的过渡时代，旧文字无论怎样的昏诞，总还要保持几十年的余威。注音字母在这汉字的势力之下，却能以委蛇柔顺见长，本来在公布的令文上就说她是“代反切之用”的。从前的反切因为借字标音，笔画繁多，不能标在字旁，必须注在字下；注音字母便可以和日本假名一样，与汉字相偎傍，使人一目了然。假名是注在字的右旁的，注音字母却可左可右：右旁若有旧式的浓圈或新式的标点，她便

---

① 黎锦熙认为注音字母的历史性在于它来源于汉字，由讨论汉字读音得出并以范正汉字读音为效用（原本隶属于汉字），现实性在于在文字改革的过渡时代，现实语言状况不得不要求用它来统一国音（现实要求它范正口语），历史与现实的矛盾导致了注音字母的种种问题。

② 注音字母试图从书写形式（“左右、上下”）、语音基础（“古今”）和使用传播（“中外”）三个层面解决其历史性与现实性的矛盾，实现文字过渡时期的历史使命。

让到左边去。

(b) 上下　横行的新图书，旁行斜上的旧表册，要注明代反切之用的音标，左右都不合式，注音字母便可以横陈在字的上面或下面。假若采用王照的官话字母和劳乃宣的简字，便没有这样上下的自由；反之，假若是用罗马字母来拼注汉字的音，固亦宜于上下的横陈，却不适于左右的侍立了。

(c) 古今　自来讲中国旧声韵之学的，大家视为了不得的专家，什么“工空□□”，什么“开齐合撮”，什么“双声叠韵”，什么“娘日归泥”，不拜名师之门，不识其中之窍。现在初级小学的学生只要读过一两本国语教科书，他便能够用注音字母把旧声韵学中间千言万语还说不明白的古音或方音，都一一的拼切出来，一一的读得唇吻毕肖。还有讲六书和训诂的专家，什么“转注假借”，什么“一声之转”，什么“同音通假”，现在初级小学的小孩子们全知全能，因为他们遇着写不出来或忘记写了的汉字，能够立刻拿注音字母来拼成其音，随宜运用。他们所作的文字委曲详尽，无不达之情，无不宜之意，便是因为能够完全运用古人用字的“通假”法。并且现在有了注音字母，作研究古学的工具，一切“古书疑义”，古音、古语、古文学中的声情，都有法子可以作简易真切的表示，这都是注音字母在“古”的方面的功绩。至于“今”呢，所谓“调查方言”，所谓“统一国语”，所谓“辅助识字”，所谓“代替汉字”，所谓“普及教育”，所谓“平民文学”，目前都是靠着她，这是通国皆知的，无庸我赘说了。

(d) 中外　我们当初若不是采用这种从汉字的单体初文蜕化而出的注音字母，而是直接采用世界通行的罗马字母，在这过渡时代的五年间，决不会有“推行”的成绩。用罗马字母拼切中国的方音，从明朝末年起，西洋来华的传教师便已实行。现在这种罗马字拼音的《圣经》，各地出版的约计还在一百种以上。他们常对我说，中国人写罗马字实在写不惯，很费力，一般平民学起来更不愿意。我们仔细一想，这时候要使他们平民不挨饿，自然只好把窝窝头发给他们，权且充饥，一来要合他们的脾胃，二来也得顾全他们的经济力。罗马字母实在是不好用毛笔写在薄纸上的，他们丢却现成的纸笔墨砚，要临时花钱去买钢笔墨水和铅笔厚纸等等，这就是大大的阻碍新文字的推行。注音字母是无论什么笔墨纸张都可以写的，而且是无论什么式样，或篆籀，或楷书，或碑体，或行草，或印刷体，或梵文体，乃至冒牌的罗马字体，都可以写出来，真是“仪态万方”。因此，她既适宜于“中”而又适宜于“外”。她不但组织法是拼音制，而且形体上也可以“世界化”。初级小学生若把注音字母的草书体式（民国十一年有正式公布的一种，见《政府公报》）练习好，便是一面练习了用毛笔作行草书的笔法，一面也就打好了用钢笔写外国文的基础，因为注音字母草书体式是可以用钢笔在习字贴上练习的，至于她能够使小孩子们从小就养成一副活泼流利的拼音口器，决不会像现在的老头子们说到拼音便莫名其妙，口舌便拙，齿牙不清，这是不待繁言的。至于她通行以后，能够多多的容纳外来语，以提高本国语言的程度，能够把表示语言的文字改良，使逐渐的世界化，这更是不待繁言的。现在国语界不是大家很起劲儿研究讨论国语罗马字母吗？注音字母的推行和这种罗马字运动，不但不相反，而且实相成，注音字母就是罗马字母的“急先锋”。我曾在另一篇文章里说过：“国语罗马字母乃是注音字母的‘别体’，只等制定了一个对照表就可以‘驾轻就熟’地通行全国。科学测验的新字母又是罗马字母的别体，将来制定了也只须一个对照表就可以‘蹑步追踪’地通行全国，乃至全世界。”（《国语月刊》第一卷十二期）

就以上 a. b. c. d. 四点看来，注音字母真是八面玲珑的好东西，好宝贝！

总而言之，注音字母这五年来的功绩，是彰彰在人耳目的。可是她的精神和生命全仗着“推行”两个字，若一定要“挑眼”注音字母的本身上，真可谓千疮百孔，真算不了什么东西。可是无论谁家所造的字母，乃至世界公用的罗马字母，乃至将来测定的科学字母，说来说去都是差不多的玩意儿，只看谁“行”得通，谁“推”得广，谁就是好的，何以故？注音字母无论怎样不好，在根本组织上，总比那一笔一画、乱七八糟的搭成几千几万个的方块头儿的汉字略胜一筹的，所以我又在另一篇文章里说过：“我们现在唯一的办法，就是极力推行注音字母，就是在小学校里首先教学注音字母，学会了注音字母，才许教汉字，简直地就可以拿注音字母替代汉字”。

有人说：既明知注音字母不是完全的彻底的新文字，为什么要这么使劲去推行她，等到推行普遍了，又要改换样子，这岂不是坑人吗？我答应说："无论如何，注音字母总比汉字好些，汉字把我们坑了好几千年，坑到第十八层地狱去了。现在的注音字母就只能把我们提到第十七层也是好的。我们尽管‘愿入地狱’——实在是地狱里住惯了——不愿超度，但是何必叫那些并未造孽的小孩子们一定要陪着您坑在这十八层地狱里，也永远不得翻身呢？"（《国语月刊》第一卷十二期）

古往今来，世界上哪里有"一劳永逸"的事情呢？注音字母也何尝不愿意"天长地久"呢？只因我们现在是立在战场上的人，所以她自己打算功成身退，情愿牺牲，只叫我们抱着文字改革的宗旨，向前奋斗。——起首断章取义的写来两句《新婚别》的杜诗，现在就继续的再抄几句作结——"誓欲随君去，形势反苍黄。勿为新婚念，努力事戎行。妇人在车中，兵气恐不扬"。她还向我们致其浓挚的悲哀——"自嗟贫家女，久致罗襦裳。罗襦不复施，大小必双翔。人事多错忤，与君永相望"。

那么我们更该深深的替她留一个永久的纪念了！

（《晨报五周年纪念增刊》1923 年第 12 月期）

国语统一筹备会第五次大会摄影

國語統一籌備會第五次大會攝影（中華民國十二年八月）

（《教育杂志》1923 年第 15 卷第 11 期）

1924 年文献

教育部训令

第九九号十三年四月十五日

（令为天津陈钢来信内开由）

令各省教育厅、京师学务局

据国语统一筹备会函称："准天津陈钢来信内开：贵会编订之《国音字典》每字下所注之平上去入四声，系指旧韵书所分配者言之，与国音不尽相合。其'群、定、澄、并、奉、从、邪、禅、床'九浊母及'匣'母一部分之字，云上声者当点去声，曾在该《字典》'例言'中详为说明，本极明了。乃各书局多视此为具文，近来所出版之字典及国语书中，对于浊上应读去声者均点上声，而各小学教授国语之教员复不求甚解，亦强使学生读为上声，读'运动'为'运董'，读'妇人'为'府人'。推其流弊之所极，必使国音读法益见分歧，贵会曾声明将来重订《国音字典》时逐字点声，此种误解自可免除。惟此事需时至多，只可挽救于将来，而儿童性情先入为主已成习惯，将来殊难变更。今宜急图挽救目前之法，由贵会呈请教育部饬各书局改正点声，并通告全国学校教授国语教员详为解释，庶正读音而免流弊。贵会以统一国语为志职，对于此事谅表同情，谨陈管见，以备采择，等因，准此。查五声读法《国音字典》'例言'，业经说明，倘能照办，本不致再生错误。惟书坊编辑及各校教员对于'例言'不加注意，在所难免。陈钢所陈不为无见，可否请由部令行各省教育厅及京师学务局转行各书局及各学校国语教员，对于

《国音字典》‘例言’中所讲五声读法加以注意，以免错误”等情，到部。查该会所陈于国语教授关系至巨，除由部迳函各书局遵照外，合即令行该厅、局知照转行所属各学校国语教员，遵照办理可也。此令。

部印

中华民国十三年四月十五日

（《政府公报》1924 年第 2904 号）

教育部咨文

第八百七十一号十三年六月二日

（咨各省区督促小学教员研究国语并如限加试该科实行检定文）

为咨行事

查小学教员研究国语各项科目一节，本部曾于十一年通行各省区督促进行，并声明嗣后检定小学教员亦应加试国语科目，限十三年秋季起一律实行在案。现距实行检定之期不远，各省区国语传习已否周遍，特再申前令，务望如期实行检定，并将办理情形报部备核，相应咨行贵公署查照办理。此咨

（《教育公报》1924 年第 11 卷第 7 期）

国语统一筹备会本届年会议案

（请组织“增修《国音字典》委员会”案等三案）

一　请组织“增修《国音字典》委员会”案

九年十二月，本会的审音委员会修正读音统一会所编的《国音字典》，当时因教育部已将“小学校国文改用国语”的部令公布，外间盼望公布《国音字典》甚切，不及详细增改，仅将普通常用字原来注音之不适实用者修正若干，印行“附录”，函请教育部公布以资应用。这原是一

时应急的办法，“附录”第十页中有这样一段话：“本会此次修订，改注之音既多，而对于此书之体例亦认为未能完善，本拟全体订正，即行重印。俟重印本出版，始请教育部公布。兹因外间需求甚急，故将普通应用之字须改注者先行改正，列为‘校勘记’，略加说明，作为‘附录’，以便提早公布。本会一面即预备重印《国音字典》之手续。”

但重印本中关于体例的修订和字音的增加，都非仔细讨论不可，这事不是很短的时日所能做成的。因此，于十年二月先依“附录”中已改正的音一律照改，印行《校改国音字典》一书。这《校改国音字典》出版至今，已有两年半了。这两年半以来，教育部在混乱的致象之中，几有不能维持之势，因之本会的事务也跟着停顿了不少，审音委员会不常开会，故重印《国音字典》这件事情，还没有眉目。我们在这两年半之中，依各人自己教授国音的经验和所得各方面教授国音者的报告，认为十年二月印行的《校改国音字典》有许多不适实用之点，到了现在实有增修的必要，不能再延缓下去了。前次修正《国音字典》，由审音委员会行之，但我们依教授的经验，觉得《国音字典》的增修不是“一劳永逸”的事。此次增修以后，将来增修的次数正多，应该在会中特设一个“增修《国音字典》委员会”，以专责成而利进行。这是我们提这案的意思。

现在的《国音字典》不适实用之点，试举数例如左：

（ㄅ）常用的字缺乏甚多。例如：“拼”“珲”“着”等字（“著”下有“ㄓㄛ”之音，此固即“着”字之音，但现在国语文中写“着”字并不从古作“著”，则“着”字必不可少）。

（ㄆ）注音多不适当。例如：

{① ㄉㄧㄥ 准顶，上迥，又上梗。
② ㄉㄚ 俗读如此。

{① ㄇㄡ 明开上有。如“父母”。
② ㄇㄨ 准模，平处，熬饵也。又“父母”之“母”俗读此音。

{① ㄒㄩㄣ 晓撮平文。
② ㄏㄨㄣ 俗读。

{① ㄐㄧ 见齐入缉。
② ㄍㄟ 俗义“给与”亦作此音。

实际的语音，“打”读“ㄉㄚ”，“母”读“ㄇㄨ”，“荤”读“ㄏㄨㄣ”，“给”字在与他字复合的词中读“ㄐㄧ”，如“供给”“给与”；单用的则读“ㄍㄟ”，如“我给你”。至于“打”音“ㄉㄚㄥ”，“母”音“ㄇㄡ”，“荤”音“ㄒㄩㄣ”，决非通用之音，实与“天明”读“汀茫”相似，“我给你”读为“ㄫㄜ ㄐㄧ ㄋㄚ”，也不成话。但因为《国音字典》中既将不通用之旧音列入，而又称通用之音为“俗读”，于是坊间编纂课本，内地传习国音，大率皆从第一音，致与实际的语音不相符合了。

（ㄇ）声调无明了之表示。这是《国音字典》中最大的缺点，《国音字典》最初印本的“例言（十一）”列一“南北中三部对于旧音四声之读法表”，九年十二月本会修正时嫌此表太不明晰，因于“附录”中说明“旧音清浊各四声与国音五声分配之异同”，同时即用此说明语修正“例言（十一）”。修正之语虽较为明晰，但依照那个标准去检查《国音字典》，不能适用之处甚多。例如上文所举之“母”字，依《字典》所载，读“ㄇㄨ”音的须读阳平！又《字典》中凡注“会读”等字样者，大半不注声调，偶有注的，又多谬误，例如“妈”字音“麻”，则须读阳平了！本来《国音字典》字下附列《音韵阐微》的“声类、等呼、声调、韵部”的用意，仅为参考旧音之用，这是“例言（十二）”中早已说明的，那么在国音上说，它们四项都是“死物”了。只因《字典》所注国音未曾标明声调，于是四项之中独此一项，只好权且认作“活物”，而事实上又不可尽据，这未免令人不知所从了。

上列三例，都是荦荦大端。即此看来，便可证明《国音字典》非赶紧增修不可了。

还有一层，国音是实际上活语言的音，不是书本上死文字的音，所以应该根据活语言，不可根据死文字。读音统一会所定之音有许多不适用的原故，就是因为那时是根据死文字的。[①] 但这原不可苛责，因为那时“国语运动”尚未发生，而大家的心目中不免尚有保存韵书上旧音的观念，这是为时代所限的原故。到了现在，国语教育业已实施，“尊古”的旧观念逐渐破除，则以后增修《字典》的方法和标准，当然要与从前不

① 参看黎锦熙《“推行”注音字母的五周年纪念》（1923）。

同了。但空空洞洞的说根据活语言来定音，仍是无用的，必须本于教授传习的经验，见到一部分就增修一部分。经验加多，则增修的次数一定也跟着加多，照此做去，不怠不息，适用的真正国音才能完全出现，所以说“此次增修以后，将来增修的次数正多”。

提案人：钱玄同

连署人：汪怡　黎锦熙　黎锦晖

议决：拟成立

二　《国音字典》应重行修正案

理由：《国音字典》是我全国奉作标准的，注音注声是越详细越好。鄙人这一年来，应京师学务局小学讲习会之聘，充当国音研究会的主讲。凡公私立小学教员，有所疑问，每星期定时讨论。现在特本鄙人平时经验所得，将《国音字典》应修正之处提出如左：

（一）关于注音一方面的。如“洒”字，《字典》注“ㄕㄞ”“审开去卦，又上蟹，上马，上纸，去寘”，一般人只知念“ㄕㄞ”，不知还有“ㄕㄚ”和“ㄕ”的音，应当在“上马”之上，加注“ㄕㄚ”，“上纸”“去寘”之上，加注“ㄕ”。又“乘”字，《字典》注“ㄔㄥ”“床齐平蒸，又去径”，一般人读“ㄔㄥ”以外，还有“ㄕㄥ”一音，作“车”字解释，应当添注“ㄕㄥ”音。又“北”“白”等字，应兼取普通官音，加注“ㄅㄟ”“ㄅㄞ”之音。

（二）关于注声一方面的。凡浊上之字，除“匣”母一部分不变外，其余都应当注明今读去声。会读之字，如“丢、大、乒、乓”等字，都应当注明某字读某声。又如“统”字，不应当只取去声，不取上声，因为“大总统”三个字，我全国将“统”字读作上声的多，读作去声的实在少。

这上边不过举几个例，《字典》内同样应修正之字很多。是否有当，伏乞大会公决。

提议人：王璞

赞成人：曾彝进　陈恩荣　陆基

议决：拟成立，合并钱案办理

三　对于校正《国音字典》的意见案

北京师范大学附小学校提议

（一）关于体裁的。ㄅ：《国音字典》注重标音，对于字义多无注解，欲明字义，须重查他种字典，使人多费一番手续。若于各字下均注以简单之解释，使人一看就明了，岂不方便？ㄆ：《国音字典》中各字的排列，与他种字典所列的字前后互有出入；且多未注字义，每与他字典互用时，因先后错乱，甚费检查者的时间。查《国音字典》各部首的排列，是依据《康熙字典》，其中所采各字前后的次序，也该按照《康熙字典》排列出来，再于册首“例言”中加上一条说明，检查的人就省力多了。

（二）关于内容的。ㄇ：有许多的字，在语体文中很普通很重要，都遗漏了，应该加出来，如“拼、贰、□、鈃、□、螂、搧、琥、𪾢、舔、惦、吧、唰、粘、子、个”等。ㄈ：有遗漏重要字音的，也应该加出，如“圈”只注“ㄑㄩㄢ”，未注“ㄐㄩㄢ”，“攒”只注“ㄗㄨㄢ”，未注“ㄗㄢ”，“传”只注“ㄔㄨㄢ”，未注“ㄓㄨㄢ”等。ㄪ：有印错的，应该改正，如“看”本“溪”母，误印为“淡”母，“廚”在广部十二画，误印为“厨”，“了”的注音为“ㄌㄧㄠ”，误印为“ㄌㄧㄠ”，“五”的注音为“ㄨ”，误印为“ㄨ”，“弊”的注音为“ㄅㄧ”，误印为“ㄅㄠ”等。

（《国语月刊》1924 年第 2 卷第 1 期）

国语统一筹备会呈请教育部议案

（拟请教育部明定各省区添设国语循环指导团等八案）

一　拟请教育部明定各省区添设国语循环指导团（由中华教育改进社移来）

理由和办法：（一）国语循环指导团的价值：各省区已有若干处设有国语指导员，推行国语教育。常常因为一个人的学理和技能，不能完全精研熟练，致妨碍推行上进程；并且以一个人的能力，要感化各个社会，势所难能。如果集合国语各科学理技能的专长人才若干人，组织成团，既有研究练习的机会，又可以彼此相资，通力合作，断不至于骈枝而不经济。所以国语循环指导团是强有力的团体，比指导员的能力至少要超过数十倍。（二）国语循环指导团员的资格：国语循环指导团员须合有下列两方面的各项资格。1. 学理方面：国语发音学、本国声韵沿革、国语文法、国语文学史、言语学、国语教学法，都有深切的研究和经验的。2. 技能方面：能读正确的国音，能辨认复杂的音素，能说漂亮的国语话，能做清适优美的国语文的。（三）国语循环指导团的组织：集合国语各科学理技能的专长人才，三四人或五六人，组合成团，循环游行本省区域，宣传指导人辅助国语教育的进行。如人才缺乏时，教育部得设国语指导团员养成所，由各省区考选国语高等人才，送所养成之。（四）国语循环指导团的责任：1. 直接的：联络社会，举办演讲会、讨论会、研究会、国语竞进会、国语教学批评会、流动的国语陈列所、流动的国语讲习所，养成各地国语人才，促进国语教育的普及。2. 测验方音，调查方言，以及统计、编纂等，辅助国语教育的进行。（五）国语循环指导团联合会：由各省区国语循环指导团联合组成，每年于相当时间在适当地点，召集各团员或各团代表，谈论报告各本省区的国语成绩，国语教育的情形和方言方音等，平时还可以集合各团的报告、研讨、调查、鼓吹等资料，由会刊行日报，或周报、旬报、月报，以通消息。

提议人：陆衣言

连署人：沈颐、沈彭年、江仁纶

议决：交本会干事依去年成案办理

二　请各地小学校施用注音字母国语拼音文字案（刘儒提出）（由中华教育改进社移来）

理由和办法：国语字母，有主张用罗马字母的，有主张用万国发音符号的，有主张就用现在已通行的注音字母的。主张虽各有不同，而国语文字改用拼音确已成自然的趋势了。现在热心提倡汉字改用拼音的一班人，很多的独用拼音字母写信、作文，倒还没有什么困难发生。可是用拼音文字做小学教育工具的现在还没有，因此这拼音文字用于小学校是否适宜，有无缺点，也都不得而知。最好由各省最高教育行政机关先通令各师范附小及地方模范小学，各提出一级施用拼音文字，如有缺点可以随时改良，有效果其他学校自然有仿了。至于这拼音文字以用哪一种为好，依愚见暂用注音字母试行，因为它在教育界中已有了许多势力。将来如改用他种字母，不过尽把字形变一变，用一个对照表就行。愚见如此，敬请公决!

议决：拟将主文改为“请教育部通令并由本会函致各师范附小及地方模范小学校施用注音字母国语拼音文字案”，又照主文修正原案办法“最好由各省最高教育行政机关先通令各师范附小及地方模范小学各提出一级”，改为“最好由教育部通令并由本会函致各省区的师范附小及地方模范小学”，本案交本会干事会分别办理。

三　师范学校及高等师范国语一科宜规定课程标准案

提议人：王俊□（山西筹备国语统一会）

理由：民国十年三月，教育部通令：“凡师范学校及高等师范，均应酌减国文钟点，加授国语。”但是公布内只是把国语的科目略举几种，如语体文、注音字母……末后加了一句“分年学习”的笼统话，究竟应减几种，每学期应授若干时，某学期应授某科，某学期起，某学期止，共授若干学期……都没有明白规定出来。查民国九年，教育部公布“小学校国文科改为国语科”，同时即修改“国民学校令施行细则”第四条，为何对于师范等校不明白规定呢？所以各师范学校，对于此科多视为随意科，不是奉行具文，就是敷衍了事。偶有实行加授的，也是各自为政，毫无一律的办法。鄙意以为长此以往对于国语教育的前途，很有莫大的障碍，所以非规定课程标准，使全国各师范学校有所遵守不可。

办法：由会订定教程纲目，呈请教育部核准，加入新学制。国语科课程标准内，公布全国遵照办理，或由会呈请教育部直接令主管各司：订定通令各省教育厅转饬各校一律遵照，均无不可。

议决：拟全案通过，交本会干事会办理。

四　字母独用宜改良传习办法案

提议人：张毅任（山西筹备国语统一会）

理由及办法：注音字母现在既然换了招牌，要教他离开汉字而为独立的一种拼音文字，那末从前只认为帮助人认识汉字矫正读音的工具、仅仅传习三四星期便行毕业的那些办法，一定是不适用了。因为世界各国，凡成为一种文字，无论如何容易，断非此最短期间，所能学成功的，国语字母拼音虽然容易，但熟练应用还是很难。在智识界已习汉文的人，往往看得过于容易，不肯专心练习，用起来反感不如汉文便利，因此自己且不能熟练应用，哪还有作人导师的希望呢？在未受教育的儿童及成人学习字母，虽较已习汉文的心容易专，但以智识及语言程度最低的原故，从前传习学业，教他读汉文注音的书报，既不可能；现在传习学业，又教他读字母［读］独用的书报，还不是一样的不可能吗？并且教学的时候，没有帮助练习的读物，或有而不合最低程度，每足以减少学者的效益。改革的初步，要没有经过宣传及试验的历程，前途又容易少生障碍，都是不可能不注意的。所以如今想要求字母单行的实效，自非改良传习的办法不可。姑就个人意见，写在后面，请众讨论公决！

（1）无论师范及国语专修科或国语讲习所，凡是造师资的，在校都要注重练习字母独用，所用国语各门讲义，尽可改用新拼音文字。不过起初音字未熟的时候，讲义前部，于名动各词，可以旁注汉字，入后便慢慢去掉，以便容易熟练。如此，才能使学者改掉习读汉文的旧观，坚定字母独用的信仰。（2）凡施教于失学贫儿及成人，使学习拼音文字，必须延长时期，教他练习应用，有诱进智识提高语言的余地。和短期的补习学校、半日学校、冬夜学校等，参酌办理，绝不容再有三四星期的传习所出现社会，遗误教育。（3）国民学校，在这过渡时代，虽然不能不习汉文，但一、二年级初习字母，不应只重注音，也须练习单行，等得熟练以后，再行逐渐使习汉字（先习名词、动词各实字，后及副词、助词等虚字）。如此，虽有家贫及低能儿童半途废学，或已举业而汉文不足应用，但有此已习的拼音文字，也足以应用社会、增进智识而有余。（4）由本会筹定专款，派员分赴各省，会同各筹备国语统一会及教育会，一面宣传字母独用的利益，一面先就各［首］县，设校招生，实地试验，以便解除一般人的疑阻，使易于推行。（5）由本会用国语字母专员编印各种适合儿童及粗人最低程度的课本及书报，分散各省，以备最低级各种学校之用。但每一篇段后，也可附列汉文，或于不甚明显的词类，用汉字附加注释。预备读的人，在自修的时候，有甚疑难处，也可向通汉文的先生们请教。

议决：拟修正办法第4项“由本会筹定专款派员分赴各省会同筹备国语统一会”，改为“由本会函致各界筹备国语统一会”，余照原案通过，内中（1）（2）（3）三条，请教育部通令办理，（4）（5）两条，交本会办理。

五　中等以上各校国语与国文不应分科案

廖立勋提议

（附记）本案议决：因“新学制课程标准纲要草案”所规定，已将中小学国文科全改为国语科，本案可不成立。但实际上各校分科者尚多，应由原提案人另提一案于教育部国语统一筹备会，后来原提案人也没有另提，故现将原提案的理由及办法，附载于后，以备参考。

中等以上各学校，应以国文教员兼授国语或国语教员就是国文教员为原则，至于科名，或称国语科，或称国文科都可，总之不可两个科目并列。其理由：（1）国文、国语分为两科，永久是对立的，没有文言一致的希望。（2）国文、国语分两人教授，彼此不能沟通，教国文者满口土音土语，教国语者不负文学责任，甚或互相诽谤，以致学生方面无所适从，两科都失去尊严的价值。（3）国文、国语分两人教授，一般人都以为国文教员是讲佶屈聱牙的文言文的，国语教员是教京话语体文的。其实京话不是国语，不容多辩；至于文言文同语体文，在文学上实在没有精密的界限，也没有划然分别的可能性，怎么能够分开教授呢？

六　师范学校国语科教学话法案

刘儒提议

理由及办法：小学校国语科的课程，国语话和国文应当并重，已经是不成问题了。但是要小学生国语话说得好，说得对，不单是靠着死记字典上的字音，还有腔调语气等等，必定要得着一个活的好模范才行。师范学校为小学教师的出产地，师范生若是对于国语话，毫无修养，毫无练习，试问毕业后如何教人？我们既认小学校有教学国语话之必要，似非先注意师范学校国语话课程不可。因为现在一般师范学校，对于国语话注意的还很少，故提出此案。

（附记）本案议决；同上第（4）案。

七　规定师范学校国语科之教学范围与时数并计划其材料之分量配置请教育部公布案

秦凤翔提议

理由及办法：小学国语科为各科之中心，师范生为直接教导儿童之人，对于国语一科，宜有如何之修养以期称职。年来各师范络续添设国语科，然教学之范围与时数、材料均不一律，殊非重视基础教育之所宜。故亟应有划一之规定，请教育部公布，以资遵循。是否有当，伏候公决！

（附记）本案议决；同上第（4）案。

八　确定初级小学三年级以下一律用注音字母替代汉字案

秦凤翔提议

理由及办法：本会上次年会议决国民学校教注音字母者，可用注音字母代汉字，同时国语统一筹备会亦议决提倡注音字母独用。一年以来，多数人和学校试验，均已成功。若再由本会一面确定小学三年级以下一律改用注音字母，一面劝告全国学校实行义务教育，前途必有莫大之幸福。是否有当，伏候公决！

（附记）本案议决；与第（10）案（即前案）合并办理。

（《国语月刊》1924年第2卷第2期）

中华教育改进社第三届年会国语教学组议决案

一　请采用“她”“牠”“哪”等代名词及形容词并规定其读音以改进国语

（一）“她”国音读作“一”阴平，与“他”（“ㄊㄚ”阴平），字音不同。（二）“牠”国音读作“ㄊㄛ”阴平。（三）“哪”国音读作“ㄋㄞ”，为疑问代词形容词。与“那”（“ㄋㄚ”去［声］），指示代词名词或指示形容词不同。（四）由本社送交教育部国语统一筹备会请采入《国音字典》。（五）请朱经农[①]、陶行知[②]函约商务印书馆《平民千字课》再版时采用此等字。（六）送达教育部时并将女子教育组康同璧[③]所提澄清文字案附送参考。

二　利用注音字母以推广平民教育。

（一）平民学校读物生字中，加注音字母。（二）请各地敦促促进会或书局编《平民注音字典》或其他读物。（三）请各省长通饬各警区在街道名称上加国音字母。

三　请教育部切实执行统一国语令。

（一）请教育部严令各小学遵照民国九年部令完全用国语教科书。（二）请各省区速成立国语统一会，并督促各县组织。（三）请各省区速办国语讲习所，并推及各县。（四）请各检定小学教员委员会，从十三年起加试国语。

四　请出版界依法停印小学文言课本，各报改用国语。

由本会具函向出版界劝告。

（《新教育》1924 年第 9 卷第 3 期）

① 朱经农（1887—1951），生于浙江浦江。1904 年赴日本留学。1905 年加入同盟会，同年回国，参与创办中国公学。1925 年参与创办上海光华大学并任教务长。1928 年后，任国民党政府教育部普通教育司司长、常务次长，中国公学代校长，齐鲁大学校长，湖南省教育厅厅长，中央大学教育长，国民党政府教育部政务次长，上海商务印书馆总经理兼光华大学校长。1948 年后留居美国。

② 陶行知（1891—1946），原名陶文濬，安徽省歙县人。1908 年，考入了杭州广济医学堂。1914 年，赴美国留学，1917 年秋回国，先后任南京高等师范学校，国立东南大学教授、教务主任等职。1926 年起发表了《中华教育改进社改造全国乡村教育宣言》。1931 年主编《儿童科学丛书》。1945 年当选中国民主同盟中央常委兼教育委员会主任委员兼教育委员会主任委员。

③ 康同璧，字文佩，号华鬘，康有为女儿。中国最早女权领袖之一，是中国第一个官派出席世界妇女大会的妇女代表。

国语运动是什么?

（C. H.）

国语运动！国语运动！唱得很响了，可是请问："国语运动是什么?"我想十个有九个要答："就是把教育部公布的国语，使全国人会说会用"，这个简直是笑话。

第一，一种已成立的学说或主义要人家来信仰，那是宣传。试问现在的国语，是不是几本会话书等等东西呢？是不是一种学说或主义呢?

第二，从前的人以为言语是上帝造的，固然是笑话，但是现在说"国语是教育部老爷们和戴方帽子的先生们造的"，自然也是笑话。因为我们从没有听到有制造言语厂和言语工程师呢！

国语运动是什么？第一，要问国语是什么？国语是同在一国中彼此公用的言语。不要把"国"当作"国家法定解"，它是表明这种公用语通用的限界。[①] 要是不然，那末国人、国贼等等，也是国家法定的人或贼了。第二，要问运动是什么？运动是新陈代谢的作用。但是这种事物要是没有存在，便有"希望成立"意思。譬如和平运动，是在不和平的境遇，希望"和平成立"，我们的国语运动，就是在彼此言语不通的境遇，希望"成立一种公用语"。所以胡适之先生说普通官话是候补国语（我意不如说是假设国语），不是正式国语。

什么叫做候补国语？就是我们认他有国语的资格；和候补总统意思一样。可是总统要大家选的；所以你以为有资格，我以为还欠缺；不一定能够被选为正式总统。所以我们现在的努力，就是使这位候补总统的资格完全无缺。

（《中华国语励进会[②]会刊》1924 年第 1 期）

---

① 注意此处对于"国语"之"国"的两种解释：(1) 国家法定之意，(2) 公用语通用的界限，这是民国时期关于民族共同语的两种基本定义，是"国语"与"普通话"含义区分的源流之一。

② 《中华国语励进会会刊》，为中华国语励进会机关刊物，刊登国语运动论文，研究国语文化，探讨国语教育，发表小说、诗歌等文学创作，调查国语实施报告等。1923 年，中华国语励进会成立于上海，发起人为国语专修学校的专修科、高等科和讲习科教师、学者以及各省有志于国语研究和从事国语教育者。

黎锦熙先生《中华国语励进会会刊》祝词

黎錦熙先生祝詞

要國語然後能普及教育；要教育然後能推行國語。國語為教育，教育為國語，如同「鳥之有雙翼」，「車之有兩輪」。希望你們努力進行，希望你們勇猛進行吧！

黎錦熙
一月十三
（1924）

（《中华国语励进会会刊》1924 年第 1 期）

1925 年文献

教育部训令

第四一号十四年二月二十三日

（令为将民国九年国民学校
改国文为国语之法令重行申明并禁用初级小学国文教科书由）

令京师学务局、各省教育厅

据国语统一筹备会函请“将民国九年国民学校改国文为国语之法令重行申明，并禁用初级小学国文教科书”等语前来，查国民学校国文科改授国语早经咨令行在案。兹据该会函陈各节，自应重行申明：凡初级小学应一律用国语教科书教授，俾国语教育不至中阻，合行抄同原函。令仰该厅、局转令遵办可也。此令。

附原函

总、次长

从民国九年大部颁布明令，令国民学校的国文科改为国语科并且陆续审定国语教科书，而将原来的国民学校国文教科书分期废止。一时各省区的国民学校遵令改授国语的不在少数，就是一时不曾改的，也不过因为师资缺乏的缘故，断没有昌言对反对的，更没有既授国语仍旧改授国文的。不料近一年来，据本会所闻所见，颇有倒行逆施，复其故辙的现象。不但普通社会对于国语教育有不信任的表示，就是教育界中号称明达之士也不免妄加非议；不但社会方面对于国语教育有所抵毁，就是官厅方面也公然明令禁止。据他们所主张的理由，不出下列四点：（甲）“言之无文，行之不远”，语体文采俚词俗语入文，不及文言文之能行远。（乙）文言文简而能赅，非语体文所能及。（丙）古书记载概用文言，学者只习语体文，将无人能读文言书。（丁）现在社会通行的还都是文言文，学者单习语体文，将不能应用于现在的社会。

以上四条所举，未尝没有片面的理由。可是初级小学校（即旧制的国民学校）的教育，是最初级最短期的国民教育。这初级短期的国民教育，照现行的制度既然定为义务教育，那么全中华民国的国民无论哪一等人，也不问他们的家世怎样，环境怎样，都应该普遍地受着这教育才对。换一句话说，如果教育普及，毕业于初级小学校，便是全国人最低的程度，他们大多数占着社会中劳动者的位置，如种田的、做工的，以及脚夫、雇役之类，他们识文字的目的不过写信记账，高一点也不过读些白话的平民文学书。与其叫他们耗费多量的时间去学繁难的文言文，何如叫他们用最经济的时间去学便易的语体文呢？他们本来不希望行远，所以甲项反对的理由决不能成立。他们对于文字只希望容易学习，时间既省，效果易收，决没有许多闲空的时间用来消耗在难学的文言文上，且日常应用的文字，只求直而易达，何必“简而能赅”！何况这“简而能赅”的效果，简直是他们收不到的呢？那么乙项反对的理由自然也不能成立。至于研读古书，本来不是初级小学生所能胜任愉快的，也不是仅受初级小学教育的所急需而必要的一件事。由高小而初中而高中而大学，将来研读古书的日子正长呢！所以丙项反对的理由更是不能成立。只有丁项理由，似乎最容易动听，可是他们所指“社会”的范围，也应该加以考虑。那仅仅毕业于初级小学而不能升学的，既然占着全国人的大多数，必得他们能互相了解的文字，才可算得通行无碍的文字。现在官厅文告，要这多数人明白也常常采用语体文，可见持丁说的，只看见号称上流社会、号称文人学士的一部分，将全国大多数的同胞们一概抹煞，以小赅大，以偏例全，这种谬误的见解，怎能得事实的真相呢？在这多数的初级小学生中，固然有一部分人的学业不能就此而止，他们靠着父兄的庇荫，没有生计的压迫，从高级小学而两级中学而大学，既有语体文做了基础，进习较为难学的文言文，尽有宽裕的时间，并且合于历阶而升的程序。或者他们的父兄以为这还不足以保持士大夫的身份，国中不少文人学士，尽可以专聘作家庭教师，贯彻他们那种绅士式的教育宗旨。国家兴办教育，纵然不能替这少数人作这样的打算，却亦决不干涉这少数人的自由行动。

至于语体文与文言文在学习上难易之比较，在不曾仔细考究的人，或者还有“互有短长”的误解。可是就理论上说，文言文用笔代舌，即语译文，有两个转折；语体文笔之所写，就是口之所说，不过一个转折。孰难孰易，不待繁言。况且就事实上说，近几年来，各国民学校自从改国文为国语后，一般明白的教员都说，儿童学习语体文，比较从前的文言文确是事半功倍。只有那国语技术不很娴熟的教员，不能不颠倒是非，说国语不如国文容易学习。从前国民学校的毕业生受了四年的文言文教育，还多数不能写一封浅明的信，读一篇通俗的文，就是因为受着文言文不容易学习的影响。语体文既然容易学习了，多数儿童都能在短时间内习得阅读写作的技能，初小二、三年级的学生，写信记事，当至数千百言，居然无不达之意，无不尽之情。明效大验，彰彰在人耳目，然而竟还有人任情反对，不顾事实。假使听凭他去，那盲从者推波助澜，或者要使国语教育根本动摇，那么我国教育的现状或者竟退步到二十年前的旧状。不但使读音统一会以来多数专门学者研讨之心力尽付东流，就是全国稍得一线光明之儿童将重坠于黑暗的深渊，岂不可叹可怕！

本会根据上述种种理由，以为如果为政期于实行，那么在“图始”之际就应该坚持到底，以达到“乐成”的。究竟教育是国命所寄托，文字不是涂附的工具，所以国民学校改国文为国语，既然由大部订作成规，而一般人还不能了解其用意，便不妨再三申令，使各方面都晓然于此命之不可动摇，才可以减少阻力，容易推行。况且近几年来，内受学制变更之影响，使怀疑者意存观望；外受政令不统一之影响，使不肖者得便私图。不知道底细的，或反以“暮四朝三”“狐埋狐搰”为归罪大部之口头语。窃愿大部趁这百度更新的机会，将民国九年国民学校改国文作国语的法令重行申明，并明令初级小学校绝对禁用国文教科书，如此则视听划一，歧趋自然没有了，一般的谬论自然而然的消减了。这确是立国的根本大计，就请鉴核裁夺施行！

国语统一筹备会会长张一麐

十四年二月四日

（《教育公报》1925 第 12 卷第 12 期）

国音字母与汉字革命

（丁山）

有些人说，注音字母是汉字革命的先声，汉字革命就可以跟着注音字母而来。这话是大错而特错的。[①]

注音字母，现在大家单拿它来作为代替反切成直音的笨法之用。请看商务印书馆和中华书局出版的小学教科书，完全将字母注在汉字旁边，写得小而又小，这不是单为表明汉字的读音吗？那些教科书，都还是以汉字为主的，注音字母不过看作“东，德红反”“北，博墨切”……一样，是汉字的附属品罢了。甚者以为小学教科书倘若没有注音字母装饰装饰，好像不大时髦，或者不能畅销，所以注音字母又成为汉字的装饰品。这样，注音字母的生命已经很危险了，何况政客式的学者（？）还在那里高唱复古运动，挂裹总长的招牌，大闹“之乎者也”的“典雅文字”，白话文都快要付诸秦火了，何况注音字母的命运，岂有能苟延残喘之理！

从“汉字的附属品和装饰品”到“汉字革命”，简直是“尚隔蓬山一万重”呢！

现在我们要想达到汉字革命的目的，第一步非从教科书彻底改革不可。改革教科书之前，先要改革“注音字母”这个名称。字母既名为“注音”，所以一班时髦学者和书店都认它为汉字的附属品，都认它为汉字标音的工具，不肯直接拿字母去记载活的语言。因此，活的语言还是靠着汉字的遗骸——楷书、行书、草书——去记载，某义没有遗骸的，

① 1925 年至 1927 年，国语运动由政府转向民间，通过知识界、教育界在整个社会进行宣传和推广，注音字母、国音等语言政策亦由制定阶段转向推行阶段，汉字革命、国语罗马字母等语言政策开始提上日程。

请音近的遗骸去代表，结果好好的语言，令人看了不懂。推其原因，无非是遗骸作祟，无非是“注音”这个名称发生了恶影响。要免除名称的恶影响，应该改“注音字母”为“国音字母”。孔二先生说得好，“名不正则言不顺”，我所以谨遵“圣训”，来郑重的主张“正名”。

名既正了，然后可以谈教科书的改革。现在的小学教科书完全以汉字为主，这是决不能脱离汉字的遗骸而入于拼音的地位的。换言之，汉字革命的主张是决不能实现的。因为小学教科书既以汉字为主，则全国国民入学之始，脑袋里就深刻着汉字的遗骸，对于国音字母只当这是一种玩意儿。写起文字来，自然还是汉字，绝不会写“ㄅㄚㄇㄚㄊㄚ”的。一两年后，连这几十个国音字母的形状都逐渐忘记，分别不清了，还说什么拼音文字！到头来，国音字母还是“注音字母”，烦杂的呆笨的汉字遗骸，还是随着老大的病夫传之不朽！

改革教科书，便是要专用国音字母编新的国语教科书。这新的国语教科书的开宗名义第一章——国音字母发音表，右传之二章——拼音方法，以下专用国音字母拼成“音字”，叙述国家事、社会事、诗歌、故事以及自然界之现象……不用汉字遗骸掺杂在里面，即使万不得已而要注明汉字，也只应附注在正文后面。如此，读者只知“音字”是正字，汉字至多不过是“音字”的附属品，久而久之，汉字自然会失其效力了。

虽然，国音字母的普及还不能说是汉字革命的成功。汉字革命的成功，以达到改用国际音标为目的。国际音标虽然不能说是“尽善尽美”，究竟比较“因陋就简”的国音字母完全些，整齐些，合于理论些。所以在国音字母通行以后，还要作进一步的改良。论到进一步的改良，比起废汉字来，要容易得多了。因为汉字废了，全入于拼音时代，大家对于国音字母，一定感觉到仍不能全脱离汉字遗骸（如ㄛㄓㄕㄖ……）；一定感觉到它太缺陋，不够表示方言；一定感觉到形体笨滞，书写不便……那就容易办了，爽爽快快改用国际音标好了。

把我上面的话总结起来：国音字母乃是从汉字革命到拼音的新文字宝筏。一般人以为国音字母单单是汉字标音的工具，真所谓“差之毫厘，谬以千里”了！我们现在应该借重国音字母做过渡，应该乘着这个过渡的宝筏努力前进，直登彼岸。

十四，八，三，北京。

（《国语周刊》[①] 1925 年第 16 期）

全国国语运动大会缘起

（陆衣言）

从民国九年，教育部颁布明令，令国民学校的国文科改为国语科后，国语的曙光，一天明显一天。于是各地的国语学校、国语讲习所、国语讲习会、国语研究会、国语演讲会等等，相继举办，风行一时。又如宣传界为迎合社会的潮流，刊行国语专号；出版界为供给社会的需要，发行国语专书；群众对于国语的热力，国语的运动，是同时并发，势如破竹，一日千里！

不料近一年来，国语的曙光渐弱，而“文言雾”[②] 反迷漫全国，以致颇有大开特别倒快车，复其故辙的现象。照这样倒行逆施，恐怕不上一年，国语的曙光，或者竟要弱得几等于零，要是国语的曙光，真的无形消灭了：在行政机关，不过政令不行；在提倡者，不过枉费心力，一事无成，固然都没有甚么了不得。但是全国大多数的平民和儿童，在那“文言雾”中讨生活，未免太苦，并且不知道何日重见光明！

因此我们要集合全国的同志们，在各本地，大声疾呼的、协力同心

---

① 《国语周刊》，《京报》副刊的第七种。1925 年 6 月创刊于北京，1925 年 12 月停刊，共出版 29 期。该刊由钱玄同、黎锦熙编辑；初由京报馆发行，第 27 期起由北新书局独立发行。主要撰稿人有吴稚晖、胡适之、林语堂、魏建功、杜同力、李遇安、赵元任、黎锦熙等人。该刊宗旨为提倡白话，反对“复古”，推广国语普通话，刊登有关论述、教学方法以及少量的通俗文学作品，该刊还“宣传汉字改革”。主要设有言论、文艺、通信、诠释等栏目。言论一栏注重在理论上探讨统一国语的注意事项；文艺栏目主要刊登一些文人创作的作品，如扬州小曲、黄安小调、诗歌、通俗小说等；通信栏目则主要介绍当时文人之间探讨文学的来往书信，其内容涉及文艺创作欣赏与批判、汉字改革的意见等多个方面。

② “文言雾”指 1923 年 3 月《民国日报》（觉悟）连续登载十几篇“文言与白话之争”的文章后，文言白话纷争再起，同时政局日益动荡，教育部国语统一筹备会亦难有建树；“国语风”则指 1924 之后，中华国语励进会、全国国语教育促进会和数人会等民间机构开始活跃于以教育界、学术界为代表的社会领域，推行国语教育、组织国语运动大会等。

的制造顶大的“国语风”，尽量的把那迷漫不散的“文言雾”吹散，让他升到天空中去变成五色彩云，专供一般文人学士去欣赏研究。那全国大多数的平民和儿童，才可以跳出黑暗地狱，重在“国语光”下生活，这就是我们要举办全国国语运动大会的缘起。

（《全国国语运动大会会刊》1925 年第 1 期）

国语运动的办法述要

（ㄏㄐ）

明年一月间，既是全国开始国语大运动的日期，这第一天——一月一日——是咱们最值得纪念的，应定它为“国语运动纪念节”。以后每年这一天，各处都该举行国语运动纪念大会，大要的办法是这样：1. 开国语的游艺会；2. 举行游行会同人各一小旗，写上国语运动的各种口号；沿途随唱国音字母歌、本会会歌……；3. 举行提灯会灯笼上贴印着国音字母以及国语运动各种口号；4. 大放焰火，焰火中要制好国音字母和关于国语运动的别种花样的。

纪念国语运动，同时就是庆祝中华民国元旦，这才是真真祝颂咱们中华的前途光明！

明年一日，希望各处能就把上述办法实行！

（《全国国语运动大会会刊》1925 年第 1 期）

乡村小市推行国语的方法

（后觉）

国语普及不难，推行国语则难；推行国语不尽难，乡村小市推行国语实在难。各大都市的居民，大都五方杂处，在口头上，感着语言不通的困苦较切，而模仿通用的官话较便；在纸片上，应用文字的机会较多，出版物又随处可得。于是咱们可以顺水撑船，投人所好，传授国语话，提倡国语文，虽然还不免有多少阻力，可是【终】究容易发生响应，而事半功倍。

至于乡村、小市（非繁盛的都市，如内地的各个县城以及大小镇集都算小市）就大不然。常有人说："我们又不想做官，又不必出码头，大家都是本乡人，说话没有不懂，要学国语话干什么！"讲到国语文，在乡镇中一般和文字少于亲近的农工界，对它也漠然无情，感不到需要，于是乎不但只靠小学校的国语教学，效力非常迟缓而弱小，而且学校里还发生这样的现象：1. 学童家庭有的不赞成国语教学。2. 教师和学生因为没有好好的国语环境，不是敷衍从事，便是一曝十寒，而至于毫无成效。

如果不要国语普及则已，否则乡村小市推行国语的困难情形，不得不特加注意！在乡村小市，首先得：1. 引起居民对于国语的兴趣；2. 使居民感到国语的需要。然后推行容易得到成效，鄙意有下列几种方法可用：1. 学校常开国语游艺会（或普通游艺会，加入各种国语游艺也行），各校单独举行或联合举行，可以看实际情形而定；但是在一个县区内，每年至少总得有一两次。2. 小学校开恳亲会，必须加入几种国语游艺。以上两种，由学校团体负责，努力办理，不但能够引起一般人对于国语的兴趣，而且可以消除他们的误会，减去他们的反对（游艺材料，除了国语文艺表演外，国语歌剧和国语游艺的专书，坊间已出有多种）。3. 通俗讲演。各县差不多都已设有通俗讲演所啦，每逢讲演时候，多少须把国语讲到一点；如果临场讲员能够化装，扮演一出语言不通的趣剧，那更妙啦。4. 编印小本的小说和唱本。谁都有文学的嗜好，粗识文字的乡下人拿着一本山歌，往往唱得津津有味。如果我们用正确的国语文写成的小说和唱本编印出来，他们一定也一样地欢迎。（编这类的书，或翻改现成的，或取本地的故事、山歌等编成，都好。）5. 送阅小新闻纸。茶馆酒肆中的人们，多很爱听新闻。能够采取本地新闻，编成国语的小报，他们一定都要先睹为快哩。如果经费充裕，能石印、油印最好；否则手写，可以张贴在茶坊酒肆以及官路旁的凉亭等处。每日出最好，至少一星期一回。6. 公共处所加用拼音字。凡桥上、路牌上、路灯上、机关用的纸灯笼上……都可以附加国音字母拼音字，以引起大众注意。7. 幻灯。

幻灯的置备费并不大，能够尽成种种有趣的关于国语的幻灯影片，到处开映，更容易引起一般人的兴趣。8. 花纸上的说明。每逢新年，花纸盛销。就地印行，或向别【处】定印［处］，除它的说明该用国语文句外，并得加国音字母拼音字。9. 办国语流动小图书馆，采集（或买，或请人捐助）各种带通俗性的、极浅近有趣的国语图书，办一“流动小图书馆”，分期运送到各乡镇上去。任人观览，每处停留几个钟头或一两天，可看就地情形而定。陈列图书的用具，宜乎装潢得美观些，才容易惹人注目，动人兴趣。凡初到某一处，得多多地出示图画，指点给大家看，再讲些图书中有趣的故事和笑话给大家听，使他们对于流动图书馆得到浓厚的乐趣，然后因材施教，引他们深入国语之门，促他们养成读书之癖，便“势如破竹”啦。以上七［九］种，通俗讲演所都有责任关系，并可联络别种自治团体，分工合作，就近举办。10. 设国语巡回教导员。凡举办上面几种事项的人，对于国语的一切知识技能都该粗备才行；否则，进行就很困难，所以国语教导员便不可少！此项教导员，该由教育行政机关聘任（常川的或是短期的，可以看经费而定），每年分期到各学校、通俗讲演所和别种公共团体中去，当面教授国语和指导研习以及国语教学法示范。11. 用留声机。凡教育机关中人，要学习或校正国音国语，如有巡回教导员，自然很好；要不然，怎么办？还有对一般平民演讲国语如何如何的时候，他们觉得干燥无味而不愿听，又怎么办？要增加兴趣而便于学习，请用留声机！除商务书馆的国语留声机和中华书局的国音留声机当然可用之外，能定制什么用国音唱的歌曲的机片来用（近来上海制的小曲唱片很多，可惜还没有用国音国语的），更其适切有趣。流动图书馆出发时候，最好也带同留声机去开用。几种留声机的置备费，一起也不到一百元，如果由团体合办而轮流使用也行。

此外也许还有适合的方法。可是以上几种，都还算轻而易举，如能量力采用，打起精神来干，那么学校中的国语教学一定很容易改进，而社会上志愿学习国语的人也会一天多似一天。到了那时候，开设国语夜课、晨课、星期课，也都易如反掌，近悦远来啦，乡村小市国语运动的成绩，将必斐然可观哩。

敬请乡村小市的国语同志努力！

希望乡村小市的国语运动进步！

一四，一〇，五，在上海。

（《全国国语运动大会会刊》1925 年第 1 期）

国语研究会的年谱和我们的严重的声明

（黎锦熙）

《国语周刊》第一期发刊，我们因为要使读者真确地知道这几年国语运动的历史和本刊的性质，特先把一个团体的“年谱”编印出来，末了加一段严重的声明：一来可以作国语的史材，二来便算本刊的引论。

一个团体——中华民国国语研究会——的年谱

一九一六年（民五），中华民国国语研究会成立于北京。那时正当洪宪皇帝袁世凯驾崩于新华宫，帝制推翻，共和回复之后，教育部里有几个人们，深有感于这样的民智实在太赶不上这样的国体了。于是想凭藉最高教育厅政机关的权力，在教育上谋几项重要的改革，想来想去，大家觉得最紧迫而又最普遍的根本问题就是文字问题。便相约各人做文章，来极力鼓吹文字的改革，主张言文一致和国语统一；在行政方面，便是请教育长官毅然下令改国文科为国语科。我还记得自己的文章里有一段，可说明这种运动发生的动机：“……其弊之尤甚者，大多数国民以不通文义之故，于国家政治绝无所知。一二人操纵之，虽有亡国败家之祸，弗能喻也。犹幸是非利害，人类尚有直觉之本能，真正民意，终难湮没。然共和回复之后，不图其本，一任大多数之国民聋盲如故，则民意二字，又将为少数人所僭夺，真正之共和政治，亦终不可得而见。此其概括，悉在义务教育之四年间，悉在此四年间所学之本国文字能应用与否而已。”（《教育之根本问题》）

当时作文章鼓吹的人，有陈懋治、陆基、董瑞椿、吴兴让、朱文熊、彭清鹏、汪懋祖、黎锦熙等。而反对最烈的却还不是闽侯林纾[①]先生，乃

① 林纾（1852—1924），字琴南，号畏庐，别署冷红生，福建闽县（今福州市）人。

是吴县胡玉缙先生；他和彭、黎二人往返辩驳的文章共有十来篇之多，大都登在《北京日报》上（有汇刊本，绝版了）。结果，各省来信赞成的共有二百余起，于是每省数人代表发起组织这个国语研究会，十月成立，暂采委员制。会章上的宗旨是：研究本国语言，选定标准，以备教育界之采用。（会章的全文和纪要，请参考《国语学讲义》下篇页三十三，四）

一九一七年（民六），开第一次大会于北京，举蔡元培为正会长，张一麐为副会长。又拟定《国语研究调查之进行计划书》，全文见《国语学讲义》下篇页三十五。那时教育部这几位先生们虽然主张改国文为国语，做了许多文章从事鼓吹，可是有一件事情很不彻底，现在回想起来，未免有点儿可笑，就是自己做的这些文章，都还脱不了绅士架子，总觉得“之、乎、者、也”不能不用；而“的、么、哪、呢”究竟不是我们用的，而是他们——中等以下的学生们和粗识文字的平民们——用的，充其量也不过是我们对他们，于必要时用的，而不是我们自己用的。不但是做文章，就是平常朋友间通信，除开有时援引几句语录，摹仿“讲学”的口吻外，也从来没有用过一句白话。我们朋友间接到的第一封白话信，乃是这年年底胡适从美国寄来请加入本会为会员的一个明信片（这个明信片还保存着，算是本会会员来信中第一个用白话的）。绅士们用白话通信，现在真算很平常的一件事，在那时，距今也不过七八年工夫，却要算天来大的怪事了，仿佛像现在的旧官僚忽然看见执政府下了一道白话命令，嘴里就不说什么，总觉得“于我心有戚戚焉”。自觉有了这一个明信片的暗示，我们才觉得提倡言文一致非“以身作则”不可。于是在京会员中，五六十岁的老头儿和二三十岁的青年，才立志用功练习作白话文，从唐宋禅宗和宋明儒家的语录，明清各大家的白话长篇小说，以及近年来各种通俗讲演稿和白话文告之中，搜求好文章来作模范。所以这一年中会员人数虽没有增加许多，却很有蓬蓬勃勃的气象。这年陈独秀主撰的《新青年》首先提倡文学革命，第一篇是胡适的《文学改良刍议》（二卷五号），第二篇是陈独秀的《文学革命论》（二卷六号），第三篇是刘复的《我之文学改良观》（三卷五号）。但其中白话作品还很少：如胡适译的短篇小说《二渔夫》（三卷一号），刘复译的短剧《琴魂》（三卷四号），陈独秀在北京神州学会讲演的《旧思想与国体问题》（三卷三号），又在天津南开学校讲演的《近代西洋教育》（三卷五号），这虽然都用白话，但小说和讲演稿之类，向来照例也多用白话的。讲到文艺的创作，只有胡适的白话诗（三卷六号）和白话词（三卷四号），然而是因袭旧时的五七言和词牌；至于白话论文，只有刘复的《诗与小说精神上之革新》（三卷五号）、钱玄同与陈独秀《论文字符号和小说》的信（三卷六号）勉强可以算得，此外便没有了。说起来也有同样可笑的事，这时《新青年》虽提倡文学革命，但胡、陈二人讨论这问题的论文和通信等等，都还没有用“以身作则”的白话文。说的尽管是：“……独至改良中国文学当以白话为文学正宗之说，其是非甚明，必不容反对者有讨论之余地，必以吾辈所主张者为绝对之是，而不容他人之匡正也。”（《陈独秀答胡适书》，三卷三号）

可是说是这么说，做却还是做的古文，和反对者一致。讲到标点符号，这年的《新青年》也还是用旧式的。其实，用新式标点最早的一部汉文书，是一九〇四（清光绪三十年）出版的，就是严复的《英文汉诂》。自此以后，过了十五年工夫，到一九一八（民七），《新青年》第四卷出版时，新式标点符号方才与汉文合作，当时看起来还觉得怪不合式的。我们就上面的两件故事看来，孙中山先生“行易知难”的学说，恐怕要发生例外了。

一九一八年（民七），会员增加至一千五百余人，请愿教育部公布注音字母。这年会员们宣传得最起劲的，便是注音字母，居然于这年十一月二十三日，得到教育部的正式公布，那时教育总长是傅增湘①。北京的《晨报》和我们现在这种时行的小张周刊的创造者《每周评论》（陈独秀办的），都是这年十二月出版的。北京大学学生傅斯年、罗家伦等组织与《新青年》互相应和的《新潮》，是次年一月出版的。白话、注音字母、新式标点，都打扮着正式登场了。思想的解放即从文字的解放而来，解放之后，新机固然大启，就是一切旧的东西，都各自呈露其本来面目，所以现代史家把这年作为中国“文艺复兴与时代”的开场。

一九一九年（民八），会员增加至九千八百余人。于是本会和《新青年》的社员合作了，这是要大书特书的一件事。那时国语统一和文学革

---

①　傅增湘（1872—1949），字叔和，号沅叔，别署双鉴楼主人、藏园居士等，四川宜宾江安人。1917年，任北洋政府教育总长，后担任故宫博物院图书馆馆长。

命两大潮流，在主张上，有“言文一致”作一个媒介；在人的关系上，则北京大学校长蔡元培（这年的《新青年》就是北京大学教授陈独秀、胡适、钱玄同、刘复、沈尹默、李大钊六人轮流编辑的）就是这会的会长，其间自然发生声气应求的作用。于是这两个潮流合而为一，于是轰腾澎湃之势愈不可遏。猛烈的反对者也出来了，古文大家林纾和蔡元培既开笔战，当时操政治实权的武人政客（那时叫做某某系，就是现政府中一部分当局的人）也多不满意于教育当局。于是会员中和教育部有关系的人，知道这“双潮合一”的运动，是要打算和不良的政府奋斗的，是一种社会运动，实行这种运动的，应该属于民间的团体，而不可与行政机关稍有关联。于是按照原定的进行计划书，于本年三月间，急急地把“国语统一筹备会”组织成立，作为教育部的一个附属机关，专办行政方面关于国语的事。上纂民国二年读音统一会已坠之统，中循教育部官制中“掌握读音统一事项”之规，下则为最高教育行政机关供传达承宣之役。我们另为立谱，此不多叙。此会成立之后，那研究会的会员们便得自由肆力于“双潮合一”的运动，而行政方面循规蹈矩、按部就班的事件，便完全由那作附属机关的国语统一筹备会去主持。

果然，不到一个月工夫，就是四月间，巴黎和会中我国外交失败的噩耗传来，“五四运动”突起，“六三事件”发生，全国人心激昂，罢课罢市，风声鹤唳，政府害怕，只得罢免曹汝霖、陆宗舆等以谢国人。不料这件事的影响却不在政治与外交方面，乃在文艺与思想方面！《每周评论》式的白话小报，突然发生至三百余种之多。日报的附张，大都取消了旧式滥调的诗文或优伶娼妓的消息，改登新文艺和国语的译著。现在有名的几种附刊，如《上海时事新报》的《学灯》，《民国日报》的《觉悟》，以及北京的《晨报副刊》等，都是从那时候逐渐改良，逐渐增刊的。教育界改国文为国语的要求，居然压倒千余年来科举的余威，使行政机关毫无犹豫地办到了（事详另谱）！本来这团体（研究会）要与那机关（统一会）分离，为的是便于与社会潮流合作，而恶潮激荡的结果，不但使这团体的团员陡然加到差不多一万人，并且替那辅助行政的机关排除了许多的障碍，这真是出人意表的事。自此以后，实行方面既有统一会主持，宣传方面也因国外欧战后种种改观和国内“五四”“六三”学生胜利的种种刺激，社会自然觉悟，自然趋新，成为风气，这团体也不用再费大气力来鼓吹国语了。因此，本年以后，这国语研究会就韬光匿采，似乎在时存时亡，若隐若现之间。

一九二〇年（民九），会员增加到一万二千人。

一九二一年（民十），设中华民国国语研究会支部于上海。因为上海地方是全国出版业的中心，全国中小学校的读物大都在此地编辑印行；会员中有提倡“儿童文学”的（第一篇文章是周作人在北京孔德学校讲演的《儿童的文学》），有主张增加小学读本的分量并编印课外读物的，故分设支部以便接洽和指挥。这年以前，各书坊新出版的国语教科书，大都还是旧文言本的翻译本，薄薄的一本，不过二十来页，给低能儿读似乎还不够，自儿童文学的学说提倡以后，渐渐地改观了。《儿童世界》《小朋友》以及各种儿童文学丛书等，从这年起风起云涌地布满书肆，以迄于今。

一九二二年（民十一），本会会报《国语月刊》出版。

一九二三年（民十二），《国语月刊》的特刊“汉字改革号”出版。

一九二四年（民十三），本会确定会址在北京东城栖凤楼。以前这会并没有一定的会址，随处挂牌，借地开会，至此才有定所。会员还是逐年增加，到这年年底共计有一万五千六百七十三人。这一万余人布在各省区，大抵以小学教员为多。一九二五年（本年）曾有一件事，要举行而没有举行的，就是：因为这几年来教育界颇有逆潮，小学校的国语科多回过去改授古文，又风传教育长官将有“反汗”之举。于是各省区市镇的会员联合起来，想同日举行一种宣传的运动。后来因为时局有变动的消息，这计划没有实行。

以上一个团体——中华民国国语研究会——的年谱。我们为什么要这样不惮烦地写出来呢？为的是有一个严重的声明：

今天发刊的《国语周刊》并不是代表这一万五千余人的团体的。人数到了一万五千，意见何能一致？它的机关报乃是已经出版两三年的《国语月刊》。这《月刊》将来要做到“名实相符”，只用研究的态度来讨论一切国语问题，因为会名叫做“研究”。就是从前刊行的“汉字改革号”，虽然好像主张很激烈，细细看来却都是商榷研究的文字。我们这个《周刊》却不尽然，有时嬉笑怒骂，有时“垂涕泣而道之”，有时也要板起面孔来说话。主张不必一致，只要和国语有关，也没有一定的主撰人，实在是一个公开的邮政柜。打起死仗来是“人自为战”，扎起硬寨来是

“步步为营”，言论绝对自由，责任各自担负。不受一万五千人的团体的拘束，更与附属于教育行政机关的国语统一筹备会所谓专供承宣传达之役的绝不相干。这就是我们的严重的声明。

（《国语周刊》1925 年第 1 期）

记数人会

（疑古玄同）

数人会是下列的六个人组织的（以ㄅㄆㄇ为次）：黎锦熙（劭西）、刘复（半农）、林语堂（玉堂）、赵元任、疑古玄同、汪怡（一庵）。

这六个人都有研究国音跟国语（都是广义的，就是兼赅古今方域而言，不限于现在的标准音跟标准语）的志愿跟兴趣，他们觉得从前那种闭户造车式的音理论，摆得滴角（读“ㄉㄧㄝㄍㄛ”，不读“ㄉㄧㄐㄧㄛ”）四方的语音机关，重视字体而看轻读音的心理，尊崇文言并抹杀白话的态度，都是很谬误的；他们又觉得现在那种顶着国语统一的大帽子来反对土音方言的议论，高谈平民教育而完全不顾——甚而至于要排斥民众的活音活语的见解，更要不得。他们想各依自己的志愿跟兴趣去努力研究，彼此切磋琢磨，把他们自己暂时信得过的结论随时供献给大家（一经发现错误，必当老实更正，决不“护前”）。

这会于一九二五年九月二十六日成立，由赵元任主席，大家聚餐一次，约定以后一个月开一次聚餐会，每次都要拿一个问题来讨论。

十月十七日开第二次会，由刘复主席，可记的有五条：（1）商定用两种音标。一种是学理的，精密的，采用“ㄅㄚㄙㄧ音标”（玄同按，就是我所谓“国际音标”，半农先生以为用创作者 Paul Passy 的名字命这音标较好，所以这里就称为“ㄅㄚㄙㄧ音标”），而略事变通跟增加。这种专供学术研究之用。还有一种是应用的，简便的，限用二十六个罗马字母。这种有两个用处：一是拿它来拼切各方言，希望它有文字的意味；二是在印刷不完备的地方，也可以拿它来暂代学习的音标。（2）商定在“ㄅㄚㄙㄧ音标”的右上角记的符号或较小的音标是表示“加”的意思，在它的右下角记的符号或较小的音标是表示“形容”的意思。（3）商定声词（即四声）的表示，用“实音”跟“虚位”两种方法。用虚位时，把“1、2、3、4”代“平、上、去、入”，写在音标的右方。阴四声记在上角，阳四声记在下角，中四声记在两角之间，轻声用“0”为记。（4）下次开会，还是继续讨论这个问题，希望彼此都写出一点意见来，可以逐条讨论。（5）下次会期定在十一月十四日，由黎锦熙主席。

欲知后事如何，且听下回分解。

30，10，1925。

（《国语周刊》1925 年第 21 期）

国音字母歌

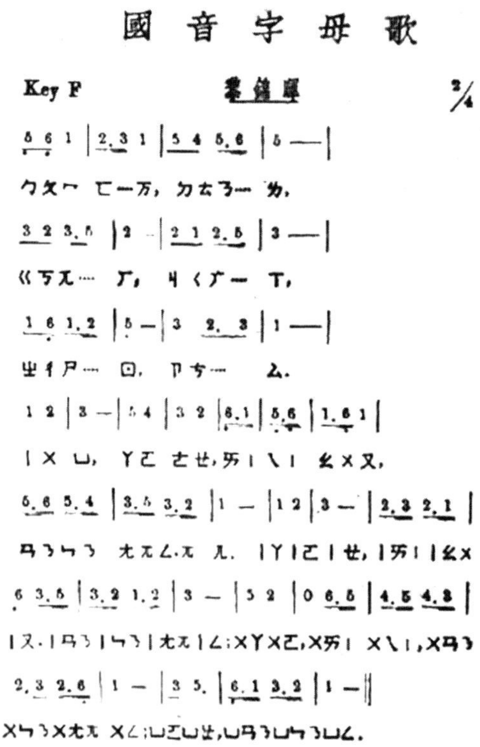

國音字毋歌

Key F　　黎錦暉　　2/4

5 6 1 | 2.3 1 | 5 4 5.6 | 5 — |

ㄅㄆㄇ ㄈ—ㄪ，ㄉㄊㄋ— ㄌ，

3 2 3.5 | 2 — | 2 1 2.5 | 3 — |

ㄍㄎㄫ… ㄏ，ㄐㄑㄬ— ㄒ，

1 6 1.2 | 5 — | 3 2.3 | 1 — |

ㄓㄔㄕ… ㄖ，ㄗㄘ… ㄙ.

1 2 | 3 — | 5 4 | 3 2 | 6.1 | 5.6 | 1.6 1 |

ㄧ ㄨ ㄩ，ㄚ ㄛ ㄜ ㄝ，ㄞㄧ ㄟㄧ ㄠㄨ ㄡ，

6.6 5.4 | 3.5 3.2 | 1 — | 1 2 | 3 — | 2.3 2.1 |

ㄢㄋㄣㄋ ㄤㄫㄥ.ㄫ ㄦ. ㄧㄚㄧㄛㄧㄝ，ㄧㄞㄧㄧㄠㄨ

6 3.5 | 3.2 1.2 | 3 — | 3 2 | 0 6.5 | 4.5 4.3 |

ㄧㄡ.ㄧㄢㄋㄧㄣㄋㄧㄤㄫㄧㄥ;ㄨㄚㄨㄛ,ㄨㄞㄧ ㄨㄟㄧ,ㄨㄢㄋ

2.3 2.6 | 1 — | 3 5. | 6.1 3.2 | 1 — ‖

ㄨㄣㄋㄨㄤㄫ ㄨㄥ;ㄩㄛㄩㄝ,ㄩㄢㄋㄩㄣㄋㄩㄥ.

国音字母歌说明

（1）“ㄇ、ㄋ、ㄫ、ㄬ”四个字母，唱时可以尽量将鼻音显出来。

（2）“ㄓ、ㄔ、ㄕ、ㄖ”四个字母所附之韵，唱高必生变化，唱重必带沙音，应该低吟轻唱。

（3）凡是单元音，只配一个音符，其余除句末的一个字母之外，都配了两个音符。所以——

（4）每个复元音，不妨将末了一个音素轻轻带出。

（5）每个声化元音，也不妨将附声轻轻唱出。

（6）结合元音，也依照（3）（4）（5）条之例办理可也（字母后所附之小字母，便是不妨轻轻带出之音）。

（7）字母中有标点断句，以便那些照例不能尽一口气唱完这歌的朋友们，趁此调和呼吸，而且完全是按照字母的类别而分开的。

（8）最紧要的，曲中附点的音符切不可随意不理它们，否则必无韵味。

（《全国国语运动大会会刊》1925 年第 1 期）

1926 年文献

全国国语教育促进会简章草案

第一章　总纲

第一条　定名　本会定名为全国国语教育促进会。

第二条　宗旨　本会以研究国语学术、调查国语教育实况、力谋国语教育进行为宗旨。

第二章　会务

第三条　本会会务如下：一、调查方言；二、研究标准国语；三、培养国语人才；四、调查各地国语教育实施状况；五、根据实际问题研究解决方法；六、编行国语书报；七、促成国语统一、言文一致，以期教育普及；八、其他关于国语教育进行事项。

第三章　组织

第四条　会员资格分两项：一、机关会员：凡机关担任本会每届（二年）合组费十元以上者；二、个人会员：个人研究国语或办理国语教育有成绩以及赞助国语教育每届（二年）纳会费一元以上者；合以上两项资格之一者，由本会会员三人以上之介绍经董事会通过得为本会会员。

第五条　会长：本会设正会长一人副会长二人，由董事互选，任期二年。

第六条 董事：本会设董事十二人，由会员公选任期二年。

第七条 董事会：本会董事会由正副会长和董事合组。

第八条 干事：本会干事分六部如下：一、总务部；二、研究部；三、调查部；四、编译部；五、宣传部；六、交际部。

第九条 各部干事分聘员雇员两种，由董事会聘任与雇用。

第十条 各部干事依事务的繁简订定人数的多少，各部办事细则另订。

第十一条 干事会：本会干事会由各部干事合组。

第十二条 特别赞助本会或助特别捐者，经董事会通过得推为本会名誉会员或名誉董事。

第四章 职权

第十三条 董事会的职权如下：一、规定进行方针；二、筹募经费；三、核定计划及预决算；四、审核各部办事细则；五、任免干事；六、审查会员资格和名誉会员名誉董事资格；七、组织委员会。

第十四条 干事会的职权如下：一、编拟计划；二、编拟预决算；三、执行董事会议决事项；四、总理本会一切进行事务。

第五章 经费

第十五条 本会经费的来源如下：一、机关会员合组费；二、个人会员会费；三、特别捐；四、官厅助费。

第六章 会议

第十六条 本会大会分为三种：一、每六个月全国各县举行全县会员大会一次，日期地点由各县自定；二、每一年全国各省区举行全省区会员大会一次，日期地点由各省区自定；三、每两年开全国会员大会一次，于夏季举行，开会地点由前一届大会决定。

第十七条 董事会每年至少开会两次，开会日期地点由该会自定。

第十八条 干事会分全体各部两种每月至少各开会一次，日期地点由该会自定。

第七章　会址

第十九条　本会总会设在上海。

第二十条　本会会员在各地满二十人以上经总会认可者得设立分会。

第八章　附则

第二十一条　本简章有不适宜处，经董事过半数以上或会员二十人以上的提议、大会到会会员五分之三以上通过得加修正。

◎本简章俟本会成立大会正式通过。

◎本会先设筹备处于上海西藏路平乐里九十八号。

（《全国国语运动大会会刊》1926年第2期）

国语专修学校第一届国语话专科简章

一、宗旨　现在一般人因为感受语言上的不便，急须学习国语话的很多，本校特添设专科，并分日夜两班，以便学者。

二、学额　每班暂定五十人，男女兼收（满二十人即开班）。

三、科目　国音（字母、拼音、新文字），国语话。

四、期限　两个月毕业。考查成绩及格者，给予毕业证书；不及格者，给予修业证书。缺课过总时间三分之一者，不得毕业。

五、上课时间　日班，下午四时半起上课两小时；夜班，下午七时起上课两小时。

六、纳费　学费六元（讲义费不收），宿费六元（备有男女宿舍），膳费每月六元半，各费须于入学时一次缴清。半途退学，除膳费按月计算外，学宿费概不退还。

七、报名　即日起，随缴报名费一元（寄宿者二元），入学时在学费内扣算，报名而不到的不还。外埠可以通信报名。

八、开学　阳历三月二十二日。

九、校址　上海法租界敏体尼荫路南阳桥北四一五号。

（《全国国语运动大会会刊》1926年第2期）

国语专修学校第三届国语师范科简章

一、宗旨　欲求国语教育推行顺利而普遍，非有优良的师资不可。现在各地中小学往往欲求国语人才而不得，即现任国语教员有志深造者，亦苦无研究之所，本校特设这一科，即以造就中小学校的国语师资，供应各地的需要为宗旨。

二、学额　暂定五十人，男女兼收（满二十人即开班）。

三、资格　凡中小学校教员（备有学校说明书）、中等学校或各地国语讲习所毕业（呈验毕业证书）以及有相当程度者。

四、科目　国语概论，国音，国语话（会话、演讲），语音学，声韵学，国语文，国语法，国语教学法，国语新文字，方音校正，国语游艺。

五、期限　一学期毕业，考查成绩及格者，给予毕业证书；不及格者，给予修业证书。缺课过总时间三分之一者，不得毕业。

六、课业　1. 堂课，每天下午四时半至七时上课三节；2. 研究会，共同研究国语上的各种问题，练习国语上的各种技能；3. 参观实习。

七、缴费　学费十二元（讲义费不收），宿费十五元（备有男女宿舍），膳费每月六元半，各费须于入学时一次缴清。半途退学，除膳费按月计算外，学宿费概不退还。

八、报名　即日起，随缴报名费一元（寄宿者二元），入学时在学费内扣算；报名而不到的不还。外埠可以通信报名。

九、开学　阳历三月二十二日（第四届九月二十日）。

十、校址　上海法租界敏体尼荫路南阳桥北四一五号。

（《全国国语运动大会会刊》1926年第2期）

全国国语运动会题词（黎锦熙　蔡元培）

民國十六年一月

全國國語運動第一周紀念

蔡元培題

（《国语月报》1927 年第 1 期）

1927 年文献

全国国语教育促进会国语教育状况调查表

（请就贵处实情填入这表，限于民国十六年二月终以前寄上海西藏路平乐里九十八号本会调查部。）

<table>
<tr><td rowspan="14">省　县　中华民国十年　月　日调查完竣</td><td>全区学校数</td><td>实施国语教育校数</td><td>国语教科的种类</td><td>国语师资的出处</td></tr>
<tr><td>男女小学</td><td></td><td></td><td></td></tr>
<tr><td>平民学校</td><td></td><td></td><td></td></tr>
<tr><td>男女中等学校</td><td></td><td></td><td></td></tr>
<tr><td>国语补习校［数］时期及最注重哪一教科</td><td colspan="3"></td></tr>
<tr><td>学生家庭对于国语教学的态度如何</td><td colspan="3"></td></tr>
<tr><td>各校实施国语教学后（至少在一年以上）的成绩如何</td><td colspan="3"></td></tr>
<tr><td>地方教育行政机关对于国语的态度如何</td><td colspan="3"></td></tr>
<tr><td>有哪个机关备着国音国语留声机</td><td colspan="3"></td></tr>
<tr><td>各界应用国语的状况</td><td colspan="3"></td></tr>
<tr><td>提倡国语最热心者何人</td><td colspan="3"></td></tr>
<tr><td>推行国语有何困难情形</td><td colspan="3"></td></tr>
<tr><td>对于实施国语教育的建议</td><td colspan="3"></td></tr>
</table>

注意：（1）填表者必须报告真实，如对于表中某项不大明白，宁缺不填。（2）填学校数，可用约数，例如“十所以上”或“二十所以上”。（3）填表者请示真实地址姓名，本会当奉薄酬。但将来发表调查结果时，全由本会负责，把填表者姓名谨守秘密。

（《国语月报》1927 年第 1 期）

四洮铁路发明利用国音字母改革电报之实况

（四洮铁路　蔡殿楣）

我国自从提倡国语以来，诸位热心家，每天奔走的运动普及。然而终究只在各处的学校里，或是教育机关上运动，不知道交通机关还要比较别的机关容易宣传，普及的能力也比较别的机关容易见效呢！但是各处的交通机关何以还没有听见提倡的呢？因为我国的铁路啦，邮政啦，多半是受外人势力的压制，以致连本国的文化也不能痛快地提倡，岂不是可耻可恨的事情么？所以四洮铁路的本国职员，就想设法打破这个难关，于是发起先拿铁路上的洋文电报推翻，改用国音字母。大家一听这个提议一唱百和的都很赞成，立即就办国语传习所。全路员司、工匠、夫役，不下二千多人，都非常踊跃的报名学习，不过五十八天的功夫，居然完全可以应用国音字母来拍电报，并且有一部分关于电务方面的职员，再专心研究电报上一切的改良及设备的事务，练习传达电报之速率，不几天都已研究的大有成绩，就逐渐的试行通电。起初因为南方人与北方人言语不同，多半还要依靠字典，先注字母，再去拍发；后来就练习成熟了，可以随意直接发电，对于拼切上一点没有错误的地方，于是就将成绩报告北京交通部立案准可。在铁路上服务的人，都说以后好像是在黑暗中得到光明的路一般的便利了！四洮铁路因为有七八百里的长，恐怕还有不能普及的，就在各车站附设许多的讲习分所，同时开学，无论铁路上的员役，或是各站地方上的人，一律可以报名学习。非但不收学费，并且还预备讲义、字典、发音许多研究的书，分给他们，沿线几百里，一时都是一片“ㄅㄆㄇㄈㄪ”的国语声了。至于洋文电报，竟没有人去拍发，因此渐渐的无形推翻，在四洮路服务的几个外国籍职员，一见有这样的情形，也只好来附和着练习了。改革以来，至今已经一年，全路所有拍发的电报有五十万零一千八百八十二通之多，国音电报成绩的美满，应用的便利，各铁路都很称赞羡慕。近来吉长、奉海、洮昂、呼海各铁路，都已派员到四洮铁路学习仿用，并且已实在的应用了。将来国语从铁路上宣传出去，全国普及，还有什么难处呢！望还热心国语

运动的先生们，对于交通机关，更极力的鼓吹鼓吹呀！（“国音电报与洋文电报统计比较表”附后）①

（《国语月报》1927 年第 1 期）

全国国语教育促进会大事记

（十五年九月一日至十六年八月三十一日止）

一　本会筹备处报告

本会筹备处的组织：

（一）十五年二月二十四日本会筹备处正式成立，九月三十日结束，十月二十日移交清楚。（二）本会筹备处设在上海西藏路平乐里九十八号。（三）本会筹备处分设总务、征求、宣传三股，干事如下：1. 总务：陆衣言、马俊如、齐铁恨、蒋镜芙、刘绍成、沈百英、丁怡庭、许逵伯、曾可光；2. 征求：黎锦晖、简世铿、庄百俞、杨聘渔、彭家农、张彭年、刘佩规、吴珍；3. 宣传：郭后觉、方叔达、秦凤翔、刘绍成、许竞公、杜若虚；4. 本会筹备处共开筹备会议八次，议决案十四件，分载在本会筹备处编印的《国语报》中。

征求会员事宜：

（一）本会筹备处设征求队一百队，分向各省进行，征求会员。（二）三月十日本会筹备处设立征求委员会，专理征求会员各种事宜。票选陆衣言、郭后觉、蒋镜芙、庄百俞、马俊如为委员。（三）四月二十五日苏、浙、皖三省附小联合会担任本会特别征求队，队员共一百三十七人，又本会请王理臣为厦门队队长，丁怡庭为海宁队队员。

宣传成绩：

（一）本会缘起、宣言、会章等，寄发全国教育行政机关、全国各大

① “国音电报与洋文电报统计比较表”略。

报馆以及各地学校、国语同志等。（二）本会筹备处编行旬刊一种，定名为《国语报》，出了十期，除分发本会会员外，又寄赠全国教育行政机关，及全国各大报馆、国语同志等。（三）请许逵伯到南洋，黎维岳到广州，程本海到南京，齐铁恨到芜湖，郭后觉到崇德一带，宣传国语。又请各大埠名人，就近宣传国语。

援助国语学员：

本会议决补助南京东南大学暑期学校国语讲习科学员学费二十元。后因该科人数不足，未能开班，故改为补助中等国语教学法组学员学费，该组学员共二十四人。

二　本会成立大会纪要（附照片）

本会于本年二月组织筹备处于上海西藏路平乐里九十八号。筹备六月，于十五年九月一日上午十时，在上海宁波同乡会开成立大会。详情如下：

（一）会场布置。会场内由本会干事预先布置，在大门口及会场前，均横悬“全国国语教育促进会成立大会”旗帜；演讲台左右，分悬国旗及会旗；台上设主席及官长席、书记席；台下前为会员席，后为来宾席；台右为新闻记者席。门口分设会员及来宾签名处，秩序甚佳。

（二）到会人员。上午八时余，本外埠会员及各界来宾，即陆续而来，共约五百余人，会员来宾，约各占其半。官厅方面，除江苏省长陈陶遗因公务冗忙，不克来会，事前来函申明致歉外，其他如淞沪商埠丁总办，由科长瞿钺代表，傅道尹由科长余芷江代表，许交涉使由科长金尧崇代表，及苏省视学章伯寅等，济济一堂，颇称热闹。

（三）开会情形。上午十时振铃开会。1. 明月音乐会奏乐。2. 对国旗行敬礼。3. 公推张仲仁主席。4. 主席宣告本会成立。5. 启贤公学学生唱国语运动歌。6. 通过会章。7. 选举会董，开票员顾旭侯等报告当选会董姓名。8. 长官致词。9. 来宾演说。10. 讨论议案。11. 余兴。12. 摄影。13. 聚餐。14. 散会。

（四）会董姓名。当选会董十二人：黎锦熙一三九权，陆衣言一三七权，王璞一一二权，赵元任一零五权，钱玄同九六权，刘复八七权，蔡元培七八权，张一麐六九权，蒋镜芙六六权，吴稚晖六二权，汪怡五八权，胡适五八权。（候补会董七人）方毅、黎锦晖、庄俞、刘儒、齐恨铁、袁观澜、郭后觉。

（五）演说汇志。1. 淞沪商埠丁总代表瞿钺致辞：列举我国各地方言不通的现状，冲要的地方各假外国语言为交际之用，十分可耻。若想本国人用本国语，非用国语不可！但是我国方言复杂，不但有地方的不同，并且有时间的变异，宜经多数人习用的语言，定统一的办法，在从教育方面注意推行，国语自能统一普及。2. 傅道尹代表余芷江致辞：略讲国语教育的重要，并希望全国一致进行，希望于最短时间收效。3. 上海许交涉使代表金尧嵩致辞：列举各地方方言不通的弊害，希望我中华国语从速统一。4. 江苏省视学章伯寅致辞：略谓儿童初习语言，最易受环境感化，例如住沪儿童于苏淞甬粤杂为染受，静耳倾听，至为可笑。希望诸教育界同志，从实际上校正方音，推行国语。5. 群治大学校长罗峙云演讲中华国语①与蒙、藏方言的关系。

（六）议决案件。1. 张锦提议“本会《国语报》应陆续出版案”；2. 钱鸿提议“调查全国学校实施国语状况案”；3. 许竞公提议“派员宣传国语案”。以上三案，议决交本会董事会，本别执行。

（七）余兴。1. 各地方言和国语的表演：（1）谢后乐，福州话；（2）程本海，绩溪话；（3）吴楷本，休宁话；（4）汪励吾，黟县话；（5）简世铿，广东话；（6）李实，琼州话；（7）吴珍，金华话；（8）严工上②，各地方言和国语话的翻译。2. 启贤公学学生唱“可怜的秋香”。3. 严工上唱昆曲。

（八）赠品。会员及来宾可到会时，各送会章及第十期《国语报》一份，散会时，又各赠该会成立会纪念笺一束。各长官代表，加送《国语运动会会刊》第一、第二期各一本。

---

① 在与民族语言对称时，国语亦称“中华国语”。

② 严工上（1872—1953），安徽歙县人，作曲家、演员，亦精通昆曲。

本會于十五年九月一日上午十時在上海寧波同鄉會開成立大會攝影

三　正音会报告

（一）简章

一、宗旨：本会专为全国国语教育促进会会员和中小学校教员以及国语同志校正国音而设。二、资格：凡读过国音字母的都可入会。三、正音：国音字母的发音，字母拼音，声调练习三项。四、会费：凡全国国语教育促进会会员一律免缴入会费。非该会会员收会费一元。凡是小学教员经学校或其他教育机关或全国国语教育促进会会员介绍者，一律减收半费（以介绍人图章为凭）。五、时间：每逢星期日上午九时到十一时，为正音时间。六、期间：本会第一期暂定十五年十月二十四日星期日开始，十二月十二日结束，共八个星期闭会。但遇有必要时，得延长到十个星期结束。七、给证：凡会员读音经本会讲师认为及格时，得随时由会发给证书离会（证书每张小洋二角，于入会报名时缴纳）。八、会址：本会第一期附设于上海西藏路平乐里九十八号，全国国语教育促进会内。九、报名：即日起到十月二十四日截止，报名处在本会（报名时随缴证金小洋二角，入会时扣作证书费。报名而不到会的，证金概不退还）。

（二）讲师值周表

第一周：黎维岳，齐铁恨。第二周：简世铿，郭后觉，齐铁恨。第三周：严工上，齐铁恨。第四周：黎维岳，郭后觉。第五周：简世铿，马国英，严工上。第六周：严工上，齐铁恨。第七周：黎维岳，郭后觉。第八周：齐铁恨，马国英。

（三）用书

各会员由会送《国音小检字》一册。

（四）正音步骤表

第一步：单个字母的正确。第二步：结合韵母的正确。第三步：声调（阴平、阳平、上声、去声）的正确。第四步：拼音的正确：（先）单念拼音；（后）按照各个声调念拼音。毕业标准：检查字典上任何一个拼音，能够按照音、调，正确念出。

（五）讲师注意事项

1. 请先看正音步骤表。2. 一组中如有几个人所不正确的音、调及其发音程度相仿佛的，得同时教学，以求经济。3. 每次正音后的结果，请讲师分别填入正音成绩表。表式如下。4. 讲师在每次正音以前，请检阅正音成绩表，只消就各人的没有正确的音、调，再加以校正。5. 凡在一个会员的各个音、调都已被正了时，须再把字母全部及声调并选几个拼音，教该会员再发音一次，如果还有不正确的地方，须重行校正。6. 经过了第5项手续，而确已到了完全正确时，请当值讲师就把该会员姓名报告本会主任，以便发给毕业证书而完手续。

（六）正音成绩表（原表空格共十行）

全国国语教育促进会附设正音会	正音成绩表记载法	1. 每次完了时，把各人没有正确的音，按格增入。2. “拼音”栏中，记明没有正确的是两拼音或三拼音。3. “附记”栏中，每次记明正到哪一步，以及缺席
项目	声母　韵母　结合　韵母　声调　拼音　附记	
姓名		
中华民国　年　月　日　第　周　当值讲师　（原表空格共十行）		

（七）会员

毕业的会员，共廿一名：梁仲怡，邓月仙，吴楷，陈继鑫，李逢生，杨复耀，王潇卿，孙慕坚，冯季超，束云逵，顾缉明，施道元，王志成，张匡，古瑞珍，王鸿文，胡钟瑞，张志良，徐祝，左洵，汪励吾。

（八）证书

本会证书，用白厚纸凹版印刷，阔五英寸，长三英寸，四边有凸起的图案花边，中间印红字，非常美丽，式如下图。

（九）酬谢

十二月十九日中午在上海金陵春宴请各讲师，以表谢忱。

四　全国国语运动纪念会记[①]

五　国语联欢会[②]

六　无线电国语传习会简章

（一）宗旨　本会专为上海及上海附近装有无线电收音机的全国国语教育促进会会员和中小学校教员以及国语同志、欧美人士，学习中华国

① 略。

② 略。

语[①]而设。

（二）科目　国音，国语趣话，国语新歌曲。

（三）讲义　本会编有讲义二十四课，分刊于全国国语教育促进会《国语月报》第三、第四、第五期中（《国语月报》是由上海南京路文明书局经售，定价一角，特价七分，邮费一分）。

（四）期间　本会第一期暂定本年三月一日起每逢星期六、日下午五时至五时半，在上海南京路开开洛无线电公司发电，三个月结束。

（五）给证　凡由无线电学习国语的人士，得于本年五月二十九号（星期日）上午十时亲到本会，经本会讲师试验认为及格者发给证书（证书费小洋两角）。

（六）会址　本会附设于上海西藏路平乐里九十八号全国国语教育促进会内。

七　全国国语演说竞进会简章

（一）宗旨　本会以比赛国语演说，促进国语普及为宗旨。

（二）会员　本会会员以全国公私各级学校学生为限。

（三）程度　本会会员的程度分为四级：1. 国组：初级小学三四年级学生；2. 语组：高级小学一二年级学生；3. 竞组：初级中学学生；4. 进组：高级中学学生及大学学生。

（四）赛法　分为两种。1. 预赛，分同组学生为若干团，分团预赛；2. 决赛，由各团第一或第二三名，举行决赛。

（五）时间　1. 预赛：每人以五分钟为限。满四分钟时，由计员按铃知照一次；满五分钟，再按铃一次，立即停止。2. 决赛：每人以十分钟为限。满九分钟时，由计时员按铃知照一次；满十分钟，再按铃一次，立刻停止。

（六）题目　或由本会预定，或由各赛员自定（预赛当选者，在决赛时仍用预赛题目）。

（七）评判　1. 评判员由本会聘请若干人，公推预赛决赛主席一人。2. 评判标准。（1）演词。演词分思想，结构两目。（2）言语。言语分发

① 在与外语对称时，“国语”亦称“中华国语”。

音，声调（包含四声、词调）两目。(3) 姿态。姿态分神情，动作两目。3. 计分方法。(甲)(丙) 两项，每项作十分，每目作五分。(乙) 项作二十分，每目作十分。

（八）奖品　奖品分会奖，个人奖两种。1. 会奖：分红、黄、蓝、白、黑磁牌五方，分奖决赛最前五名；2. 个人奖：由本会向各界征集热心人士捐赠的物品，均送决胜者，或由捐赠者指定赠送。

（九）集会　本会集会的日期、地点及参与比赛人的程度、范围等，由全国国语教育促进会另订宣布。

（十）附则　1. 各省、区、道、县教育会或教育厅教育局等，得比照本简章，各以本范围以内的各学校各级学生，组织国语演说竞进会；2. 本会以普及国语、养成演说人才为目的，并不是专选少数的优胜者，故学校应利用时机，使全校学生都练习使用国语话，养成演说【人】才；3. 本简章如有未尽事宜，由全国国语教育促进会修正。

八　国语图书馆

章程：

（一）定名　全国国语教育促进会国语图书馆，简称“国语图书馆”。（二）宗旨　本馆以促进全国国语普及为宗旨。（三）组织　本馆暂设正主任一人，副主任二人，总理本馆一切事宜（办事细则另订）。主任由干事会推选，任期一年，但得连任。（四）经费　本馆经费除由会供给外，得用本馆名义自由募集。（五）图书　本馆图书，以国语为主体（关于编制分类，另定纲目）。（六）借贷　本馆所藏国语图书教具一律公开，无论会员非会员均得照章借贷，暂定办法四种如下：（详细办法另订）(1) 阅览，在本馆规定时间内，无论会员非会员都可到本馆阅书室阅览；(2) 通信借贷，另订细则；(3) 巡回书库，本馆将重要图书，配成若干库，巡回全国各地，以供各地人士就近阅览；(4) 分级书库，本馆将国语图书分为初中高三级，各级支配同程度书籍若干种合成一库，以便借贷，按级研究。（七）馆址　本馆暂设上海西藏路平乐里总会所内。

借阅图书暂行规程：

第一条，凡国内有志研究国语者，无论会员非会员，均得照章借阅，但非会员须有妥实机关盖章保证；第二条，为流通便利起见，每次借书至多二本，以二星期为限；第三条，本馆备有借书证及目录，凡欲借书者须缴费五角（可用邮票代洋）向本馆领取；第四条，借书时先检目录，将书名及书号填入借书证寄交本馆，本馆即将该书寄上，借书证存本馆备查；第五条，还书收到后，本馆即将借书证寄还；第六条，缴费后每次所用寄递之信件邮费，逐次扣除至扣完后，须再缴费，方得续借；第七条，如借期已满而延不缴费者，每天扣洋五分；第八条，寄还书籍应由邮局挂号，否则中途遗失，本馆不负责；第九条，借书权利完了后，再缴各费，仍得借书权利；第十条，借书证如有遗失，应即通知本馆照补，在未报失以前，如被拾得者借去图书，仍须由领证人负责；第十一条，补证应纳补证费大洋两角；第十二条，通讯处如有变更时，应即通知本馆；第十三条，借阅书籍，如有剪裁或污损、遗失、评注等情，应照原价加倍赔偿；第十四条，馆址设上海西藏路平乐里本会所内。

国语图书馆职员任务细则：

第一条，本馆暂设正主任一人，副主任二人；第二条，正主任之职务：（甲）主持本图书馆一切事物，（乙）分编各种图书，（丙）预算本馆经常费，（丁）每年终办理统计总报告；第三条，副主任之职务：（甲）登记及编造各种图书，（乙）管理图书借发并指导阅者参考，（丙）管理图书装订及藏置，（丁）整理日报杂志，（戊）督察馆役随时洒扫，（己）月终编造统计报告，陈报正主任。

筹备主任：

国语图书馆筹备主任由齐铁恨担任。

九　国语模范学校

计划

（一）学区：我国地域广大，言语复杂。现将全国分为东、南、西、北四大国语学区。每一区域中，设立国语模范学校一所。1. 东区，以上海为中心，东部各省及日本华侨等属之；2. 南区，以广州为中心，南部各省及南洋华侨等属之；3. 西区，以武昌为中心，西部各省区及西藏等处属之；4. 北区，以北京为中心，北部各省区及蒙青等处属之。

國語學區圖

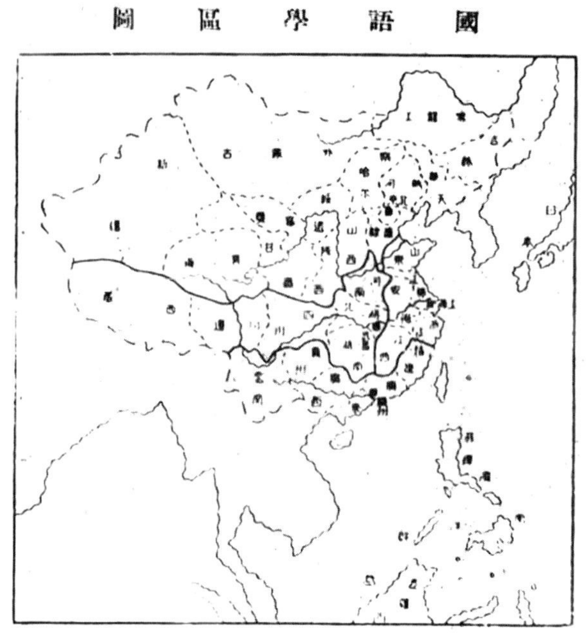

（二）经费：各区国语模范学校的开办、购地、建筑、经常等费，另组募捐委员会，向国内外筹募。现先着手创办第一国语模范学校于上海，设法募足基金十万元，以后逐年筹募，日渐推广，次第成立第二、第三——等国语模范学校。

（三）校务：1. 造成国语的环境；2. 养成国语的师资；3. 调查方言，研究标准国语；4. 审查编行国语书报；5. 调查统计本国语学区域内国语教育的实际状况；6. 解决国语教育上的疑难问题；7. 计划推广国语办法，促成国语统一，言文一致，以期普及教育；8. 其他关于国语教育进行事项。

组织大纲

第一条，国语模范学校根据国语学区，设立四校。东区：第一国语模范学校设于上海。南区：第二国语模范学校设于广州。西区：第三国语模范学校设于武昌。北区：第四国语模范学校设于北京。第二条，国语模范学校设校董五人，组织校董会。校董由全国国语教育促进会董事会聘任。第三条，国语模范学校设校长一人，副校长一人。总理全校及各本国语学区内一切事宜。校长、副校长经校董会推荐，由全国国语教育促进会董事会聘任。第四条，国语模范学校设教务主任一人，秉承校长、副校长掌理全校课程，支配考核教员服务状况，及学生成绩、注册、统计等事宜。第五条，国语模范学校设事务主任一人，秉受校长、副校长掌全校预算决算款项出纳、校舍的支配整理以及校具购置等一切事宜。第六条，国语模范学校设区务主任一人，秉受校长、副校长掌理各本国语学区内调查、统计、推行等事宜。第七条，国语模范学校由校长、副校长、教务主任、事务主任、区务主任组织校务会议，以校长或副校长为主席。第八条，国语模范学校得设国语图书馆，语音测验所，小学校、平民学校等附属机关。组织方法另行订定。第九条，国语模范学校于必要时，得设分校、流动学校、国语指导团以及各种专门委员。组织方法另行详章。第十条，国语模范学校办事细则及会议规程等，另有专章规定。第十一条，以上各条，在经费未充足时，得酌量变通办理。第十二条，本组织大纲，自全国国语教育促进会公布日实行。

成立

国语模范学校，议决先在上海开办第一国语模范学校。筹备一月，于十六年七月一日正式成立，启用图章，并于上海《申报》《时事新报》《民国日报》登载成立通告广告。“全国国语教育促进会附设第一国语模范学校成立通告：‘本校筹备一月，业已完竣。本校图章，已由全国国语教育促进会颁到，于七月一日正式成立，特此通告。’”

第一国语模范学校职员

1. 校董五人：蔡孑民，胡适之，赵元任，刘半农，吴稚晖；2. 校长由校董吴稚晖兼任；3. 副校长陆衣言；4. 教务主任马国英；5. 事务主任曾可光；6. 区务主任齐铁恨。

第一届暑期国语专科纪要

（一）简章

宗旨：利用暑期，研习国语；资格：无论研究过或没研究过的都可入学；科目：国语概论，国音，国语罗马，国语话，国语法，国语文，国语教学法（本专科偏重国音）；期限：以四个星期为修业期，修业期满，考试及格，发给毕业证书；开学：十六年七月七日，七月十一日上课；时间：每天上午八点钟到十一点钟，分三节授课；纳费：学费大洋二元，讲义费在内，会员减半。报名时随缴证金一元，入学后扣作学费。报名不到，及中途退学，概不发还；地点：借上海宝山路尚公学校；报名处：上海南京路文明书局二层楼，上海尚公学校。

（二）开学式

七月七日上午十时，借上海尚公学校行开学式。顺序如下：1. 全体对国旗、党旗、遗像行敬礼；2. 齐铁恨恭读遗嘱；3. 筹备委员马俊如报告；4. 会董陆衣言、尚公教师胡钟瑞、驻粤干事曾可光、讲师杜若虚、齐铁恨、马俊如等先后演讲，讲毕由学员发表意见；5. 学员用方言介绍自己的姓名籍贯，音调各异，非常有趣；6. 宣布学员入学须知，至十一时半散会。

（三）职员及讲师

教务主任兼讲师马国英，担任甲组“国音”二十三时，“国语罗马字”六时，“国语法”“国语文”各三时；事务主任兼讲师齐铁恨，担任“国语概论”一时，“国语话”十七时，“国语教学法”三时；讲师杜若虚，担任乙组“国音”二十四时。

（四）学员

人数：女学员十九人，男学员五十六人，共七十五人。又有因远道来沪，已过开学期十天，不能入学，改为旁听者十余人。籍贯：本届学员的籍贯：广东二十八人，江苏十七人，浙江十六人，江西、台湾各三人，湖北、福建、安徽、广西各两人。职业：大学、专门、中学、师范学生三十九人，教员十五人，商业五人，农、工、医、宣教各一人，其他十一人。

（五）临时演讲

七月十五日请陆衣言讲“演说术”，八月五日请胡适之讲“国语与文学”。演讲笔记，另详本会《国语月报》中。

（六）讨论会

八月六号举行讨论会。讨论关于国音、国语法、教学法等问题时，由齐铁恨做主席。讨论关于国语罗马字、国语文、国语法等问题时，由马国英做主席。

（七）毕业考试记分方法及毕业标准

记分方法：国音——分口试、笔试两项。（甲）口试：1. 字母：三十二分（声母二十一个，韵母十四个，结合韵母二十八个。凡读错一个，扣去半分）；2. 拼音：十四分（读双拼音六个，三拼音八个。读错一个，扣去一分）；3. 声调：十四分（基本读两组，指示读六个。读错一个，扣去一分）。（乙）笔试：1. 汉字译字母：十分（十字一句。译错一字，扣去一分）；2. 字母译汉字：十分（十字一句。译错一字，扣去一分）。国语话——二十分。（五句，每句四分，声音、语调，各占二分。声音不清正，语调不合适，照扣。）

毕业标准：（甲）凡缺课满总时间数三分之一以上的，不得与毕业考试。（乙）国音口试三项，均须足分，才能毕业。（丙）国音笔试、国语话口试两项，至少各有十二分，否则不能毕业。（丁）毕业以前须缴国语纪念文一篇，缺者不能毕业。

（八）毕业考试

八月四日举行毕业考试。每一学员，发毕业试验表格一张，式如下：

<table>
<tr><th rowspan="2">姓名</th><th rowspan="2">籍贯</th><th rowspan="2">年岁</th><th colspan="3">国音口试</th><th colspan="2">国音笔试</th><th rowspan="2">国语话</th><th rowspan="2">纪念文</th><th rowspan="2">总分数</th><th rowspan="2">缺课时数</th><th rowspan="2">备注</th></tr>
<tr><th>字母</th><th>拼音</th><th>声调</th><th>音译字</th><th>字译音</th></tr>
<tr><td rowspan="2"></td><td rowspan="2"></td><td rowspan="2"></td><td colspan="3"></td><td colspan="2"></td><td rowspan="2"></td><td rowspan="2"></td><td rowspan="2"></td><td rowspan="2"></td><td rowspan="2"></td></tr>
<tr><td></td><td></td><td></td><td></td><td></td></tr>
<tr><td colspan="8">国音字母译成汉字</td><td colspan="5">汉字译成国音字母并加声调符号</td></tr>
</table>

马国英担任考验国音字母读音；杜若虚担任考验国音拼音、声调；齐铁恨担任国音笔试及国语话口试，结算总分数。

（九）证书

证书分毕业，修业两种。毕业证书红色花边黑色字；修业证书紫色花边黑色字。花边长约十二寸，宽约九寸余。式如图。

畢業證書

全國國語教育促進會附設
第一國語模範學校畢業證書
學員　　是　　縣人
現年　　歲在本校第　　屆
科畢業此證
校長
副校長
中華民國　年　月　日第　號

（十）毕业式①

（《国语月报》1927 年第 9 期）

全国国语教育促进会职员一览

正会长：蔡元培孑民；

副会长：吴敬恒稚晖、张一麟仲仁

会董（以笔画为序）：王璞蕴山、汪怡怡安、胡适适之、陆衣言衣言、赵元任元任、刘复半农、黎锦熙劭西、蒋镜芙镜芙、钱玄同玄同

审音委员会：赵元任、刘复、钱玄同、汪怡、马国英、严公上

审词委员会：黎锦熙、沈颐、郭后觉、方毅、高元

本会附设第一国语模范学校职员：校董：蔡元培，胡适，赵元任，刘复，吴敬恒；校长：吴稚晖；副校长：陆衣言

募捐委员会：陆衣言、马国英、简世铿、曾可光

① 略。

总会干事：总务部：庄俞，马国英，杨聘渔，朱连三，徐显宗，左洵；研究部：黎锦晖，简世铿，黎维岳，严工上，秦凤祥；调查部：顾旭侯，彭家农，黄警顽，沈思期；编辑部：范祥善，齐铁恨，方毅，刘绍诚；宣传部：曾可光，许竞公，方巽光，杜若虚；交际部：程石生，朱慰元，吴珍，刘佩规

各埠干事：驻京干事：苏耀祖，白涤洲；驻直干事：鲁清晨，谭承荫；驻奉干事：谭子□，江良彬；驻吉干事：谢浚源；驻黑干事：刘善董；驻苏干事：彭林仙；驻浙干事：凌独见，张克竣；驻皖干事：张牖青，赵叔平，查世翰；驻赣干事：鄢云鹏；驻鄂干事：刘蔚如，黄禅心；驻湘干事：张锦云；驻闽干事：吕鸣一，王理臣；驻粤干事：黄友圃，郎擎霄，刘畅九；驻蜀干事：邹景成；驻滇干事：方国瑜；驻星干事：许逵伯，吕书村；驻婆干事：郭后觉

（《国语月报》1927 年第 9 期）

全国国语教育促进会题词

（吴稚晖）

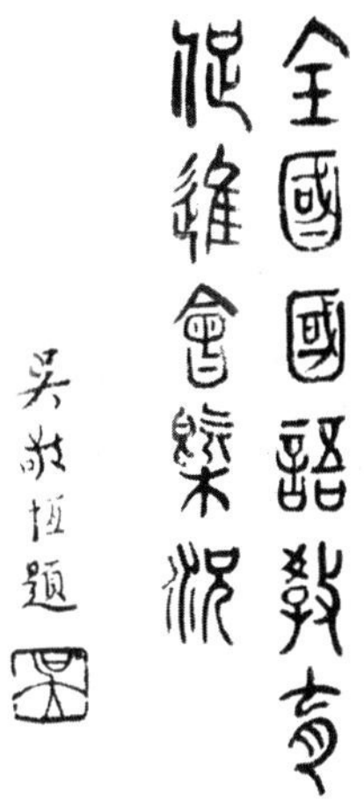

（《国语月报》1927 年第 9 期）

1928 年文献

交通部训令

第二六五号十七年二月十七日

（令为国音字母电报各路应一律仿行由）

令京汉、奉绥、津浦铁路管理局

“国音字母电报各路应一律仿行”一案，业经民国十四年国音字母电报会议议决并将该会议记录检发在案。兹据四洮声称：“吉长、洮昂、奉海等路电报近均采用国音字母拍发，自实行以来极感便利，成绩昭著，习学亦无困难，请提倡推广”等语，查国音字母电报既经吉长等路仿行确系习学迅速，简而易行，且效用普及，并可减少大部分电文（京奉加），是该议决案亟应一致推行饬办。现京绥路业已实行，该路应迅行筹设传习所，由四洮路局挑选发音正确，足资师范者数人充当教授。除分行外，仰即迅与四洮路局接洽办理，并将办理情形随时具报为要。此令。该路现已开班，传习殊堪嘉许，仰将办理情形随时具报为要。此令（京绥用）。

部印

中华民国十七年二月十七日

交通次长代理部务常荫槐

（《政府公报》1928 年第 4241 期）

大学院[①]训令

第五三六号十七年八月九日

（令为通令提倡语体文事由）

令河南教育厅

为通令提倡语体文[②]事：

案据全国教育会议议决，提倡语体文以利小学教育的改进。办法大要如下：（一）小学校一律用语体文教学，不教艰深的文言文。（二）初级中学入学考试，不考文言文。（三）各大学区、各省教育厅、各特别市教育局一体提倡语体文，向社会宣传语体文的便利。（四）各教育行政机关随时考察各小学校，不准采用文言教科书。

查语体、文言都是表情达意的工具，艰深的语体文也和不易的文言文没有什么大异，本可不必畸轻畸重，有所抑扬。

不过从中间衔接的地方看起来，语体、文言固然没有多大的差别，从两极端看起来却就大大的不同了。文言趋向古的、死的一方面，而语体则在今的、活的一方面。文言和今语相去很远，无论如何平易，总不及语体文合于语言的自然。再就学习的心理而论，文字是声音、意义、形状三者的结合，学习文言文一定要三者兼顾，学习语体文听了声音便知

---

① 大学院，南京政府中央教育行政机构，大致同于教育部。

② “语体（文）”意为“口语体（的书面语）”，是民国时期语言学或教育领域术语，在论及语言、教育问题时多与“文言（文）”一词相对应使用。“语体（文）”同“白话（文）”内容近似，不过两者的学科归属不同，“白话（文）”是衍生于近代白话小说的文学术语，而“语体文”则是现代语言学视域下的语言学术语。南京政府甫一成立，即明确了对于学校语文教学中语体文教学的态度，由民国教育部公报正式提出语文教育中的“语体（文）”概念，结束了北洋政府在小学国文改国语问题上的摇摆不定。1916 年，袁世凯帝制复辟失败，语体文与文言文的激烈讨论直接导致国语研究会成立；五四运动之后，社会激荡，民情涌动，1920 年，小学国文改国语科，《新青年》《国语月刊》等关于文白问题的论争大张旗鼓提倡语体文和白话文；1923 年之后，北洋政府政局更加动荡，《觉悟》连载数篇文白论争文章之后，文言文社会地位回升；1928 年，南京国民政府成立，20 世纪 20 年代初期提出的语体文地位得以正式确立。

意义，只要认识一二千字的形状，也便可以看书作文，比文言文便利得多。所以语体、文言虽同是表情达意的工具，而语体实在比较的普通平易，尤便于大多数民众的应用。大多数民众不了解经史，而还能看些小说弹词，这是语体比文言便利的明证。

小学教育是义务教育，是为大多数民众而设施的教育。语体文既然是便于大多数民众应用的工具，所以学校应当教语体文，不必教文言文，是不消说的。再从小学教育的实施讲，有许多小学试验的结果，确知语体文容易学习，儿童用语体文表情达意也比较文言文便利得多。因为容易而便利，文字教学的工夫也省了许多，可以把省下的时间教学别种科目，所以这些小学校的教育成绩，的确比以前进步得多了。

可是我国各小学校，除少数主张坚定的外，有的文言、语体参教；有的表面教语体，暗中仍教文言；有的索性仍教文言，而不教语体。结果文言、语体参教的，不但并未减轻学生对于文字的负担，而反［反而］加重了一倍的工作，以致成绩很遭；全教文言的，仍旧孜孜兀兀，把十分之五的工夫用在“之、乎、者、也”上，而放弃了应用科学、生活技能……纯教语体的，儿童成绩虽佳，但也往往不能转学或升学于注重文言的学校。小学校文字教学杂乱到如此，影响于现在的学生和将来的民众甚大，教育行政机关怎可置之不闻不问呢?

本院深觉全国教育会议议决的办法实有施行的必要。为此，除分令外仰即切实遵照办理，并转令各小学和初级中学一体遵照，不得有违。此令。

——17，8，9——

（已通令各校各县遵照）

（《河南教育》1928 年第 1 卷第 5 期）

小学暂行条例（第一、二章）

（十七年二月十八日大学院公布）

第一章　总纲

第一条　小学教育，应根据三民主义，按照儿童心身发展之程序，培养国民之基本知识技能，以适应社会生活。

第二条　小学修业年限六年，前四年为初级小学，后二年为高级小学。在不能设立完全小学地方，得单设初级小学。

第三条　小学得附设幼稚园及其他初等教育机关。

第四条　小学由市县或市县教育分区设立之。私人或团体得设立小学，称为私立小学。

第五条　小学之设立变更及停办，须由市县教育行政机关转呈省区教育行政机关核准。

第六条　私立小学除适用本条例外，并应遵照私立学校条例、私立学校校董会条例、私立中等学校及小学立案条例办理。

第二章　教科及编制

第七条　小学之教授科目如左：三民主义、公民、国语、算术、历史、地理、卫生、自然、乐歌、体育、党童子军、图画、手工，高级小学得酌量地方情形加设职业或其他科目。

第八条　各科要旨及课程标准另定之。

第九条　小学教科书，须采用中华民国大学院所审定者。

第十条　小学应按照年级分为六班，但如限于财力或教室不敷用时，在初级小学得合班教授。

（《大学院公报》1928 年第 1 卷第 3 期）

教育部令

第二号十七年十二月十二日

（教育部国语统一筹备委员会规程）

兹制定教育部国语统一筹备委员会[1]规程公布之，此令。

教育部印

中华民国十七年十二月十二日

教育部国语统一筹备委员会规程

第一条 教育部为谋国语统一起见，设立国语统一筹备委员会。

第二条 国语统一筹备委员会（以下略称本会）之任务为左列各项：（一）编辑关于国语之定期刊物及其他必要之图书。（二）撰拟并刊布关于国语之各项宣传品。（三）征集并审查各种国语读物。（四）编制关于国语之各项统计。（五）调查各地国语教育推行状况。（六）视察各学校国语科之教学状况。（七）计划关于促进国语统一之各种方法。

第三条 本会设委员若干人，由教育部长延聘之，主席一人，由教育部长于委员中聘定。

第四条 本会每年至少集会一次，由主席定期召集。

第五条 本会设常务委员五人至七人，由部长于委员中指派之。

第六条 本会分设总务、编审、宣传、调查、训练五组，由常务委员分任之。常务委员得约请本会委员加入各组襄理事物。

第七条 本会关于文书、会计、庶务等事务，均由常务委员兼任之。

第八条 本会委员概为无给职，但常务委员得酌支津贴。

第九条 本会为缮写文件及其他事务得酌用雇员。

---

① 北洋政府时期的语言行政机构为“教育部国语统一筹备会”。

第十条 本规程经教育部核准施行。

第十一条 本规程得由本委员会之决议，呈教育部核准修改之。

（《政府公报》1928 年第 5 号）

1929 年文献

教育部指令

第三八零号十八年一月七日

（令为开办国音字母讲习所情形及简章请予备案由）

令国语统一筹备委员会

呈一件为开办国音字母讲习所情形及简章请予备案由

呈件均悉准予备案。此令。

附国语统一筹备会原呈

呈为开办国音字母讲习所谨将开办情形及讲习所简章一并呈报请予备案事

窃以注音字母自从民国七年十一月教育部颁布以后，即由国语统一筹备会会员王璞创设注音字母传习所，教育部并酌给津贴，历届办理毕业多人，一面前国语统一筹备会前后办理国语讲习所四次也，并传授注音字母。十年以来，中小学校大抵能利用注音字母作语音、字音的标准，不可谓非此等传习之功。但是近五年来[1]，政治不宁，经费枯竭，不独国语讲习所不能继续办理，就是王璞所办的注音字母传习所也停办。玄同[2]等自从筹备国语统一会以来，便拟筹办国语专修学校，曾将计划书和预算呈请前大学院核准办理。惟因上项预算一时不易成立，而社会中希望

---

① 应是 1924 年之后。

② 钱玄同。

研究国语者不乏其人，况“国语罗马字母拼音法法式”公布不久急待传播。为此，就目前人力财力的可能范围，先行创办国音字母讲习所一处，以应目前的急需。所址便设在前教育部东院馀屋，其经费由本会辅助五十元，即日拟定简章招收学生。报名者极为踊跃，现已于本月十八日开课，学生共计六十四人，其学第一式者计四十二人，学第二式者共计二十二人。兹先将简章呈报，应请准予备案。至办毕业时，当再将办理经过情形及毕业生名册另文呈报，合并附陈，敬呈教育部。

附件从略

（《教育部公报》[①] 1929 年第 1 卷第 2 期）

教育部咨文

第七六一号十八年十月十九日

（咨请查照利用国音字母创行拼音电报成案核办见复由）

为咨请查照利用国音字母创行拼音电报成案核办见复由

为咨请事

本都［部］前据本部国语统一筹备委员陆基函称：“查利用国音字母创行拼音电报，实始于四洮铁路。试办之初会请国语统一筹备会派员前往指导，当由会中公推干事江仁纶赴奉训练，屡经试验，咸称便利，吉长铁路推行无碍。嗣由四洮铁路建议于前北京交通部，迭经会议议决，令各路派生学习以便交通，未几因事中止。方今建设伊始，百废俱举，拼音电报亦属建设中一端，且与国音统一实有密切之关系，爰拟恳请分咨交通、铁道两部，请饬查照通令各路派生学习拼音电报成案继续进行。庶几藉交通之便利，国音字母将愈推而愈广，是亦关于促进国语统一之一道也。区区管见倘蒙我部长俯鉴愚诚，赐予采纳，基愿稍缓须臾毋死，得睹大化之流行，实为万幸”等情。当经饬交本部国语筹备委员会核复

① 《大学院公报》出至第九期后，南京政府大学院改组为教育部，1929 年 1 月《大学院公报》继续编辑并改名《教育部公报》，发行第一卷第一期，嗣后月出一册，全年 12 册。

去后，兹据复称："本会委员陆基函请大部分咨交通、铁道两部'请饬查照通令各路派生学习拼音电报继续进行'一案，兹经本会同人公同核议，佥以此事从四洮路创办以来，卓著成效，故吉长、平绥等路并经踵而行之。近年各路虽未闻积极进行，而四洮一路推行无阻。此固由于该路之试验已久，共称便利，抑亦任事者之热心提倡所致。是以此事诚得交通、铁道两部从中主持，定收事半功倍之效。为此应请大部即照陆委员所拟分咨交通、铁道两部"等语到部；查该委员拟藉交通之便利，为促进国语统一之企图，所见似属可采，除分咨外，相应咨请贵部查案核办，并希见复。此咨。

交通、铁道部

（《教育部公报》1929 年第 1 卷第 11 期）

国音电报第二次研究之结果——给四洮路局的报告文件

（谭耀宗）

呈为谨将国音电报第二次研究所得之结果呈送鉴核并请准予公布施行事

窃耀宗于民国十一年，在北京交通部第四次运输会议，曾提电报改用国音字母一案，经议决由本路试办。至十四年七月七日，本路即开始实行采用，并呈部公布在案。嗣东三省新办各路，亦次第先后仿照办理。沿用至今，现已四载。其间虽未发生何种困难之点，但对于"专名词"或"单字"必须用某汉字者，除"中华民国""孙中山先生"及熟识人之姓名等字，不致有错误之处外，其不能以意义推测，且极不普通之名称，恐仍难免不无错误之处。耀宗对于此项缺点，不能释然于心者久之，因之继续研究，未敢中辍。十五年四月，检阅第二十三卷第三号之《东方杂志》中，载有王云五先生初次发布之"四角号码检字法"，颇有采用之价值。乃按法推行，详加研究，大有辅助国音电报完全成功之可能。嗣因闲假之时期有限，以致进行延缓。待至去年春夏间，前北京交通部创设“拼音电报研究会”，召集部中及各铁路局以及各电报局之博学者数十人赴会。研究数月，对于“单字”亦曾费长时间之讨论，议定“国音电报法式”十二条。规定发电之次序：（一）传音；（二）传声；（三）传部；（四）分常用、次常用、再次常用，或最不常用。并于去年五月，由前北京交通部公布，令饬各路及各电报局按法实行。耀宗奉此令后，亦曾按此法研究，不惟多未臻完善，且发生左列（即下列）四项困难之点：（一）能完全记忆五声者，恐无此项人才。（二）部首有二百十四种之多，已难记忆。该“法式”更以之归并为一百零二类，每类以部标（两个字母）代表之，共成为三百一十六种，且变为间接记忆，当自更难。（三）在根本上，部首已无一定之标准，颇难断定某字属于某部。（四）所谓常用与不常用者，均系以个人之观念为依归，倘发报人之观念与收报人之观念不同，即易发生误会。据上述四种困难，一般人实无解决把握，则当发报时，势须按序逐项（传音，传声，传部）检查字典，烦琐可想。而对于常用之字与不常用之字，又无一定之标准，是发报人既无把握，则收报人之困难更可想而知。例如“莉”“荔”与“莅”等字，均难予以传音、传声、传部，及常用与不常用而分之。因其既同音、同声、而又同部：就卖花草者而言，则其观念自以“莉”字为常用；就卖生果者而言，则其观念自以“荔”字为常用；其余一切之人，则以“莅”字为常用。其同音、同声、同部之字，如“搏”与“拨”，“倍”与“备”，诸如此类之字，为数甚夥。其见国音电报之“单字”如以传音、传声、传部，及常用与不常用之法定之，万难作靠。若按法办理，则是每查一字，虽费尽九牛二虎之力，仍无一定可靠之结果。以此劳而无补，则不如仍沿用旧式电报号码，较为迅速而有把握。况电报一项，为一般人民所必需，更应以“简单”“明了”“易学而易记”者为原则。该法之规定，反为复杂异常，令人无从记忆，殊不明其命意所在。想该时该会，系按照一种理想，规定此种办法，而对于实际上之结果如何，初未计及。查自公布以来，已逾一载，各路多未仿行者，亦可证明以传音、传声、传部，及常用与不常用之法不能适用也。故耀宗对于此项缺点，仍加努力，继续推行研究，以期另发明一种较良之法。至十七年双十日，接收王云五先生寄到“第二次改订四角号码检字法”后，即日夜按法研究，并检查七千六百余字，其中同音同号者，只有四百个字。在此四百个字之中，三个字同音同号者，计有二十四个；两个字同音同号者，计有三百七十六个；幸多系同形之字，且多不常用者。然亦有意义相仿者，如“佯”“徉”“侯”“候”“乌”“邬”“冽”［“洌”］“积”“绩”“喧”“暄”“睽”“暌”“壁”“璧”“蒙”“幪”之类，且多不作单字用。盖吾国语言，除姓名使用单字外，其余均趋向于复音。虽其中有数字可作姓氏之用，例如“高”与“膏”，“章”与“麞”，“夏”与“霞”，“武”与“斌”，“邵”与“劭”，“崔”与“催”，“侯”与“候”，“邬”与“乌”之类，然绝对不至有发生误会之处，是上述“四角号码”确有辅助国语电报完全成功之可能。且查“四角号码检字法”，系一见其字即能知其码之法，例如“四”为6021，“洮”为3211，“铁”为8315，“路”为6716，其法至易。即一般普通人，只需费一小时即能明了。以之辅助国音电报，与原则又极相符合，堪称为最简单、最明了、最易学、最易记忆、最完善之中国电报。于发报时，发报人仍照向来办法，概用国音字母。若遇某字必须用某一定之“汉字”，恐收报人有发生误会时，则只须于该字国音字母之后加添其“四角号码”，再以括号包括，使之一见明了，即可，例如“ㄊㄧㄝ8315”。在收报人方面，见有“ㄊㄧㄝ8315”时，即沿用“ㄊㄧㄝ”音，默想其同音之字“贴、帖、铁”，逐一暗想期号码之第一个数目字，遇有相合者，再递想第二，第三，第四个，如均相符合，其为“铁”字可无疑义。至识字较少者，或至不得已时，只需翻阅《四角号码学生字汇》，或一检《国音学生字汇》之检字表，即可有一定之把握。并曾召集数人，实行试验，结果甚佳。兹特订“国音电报法则”九条并附同音同号表一份呈请鉴核，一面准予公布实行，一面援照原案，请分呈交通部、铁道部暨东北交通委员会公布实施，并恳令饬庶务课迅购《四角号码学生字汇》五百本（商务印书馆），以便分发各课、段、站、厂、所、院应用。实为公便！再“四角号码”，理应征得编订人王云五先生之许可，方能使用，现已得其函复允许同意，合并陈明谨呈局长、副局长。

中华民国十八年，八月八日

谭耀宗谨呈

编者附注：谭先生是本会的特务委员，他在四洮铁路局服务，四洮路是国内现在用国音电报的唯一的先进。他这篇文字虽是公牍性质，而实为我们国语运动的文献。我们希望那些用英法文传信的国有铁路一条一条赶快实行改用国音，若有什么疑难，至少四洮路的同人是可以解答的。我想，如谭先生就是必定乐与诸位讨论的一位了。

附件：国音电报法则九条

一、用国音字母收发电报为“国音电报”。

二、国音电报应用之字母，以教育部国语统一筹备会公布之第一式“国音字母”（如“ㄅ、ㄆ、ㄇ、ㄈ、ㄪ”等）为原则。其未通国音电报之处，或国际通信，则以国语统一筹备会公布第二式“国音罗马字母”（如“B、P、M、F、V”）代之。其数目字，则以阿拉伯数字为限。四角号码，则以王云五先生发明之四角号码为准。

三、“标点”以“，”及“（）”“（//）”三种为限。

四、书法以横写（由左而右）及“句语连书”为限，“每句”或“每语”必须以“，”点断。

五、电文中所用之文字应以“语体文”为原则，倘发报人及收报人均系精于文学者，即用浅白之“文言文”亦可，但深奥之文字则以不用为宜。

六、电文中所用之“言词”宜用复音词（两个或两个汉字以上），切避单音词（一个汉字），遇不得不用单音，而该音又不能以意义推测者，则须照第八条办法以四角号码注明之。

七、电文中遇到某事或某名词，拟使收报人特别注意者，则用“（）”括号包括之。

八、电文中遇有某“名词”或某“言词”，或某“字”，必须用某汉字，并预防收报人发生误会者，则于该词国音字母之后，以“四角号码”注明，再以“（）”括号包括之。例如（ㄓㄨㄥ5000ㄏㄨㄚ，4450，ㄇㄧㄣ7774，ㄍㄨㄛ6015）。在国际通信上，为避免数目字起见，可“b，p，m，f，v，d，t，n，l，g”十个字母代替“1，2，3，4，5，6，7，8，9，0”十个数目字。例如“Jueng vggg hua ffcg min tttf guo dgbv”。

九、发报人对于拼音及四角号码遇有疑惑时，必须检查字典，以免错误。

（《国语旬刊》[1] 1929 年第 1 卷第 9 期）

① 《国语旬刊》，旬刊，1929 年 8 月在北平创刊，由国民政府行政院教育部国语统一筹备委员会主办、国语统一筹备委员会编辑、北平文化学社发行，1929 年 12 月停刊，共出 12 期。撰稿人有魏建功、吴敬恒、谭耀宗、疑古玄同、杜子劲、齐铁恨、陈云路、黎锦熙等。该刊以“普及国语，统一国语”为宗旨，以“研究国音字母，推广国语标准语”为任务，内容涉及国语整理、字典编纂、方言调查以及国语会工作情况报告、规程、命令等。

1930 年文献

教育部训令

第六六号十九年一月二十五日

（令为禁止采用文言教科书并饬切实遵照

部颁小学国语课程暂行标准注意实行师范学校积极励行国语教育由）

令各省教育厅、特别市教育局

为禁止采用文言教科书并饬切实遵照部颁小学国语课程暂行标准注意实行师范学校积极励行国语教育由

此次本部接到中央执行委员会秘书处第四三四号公函和所抄送“上海特别市执行委员会转据上海学生联合会呈请通饬全国中小学校励行国语教育”的呈文各一件。公函上说：这件呈文奉常务委员会批“交教育部核复”，所以抄送前来，希望查照见复。呈文内容，大略这样说：“……各国都有标准语通行全国，我国自教育部国语统一筹备委员会议决以北平语为标准语以来，各小学并不注意实行，仍以方言教学。……我国人心不齐……全国人数虽多，竟如一片散沙，毫无团结力量。……这虽然不全是因为言语隔膜的缘故，可是言语隔膜，也是一个最大的原因。……为此，恳请中央令教育部通饬全国中小学校在最短期间励行国语教育。……”

本部以为语言是造成民族的一种自然力，语言的统一与否和民族的团结与否，当然极有关系。总理在民族主义的讲演中，常常劝告我们民族应该团结合群。学校励行国语教育，以期全国语言统一，情意相通，增加民族的合群团结力，这是和总理的遗教很相符合的。

前大学院曾经通令所属各机关，提倡语体文，禁止小学采用文言文教科书，这是励行国语教育的第一步。第二步的办法，应由各该局、厅，一面遵照前令切实通令所属各小学，不得再用文言教科书，务必遵照部颁小学国语课程暂行标准，严厉推行；一面转饬所属高中师范科或师范学校，积极的教学标准国语，以期养成师资。这是很要紧的，望各该局、厅遵照办理！此令。①

（《教育部公报》1930 第 2 卷第 5 期）

教育部训令

第二三五号十九年三月十日

（令为令饬所属中小学教员一律用国语为教授用语以利国语推行由）

令各省教育厅、特别市教育局

为令饬所属中小学教员一律用国语为教授用语以利国语推行由

本部为励行国语，以期语言统一起见，从前曾经令饬小学不准用文言教科书，初中入学考试不考文言文，初中教科书多用语体文，师范学校注重标准国语……真不止“三令五申”了。

可是以前的命令，注重在文字方面，对于教员的教授用语，并未提到。国语的教学，要是一面用语体文，一面把国语做教授的用语，使学生看的和听的趋于一致，那一定会“事半功倍”的。为此，申令各该厅、局，仰饬所属中小学教员，在可能范围内一律用“和标准国语相近的语言”做教授用语。有此二点，教员要是不能说和标准国语相近的语言，那么应该特别练习。教育行政机关，也应该替他们设法，或开夜班，或

① 该训令通篇使用语体文，是 1930 年前后南京国民政府改革公文程式的开始。但是公文程式改革与小学国文改国语科相似，改革过程曲折，且摇摆不定。公文程式改革自教育部始，于此条和后条教育部两则训令可见一斑，但是同一时期的其他中央机构的公文仍用文言文，两种文体的公文并行于民国政府政令中。

开星期班，或开假期班……使他们有练习这种语言的机会，以便应用。

再有两点要声明的：一则幼年儿童听话的能力很强，用国语教授，不消两三个月，他们便能懂得。不要以为他们不易能懂，便阳奉阴违，仍用土语教授。一则除标准语外，所谓国语，总不免南腔北调，不大纯粹。用不纯粹的国语做教授用语，虽然不很惬意，但是总比用土语教授的好得多。教员们不要因为自己所说的国语不粹纯，便赧着不说。要知国语是愈说愈好的，开始便赧着不说，将来哪里会说得好呢?

以上的意思，仰各该厅、局知照，并仰恳切转告所属中小学教员，一律知照!

此令。

（《教育部公报》1930 年第 2 卷第 11 期）

国民政府训令

第二四零号十九年四月二十九日

［令为中央执行委员会（六七五号）函开由］

令行政院、直辖各机关

为令遵事：案奉中央执行委员会（六七五号）函开："查我国教育落后，国人不识字者，几占全国人口百分之八十以上，实为民族最大之缺陷。是以本党第二届第一九七次常会制定之下层工作纲领，曾以识字运动为首要，顾颁行以来，尚未能推行尽利。考我国文字优点甚多，其缺点在少音注，不便于孩童及失学民众之初步练习。所以日本辅汉文以假名，即成为通俗最良之工具，反比欧美拼音文字收效尤宏。古代注音之法，曰读若，曰直音，曰反切，皆拘牵门类，自趋繁复，致不适于简易之注音。最简易之注音，即定双声原素若干，叠韵原素若干，总数不过数十，则传习至易。教育部前颁注音字母，即用此法。其于音理之整齐划一，实胜于假名，惟其功用亦不过或注字音或注语音，足当音注而已，与假名相同，仅适注音，不合造字，称为字母，徒滋歧误。所以应改称为注音符号，以副名实。惟其注音而已，并非造字，即不必过省符号之数量，及多设拼音之条例。对于高深学问及重要契约，其声类之平仄，义类之同异，仍皆由汉文负其分别之责，不必在注音符号上又加枝赘之分别。如此则仅仅简单数十符号，知书者三日可以熟认，即可为师，失学者最多习之兼旬即可毕业。且用此数十符号，注国音可，注土音可，注于文字之旁可，单用而注出口中之语亦可，左宜右有，无音不可注，无语不可传，即予通俗教育以至廉极速之效力也。党部得之，可藉笔墨之力，宣传主义，普及于大多数失学之民众；政府官吏得之，可收受不识字人之注音状牒及张布注音文告，而民隐由是大通；教育界之教师学生得之，皆能费极少之时间，极少之劳力，各指示其母姑姊妹佣人工友。若如是的全国知识界下总动员令，努力宣传，照日本能读通俗假名附注之书报即算识字之例，不难由百分二十之识字人数目，在短时内增至七八十分。本会认为注音之方法实识字运动最犀利之工具，亟应尽力推行，爰于本月二十一日第八十八次常会议决，改注音字母名称为注音符号，并决定推行办法三项如下：（一）令行各级党部使党部人员一体采用，以增宣传党义上之便利；（二）知照国民政府令行各机关人员，应一律熟记，藉以周察失学民众疾痛之助；（三）饬教育部令行各级教育机关，师生皆应传习，协力以助民众实习教育容易进行。右除第一项业由本会通令饬遵外，所有二、三两项，应请政府分别饬令遵办。又注意符号之读法，应由教育部编成传习小册，呈经中央核定后，分别颁行，限期实施。相应一并函达，即希查照办理为荷”等因，奉此，自应遵办。除函复并分令外，合亟令行遵照，转饬所属一体遵照办理具报。并饬教育部将注音符号读法编成传习小册，转呈核办为要。此令。①

（《教育部公报》1930年第2卷第18期）

---

① 该文经中央执行委员会讨论议决函开国民政府（中央执行委员会函开 六七五号），再由国民政府训令行政院（“行政院训令 第一七五七号十九年五月三日”），再由行政院训令教育部（教育部训令 第四八三号十九年五月十九日），一次函开，三次训令，为南京政府建立初期关于注音字母（符号）极为重要的文件，也是20世纪30年代初期民国政府语言政策的重要内容之一。该训令内容强调注音字母并非文字，可以用来标注国音、土音，是识字运动的工具，因此改名注音符号；进一步厘清了文字（汉字与注音符号）、标准音（国音与土音）等清末民初以来争论已久的语言政策基本概念。

中央执行委员会政治会议函文

十九年五月四日

（为建议对于蒙、藏各区切实推行注音符号）

迳启者

准中央执行委员会秘书处移送何叔达呈一件

为“建议对于蒙、藏各区切实推行注音符号速谋统一国语，请先交教育部及蒙藏委员会妥议施行办法”等情，查所称各节与蒙、藏行政及教育均有关系，除分函外相应抄附原呈函达。即希查照会同教育部妥议实施办法，见复为荷。此致蒙藏委员会。

附抄呈一件

中央执行委员会政治会议

中华民国十九年五月十四日

附抄原呈

呈为建议对于蒙、藏各区切实推行注音符号速谋统一国语事

窃以语言文字关系民族兴亡甚巨，民族之大无如中国，语言之不统一亦无如中国。蒙、藏、回，国内之属域也，论种族，中华民族之一也。其语言文字又且不同于中国，本部远甚，是以民智不开，教育不兴。日、俄帝国主义者利其民愚，幸其语文异致。我国鞭长莫及，反漠然视之，以为为害尚远，不如国内各叛之关系阽危，有切肤之痛也。殊不知辅车相倚，唇亡则齿寒也，不能因其为边远，且现有内患，致因噎废食也。况尼泊尔之袭藏，赤俄之侵蒙，予吾人以极大之注意。当外蒙独立之时，俄人以蒙古有独立之语言文字，有独立之土地历史，且为独立之民族，作唯一之宣传，蒙人亦自以为语文之膈膜，呈现分化其最危者。内蒙现亦有此种惊人之口号，所谓大蒙古主义者，其实俄人从中活动，此种空气紧张非常。其所以若是者，因与我政府无感情之可言此，无他，语言不通情意者无由互达之故也。本党在此训政时期，正努力于国内民众识字运动，对于语言不相同之蒙藏尚未言及实施办法，恳请依据中央八十

八次常会“注音符号推行办法”，扩大对于语文不同之区域更为有力之推行，或付交教育部及蒙藏委员会妥议施行办法，是否有当，理合备文呈请秘书长转呈常务委员，鉴核示遵。

职何叔达谨呈

中华民国十九年五月　日

（《蒙藏委员会公报》1930 年第 11 期）

教育部训令

第四八三号十九年五月十九日

（令为奉令传习注音符号令仰遵照由）

令各省教育厅、特别教育局、国立大学及专科学校、已立案私立大学

为奉令传习注音符号令仰遵照由

案奉行政院训令内开：“案奉国民政府训令内开：‘案奉中央执行委员会函开……[①]等因；奉此，自应遵办。除函复并分令外，合亟令仰遵照转饬所属一体遵照办理具报！并饬教育部将注音符号读法编成传习小册转呈核办为要！此令’等因；奉此，除分令外，合行令仰该部即便转饬所属及各级教育机关分别遵照办理！并编具注音符号读法传习小册送院，以凭转呈核定”等因；奉此，自应遵办。除由本部组织注音符号推行委员会，并饬本部编审处编辑注音符号读法传习小册以备呈送外，其关于应由本部令行各级教育机关人员及各校师生传习事项，亟应转饬施行。除分令外，合行令仰该　遵照转饬所属一体遵照！

此令。

（《教育部公报》1930 年第 2 卷第 21 期）

---

① 略，内容同“国民政府训令（第二四〇号十九年四月二十九日）、行政院训令（第一七五七号十九年五月三日）”。

教育部部令

第七三号十九年五月二十一日

（教育部注音符号推行委员会规程）

兹制定教育部注音符号推行委员会规程公布之。此令。[①]

教育部注音符号推行委员会规程

第一条 教育部为谋注音符号普遍的推行起见，设立注音符号推行委员会。

第二条 注音符号推行委员会（以下称本委员会）的任务如下列各项：（一）研究注音符号；（二）编辑关于注音符号的必要的图书；（三）拟具推行注音符号的方案；（四）协助国民政府所属的各院部会处练习注音符号；（五）督促指导全国各地方推行注音符号。

第三条 本委员会委员暂定九人到十三人，由教育部长委派或聘定。

第四条 本委员会由教育部长就委员中指定常务委员三人处理日常事务，由常务委员互推主席一人。

第五条 本委员会全体会议，每一个月开一次，常务会议每两星期开一次，可以由常务委员主席召集临时会议。

第六条 本委员会拟定的计划及编辑的图书，经教育部长核定之后施行。

第七条 本委员会委员都是名誉职，但因为会务往来，可由教育部酌给川资。

第八条 本委员会的文书和其他事务，由常务委员请由教育部长指定教育部职员兼任。

第九条 各省教育厅、各特别市教育局，都应组织各该省市注音符号推行委员会，秉承本部，办理各该省市关于推行注音符号的一切事务。各市、县也应成立各该市、县注音符号推行委员会，秉承本省注音符号

① 南京国民政府建立初期，在明确注音字母作为注音符号功能之后，教育部即颁布部令、训令、咨文等成立专门机构在全国范围内推行注音符号，注音字母（符号）由制定阶段进入推行阶段，由学校教学进而拓展至社会推广。

推行委员会，办理各该市县关于推行注音符号的一切事务。

第十条 本规程得由本委员会全体会议的决议，呈经教育部核准修改。

第十一条 本规程经由教育部核准施行。

（《教育部公报》1930 年第 2 卷第 21 期）

教育部训令

第六一零号十九年六月十七日

（令为检发国音注音符号二十份仰查收应用由）

令各省教育厅、特别市教育局、国立大学及专科学校、已立案私立大学、国立北平图书馆、古物保存所

为检发国音注音符号二十份仰查收应用由

查注音符号应由各级教育机关人员及各校师生，积极传习，业经本部第四八三号训令饬知在案。兹为谋传习便利起见，随令发去“国音注音符号”二十份，俾便仿印而资练习，仰即查收应用。至表内“万”“兀”“广”三声母，系属暂行列入，将来如须删去或改正，俟国语统一筹备委员会讨论决定，再行令知，并仰知照。此令。

计发国音注音符号二十份。

附录：国音注音符号

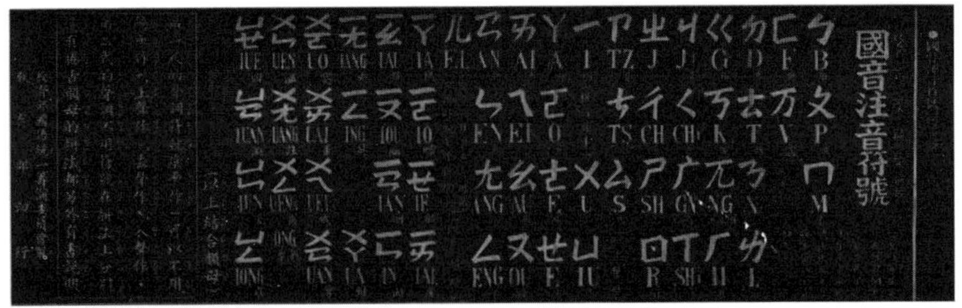

（《教育部公报》1930 年第 2 卷第 25 期）

教育部咨文

十九年七月

（各省市县推行注音符号办法颁布）

教育部咨送“各省市县推行注音符号办法”到府，当经训令（第四五三号）各厅及保安处、国术馆一体遵照矣。

兹录原令如左：为令遵事：案准教育部咨开：“案查本部奉行政院令，以奉国民政府令转发中央执行委员会决定推行注音符号三项办法，特转饬遵照办理等因；业经本部通令传习，并经制定‘教育部注音符号推行委员会规程’公布各在案。兹为推行普及起见，特制定‘各省市县推行注音符号办法’，以便励行传习，除分行外，相应检同办法一份，咨请查照，并希转饬所属一体遵照！”等由；除分令并将原办法刊登公报外，合行令仰该厅、处、馆遵照，并饬属一体遵照！此令。

各省市县推行注音符号办法

一、推行注音符号，应当在最短时间，使全国识字的人利用注音符号教导全国不识字的人，从使用注音符号进而认识文字，以达到全国人人识字目的。

二、各省、市、县在推行注音符号之先，应当多方宣传并酌量举行宣传周，其办法得采用本部颁布的识字运动宣传大纲。

三、各省、市、县教育厅局，各设推行注音符号委员会，负指导和推行注音符号的全责。

四、各省、市、县教育厅局，各设注音符号指导员若干人，其人选就推行注音符号委员中指定或另外委派，分赴各县区、乡、镇、邻、闾，指导和协助国音注音符号的进行，并调查方音，汇齐呈报厅局，整理审查。

五、各省、市、县教育厅局，在接到指导员的方音调查报告后，依次叠转呈请上级教育行政机关及教育部国语统一筹备委员会复审，一面根据报告材料，编辑《方音注音符号传习小册》及《注音符号本地同音常用字汇》，用本地话解释，以利推行。

六、由教育部指定国内已办有成绩的国语学校数处，令各省、市派员学习注音符号原理，以便回省、市担任宣传调查、传授和推行工作。

七、各省、市得设注音符号原理传习班，令各县、区派员学习，以便回县、区担任宣传调查、传授和推行工作。

八、各省、市、县机关团体、学校、工厂、商店等，应设注音符号传习处，以便内部人员及附近民众学习。

九、各省、市、县民众书报阅览处、图书馆、民众教育馆等社会教育机关，亦应设立注音符号传习处，以期普遍推行。

十、各省、市、县民众学校，或各种补习学校及上列八、九两条之机关团体等，如设有民众学校，应就民众学校内多设班级，或即就原有班级课程内传授注音符号。

十一、各省、市、县所有公私立各级学校，应当一律在课内或课外抽出最短时间教授注音符号。如在相当期间后，各校校长、教务主任及教授国语之教员，不熟注音符号者，皆应黜职。

十二、各省、市、县所有其他公私立各种教育文化机关职员，应于最短期间，一律尽先熟习注音符号，在相当期间后，有不熟的，罚则和上条规定校长教务主任等相同。

十三、各省、市、县所有书坊及印刷业，改铸铅字模，字旁一律加国音注音符号。

十四、各省、市、县各新闻业，在可能范围内将重要新闻改语体文，字旁一律加注音符号，或另辟专栏用语体文刊载，供农工民众阅读的文字，（如民众文学、生活常识……）字旁都加注音符号。

十五、各省、市、县各机关、团体、学校等，编辑通俗书报、民众用书和补充读物一律用语体文，加注音符号。

十六、各省、市、县各机关、团体、街衢、车站等名称，学校商店、工厂等招牌以及用语体文的宣传标语广告等，须于字旁加注音符号。

十七、各省、市、县各机关、团体、学校等，对于民众布告应用语体文，并逐渐在字旁一律加注音符号。

十八、总理遗嘱、训词，及各省、市、县所编辑的民众识字课本，和关于用语体文的党义宣传印刷品，应当一律加注音符号。

十九、凡加注音符号之字，应当在字右旁注国音，在可能范围内并在左旁注方音。

二十、各市、县政府应提倡发行纯用语体文编辑而全文加注国音和方音的地方新闻。

二十一、凡中央及各省所发布加国音注音符号于文字右旁的一切文告读物，各市、县于翻印披露时都得加方音注音符号于左旁。

二十二、自民国二十年一月起，各级党部，各机关、团体、学校、工厂、商店等，尽先雇用熟习注音符号的人。

二十三、各省、市、县各级党部及各行政机关，应下令强迫全体工作人员，于一定期间内，学习注音符号。如果确有特别事故，可向本机关声请延期，经核准后，可发给延期证，交令收执，但有效期间至多不得过四个月，逾期再不学习，以失责或溺职议处。

二十四、在训政时期，本部成年补习教育计划尚未完全实现以前，民众呈诉报告或供认事件，得于字旁加注音符号，或于不得已时略用符号代替汉字。

二十五、推行注音符号的考成办法，以及各机关职员和民众学习注音符号传授注音符号的规程，由教育部另行规定，呈请政府核准公布。

（《江苏省政府公报》1930 年第 508 期）

教育部公函

第三八九号十九年七月十五日

（为希推定人员参加

注音符号传习会并将推定人员姓名等项按表填齐先期函复由）

为希推定人员参加注音符号传习会并将推定人员姓名等项按表填齐先期函复由

查推行注音符号事宜，业奉中央执行委员会常会议决办法，函经国民政府令饬遵行，并经第二届全国教育会议大会通过各在案。旬月以来，京内外党政机关及各界人士，热心研究，派员或通函探询传习方法者，日有多起。兹为副本京各机关人员传习愿望，并谋传习之便利起见，由本部特设注音符号传习会，自本月二十八日起至九月二十八日止，分班传习并订本京党政各机关传习注音符号办法，藉利进行。

附上办法二份，即希查照推定参加传习人员，于本月二十日以前，按照附表，将推定人员姓名、别号等项分别填就。连同应缴学费，送交本部推行注音符号委员会，以便编定席次，是所企盼！

再查各机关参加传习人员，均请于七月二十八日上午九时前，到中央大学报到注册，十时举行仪式，并希查照转知。

此致本京党政各机关。

附办法一份、表一纸。

本京党政各机关传习注音符号办法

一、本部设注音符号传习会，延聘国语专家数人为导师，传授注音符号。

二、自十九年七月二十八日起至九月二十八日止，每班每星期开会传习两次，每次两小时，以二个月为期满。

三、由本部函请中央党部各部会、处，国民政府各院、部、会，及其他党政机关，派送职员到本部指定地点，学习注音符号，学习期满后，回往各原派机关传习推广。

四、各机关派送人数应以原有职员每五十人派一人为标准。其未满五十人者，以五十人论。派定后，应请将所派人员姓名、籍贯等，按照另纸表式填就，连同应缴学费，先期送交本部注音符号推行委员会。

五、派送传习人员以能说国语或近似国语者为佳。

六、传习班数若干，视各机关派送人数多寡而定，但至多拟不超过六班，每班不超过五十人。

七、传习课程为注音符号概说（包括注音符号原理），注音符号发音法，音调练习，拼音练习，注音练习等。

八、注音符号教本由本部购备发给，不另取费。

九、学费每人四元，由原派送机关缴纳（党部工作人员免费）。

十、传习地点借用中央大学教室。

十一、七月二十八日上午十时，在中央大学举行始业仪式，参加传习人员均请于本日上午九时前，到中央大学报到注册。

十二、传习时间临时通告。

此处请自填本机关名称

参加传习注音符号人员一览表

姓名	别号	性别	年岁	籍贯	在本机关、所任职务	附记

（《教育部公报》1930年 第2卷第29期）

铁道部咨文

第一九零五号十九年八月四日

（咨为查京沪、沪杭甬路各站站名旁添注注音符号一案阅时已久由）

为咨复事前准

贵部函开："查京沪、沪杭甬路各站站名旁添注注音符号一案阅时已久，尚未见各站添注，谅因公务冗忙所致，拟请转饬迅予加注以广推行"等由；当经令饬两路管理局遵照办理去后，兹据复称本路各站站名旁加注注音符号一案现经遵照迅速办理，一俟工竣当再行具报等情，据此相应咨复。查照此咨教育部。

铁道部长孙科

中华民国十九年八月四日

（《铁路公报》1930年第31期）

行政院指令

第二四五五号十九年八月十八日

（令为遵令编制

《注音符号读法传习小册》由）

令教育部

呈为遵令编制《注音符号读法传习小册》祈转呈核定，附呈关于“注音符号之规程”办法并请鉴核备案由

呈件均悉，仰候将《注音符号读法小册》呈请国府转请中央核定。再该部订定“教育部注音符号推行委员会规程”并已按照规程组织此项委员会研究推行事宜，又订定“本京党政各机关注音符号传习会办法”分函本京各机关派员到部传习，及订定“外省县市推行注音符号办法”由部通令施行，自应准予备案并候将上项规程办法一并呈请国府转送中央鉴核，仰即知照。此令。

（《行政院公报》1930年第179期）

行政院训令

第三零九五号十九年八月二十五日

（令为国民政府文官处第五二零八号函开由）

令教育部

为令知事：案准国民政府文官处第五二零八号函开：“迳启者：奉主席交下贵院呈，据教育部呈送遵令编制《注音符号传习小册》，连同该部订定关于注音符号推行传习之各规程办法，请一并转送中央鉴核一案，奉谕送中央党部核复等因；除函送外，相应函达查照”等由；准此，合行令仰该部知照。此令。

（《教育部公报》1930年第2卷第36期）

教育部训令

第九六四号十九年九月二十四日

（为仰转饬市内各报馆提倡注音符号由）

令上海市教育局

为仰转饬市内各报馆提倡注音符号由

据本部注音符号推行委员会陈请饬令上海市教育局转饬该市各报馆，于各报名称各旁加注注音符号，并另辟一栏专载民众读物，旁加注音符号等情。查注音符号，为促进民众识字最良之工具。前经中央决定推行办法，并由本部通令遵办在案。报纸传播新闻，宣扬文化，倘能尽力提倡，则对于注音符号之推行，收效必益宏大。上海各报风行国内，尤宜切实倡导，以树全国之楷模。该会所陈，实为切要之图。合行令仰该局迅行转饬市内各报馆一体遵照，以便民众而利教育。此令。

（《教育部公报》1930 第 2 卷第 39 期）

教育部指令

第二一九四号十九年十月十六日

（令为遵令拟订注音符号

推行委员会规程暨注音符号推行方案赍请鉴核备案由）

令汉口市教育局

呈一件　为遵令拟订注音符号推行委员会规程暨注音符号推行方案赍请鉴核备案由

呈暨附件均悉。所呈注音符号推行委员会规程，尚无不合，又注音符号推行方案所拟关于宣传、传习、测验、编纂、实用、考成各项办法，颇为周详，均应准予备案。仍仰该局依照所订方案，切实施行，并将办理实际情形，随时具报，以凭查核！附件存。此令。

附原呈①

（《教育部公报》1930 年第 2 卷第 41—42 期）

推行注音符号宣传要点

一、注音符号是合中国全国语音专家，经过五六十年的努力，民国十几年来一再的订定，成为系统分明、条理清晰，既合音理又符声韵，确实能代表中国东西南北大多数的语音，而能兼有古今中外标音符号的优点的符号。这种符号就是读法旁注除括弧中的以外均用北平音：

ㄅ伯ㄆ迫ㄇ墨ㄈ佛ㄪ（读如上海音的勿）；

ㄉ德ㄊ特ㄋ讷ㄌ肋；

ㄍ格ㄎ客ㄫ（读如苏州音的额）ㄏ赫；

ㄐ基ㄑ欺ㄬ（读如苏州音的尼）ㄒ希；

ㄓ知ㄔ痴ㄕ诗ㄖ日；ㄗ资ㄘ雌ㄙ私

(以上声母)

ㄧ衣ㄨ乌ㄩ迂；

ㄚ啊ㄛ（读如南京音的痾）ㄜ鹅ㄝ（读如苏州音的哀）；

ㄞ哀ㄟ呃衣ㄠ熬ㄡ欧；

ㄢ安ㄣ恩ㄤ昂ㄥ（读如答应的哼）；

ㄦ儿

(以上韵母)。

二、我们要使识字运动扩大，补习教育通俗教育便利进行，使大多数不识字的民众识字，没有受教育的民众得受教育，使他们能够既经济而又迅速地得到接受智识发展思想能力的机会，必要用注音符号作唯一的传习工具。

三、我们要使大多数民众，能确实了解本党革命的三民主义，遵从总理遗教，成为奋发有为忠诚勇决的开明的良好国民，使民族可以复兴，

① 略。

民权得到保障，民生可以解决，要努力推行注音符号。

四、我们要使大多数民众，在此训政时期除旧布新的时候，确实能了解他们自身痛苦的根源，认清革命的对象，致力于拥护革命政府，打倒一切反动势力，以建设三民主义的独立平等自由国家，唯有努力推行注音符号。

五、要认定注音符号的价值，不在“国语统一”“语文一致”“代用汉文”等等的高远目标，而在救济中国文字的缺少简易音注的困难。我们推行注音符号当前的急务，在使不致以文字而影响识字，不致以文字而影响党的宣传与政治的设施，不致大多数民众的思想与能力失却发展推进的机会，不致受教育者与未受教育者中间有了隔膜与鸿沟。

六、我们要知道推行注音符号，不在理解学习而在实用实行。我们不单要自上而下推己及人，还要设法运用及身去［体］力行。所以我们不单要在最短期间，达到能读能写能拼以至烂熟能用的程度，而且要时常去教人，时常在文告刊物及其他文字中充分酌用注音符号，还要本着中央和教育部所颁布的推行方法，努力扩大推行注音符号的宣传。

（《中央周报》1930 年第 103 期）

注音符号促进会组织成立

注音符号促进会，前由何炳松[①]等根据本年全国教育会议决案而发生，专门提倡注音字母，以辅助政府推行。该会于本月二十二日假上海青年会开成立大会，到会者二十余人，吴稚晖、蔡孑民两先生皆重要演讲，并选举筹备委员，当推蔡、吴两先生及方毅、刘湛恩、陈立廷三君，共五人。兹将该会简章记录如次：注音符号促进会简章，（一）定名　本会定名为注音符号促进会；（二）宗旨　本会以研究注音、推行注音符号为宗旨；（三）会员　凡赞成本会宗旨，经会员二人以上之介绍得为本会会

① 何炳松（1890—1946），字柏丞，浙江金华人。历任浙江处视学，北京大学、北京高等师范学校、政法大学等教授，主管商务印书馆《教育杂志》等。

员；（四）职员　1. 本会设执行委员九人，组织执行委员会，主持一切会务；2. 执行委员会设常务委员三人；3. 执行委员斟酌情形，得聘干事若干人助理会务；（五）分会　各地得组织分会，其组织另定之；（六）附则　本简章有未尽善处，得由会员公决修改之。

（《浙江教育行政周刊》[①] 1930 年第 39 期）

全国国语教育促进会推行国语注音符号之理由及办法

（全国国语教育促进会所拟）

全国国语促进会以促进国语统一为职志。去年十一月间，该会公推陆衣言到教育部，向刘大白[②]次长陈述国语的重要及推行的方法，并说明另备计划书，以便参考采用，当蒙刘次长深表同情。现中央政治会议和全教会议已决议积极推行国语注音符号，该会遂将计划书中的推行理由、办法及注意点等等，函致全国教育行政机关，以供参考。中央之推行注音符号，其重要意旨在于辅助国民识字运动之进行，该会之推行注音符号，乃着重在统一国语。彼此之着重点虽微有不同，然推行之方法尽可一致。盖注音符号一经运用纯熟，则藉此以学习生字可，藉此以学习国语亦无不可也。爰将该会所拟具之“推行国语注音符号理由、办法及注意点”转载出来，以备参考采行。

一　理由

国语的功用，一种是统一语言，一种是一致言文。语言不统一，民族的势力就不能团结；言文不一致，国民的智能就不能发展。所以在现

① 《浙江教育行政周刊》，1929 年创刊于杭州，浙江省教育厅第四科教育行政周刊编辑室编辑并发行。专载浙江省教育行政文件，刊登有关教育的研究讨论之论著，教育厅各项普通通令、训令、法规、正式公文等。栏目有法规、公牍、议案、调查报告、教育消息等。

② 刘大白（1880—1932），原名金庆棪，后改姓刘，名靖裔，字大白，别号白屋，浙江绍兴人。任教育部秘书、常务次长，中央政治会议秘书等职。

在谈训政，提倡国语是一件极重要的事情。但是睁开了眼睛看看全国的国语情形，只见凄云惨雾笼罩着大地，国语的前途哪有一线的光明？本会负有促进国语教育的责任，实在不敢坐视，现将显著不良现象分述于下：（一）党部是宣传党义的机关，宣传党义非利用国语不可。现在各地党部努力使用国语的固然很多，可是不知道国语是什么的也还不少。像这种情形，党义怎么还能够普及于民众？（二）各级教育行政当局，除少数认识国语提倡国语的以外，大都是漠不关心的，不要说下级人员，就是连督察指导各学校国语科的视察员，尚且自己一口土句，不明白国语是什么的很多很多。照这种情形，怎么能够推行国语教育呢？（三）大学学生籍贯复杂，大学教员国外毕业的居多。同事师生之间，因语言不通，常用外国语谈话，竟忘了自己是中国人。堂堂中国的学府竟变成外国学校，这种情形实在是有辱国体！（四）中等学校没［设］有师范科的，是培养师资的机关，对于国语应当是何等的重视！调查实际情形，竟大都没有国语，就是少数学校附加一两点钟国语，也不过用以粉饰门面，无补实际。这种师范毕业生，既然不懂国语，怎么能够担负教学国语的责任？（五）小学教育首重国语。现在一般小学教员，除热心提倡国语者以外，大都因为自己不能使用国语及藉口社会反对，竟用方言教学，以致阻碍儿童智能的发展和语言的统一。（六）一般民众程度低，由于教育的不普及，所以现在有识字的运动。不过现在识字运动没有注意到国语方面，将来一定要发生极大危险。何以呢？因为各地方言语不同，用文书写出来，当然是怪状百出，打破了国语的统一，言文的一致。

由上边这种情形看来，现在青天白日旗下，实在不应当有这种现象。要想铲除这种不良现象，非努力推行国语不可。要想推行国语，非先推行国语注音符号等不可。但是推行国语注音符号，必须养成良好的师资。因为没有师资，无法推行；师资不良，不但推行无效，并且妨碍国语教育的进程。现将拟具办法和注意点，以供参考采用。

二　办法

（一）我国地域广大，言语复杂，现将全国分为东南西北四大国语学区，以便用时或分区推行国语教育。第一东区，以首都[①]为中心，江苏、山东、安徽、江西、浙江等省属之。第二南区，以广州为中心，广东、福建、广西、贵州、云南等省属之。第三西区，以武昌为中心，湖北、河南、湖南、四川、西藏等省属之。第四北区，以北平为中心，河北、辽宁、吉林、黑龙江、山西、陕西、甘肃、青海、新疆、蒙古、热河等省区属之。（二）第一年上半年，先由教育部设立国语注音符号讲习所，招考高中以上程度的北平人若干名，各特别市、各省区教育厅局选派口齿伶俐，有模仿天才的高中以上程度的本省人两名或三名，到所研习，训练半年，分发各特别市省区服务。（三）第一年下半年，各特别市各省区教育厅局开办各本市省国语注音符号讲习所。通令各本市省所属中等学校以及各县教育局，选派口齿伶俐，有模仿天才的中小学教员或教育行政人员两名或五［三］名，到处研习，训练半年，分发各县服务。（四）第二年上半年，各县教育局开办各本县国语注音符号讲习所，并由教育局通令各本县公私小学校民众学校教员，分期到所研习。（五）国语注音符号讲习所结束时，所有国语教员应由部厅局酌量情形，留任为部市省县国语指导员，以便视察指导促进国语教育，或分发各小学担任常期国语教员。照这样办法，只要一年半便能把国语注音符号普及全国，国语教育也可同时普及全国。

三　注意点

办理国语注音符号讲习所，须注意下列四个要点：（一）符号读音，国语注音符号的读音或拼音，须遵照民国十七年国民政府大学院公布的注音字母第二式标准音；（二）讲习期间，讲习期间至少半年；（三）讲习科目，以国语注音符号的历史、发音法、发音学、书法体式、使用法五种为主，以国语话、国语信号、游戏等为副，特别注重技能；（四）毕业标准，国语注音符号的发音及拼音绝对不能有错误，否则不能毕业，但是普通讲习所似可通融一点儿，要是注音符号教师的讲习所万不能放

① 南京。

松，以免误人。

（《河南教育》[1] 1930 年第 2 卷第 24 期）

全国国语促进会筹设国语讲习所三十处

全国国语教育促进会推行国语教育，不遗余力，日前由该会议决，函知各地分会与干事同时筹设全国各地及日本、南洋各埠国语讲习所三十处，专授注音符号及国语话，以期养成一批国语师资，定期向各方面举行大规模传布。闻国内拟划分四大国语学区，每区分设五处，计共二十处，国外暂设日本一处，南洋四处，每处各设主任一人，讲师若干人。所有应用讲义已组织委员会即日编辑印刷，限二个半月出书，以便分寄各地应用云。

（《浙江教育行政周刊》1930 年第 36 期）

国语注音符号演讲辞

（五月一日在江苏省教育厅演讲）

（吴稚晖）

注音字母符号本来没有什么价值，在智识阶级的人看起来更是可笑，不值一顾，比之鞋履，不过是一双草鞋，这草鞋不是在座大家穿的，是要我们分配给人家穿的。此次全国教育会议开得很好，可算给了大学生一顶方帽子，给了中学生一副象牙细磁的碗筷，使他们都有饭可吃。我

① 《河南教育》，半月刊，1928 年创刊于开封，河南教育厅编审委员会编辑并发行，报告河南教育状况，介绍现代教育思潮，讨论教育普及，研究高、中、初等及学前教育、平民教育等问题，发布中央及本省政府的训令、指令、委任令、呈、函、电、条例、法规。刊登会议纪录及国内外教育新闻，有关教育经费、视察指导、教学经验和统计报告资料。

们现在还要念及其余二百兆人没有草鞋穿，也得每人给他一双草鞋，这草鞋就是注音符号。

注音符号不是今天才有的。在我们做小孩子的时候，五六十年前，外人在中国内地传教，就有人用罗马字母拼各地土话。后来有王炳耀者，在香港创造中国式的注音符号，推行数年，未能普及。在三十年前，福建蔡锡勇也做了一种符号，他的儿子蔡璋就用来做速写之用。同时有卢戆章，亦用此法推行。嗣苏州人沈学在梁启超《时务报》上，发表一种十八笔的符号。庚子后，王照又以汉字偏旁为字母，如日本之片假名一样，用北京音来注字音，推行得很广。后劳乃宣氏又加以修改，藉端方力量，传播南方。民国元年，教育部开国音统一会，劳氏虽未参加，所议决字母，大半相从而来。无所谓创造，无所谓发明，当时会中接到外间送会的字母，外人有六七个，中国人有二百余个。归纳起来，也不过是半斤与八两；虽然是有分有合，形式各有不同，但音理原则，总是一样的。当时有人主张用罗马字母者，以为改造汉字了。要知注音符号他的用处，是帮智识低的人识字，不是要废去汉字，另外来造一种新字。假如照外国拼音，那就高深了，就是皮鞋了，不是草鞋了。再拿日本字母来谈，他那片假名，更加粗浅，不成个东西，他那个“ア”是取“阿”字一半，“イ”是取“伊”字一半，但“陈”字也从“ア”，“伍”字也从“イ”，“陈、伍”绝对不能与“阿、伊”同音。不如我们中国用现成的“ㄅ”“ㄆ”字的原体为当，“ㄅ”是“包”，“ㄆ”是“扑”字，无论用到什么地方，都是读“包、扑”。所以注音符号是以中国原料，造中国草鞋，不是新造或仿造一种新文字。再推广一句说，就是这符号，谁也不愿出之谁人之手，如同国歌一样，本来算不了一件难事，但是把他看得过重了，就不容易成功，什么卿云歌啦，大道之行歌啦，都未能确定，弄得全国不能通行。这就如同一个土地庙，本来只要二角钱就可以修理成功，但是各乡村里不肯让一个村子去修，甚而至于打官司闹个不开交，末了老爷判断大家不准修，派个地保费了二角钱，立刻修成功了。又如绸缎鞋子、大英皮鞋是贵重的脚穿的，他的鞋子，在屋子里有地毯保护他，出去有汽车替他代劳，其价值虽贵，但哪里抵得上草鞋能普通应用呢？这不是孟子说的“道在迩而求诸远”么，仿佛革命成功，只要实行三民主义，有什么过不去，有什么不共戴天，说高兴就要打仗，不知道要打到什么时候为止。这与土地庙只要地保二角钱修理，而乡里人偏要闹个不休，岂不相同么？

兄弟昨天在《新江苏报》上看见，说贵厅长要叫我讲演注音符号，我一点预备都没有，很可怕的。但是能得与诸言相聚一堂，以中国二百兆人做草鞋师相期许，这是何等可喜！我与中央诸委提议推行注音符号，觉得以前不能行的，是在上者不肯自己先用。像老百姓打官司，所有口供都是书记老爷做的，不是打官司人亲笔供词，到末了还要叫他打手印，所以从前有一个广东革命党，他于对［对于］书记口供不肯签字。如果个个老百姓能用注音字母，口供必能确实得多。自从民国七年颁布注音字母，到了现在，不但打官司的老百姓不懂注音符号，就是法官老爷看见了注音符号，也是不识，那么老爷且不懂，小百姓如何能懂呢？所以我要请大家同志做老师做大学生的，先要自己会用，肯时常教人，那末下级党员、属员、小学生、农工商都有学的机会了，就可以应用了，切不可说他是狗屁，用不着学。只要用一小册子，知了读法，如你在家里遇到你家王妈，就可以做了先生，一天教她两个符号，十几天也就教会了。如其王妈不在家，你要立刻出去，你有事吩咐她，也可以写个手谕说："我出去了，如有王先生来，请他等一等，我就回来的"，王妈接了你的条子，她就可以照办。又王妈，她要叫她儿寄三块钱给她，如不能请主人代笔，就失去了书信自由，不得已去请拆字先生，拆字先生问了她儿子名字，叫阿儿，他就写了阿儿仁兄大人的一套俗话，实际上并不写出她的意思，而她所要写的是："我现在要三块钱应用，望你在三日内寄来。这三块钱，本来是为你储蓄起来娶亲的，但现在太太待我甚好，节下来可望多得津贴，不过暂时不能到手，而且二小姐非常难讲话，时常在太太面前说我坏话，太太就是愿意借钱，她必从中定要阻止。"诸位！王妈这一段心曲，如其自己不会写信，永久不能说出，如其说是拆字先生，一定写不清楚，要是请主人写，被二小姐知道，那不是连饭碗都要取消么？所以她这书信，只要用注音符号就可成功。我们要晓得注音符号与汉字之存亡是不生关系的，因汉字有汉字独立精神，不能因有符号而取消。世界如果大同，可以用世界语，我们情愿把汉字放在博物馆，给考古家去研究，但是世界上并没有把我们世界放在他们世界里去，那么我们文字就暂不能像埃及、巴比伦作为废物。我们注音字母，不能加以意思的，如其说“同”“桐”“铜”“童”四字，在尾音之后加了一个“G”或“H”或“T”或“S”，来表示字意分别，那末你要教王妈就麻烦了。如英文“See”本来有“看”“草地”“海”三个意思，后来因为“看”与“草地”可以不分，如其说此人往“草地”而误为“大海”，他的妈妈不是要大哭么？所以“海”字就改了“Sea”。这虽拼音，但已变为高深了，习英国文的下等人，其拼音大半错的多，就是中国在外国大博士，他的著书作文也不离开一本字典。我们的注音符号是不值钱、容易学，而他的价值就在于容易学。日本人动不动表示他家一百人中有九十五人识字，他们识的不是汉字，不过九十六个片假名。像我们中国识字的人只有十五个，如其学了注音符号，我可包加增到八十个，若说我的话不对，我情愿受日本天皇杀头的罪。我们中国人时常写“乌龟”为“五车”，“忘八蛋”为“王八旦”，这是不会字母的毛病。如日本之字母，既有“ア阿ノ伊ウ乌ユ哀オ屋”，又有“カ（卡）キ（克伊）ク（枯）ケ（开）ユ（哭）”，要知道有了一个“カ（卡）”即可由“克阿成卡”“克伊成（ki）”“克乌成枯”，何必多用四个“キクケユ”呢？这不是“乌龟”“王八蛋”的字母么？我说了半天注音字母不值钱，我现在来说他几样好处。汉时注字，有读若之法，但规则极严，非同韵同声，不能读若，但有两字，“因”读若“音”，再看“音”又读若“因”，如两字不会读，则永久不能读出一字矣。三国时始有反切，如“海”字为呼改切，这“呼”字是“黑乌”拼成，“改”字是“葛哀”拼成，就是“海＝呼改＝黑乌，葛哀”。但“海”字只要“黑哀”两字即可得“海”，故“海＝黑哀”，现“黑哀”两人要做朋友，偏偏中间夹了两个“乌葛”做障阻，不是古人真笨么？在注音字母，只要“海＝ㄏㄞ”就完了。日本人处处欧化，独对于汉字不废，非不欲也，势不能也。古时中外，皆由象形而会意，而谐声……但象形会意易穷，谐声无穷。我现在造一个象形字“[illegible]”，说是电灯，诸位必定要笑，但古时造“☉”字，无人笑也；我又造会意字，因为“古叶”两字，再造一个“[illegible]”，说是耶稣教徒口口不离“＋”字架，人也要笑我。所以现在谐声字多，如“尺、呐、呻”，皆是此例。英文之“A”，由“[illegible]”变成“M”“[illegible]”“[illegible]”“[illegible]”“A”，又“B”字是“[illegible]”变成“[illegible]”“[illegible]”“[illegible]”“B”，其初“A”为猫头鹰，“B”为水鸟，后以

“[illegible]”象牛头，“A”象房子，又作“牛头”“房子”讲，现在象形竟失而专用其音，这就是牛头房子的文字。以东文之“乌龟”“忘八蛋”文字，与西文“牛头”“房子”文字，与我中国有本而来之注音符号而论，汉字之用，既便且要，不是二百兆不识字的人福音么？

（《浙江教育行政周刊》1930年第36期）

拟定注音符号简便实施法

（吴稚晖）

1. 古书仍旧，不必议及。2. 高深学理之书暂可尽写以汉文。3. 中等书报皆写以汉文，有愿加注音符号于旁者尤好。4. 通俗书报皆写以汉文，惟必加注音符号最好，并要多作专供局部之通俗汉文书报，右方注注音符号，左方注方音。5. 局部极浅俗之书报，或用第四条方法，或竟杂用字母及汉文，与和文相同亦好。如写不出的助词等等，不必强借不相干之汉文为之。6. 丫头老妈子、小工洋车夫，彼等自己写信，任他全用注音符号各拼方音，于关乎契约同等之字，彼等能写汉文者，杂入汉文一二亦好。7. 局部告白，仓卒不及用汉文，大众本可凭注音符号而了解者，即听其全用注音符号。

（《浙江教育行政周刊》1930年第43期）

推行注音符号的目的

（蒋梦麟[①]）

推行注音符号，已经由第二次全国教育会议议决，同时中央第八十

① 蒋梦麟（1886—1964），原名梦熊，字兆贤，号孟邻，浙江余姚人。曾任国民政府第一任教育部长、行政院秘书长、北京大学校长等。

八次常会也有一个决议案。中央还定了三项推行的办法：（一）令行各级党部，使党部人员一体采用，以增宣传党义上之便利；（二）知照国民政府令行各机关人员，应一律熟记，藉以因察失学民众疾痛之助；（三）饬教育部令行各级教育机关，师生皆应传习，协力以助民众补习教育容易进行。

现在教育部已公布了一个注音符号推行委员会组织规程，先由部组织一个注音符号推行委员会，并且通令各地教育行政机关也组织注音符号推行委员会，以为专事推行注音符号的干部。教育部奉了国民政府的命令之后，又着手编辑一本注音符号传习的小册子，把学习注音符号的程序和方法，编成一本教科书，供给人们做学习的材料，将来这本传习小册编成后，拟再请对注音很有研究、发音又正确的专家来灌注音符号的留声机片，大家只凭留声机片就可发音，于学习上便利得多了。

我们为什么要积极的推行注音符号呢？

我们大约的估计（因为没有精确的统计可查，只好说大约的估计），中国人口有四万三千六百零九万四千多人，其中识字的人不过八千七百二十一万八千多人，约占全人口总数百分之二十，其余百分之八十，就没有受教育而不识字了。教育是立国大本，识字是人生要事，一个国家里面有这多不识字的国民，是何等严重的问题！本党秉承总理的遗教，领导政府，实施训政，力求真正民主国家的实现，目前极不可缓的一步工作，就是训练人民行使四权，养成人民政治能力，以植宪政之基。试问有这多“目不识丁”的人民，如果不使他们受相当教育，四权如何可以行使？民权怎能普遍！何况处在今日生存竞争的时代，无论求个人生存，民族生存，都非使个人本身，民族分子先有充［分］的生活能力不可……我们常说欧美各国如何的富，如何的强，要知道他们富强的原因，就是他们国民受教育的人很多。据前几年的统计，德国识字的人占全人口总数有百分之九十九，法国有百分之九六．五，日本有百分之九五，美国有百分之九二．三，英国有百分之八六．五，就是意大利也有百分之六一．三，中国只有百分之二十，——或许还不到百分之二十——。如果不发奋图强，使全国识字的人数增加，增加到和欧美各国的比率差不多，说句悲观的话，中国终久是归于天演淘汰的。因为这是一个根本问题，并不是我们愿意说耸人听闻的话。为了这个原故，我们不能不努力于识字运动。

我们既要努力于识字运动，我们知道中国教育最不经济的莫过于识字问题，教育家最绞脑汁研究的，也莫过于识字问题。中国文字共有四万多字，现在通用的大约有四五千字，据前几年中华教育改进社所编的《平民千字课》，要一年的时光才学完。本部所编的《三民主义千字课》，供给民众补习，也要四个月的时光，才能学完，通用的四五千字，至少就要学两三年了。莫说时间不经济，拿中国现时社会上一般人的经济能力来说，也太不经济了，所以我们要使义务教育能够普及，补习教育能够实施，小学教育能够改进，中学教育能够提高，必定要用一种“费力少而成功大”的方法，把这种识字的困难问题彻底解决。我国的前辈先生也曾感觉到这个问题，也曾定有注音识字的方法，叫作读若，叫作直音，叫作反切，把一个字一个字的音注了出来，帮助人们识字，也有不少的力量。但是没有科学的方法，拘牵门类，倒反觉得繁复累赘，不容易懂了，如果用注音符号去注音，只要记得四十个字母，学会拼音的方法，那末文字旁边注有符号，一看就可以读出音来，由音会意，由意识字，岂不方便？若是我们把一个字的两旁，左边注了方音，右边注了国音，由方音识字，由字识国音，岂不是读音统也一［统一也］在其中了么？在现在这种学术发达，人事繁复的时代，一切治事的方法都要使它一天比一天简便才好。有了这个极犀利的识字工具，中国几千年来教育问题当中最困难的识字问题，可算彻底的解决，我们既是认识字运动是目的前［目前的］最要紧的工作，所以我们就应当努力的推行注音符号。这是我们推行注音符号的意义，也是我们推行注音符号的目的。

讲到这里，我们要特别提出来说的，就是推行注音符号的主要目的不是统一国语而是普及识字，所以教育部于制定国音符号以外，还要就各地方音制定方音的闰母符号。

我们知道注音符号就是从前所谓的注音字母，推行注音字母的运动，不自今日始，已经在好几年以前了。从前初推行注音字母的时候，何尝不是闹得轰轰烈烈，然而后来竟成“强弩之末”，气息奄奄，差不多没有人过问了，这是甚么缘故呢？其中最大的缘故，就是本末倒置，把识字最利的工具误认为统一国语最利的工具，大家努力方向，都偏重在统一国语方面，以为几十个注音字母一通行，全国各地不同的方音土语，都可一致的说一种话，同一声音，同一腔调。于是大家都在所谓标准音、标准语上争辨，各树旗帜，而各地学习的人，因为要摹仿标准【音】、标准语的关系舞舌弄牙，辗转相传，结果成一种“四不像”的话。大家以为失败了，所以学习国语的热潮渐渐的冷了下来，注音的方法也就无形停止住了。殊不知把注音字母认为统一国语的利器，这是错误的，统一国语有一个最重要的条件，就是“交通便利”，如果忽略了交通便利这个条件而去求统一国语，犹之乎“缘木以求鱼”，难有成功的希望。诚然，在同一个民族里面，有多少种不同的语言，是最妨碍于民族的感情和团结力的，今日中国语言这样复杂的情形，固然有统一之必要，但是方音土语之所以成为方音土语，是有它历史上的关系，地理上的关系，绝不是一时偶然的。我们要消灭方音土语，应当要打破造成方音土语原因的天然隔阂，要打破这种天然隔阂，除了使交通便利没有第二个更有力的方法。如果交通便利，南方的人可以到北方去，西方的人可以往东方来，日子久了，彼此同化，语言不待统一而自趋于一致了。假使此时我们不努力于便利交通而努力于用注音字母统一国语，充其量也只能行之于“普通话”流行的地方和已经识字的一个阶级。因为他们已经会说普通话，要教他说和标准音一致的国语，不过进一步求其好听[①]；他们已经认识文字，要教他们读如标准音一致的国音，也不过进一步求其好听。其实这是成了“艺术化”去了，于大多数不识字的是无补的。吴稚晖先生讲推行注音符号有一段话说：“我素来讲穿‘草鞋主义’为什么？鞋的功用，一是保足，二是路跑［跑路］，草鞋保足勉强可以，跑路则再好没有。如先生大人们的皮鞋，有价值到二三十［九］元的，其实穿到二三十元皮鞋的人，在家有地毡，出门有汽车，名是鞋，其实变成装饰品了。饰品可以不用，有用的还是草鞋。但愿各位实行我的‘草鞋主义’”。吴先生这段话，可以做从前一般人用注音符号专事来统一国语的一个“当头棒”，因为现在国里面还有百分之八十的人不曾识字，不利用注音符号去教他们识字，而偏要大多数能说普通话的去说标准音的国语，这岂不是只讲装饰而不讲实用吗？犹之要跑路，丢了草鞋不穿，去穿二三十元

---

① 此处的“普通话”与“国语”对称，指语音与标准音相类似的某种语言变体，近似“蓝青官话”之意，与新中国建立之后的“普通话”概念不同。

的皮鞋。试问以现在教育不普及，交通不便利，人民生活困难的中国，还有什么能力去穿二三十元的皮鞋呢?

但是，我上面说的话，并不是绝对否认推行注音符号不能统一国语，论到注音符号的功用，也可以统一国语，不过是由注音识字的当中顺便得到的一种副作用，这种顺便得到的副作用，还是要赖交通［通］利的物质条件，然后才能收统一国语之效。所以此时我们要应当打破以前“推行注音符号之目的在统一国语”的观念，把统一国语，期之五十年之后，现在只知道“推行注音符号的目的在识字”的一个单纯的观念，一切推行的方法，都准此鹄的去做：方音也可以注，土语也可以注，不一定要指定某地方的音才是标准音，某种语才是国语。总之，目的是要用注音的方法，使国内百分之八十的这些不识字的人，能在一个短期内识字。所以吴先生说：“如宁波人念‘我们’为‘阿拉’，你给注音，便在‘我们’下注上‘阿拉’，一看就懂。所以最后的口号是‘我们就是阿拉’。”

固然，教宁波人认识“我们”两个字，没有吴先生说的这样简单。但是，我们不用这个方法，定要用国语国音去教向来只知道“阿拉”，不知道“我们”又不识“我们”两字的宁波人来认识“我们”两个字。真是要宁波人先变做一个吧哑［哑巴］，然后另换一个嗓子才来读“我们”。说“我们”，小孩子或许可以，十五岁以上的恐怕就很吃力了，他们仍然要说：“我们说‘阿拉’多方便，何必定说‘我们’呢?”那末，我们只好等这般人死过干净，“我们”两字才能在宁波通行。这是何等可笑的事哟！所以，这次我们推行注音符号，应当要叫出下面的几个口号来：（一）推行注音符号的目的是使不识字的人识字；（二）推行注音符号，不是用来统一国语；（三）我们先使不识字的人识字，由普及识字后去求国语统一。

（《浙江教育行政周刊》1930 年第 42 期）